제로 트러스트 보안

제로 트러스트 보안

기업 환경에서의 보안 운영

서도현 옮김 제이슨 가비스 · 제리 W. 챔프맨 지음

에이콘

에이콘출판의 기틀을 마련하신 故 정완재 선생님 (1935-2004)

에이미, 시라, 셸리를 위해

- 제이슨 가비스

아름답고 사랑스러운 아내 수제트에게 감사하고,
소중한 딸 네나와 알렉스에게도 사랑한다고 말하고 싶다.

- 제리 채프먼

추천사

> 제로 트러스트는 또 다른 보안 통제나 솔루션을 판매하기 위한 필요성 때문에 새로 나타난 것이 아니다. 이는 실제 기업 문제를 해결하고자 하는 열망에서 시작했으며 제로 트러스트는 단순함과 현재 상황에 대한 현실에 초점을 두고 있다.
>
> – 제로 트러스트 박사로 알려진 체이스 커닝햄 박사

이 책을 20년 넘게 기다려왔고 이 책이 출간됐다는 것을 알리게 돼 매우 기쁘다.

2004년, 제리코 포럼에서 다룬 '경계 해제' 관점의 새로운 보안 전략을 선언하기 훨씬 전에 국가 보안 커뮤니티의 많은 사람은 경계 보안 모델이 더 이상 인터넷 연결 시스템과 기업에 실행 가능한 보안 전략이 아니라는 것을 깨달았다. 모든 것을 인터넷에 연결하려는 욕구, 보안 툴 계층의 비용과 복잡도 증가, 급속한 기술 변화 속도는 우리 주변의 경계 보안 모델을 분열시키고 있었다. 기존 기업의 심층 보안 경계는 너무 많은 허점이 있어 의미를 갖거나 비용을 관리하는 데 한계가 있었다. 제리코 포럼의 작업은 다른 방향을 안내하고 많은 이에게 새로운 희망을 전달했다.

안타깝게도 <스타워즈> 영화의 데스스타에 있는 대총독처럼 많은 보안 전문가와 전문가는 현 상황에 익숙해졌고, 근래 기업을 보호를 위한 새로운 접근법이 필요하다는 생각을 비웃었다. 한 보안 해설가는 심지어 제리코 포럼이 "핵심을 찌르지 못했다."고 말하며 제리코 포럼의 작업이 '실현되지 않은 생각이고 헛수고로 끝날 것'이라고 조롱했다. 필자는 이들이 죄책감을 갖고 후회를 하면서 이 책을 읽기 바란다.

제리코포럼은 헛되이 끝난 것은 아니지만 당장 결실을 맺지도 못했다. 당시 포레스터 연구소의 분석가였던 존 킨더바그John Kindervag는 2010년 '경계 해제' 개념을 도입한 지 5년이 조금 지난 후 기업이 외부나 내부 환경을 무조건 신뢰해서는 안 되는 보안 모델을 설명하려고 '제로 트러스트'라는 단어를 만들었다. 대신 시스템에 연결하고 데이터 접속 권한을 부여하기 전에는 모든 것을 확인해야 한다.

군에 있는 우리에게 제로 트러스트는 혁신적인 보안 모델이 아니었다. 군 복무 내내 물리 보안을 준수했고 계속 연습해왔다. 예를 들어 모든 사람은 부대 입구에서 보안 요원이 확인하고 기지에 접근하기 전에 신분증을 제시해야 했다. 그리고 리소스를 우선순위 A급, B급, C급으로 보호 영역을 세분화했다. 격납고 지역은 A급으로 무장 경호원이 출입을 철저히 통제하고 있었다. 역할 기반 진입은 엄격히 통제됐고 '레드라인'을 어긴 사람들에게는 무기 사용을 허용했다. 중위였던 필자는 사무실에 들어가기도 전에 4단계 보안을 거쳐야 했다. 문화, 절차, 생각 속에 보안이 뿌리 깊게 박혀 있었다.

하지만 안타깝게도 국방 정보 네트워크를 점차 구축하면서 핵심 시설과 무기 시스템 보호 목적으로 '제로 트러스트' 관점의 물리 보안 모델을 적용했지만 계속해서 중요도가 높아지는 인터넷에 연결된 디지털 자산을 보호하려는 '제로 트러스트' 보안 모델을 구현하는 기술은 부족했다. 상용 툴들은 정교하게 복잡하고 비쌌다. 예를 들어 전문 인력이 복잡한 네트워킹 제품을 문제없이 운영하게 훈련하고자 전문 업체와 계약해 '교육 과정'을 만들어야 했다. 또한 할 수 있는 모든 기능을 디지털화하면서 비용이 계속 상승했지만 관련 보안의 허점은 계속 발견됐다. 필자가 미국 정부의 최고 정보 보안 책임자를 마지막으로 은퇴할 무렵 제로 트러스트 보안 전략이 우리의 디지털 생태계를 확보할 수 있는 유일한 희망이라는 결론을 내렸다.

COVID-19 대유행으로 과거 사무실 근무에서 재택근무로 이동하는 대규모 환경 변화가 발생했고 오랫동안 기대했던 제로 트러스트 전략으로 전환을 가속화시켰다. 모든 기업이 기존 엔터프라이즈 환경에서 오늘날의 디지털 현실로 전환함에 따라 대규모 모빌리티, 클라우드 컴퓨팅, SaaS[Software-as-a-Service], BYOD[Bring-Your-Own-Device]를 구현하면서 기존 보안 경계에 대한 환상은 산산조각이 났다. 오늘날 현실에서 전통적인 네트워크 보안 경계는 사라졌다. 더 이상 '외부'나 '내부'가 없다.

재밌는 것은 제리코 포럼의 비전을 비웃던 반대론자 등 많은 사람과 단체가 제로 트러스트를 따르는, 마치 편승 효과 같은 현상이 발생했다. 많은 사람이 '제로 트러스트'를 선호 하지만 제로 트러스트가 진짜로 무엇인지, 어떻게 실천해야 하는지 알지 못한다. 레거시 네트워킹 장비와 방법론이 매우 복잡하고 취약한 기업은 운이 좋게도 마케팅 팀이 '제로 트러스트'를 선언한다. 포레스터의 체이스 커닝햄 박사와 가트너의 닐 맥도널드가 제로 트러스트를 전문적으로 연구했지만 이 책이 나오기 전까지는 제로 트러스트에 대한 실질적인 명확한 지침은 없었다.

다행히 저자 제이슨 가비스와 제리 채프먼은 제로 트러스트, 엔터프라이즈 네트워크 운영, 사이버 보안, 비즈니스 운영 분야에서 인정받는 경험이 풍부한 기술자이자 실무자다. 이들의 경력은 전혀 과장되지 않았다. 꼭 이들의 책을 읽어보길 권장한다. 정리하면 이들은 이미 다 해본 경험이 있다.

제이슨과 제리는 제로 트러스트에서 매우 중요한 내용을 책에 담았는데, 이 내용들은 모든 학생과 실무자에게 핵심 참고 자료로 사용해야 한다고 생각한다.

내용 구성도 아주 훌륭하다. 제로 트러스트 개념에 익숙하지 않은 사람, 혹은 익숙한 사람도 1, 2, 3, 4장에서 전략적인 제로 트러스트 접근 방식을 확인할 수 있다. 1장에서는 "제로 트러스트가 왜 필요한가?"라는 질문에 답하는 새로운 관점에서 의미 있는 토론를 제공한다. 제로 트러스트 여정을 막 시작하는 사람들은 2장을 매우 소중하게 생각할 것이다. 오늘날 제로 트러스트 환경에 어떻게 도달했는지 이력을 제공하고 제로 트러스트가 무엇인지 명확하게 정의하기 때문이다. 운영 아키텍처에 제로 트러스트를 어떻게 통합할지 고민하는 사람들은 3장에서 제시하는 실질적인 조언과 생생한 설명을 높이 평가할 것이다.

필자를 포함한 많은 사람은 중요한 투자나 주요한 전략적 변화를 추진하기 전에 사전 검증한다. 4장에서는 구글과 같은 기업들이 어떻게 제로 트러스트를 운영하고 있는지 상세히 알게 될 것이다.

이 책의 2부에서는 5장에서 ID를 시작으로 제로 트러스트의 필수 구성 요소를 설명한다. ID는 단연코 제로 트러스트의 성공적인 구현의 핵심적인 요소이며 제이슨과 제리가 5장을 ID로 시작하는 것에 박수를 보낸다. 6, 7, 8장에서는 제로 트러스트가 네트워크 인프라, 네트워크 접근 제어, 침입 탐지, 방지 시스템에 미치는 영향을 중요하게 다룬다. 6, 7, 8장이 자극적이라고 생각한다면 제로 트러스트 세계의 가상 사설 네트워크를 설명하는 9장은 오늘날 환경과 현재 진행 중인 작업들을 어디에서나 작업할 수 있는 미래 환경으로 바라보게 될 것이다.

10장에서는 차세대 방화벽NGFW을 설명하는데, 이 역시 제로 트러스트 서브젝트 기능의 지난 기록과 혁신을 설명하고 제로 트러스트 미래를 전망한다는 점이 흥미롭다. SIEMSecurity Information and Event Management과 SOARSecurity Orchestration, Automation and Response을 다루는 11장은 위험을 식별하고 관리하고 제어하는 데 중점을 둔 사람들은 반드시 읽어야 한다. 5장의 설명에서 깊은 인상을 받은 사람은 12장의 특권 접속 관리 설명에도 실망하지 않을 것이다. 내부자 위험을 줄이려는 기업들도 이 문제에 세심한 주의를 기울여야 한다.

13, 14, 15, 16장은 오늘날 많은 기업이 고민하는 최신 기술 문제에 대한 실질적인 분석과 지침을 제공한다. 13장 데이터 보호는 매우 훌륭하며 카네기멜론대학교의 하인즈 칼리지에 재학 중인 제자들이 주의 깊게 살펴야 한다(교수님이 주신 미묘한 힌트다!). 14장에서는 클라우드 기반 환경에서 제로 트러스트를 알맞게 적용하는 방법을 실무적으로 조언한다. 많은 기업의 SaaS, 보안 웹 게이트웨이, CASBCloud Access Security Broker 같은 기술 사용이 증가함에 따라 15장에서는 이런 기술이 제로 트러스트 전략에 어떻게 통합될 수 있는지 설명하고 실제로 어떻게 '올바른 방향으로 전환'하는지 조언한다. 마지막으로 제이슨과 제리가 사물인터넷 기기들과 '사물'을 설명한 16장은 대단하다고 생각했다. 너무 많은 사이버 보안 인력이 정보 기술 기기에 집착하고 기업 운영 기술, 산업 통제 시스템 그리고 '사물인터넷' 장치와 관련 위험을 신경 쓰지 않는다. 기업의 역할과 관계없이

16장을 주의 깊게 읽어보고 이런 중요한 시스템을 보호하는 데 있어 제로 트러스트 적용의 중요성을 인식하자.

기업 전체에 제로 트러스트를 알맞게 구현해야 하는 모든 기업에서 중요한 17, 18, 19장으로 이 책을 마무리한다. 17장에서는 의미 있는 제로 트러스트 정책 모델을 만들고 구현하는 방법을 설명하고 18장에서는 제로 트러스트를 구현할 때 기업에서 다룰 수 있는 가장 가능성이 높은 사용 사례를 설명한다. 19장에서는 기업이 최대한 실수 없이 어떻게 하면 제로 트러스트를 성공적으로 구축하는지를 설명하기 때문에 계속해서 숙지해야 내용이다. "작게 시작하고, 크게 생각하고, 빠르게 확장한다."라는 믿음이 있는 독자는 제이슨과 제리의 경험에서 묻어나는 조언에 실망하지 않을 것이다. 마지막으로 20장에서는 기업이 사업 목표를 달성하고자 보안이 존재한다는 점을 강조하면서 제로 트러스트 여정을 마무리한다.

제로 트러스트는 단순히 기억하기 쉬운 마케팅 용어가 아니다. 당장 시행할 수 있고 모든 곳에서 구축할 수 있다. 이 책은 독자가 제로 트러스트 목표를 빠르고 정확하게 달성할 수 있도록 도와줄 것이다. 국경을 넘나드는 사이버 범죄자들은 경계 기반 보안 모델이 더 이상 안전하지 않다는 것을 증명했다. 에드워드 스노든과 같은 내부 범죄자도 있다. 제로 트러스트 보안 모델로 신속하고 신중하게 이동할 때가 바로 지금이다. 고맙게도 제이슨과 제리의 값진 연구 덕분에 이제 제로 트러스트 목표 달성이 가능한 실질적인 가이드가 생겼다.

손자와 알렉산더 대왕 이후의 많은 장군은 국가 자산을 방어하고자 경계 기반 보안 모델을 구현했다. 하지만 이들은 인터넷, 모바일 기기, 클라우드 컴퓨팅 등 최신 기술이 없었다. 제리코 포럼이 옳았다. 경계 보안은 사라지고 이제는 어디서나 제로 트러스트를 포용하고 실천할 때다. 우리의 국가 안보와 번영은 마땅히 가치가 있다.

– **그레고리 투힐**Gregory J. Touhill,

CISSP, CISM, USAF(미국 육군) 장군

옮긴이 소개

서도현(securelambda@gmail.com)

삼성SDS, 삼성화재에서 18년 이상 근무하며 개발, TA, IT 보안을 담당했고, 현재 글로벌 기업에서 정보 보호를 담당하고 있다. 성균관대학교 학사, 석사를 졸업했고 정보관리 기술사, 정보시스템 수석 감리원, 애저 SA Expert, 애저/AWS Security, VCP-DCV, ENCE/FTK, CISSP, CISA, CEH, CPPG, ITIL, SCWCD/BCD, 정보보안 기사, 디지털 포렌식 등 20여 개의 IT 자격을 보유 중이며, 에이콘출판사에서 출간한 『모던 데이터 보호』(2022)를 번역했다.

옮긴이의 말

제로 트러스트는 급격한 비대면 환경 증가, 디지털 전환에 따른 클라우드 도입 등으로 느슨해진 내부와 외부의 경계 보안을 강화하기 위한 대안이다. 또한 2021년 5월, 미국 바이든 대통령의 행정 명령은 제로 트러스트라는 이슈를 전 세계적 보안 이슈로 끌어 올렸으며, 국내 도입 움직임도 본격화되고 있다. 하지만 대부분 기업에서 제로 트러스트에 대한 불확실성은 여전히 남아 있다.

이 책은 저자의 풍부한 경험을 기반으로 제로 트러스트 개념, 사례, 아키텍처, 모델을 구체적으로 설명하고 있다. 이에 독자는 제로 트러스트가 정확히 무엇을 의미하는지, 어떤 순서로 계획하고 실행해야 하는지 등을 쉽게 이해할 수 있어 제로 트러스트에 대한 불확실성을 해소할 수 있을 것이다.

저자는 제로 트러스트가 최종 목적지가 아닌 꾸준히 나아가야 할 여정임을 강조하고 있다. 이 책이 완전한 보안을 꿈꾸는 모든 분의 여정에 도움이 되길 바란다.

지은이 소개

제이슨 가비스 Jason Garbis

제로 트러스트 보안 접속 솔루션 시장의 선두 업체인 앱게이트Appgate의 제품 부문 수석 부사장이다. 앱게이트에서 회사의 보안 제품 전략과 제품 관리를 담당하고 있다. 또한 보안 기업, 기술 기업에서 30년 이상의 제품 관리, 엔지니어링, 컨설팅 업무 경력이 있다. 클라우드 보안 협회의 'SDP 제로 트러스트' 워킹그룹의 공동 의장이며 연구, 출판 이니셔티브를 이끌고 있다. CISSP 자격증을 보유하고 있고 코넬 대학교Cornell University에서 컴퓨터공학 학사 학위를 취득했으며 노스이스턴 대학교Northeastern University에서 MBA 학위를 받았다.

제리 채프먼Jerry W. Chapman

옵티브 시큐리티Optiv Security의 아이덴티티 관리 엔지니어링 회원이다. 25년 이상의 업계 경력이 있고 보안, 비즈니스 목표에 부합하는 방식으로 엔터프라이즈 IAM 전략의 설계, 구현에 있어 수많은 고객을 성공적으로 이끌어왔다. 엔터프라이즈 아키텍처, 솔루션 엔지니어링, 소프트웨어 아키텍처 분야와 개발 분야에서 두루 업무를 수행했다. IAM 산업 전문가로 옵티브 사이버 보안 실무 영역에 걸쳐 지도, 지원, 사고 리더십을 제공하면서 기업 보안 아키텍처에서 ID, 데이터를 핵심 구성 요소로 포지셔닝하는 데 중점을 두고 있다. 옵티브 제로 트러스트 전략의 대표 대변인이고 콘퍼런스, 기타 산업 행사에서도 자주 연설을 한다. 최초 기술 설계자로 활동했던 IDSAIdentity Defined Security Alliance의 기술 워킹그룹에서 활동하고 있다. 포레스터 제로 트러스트 전략 담당으로, 디브라이 대학교DeVry University에서 컴퓨터 정보 시스템 학사 학위를 취득했고, 현재 서던뉴햄프셔 대학교Southern New Hampshire University에서 응용수학 학위를 취득 중이다.

감사의 글

제로 트러스트 보안은 매우 폭넓은 영역에 적용되는데, 기술적, 비기술적, 아키텍처 개념을 확인하고 학습하고 짜 맞추고자 거쳤던 프로세스가 다소 까다로웠다. 하지만 흔쾌히 대화하고, 교육하고, 질문에 답하고, 피드백과 가이드를 제공하는 많은 사람이 있어서 필자는 운이 좋았다. 진행 중인 작업을 읽고 의견을 제시하면서 우리를 도왔고, 어떤 사람은 비디오 콘퍼런스에서 함께 브레인스토밍을 하는 데 기여했으며, 어떤 사람은 정보 보안 산업의 일원으로 정기적, 전문적으로 교류하는 데 도움을 줬다.

넓은 산업 영향력을 위해 노력하시는 체이스 커닝햄Chase Cunningham 박사님께 감사드리고 많은 지지를 해준 (전역한) 준장 그렉 투힐에게도 감사드린다. 그리고 두 분 모두 국가에서 군사, 정보 보안 담당자로 복무한 점에 감사드린다. 에반 길만Evan Gilman, 더그 바스Doug Barth, 마리오 산타나Mario Santana, 아담 로즈Adam Rose, 조지 보이타노George Boitano, 브리짓 브랫Bridget Bratt, 레오 타데오Leo Taddeo, 롭 블랙Rob Black, 데릭 모티엘Deryck Motielall, 커트 글래제메이커스Kurt Glazemakers에게 감사를 표한다. 또한 샤먼 마흐무드Shamun Mahmud, 주나이드 이슬람Junaid Islam, 후아니타 코일필라이Juanita Koilpillai, 밥 플로레스Bob Flores, 마이클 로자Michael Roza, 냐 앨리슨 머레이Nya Alison Murray, 존 여John Yeoh, 짐 리비스Jim Reavis를 비롯해 SDP 제로 트러스트 워킹그룹에도 감사드린다. 또한 줄리 스미스Julie Smith와 IDSAIdentity Defined Security Alliance 팀, 특히 보안의 중간에서 ID 발전을 위해 노력하는 기술 워킹그룹에게도 감사드린다. 또한 많은 대화와 지원을 해주신 많은 동료와 집필하는 동안 많은 지원과 격려 그리고 도움을 주신 에이프레스Apress 편집자 리타 페르난도Rita Fernando와 수잔 맥더모트Susan McDermott에게 감사드린다. 그리고 물론 우리의 기술 검토자이자 홍보 담당이자 친구인 크리스 스테펜Chris Steffen에게도 큰 감사를 드린다.

마지막으로 기업의 보안을 강화하고자 매일 노력하는 정보 보안업계의 실무자 또는 리더로서 감사드리고 싶다. 이 책이 독자의 업무를 더 쉽게 해주길 바란다. 의견이나 제안이 있을 경우 https://ZeroTrustSecurity.guide에 방문하면 관련 영상을 확인할 수 있다.

기술 감수자 소개

크리스토퍼 스테판Christopher Steffen

IT 관리/리더십, 클라우드 보안, 규정 컴플라이언스 전문가로 해당 업계에서 정보 보안 임원, 연구원, 발표자로 20년 이상의 경력이 있다.

보이스카우트의 캠핑 디렉터부터 콜로라도 하원의장 공보 비서, 전문가, 임원까지 다양한 경험이 있다. 신용평가 회사의 시스템 관리 분야에서 기술 업무를 시작해 수석 기술 아키텍트로 일하기 전까지 네트워크 운영 그룹Network Operations Group을 구축하고 기업의 정보 보안, 기술 컴플라이언스 업무를 수행했다. 클라우드 보안, 클라우드 애플리케이션 전환이 필요한 제조 회사의 정보 담당 이사, 여러 기술 회사의 수석 에반젤리스트였으며 기업의 기술 관련 기능을 감독하는 금융 서비스 회사의 CIO를 역임했다.

현재 IT, 데이터 관리 기술의 전 영역에서 전문적인 통찰력을 제공하는 업계 최고의 분석 기관인 EMAEnterprise Management Associates의 선임 정보 보안, 리스크, 컴플라이언스 준수 관리 연구원으로 재직하고 있다.

또한 CISSPCertified Information Systems Security Professional, CISACertified Information Systems Auditor를 비롯한 여러 기술 인증을 보유하고 있고 가상화, 클라우드, 데이터 센터 관리CDM 분야에서 마이크로소프트 최우수 가치 전문가상을 5회 수상했다. 또한 덴버 메트로폴리탄 주립 대학교에서 문학 학사 학위를 받았다.

차례

1부 개요

3부 모든 것을 통합

1부

개요

제로 트러스트Zero Trust는 보안 철학이자 일종의 원칙으로, 기업의 IT와 보안이 접근해야 하는 중요한 변화를 제시한다.

이런 이유로 제로 트러스트는 보안 팀과 기업에게는 많은 도움이 될 수 있지만 범위가 너무나 광범위해 선뜻 이해하기 어려울 수 있다. 1부에서는 과거부터 현재까지의 제로 트러스트 기본 개념을 소개한 다음 제로 트러스트가 무엇인지, 이론과 실무 관점에서 제로 트러스트 아키텍처를 소개한다. 이를 통해 독자는 제로 트러스트를 하나씩 이해하고 기업 기업의 보안, 탄력성, 효율성 개선을 위한 제로 트러스트 적용 방법을 모색할 수 있을 것이다.

1장

소개

엔터프라이즈 보안은 IT와 애플리케이션 인프라의 복잡도, 사용자 접속 범위와 속도, 대부분 사용자가 정보 보안에 거부감을 갖고 있기 때문에 어렵다. 또한 대부분의 엔터프라이즈 네트워크 개방성으로 인해 네트워크, 애플리케이션 레벨에서 최소 권한의 원칙을 준수하지 않아 기업은 해킹 등의 공격에 매우 취약한 상태다. 이런 취약점은 내부 네트워크뿐 아니라 외부 인터넷에 노출되는 VPN^Virtual Private Network^과 같은 공용 인터넷 원격 접속 서비스까지도 모두 해당한다. 그리고 오늘날의 외부 위협 환경을 고려할 때 사용자는 이와 같이 설계한 시스템을 선택하지는 않을 것이다. 하지만 이전부터 사용해온 전통적인 보안, 네트워킹 시스템은 여전히 많은 곳에서 사용하고 있다.

이 책의 주제인 제로 트러스트 보안은 이런 점을 변화시키고 네트워크와 애플리케이션에 최소 권한 원칙을 엄격하게 적용하는 현대적인 보안 접근 방식을 제시한다. 승인 받지 않은 사용자와 시스템은 기업 리소스에 접속할 수 있는 권한이 없으며, 승인 받은 사용자는 필요한 최소한의 접속 권한만을 갖는다. 그 결과 기업은 더 안전하고, 보안을 강화해서 더 탄력적으로 변할 수 있고,

제로 트러스트는 자동화된 동적 보안 정책과 ID 중심의 접속 정책으로 효율적이고 효과적인 보안을 제공한다.

제로 트러스트에서 '제로(0)'의 의미는 다소 명확하지 않다. 문자 그대로 제로 트러스트를 의미하는 것이 아니라 내재적 또는 암묵적인 신뢰가 제로(0)라는 의미다. 제로 트러스트는 신뢰 기반을 신중하게 구축하고 그 신뢰를 성장시켜 궁극적으로는 적절한 수준의 접속을 적시에 허용하는 것이다. '획득한 트러스트earned trust'나 '적응적 트러스트adaptive trust' 혹은 '묵시적 제로 트러스트zero implicit trust'라는 용어들이 보안의 변화 흐름에 더욱 잘 어울렸을 텐데, 이미 '제로 트러스트'라 불리는 것으로 고정됐다. 문자 그대로 제로를 '0'으로 받아들이지는 말자.

제로 트러스트는 정보 보안업계에서 중요하고 높은 가시성을 제공하는 최신 마케팅 유행어로 자리 잡았지만 이면에는 보안의 실체와 가치가 있다. 그리고 그 중심에 제로 트러스트는 일종의 철학이자 접근 방식의 원칙을 제시한다. 즉, 기업에 따라 제로 트러스트를 해석하는 방법도 다양하다. 하지만 모든 제로 트러스트 아키텍처가 따라야 할 기본적이고 보편적인 원칙이 있다. 이 책은 다양한 기업에서 적용한 제로 트러스트 여정을 기반으로 제로 트러스트의 지침과 권장사항을 제공한다. 여기에서 여정이라는 단어를 계속 사용하는데, 제로 트러스트 여정은 일회성 프로젝트가 아니라 지속적이고 진화하는 이니셔티브라는 점을 강조하기 위해서다. 그리고 이 점이 바로 제로 트러스트 책을 집필한 이유다. 즉, 고객 환경에서 제로 트러스트에 가장 잘 접근할 방법을 생각하고, 프로젝트에 권고하는 내용을 공유하면서 제로 트러스트 여정을 가이드하기 위해서다.

기본적으로 제로 트러스트가 엔터프라이즈 보안을 실현하는 데 효율적이고 효과적인 방법이라고 생각한다. 어떤 면에서는 제로 트러스트가 네트워크 보안과 밀접한 연관이 있다. 그리고 네트워크는 제로 트러스트의 핵심 요소지만 여기서는 네트워크뿐 아니라 애플리케이션, 데이터, ID, 운영, 정책의 경계를 넘나드는 제로 트러스트 보안의 전체 영역도 살펴볼 것이다.

보안 리더는 기업의 복원력을 향상시키고 성장할 수 있게 지원하는 새로운 접근 방식인 제로 트러스트를 도입하도록 기업에 계속해서 요구하고 설득해야 할 책임이 있다. 이 책은 총 3부로 구성된다. 1부에서는 제로 트러스트 원칙을 소개하고 제로 트러스트를 정의하며 IT와 보안 인프라를 제어하는 데 사용할 프레임워크와 용어를 살펴본다. 이는 제로 트러스트 전체 스토리를 설명할 때 필요한 기반 지식이 된다.

2부에서는 IT, 보안 기술과 제로 트러스트와의 관계를 자세히 설명한다. 기업이 제로 트러스트를 어떻게 시작할 수 있는지와 현재의 IT, 보안 인프라를 최신의 아키텍처에 어떻게 적용하고 통합할 수 있는지 확인할 수 있다. 제로 트러스트는 ID 중심으로 보안에 접근하기 때문에 서로 다른 기술이 어떻게 ID 콘텍스트[1]와 통합하고 이점을 얻을 수 있는지 살펴본다.

3부에서는 1부와 2부에서 설명한 기본적인 개념과 상세 기술 설명을 기반으로 관련된 모든 내용을 통합한다. 여기에서는 제로 트러스트 정책 모델 유형을 살펴보고 특정 제로 트러스트 시나리오(사용 사례)를 설명한 다음 마지막으로 성공적인 제로 트러스트를 위한 전략적/전술적인 접근 방법을 살펴본다.

또한 이 책에서 다루는 내용은 특정 공급업체나 공급업체의 제품을 의도적으로 평가하지 않는다. IT 산업은 너무 빠르게 변화하고 혁신 속도 또한 매우 빠르기 때문에 특정 제품을 평가한들 그 제품은 금방 변하기 때문에 큰 의미가 없을 것이다. 대신 요구 사항을 도출하고 공급업체, 플랫폼, 솔루션 제공업체, 접근 방식을 평가하는 데 사용할 수 있는 아키텍처 원칙을 살펴보는 데 중점을 둔다.

이 책을 다 읽을 때쯤이면 제로 트러스트에 접근하는 방식은 하나가 아님을 분명히 하고 싶다. 보안 리더는 제로 트러스트 이니셔티브Zero Trust initiative를 설계하면서 기존 인프라, 우선순위, 직원의 기술, 예산, 일정을 모두 고려해야 한다. 이는 제로 트러스트가 복잡해 보일 수 있지만, 제로 트러스트의 범위는 실제로

1. 누가 무엇을 어떤 이유로 언제 행위를 했는지 등에 대한 정보 – 옮긴이

엔터프라이즈 보안과 아키텍처를 단순화하는 데 도움을 준다. 가상 네트워크 계층 보안과 접속 모델로 모든 것을 표준화시키고 분산된 이기종 인프라에서 접속 정책을 정의하고 적용할 수 있는 중앙 집중식 방법을 제공한다.

궁극적으로 이 책의 목표는 제로 트러스트가 무엇인지를 확실히 이해하고 기업이 성공적인 고유의 제로 트러스트를 구축할 수 있게 지식을 제공하는 것이다. 이런 과정을 이뤄낸다면 이 책의 목표는 달성된 것이다. 이제 제로 트러스트 항해를 시작해보자.

2장

제로 트러스트란?

2장에서는 개념, 철학, 프레임워크 관점에서 제로 트러스트를 설명한다. 특히 제로 트러스트의 역사와 발전 과정, 몇 가지 준수해야 할 원칙을 안내한다. 모든 제로 트러스트 이니셔티브에는 공통적인 핵심과 확장된 원칙이 있는데, 이 원칙은 제로 트러스트의 여정을 시작할 때 반드시 이해해야 한다. 2장의 목표는 이런 원칙에서 기초한 제로 트러스트 동작의 정의와 관련 플랫폼 요구 사항을 제공하는 것이다.

제로 트러스트 역사와 발전 과정

오랫 동안 보안의 경계는 마치 중세시대 성곽 밖의 울타리와 같은 엔터프라이즈 네트워크의 가장자리에 있었다. 그러나 기술 발전으로 원격 작업자가 증가하고 원격 워크로드가 증가하면서 보안 경계의 개념도 점차 변했다. 즉, 원격 사용자가 기업의 디바이스와 네트워크에 연결할 수 있으며 기업 내부의 리소스도 연결이 가능하게 보안의 경계도 확장됐다.

이런 변화로 보안 팀과 네트워크 팀은 새로운 비즈니스 요구 사항을 받아들여야 했고 기업은 보안, 접속 적용 모델을 변경해야 했다. 그리고 이 시도에 대한 성공 여부는 다소 엇갈렸다.[1]

포레스터 분석가Forrester Analyst 존 킨더박John Kindervag은 2010년 <No More Chewy Centers: Introducing The Zero Trust Model Of Information Security>[2] 강연에서 '제로 트러스트'라는 용어를 처음 소개했다. 특히 예리코 포럼Jericho Forum이 추진한 이 발표에서는 몇 년간 업계에서 논의되고 있던 생각을 주로 다뤘다. 당시 다뤘던 내용은 지금도 동일하다. 물론 기업들은 지능적이고 고도화된 기술을 가진 해킹 공격자들에 대응하고 있지만 주로 기존의 보안 툴과 접근 방식의 단점 때문에 광범위한 정보보호 통제가 어려웠다고 생각하며, 제로 트러스트가 훨씬 더 효과적임이 입증될 것이라 믿는다. 포레스터 문서에서는 정적인 경계에서 벗어나 신뢰 정도와 접속 방식을 동시에 얻고자 네트워크 안에 있는 요소를 검사하고 이해하는 방식으로 제로 트러스트 전환을 설명했다. 시간이 지나면서 포레스터는 이 개념을 ZTXZero Trust eXtended 프레임워크로 발전시켰다. 데이터, 워크로드, ID가 제로 트러스트의 핵심 구성 요소로 포함됐다.

동시에 구글은 회사 내부에서 BeyondCorp 이니셔티브를 시작해 제로 트러스트 버전을 구현하고 엔터프라이즈 네트워크 경계를 효과적으로 제거하는 기초적인 제로 트러스트를 구축했다. 그리고 2014년에 구글은 혁신적인 자체 제로 트러스트 구현 내용을 언론에 보도해 업계에 큰 영향을 미쳤다. 또한 2014년에 클라우드 보안 협회는 소프트웨어 정의 경계SDP, Software Defined Perimeter 아키텍처를 도입해 제로 트러스트 원칙을 지원하는 보안 시스템의 구체적인 사양을 제공했다.[3]

---

1. 이 부분에는 다소 이견이 있는데, 산업 측면에서 보면 엔터프라이즈 네트워크 보안과 데이터 보안은 기업의 데이터 손실과 시스템 침해를 효과적으로 방어하지 못했다는 것은 부인할 수 없는 사실이다.
2. 포레스터, 〈더 이상 쫀득한 센터는 없음(No More Chewy Centers): 정보 보안의 제로 트러스트 모델 소개〉 2010년 9월
3. SDP용 CSA 아키텍처 가이드, https://cloudsecurityalliance.org/artifacts/sdp-Architecture-guide-v2/를 참고하자.

BeyondCorp과 SDP는 4장에서 확인하자.

2017년, 산업 분석 기관인 가트너Gartner는 제로 트러스트와 공통된 많은 원칙을 공유하는 카르타CARTA 개념을 수정하고 새로 정의했다. CARTA는 ID, 데이터 요소뿐 아니라 환경에 접근하는 ID, 장치와 관련된 위험과 상태까지 다뤘다.

미국 국립표준기술연구소NIST, National Institute of Standards and Technology가 2020년에 제로 트러스트 아키텍처 출간물[4]과 NIST 국가 사이버보안센터 프로젝트를 발표하면서 업계 전반에서는 계속 제로 트러스트를 강조했다.[5]

공급업체와 표준 기관이 제로 트러스트를 정보 보안 접근 방식의 근본적인 변화로 인식하고 제로 트러스트의 사양, 구현을 검토하고 개선하면서 제로 트러스트는 지속적으로 발전하고 있다. 궁극적으로 업계는 기업 경계에서 악의적인 해커가 내부 리소스에 무단으로 접근하고 데이터를 유출하고 운영을 방해하는 등의 위험을 예방하고자 이런 변화와 개선이 필요하다고 입을 모았다.

이 책의 저자인 우리는 정보 보안 산업에 종사하고 있으며 보안 전문가들에게 제로 트러스트를 설명하는 데 많은 시간을 할애하고 있다. 보통 제로 트러스트 컨설팅 시 흔히 듣는 질문 중 하나는 "제로 트러스트의 새로운 점은 무엇인가요? 기존에 했던 것과는 어떻게 다른가요?"이다. 특권 접속 최소화, 역할 기반 접근 제어와 같은 제로 트러스트의 일부 보안 요소는 현재 네트워크, 보안 인프라(제로 트러스트 환경에서 활용되는)에서 일반적으로 구현할 수 있는 기본 기능이지만 이것만으로는 제로 트러스트를 완성하지 못한다.

제로 트러스트 이전에 사용한 기본적인 보안 요소로는 사용자, 네트워크, 애플리케이션을 대략적으로만 분리해서 구성할 수 있다. 예를 들어 대부분의 기업에서 개발 환경은 운영 환경과 분리돼 있다. 그러나 제로 트러스트는 이를 확장

4. NIST 특별 간행물 800.207 제로 트러스트 아키텍처, https://csrc.nist.gov/publications//sp/800-1987/final, 2020년 8월

5. https://www.nccoe.nist.gov/projects/building-blocks/zero-trust-architecture

해 사실상 모든 ID와 리소스를 세분화해 분류한다. 또한 제로 트러스트는 자동화 플랫폼을 기반으로 ID와 콘텍스트를 연계해 상세한 접근 제어를 가능하게 한다. 제로 트러스트는 접속 인증과 접속 승인이 완료될 때까지 어떤 네트워크 인증도 신뢰하지 않는 보수적인 방식으로 시작했지만 기업의 환경 전반에서 더욱 광범위한 보안 기능을 제공하도록 제어 범위를 확장했다.

이제 포레스터 및 가트너의 제로 트러스트 모델을 간략히 살펴본 후 제로 트러스트 핵심 원칙을 소개하겠다.

포레스터의 제로 트러스트 익스텐디드(ZTX) 모델

포레스터는 2010년 최초로 제로 트러스트 모델을 소개했으며 그다음 해에는 ZTX[Zero Trust eXtended]로 다시 개정했다. ZTX는 그림 2-1과 같이 다양한 콘텐츠와 데이터를 중앙에 배치하는 안정적인 모델을 제안했다. 이는 온프레미스, 클라우드 환경 모두에서 급격하게 증가하는 데이터 보호가 핵심인 포레스터의 사상을 반영하고 있다. 워크로드, 네트워크, 장치, 사람 또한 데이터를 전달하기 위한 중요한 요소로 이 역시 보호해야 한다. 이 요소들을 차례로 살펴보자.

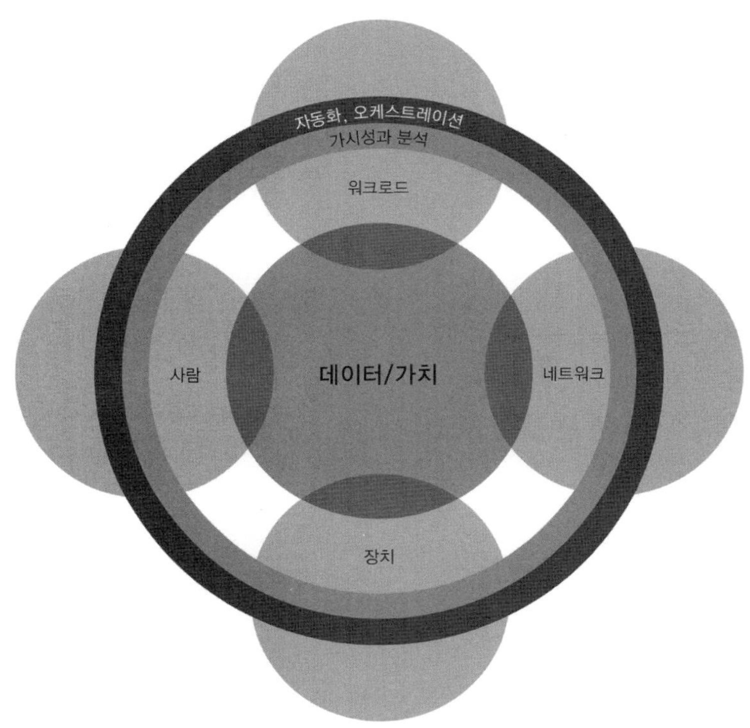

그림 2-1. 포레스터 제로 트러스트 익스텐디드모델(출처: 제로 트러스트 익스텐디드 생태계: 데이터, Forrester Research, Inc., 2020년 8월 11일)

데이터: 데이터(포레스터가 중요성[6]을 강조하고자 '가치value'라는 태그를 붙이기도 함)는 ZTX 모델의 중심이다. 그리고 제로 트러스트 모델을 지원하고자 데이터의 분류와 데이터 보호를 핵심 요구 사항으로 담고 있다. 이 책에서 데이터를 제로 트러스트 시스템이 보호해야 하는 리소스의 한 요소로 본다. 또한 DLPData Loss Prevention는 제로 트러스트 아키텍처의 일부며 상황별contextual 접속 정책 적용이 가능한 정책 모델과 연동해야 한다.

6. 사실 포레스터는 2020년 8월 11일, 제로 트러스트 포럼에서 다음과 같이 언급했다. "실제로 우리가 '데이터'로만 생각했던 것이 이제는 진정한 '가치'라고 언급했다. 비즈니스에 가치가 있는 것이라면 어떤 데이터라도 안전하게 보관해야 하는 가장 중요한 자산으로 기업에서는 반드시 가치를 보존해야 한다."

네트워크: ZTX 모델에서 네트워크는 주로 사용자와 서버 관점에서 네트워크 세그먼테이션에 초점을 두고 있으며 ID 기반의 더 나은 보안을 제공한다. 기업에는 차세대 방화벽NGFW, Next-Generation FireWalls, 웹 애플리케이션 방화벽WAF, Web Application Firewalls, 네트워크 접근 제어NAC, Network Access Control 솔루션, 침입 방지 시스템IPS, Intrusion Protection Systems과 같은 많은 기존의 네트워크 보안 인프라 구성 요소가 있다. 이런 구성 요소들은 일반적으로 제로 트러스트 시스템에서 각각의 역할을 수행한다. 3장에서는 대표적인 엔터프라이즈 아키텍처 관점에서 이 구성 요소들을 소개하고 2부에서는 제로 트러스트와 구성 요소 간의 관계를 자세히 알아본다.

사람: ZTX 모델에서 사람People은 주로 IAMIdentity and Access Management의 다양한 요소를 포함해야 한다. 역할 및 속성 기반 접근 제어(RBAC 및 ABAC)는 IAM과 관련해 잘 알려진 모델로 제로 트러스트는 이를 기업 인프라 관점에서 폭넓게 효과적으로 사용할 수 있게 지원한다. MFAMulti-Factor Authentication는 추가적인 요구 사항이며 제로 트러스트를 지원하는 데 필수 요소다. 마지막으로 OAuth 및 SAML과 같은 최신 개방형 표준을 사용하는 싱글 사인온SSO, Single Sign On은 사람과 관련한 또 다른 핵심 요소다. 이 책을 통해 알 수 있듯이 이 요소들 모두 제로 트러스트 환경의 중심인 ID를 만드는 데 있어 중요하다.

워크로드Workload**:** 포레스터에서 정의한 워크로드는 비즈니스를 주도하는 논리적인 기능을 만드는 구성 요소로, 고객에게 제공하는 업무 시스템과 백엔드 업무 시스템에서 모두 사용할 수 있는 컨테이너, 애플리케이션, 인프라, 프로세스 등이다. 제로 트러스트를 사용하면 하이브리드 환경에서 일관성 있게 메타데이터 기반의 워크로드를 접근 제어할 수 있다. 이 내용은 17장에서 더 자세히 알아본다.

장치: 장치 보안 모델은 ID, 인벤토리, 격리, 보안, 장치 제어를 포함해야

한다. 장치에서 실행하는 사용자 에이전트와 제로 트러스트 환경의 핵심을 3장에서 설명하고, 구글 BeyondCorp 사례에서 핵심적인 장치가 무엇인지는 4장 뒷부분에서 알아본다.

가시성과 분석 Visibility and Analytics: ZTX에서 가시성과 분석은 상황별 정보를 기반으로 보안 정책 결정을 지원하고자 전사적인 데이터를 처리하고 표시하는 것이다. 특히 서로 다른 여러 소스 간의 데이터를 통합하는 것이 중요하다. 오늘날 필요한 기능 범위를 모두 포괄하는 단일 플랫폼은 존재하지 않는다. 하지만 계속해서 진화하고 있는데, 11장에서 더 자세히 살펴본다.

자동화와 오케스트레이션 Automation and Orchestration: ZTX에서 자동화와 오케스트레이션은 수동 프로세스를 자동화하고 이 프로세스를 보안 정책, 대응 작업과 연동시키는 데 필요하다. 자동화 오케스트레이션은 제로 트러스트 플랫폼을 성공적으로 구축하는 데 매우 중요한 요소다. 제로 트러스트는 본질적으로 동적이며 적응력이 뛰어난데, 이를 달성하는 유일한 방법은 엔터프라이즈 환경 전반을 대상으로 한 자동화와 오케스트레이션이다. 자동화는 제로 트러스트의 핵심 원칙 중 하나로 2부에서 더 자세히 다룬다.

가트너의 제로 트러스트 접근 방식

가트너는 CARTAContinuous Adaptive Risk and Trust Assessment 모델로 제로 트러스트에 접근했다. CARTA는 예측, 예방, 탐지, 응답 관점에서 사용자, 장치, 애플리케이션, 데이터, 워크로드와 관련한 지속적인 위험 평가를 제공한다.

CARTA는 보안 상태 검사, 상태 모니터링, 여러 보안 설정 등 기본적인 프로세스를 사용한다. 가트너는 이러한 원칙을 전사적으로 적용해야 하며 전체적으로 보안, 정책, 규정 준수 요구 사항을 포함해야 한다고 생각한다.

가트너는 사용자 대 서버 보안에 제로 트러스트 네트워크 접속ZTNA, Zero Trust Network Access이라는 용어를 사용하고 마이크로세그먼테이션/서버 대 서버 간 보안에 제로 트러스트 네트워크 세그먼테이션ZTNS, Zero Trust Network Segmentation이라는 용어를 사용해 제로 트러스트를 좀 더 좁게 보는 경향이 있다.

가트너의 전반적인 보안 프레임워크는 CARTA를 중심으로 구축했으며 그 원칙은 이 책에서 설명하는 내용과도 같다. 궁극적으로 기업의 보안 전략 계획명이 제로 트러스트, CARTA, 획득한 트러스트Earned Trust인지 여부는 중요하지 않다.[7] 가트너의 CARTA 원칙과 목표는 틀림이 없으며 이 책에서 설명하는 원칙과 일치한다고 생각한다.

제로 트러스트에 대한 우리의 관점

제로 트러스트는 ID 중심의 정책 모델로, 접근 제어에 초점을 둔 네트워크, 애플리케이션, 데이터 리소스를 보호하는 거시적인 모델이다.

모든 기업은 기업의 환경에 맞는 다수의 IT, 보안 툴을 운영하고 있지만 제로 트러스트는 이런 툴을 전체적으로 확인하고 운영해야 하며, 핵심 영역에서 ID를 확인하고 환경 전반에 걸쳐 속성과 상황에 맞는 정책을 적용할 수 있어야 한다. 이 내용은 다음의 핵심 원칙과 확장 원칙으로 그룹화한 제로 트러스트 기본 원칙을 검토할 때 명확해져야 한다.

핵심 원칙

일반적으로 업계 전반에서 기본이자 필수로 여겨지는 3가지 핵심 제로 트러스트 원칙이 있다. 이 원칙은 포레스터가 발행한 「No More Chewy Centers더 이상 쫀득한[8] 센터는 없음」 논문에서 처음 정의했으며, 이 정의는 모든 제로 트러스트 구현에

---

7. 사실 필자는 '제로 트러스트'라는 용어 사용을 의도적으로 피하는 일부 기업과 얘기했다. 이들은 제로 트러스트 용어는 다소 오해의 소지가 있고 최종 사용자가 제로 트러스트를 "당신을 신뢰하지 않는다."는 보안 팀의 부정적 메시지로 오해할 가능성이 있다고 보고 있다.

8. 정보 보안에 대한 오래된 격언 중에 '겉은 바삭(Crunchy)하지만 속은 쫀득(Soft Chewy)'하다는 말이 있다. – 옮긴이

있어 반드시 적용해야 한다. 이런 핵심 원칙 외에도 NIST 제로 트러스트 아키텍처 문서에서 설명한 내용도 있지만, 이 책에서는 보안 업계 관점에서 제로 트러스트의 의미를 해석하고 설명하고 있다.

위치에 관계없이 모든 리소스에 안전하게 접속

이 내용은 간결하지만 여러 차원을 포괄하는 핵심적인 원칙이다. 첫째, 제로 트러스트 솔루션의 범위에 모든 리소스를 포함시켜야 한다. 이는 암묵적으로 조직이 제로 트러스트를 통해 전체적인 접근 방식을 취하고 보안 툴과 팀 간에 과거에 존재했던 업무 마찰과 장벽을 제거해야 한다.

둘째, 제로 트러스트는 ID 인증 위치, 접속하는 리소스의 위치나 기술에 관계없이 모든 ID(사람 및 컴퓨터)로 전체 리소스(데이터, 애플리케이션, 서버)에 안전하게 접속해야 한다. 전통적인 기업 경계를 허물고 새로운 보안 패러다임으로 효과적으로 대체할 것을 요구하는 것이 바로 이 원칙이다. 또한 네트워크 트래픽이 신뢰할 수 없는 네트워크 영역[9]을 통과할 때 암호화해야 하고 모든 접근은 두 번째 원칙인 정책 적용 모델로 통제해야 한다는 것을 의미한다.

최소 권한 전략으로 접속을 엄격하게 제어

최소한의 권한으로 리소스에 접속한다는 개념이 새로운 것은 아니지만 제로 트러스트 이전에는 광범위하게 제어하기 어려웠다. 보안, ID 콘텍스트를 사용해 접속 위치, 리소스 유형, 네트워크, 애플리케이션 계층 모두에서 일관성 있게 최소 권한으로 관리해야 한다.

과거에는 보안 솔루션이 네트워크 보안과 애플리케이션 보안 간의 연결을 끊을 수 없었다. 예전부터 지금까지 사용자(및 장치)는 광범위하게 네트워크에 접속할

9. 3장에서는 제로 트러스트 구축 모델 구성 중 하나인 암묵적 네트워크 트러스트 존(implicit network trust zone) 개념을 소개한다. 그리고 애플리케이션 암호화 프로토콜로 해당 존에서 보안을 강화할 수 있다.

수 있었고 애플리케이션은 인증만 가능한 제어 방식에 의존했다. 그리고 회사에 근무하는 직원 누구나 재무 관리 서버 로그인 페이지에 접속할 수 있었지만 재무 업무를 담당하는 사용자만 계정과 비밀번호를 알고 있었다. 이런 보안은 더 이상 견고한 수준의 보안이 아니다. 인증 없이도 원격으로 해킹할 수 있는 심각한 취약성이 너무 많다. 네트워크 패킷을 시스템으로 전송하는 기능은 특수 권한으로 관리해야 한다. 사용자가 특정 서비스에 접속할 수 있는 권한이 없는 경우(예, SSH로 서버 접속 시 인증 또는 VPN 연결 시 인증) 네트워크 계층에서 먼저 해당 서비스에 연결할 수 없게 통제해야 한다.

모든 트래픽을 검사하고 기록

네트워크는 분산된 구성 요소가 서로 연결하고 통신할 수 있는 수단이기 때문에 보안, IT 인프라에서 특히 흥미로운 영역이다.

따라서 마지막 핵심 원칙은 네트워크 트래픽의 검사와 로깅이다. 그리고 제로 트러스트 시스템이 이를 최적으로 지원한다. 3장에서 설명하지만 제로 트러스트 시스템은 일반적으로 분산 네트워크로 구성한다. 다만 제로 트러스트 시스템은 네트워크 트래픽 메타데이터를 폭넓게 검사하고 기록해야 하지만 비용 문제 때문에 네트워크 트래픽 콘텐츠 검사는 좀 더 신중해야 한다(이 내용은 8장에서 더 자세히 알아본다).

제로 트러스트 시스템은 네트워크 트래픽 정보에 ID, 장치 정보를 추가해 풍부한 정보로 만들어야 하고 이 정보를 차세대 방화벽, 네트워크 모니터링 도구, SIEM(통합 로그 모니터링)에 입력해 사고 탐지, 알람, 대응뿐 아니라 다른 해킹 대응 메커니즘을 지원하는 의사 결정 능력을 향상시켜야 한다.

확장된 제로 트러스트 원칙

이미 설명한 핵심 제로 트러스트 원칙 외에도 엔터프라이즈급 제로 트러스트 환경에서도 똑같이 중요하고 필요한 3가지 원칙이 있다.

모든 구성 요소가 이벤트, 데이터 연계를 위한 API를 지원하는지 확인

제로 트러스트는 광범위한 IT 생태계에서 전체적인 보안 정책과 적용 모델을 제공해야 하는데, 이는 첫 번째 핵심 원칙과 관련 있다. 따라서 제로 트러스트는 IT 생태계의 많은(이상적으로는 모든 것) 구성 요소와 통합할 수 있어야 한다. 이전에는 각각의 보안 제품, 인프라, 비즈니스 시스템 통합이 중요했다. 이 책을 통해 알 수 있듯이 ID와 보안 툴을 통합하면 전체적인 보안 콘텍스트로 제로 트러스트를 좀 더 안전한 환경으로 구현할 수 있다. 이런 통합은 이벤트 대응뿐 아니라 데이터, 로그 정보를 상호 연계하고 다음에 설명하는 보안 원칙을 적용하는 데 사용한다. 한 가지 예상을 하자면 제로 트러스트 플랫폼에 통합된 모든 보안, IT 구성 요소는 가치, 효율성, 범위를 더욱 높여준다. 반대로 모든 사일로화(통합되지 않아 데이터가 일치하지 않는)된[siloed] 구성 요소는 연계가 어려워 제로 트러스트 시스템의 효율성을 떨어뜨리며 보안을 저해할 수 있다.

콘텍스트와 이벤트에 따라 환경과 시스템 전반에서 작업을 자동화

성공적인 제로 트러스트 구축을 위해 자동화는 핵심이며 심지어 소규모 제로 트러스트를 운영할 때에도 필요하다. 그리고 제로 트러스트 자동화는 ID, 장치, 네트워크, 시스템 콘텍스트에 따라 변경되는 동적인 접근 제어 규칙을 기반으로 한다. 3장에서 볼 수 있듯이 제로 트러스트 모델은 논리적 컨트롤 채널로 분산돼 있는 정책 적용 지점[PEP, Policy Enforcement Point]에 연결된 중앙 집중식 정책 결정 지점[PDP, Policy Decision Point]이 필요하다. 이 채널은 통합/API로 정책의 변경을 자동화하는 데 사용하며 제로 트러스트 시스템 동작에 있어 매우 중요하다.

접속 자동화 정책은 ID 관리 시스템, 접속 관리 시스템 또는 네트워크 접속 제어 시스템을 통한 접속 통제 등 제로 트러스트 시스템에서 다양한 유형으로 사용할 수 있다. 또 다른 자동화 사례로 수명주기 관리 이벤트나 콘텍스트 변경에 따라 리소스 접속을 일시적으로 혹은 영구적으로 제거하는 경우도 있다.

자동화 작업은 운영 환경에서 기본적인 작업이지만 일부 수동 작업이 필요한 경우가 있어 자동화 워크플로에서 수동 작업 단계를 완전히 없앨 수는 없다. 즉, 자동화는 '완전 자동'을 의미하지 않는다. 예를 들어 보안, 규정 준수가 필요한 접속 허용 프로세스에는 관리자 승인 절차가 반드시 있어야 한다. 이 워크플로는 사람이 정보를 읽고, 결정을 내리고, 그 결정을 시스템에 반영해야 한다. 이 활동은 업무 프로세스에서 유일한 수동 단계다. 그리고 접속 변경과 관련한 프로비저닝을 포함한 나머지 워크플로는 자동화돼야 한다.

전술적, 전략적 가치를 제공

궁극적으로 제로 트러스트와 관련된 핵심 이니셔티브는 비즈니스 가치와 연계해야 한다. 제로 트러스트 프로젝트는 인프라, 운영 팀, 운영, 최종 사용자 환경에 상당한 영향을 미칠 수 있기 때문이다. 물론 제로 트러스트 자체는 긍정적이지만 그에 따르는 변화는 기술적, 문화적, 정치적으로 달성하기 어렵다. 또한 제로 트러스트 프로젝트와 관련한 변경 사항은 여러 영향을 미칠 수 있다. 즉, 제로 트러스트 환경에서 정책 유형이나 정책 적용으로 수많은 구성 요소가 변경되거나 통합된다.

제로 트러스트는 기업의 변화를 이루기 위한 여정과 같으며 시간과 비용을 투자해야 한다. 기업의 핵심 비즈니스와 우선순위를 이해하면 기업 환경에서 제로 트러스트의 전략적 목표를 제시하고 실행하는 데 도움이 된다. 제로 트러스트 여정을 시작할 때 점진적으로 적용하고 전략적으로 실현해야 한다. 그래야 효과적으로 제로 트러스트로 전환하고 내부 추진력과 지원을 얻을 수 있다. 즉, 초기에 제로 트러스트 아키텍처 프레임워크를 전술적으로 도입하면 기업의 전략적 가치를 최대한 실현할 수 있다. 또한 새로운 프로젝트가 성공할 때마다 기업을 제로 트러스트 이니셔티브 경로로 안내할 것이며 지원 체계도 형성될 것이다.

작업 정의

이 책에서 제로 트러스트 원칙, 아키텍처, 사례들을 소개하지만 제로 트러스트가 무엇인지를 먼저 이해하는 것이 중요하다. 쉽게 말하자면 제로 트러스트를 보안 이니셔티브와 구성 요소를 확인하고 해석할 수 있는 '렌즈'로 생각하면 이해하기 쉽다. 이를 간략하게 정의하면 다음과 같다.

> 제로 트러스트 시스템은 ID, 보안, IT 인프라의 상황별 정보와 위험, 분석 툴을 사용해 보안 정책을 전사적으로 균일하고 동적으로 적용하고 정보를 제공하는 통합 보안 플랫폼이다. 제로 트러스트는 비효율적인 경계 중심 모델에서 리소스, ID 중심 모델로 보안을 전환한다. 따라서 기업은 변화하는 환경에 맞게 접근 제어를 지속적으로 적용해 보안을 개선하고 위험을 감소시킬 수 있으며 운영을 단순하고 탄력적으로 수행하고 비즈니스 민첩성을 향상시킬 수 있다.

이 핵심 정의는 앞에서 정의한 원칙뿐만 아니라 다음에 설명하는 제로 트러스트 초기 요구 사항에도 해당한다.

제로 트러스트 플랫폼 요구 사항

이 절에서는 앞에서 설명한 제로 트러스트 원칙에 근거해 제로 트러스트 플랫폼의 기본 요구 사항을 설명한다. 이 절의 목표는 단순히 제로 트러스트 원칙을 설명하는 것이 아니라 플랫폼 관점에서 관련 측면을 강조하는 것이다. 이 원칙 중 일부(특히 API, 통합)는 특정 IT나 보안 기능과 관련된 요구 사항으로 가장 잘 설명할 수 있지만 다음과 같이 일반적인 요구 사항으로 광범위하게 정의했다.

1. 데이터 통신은 암호화해야 하며 암호화가 필요 없는 통신이 필요한 경우에도 신중하게 판단해야 한다(예, DNS).
2. 시스템은 모든 유형의 리소스에 대해 접근 제어를 적용할 수 있어야 한다. 그리고 접근 제어 메커니즘은 ID 중심, 상황별 정책 중심으로 설계해야 한다.
3. 데이터 리소스는 ID 정책, 상황별 정책에 따라 접속을 제어해 보호해야 한다.
4. 시스템과 정책 모델은 모든 위치에서 모든 사용자 보안을 지원해야 한다. 그리고 원격 사용자와 내부 사용자에 적용하는 정책 모델과 접속 제어는 일관성이 있어야 한다.
5. 접속 권한을 부여받기 전이나 후에 주기적으로 장치 보안 상태와 구성을 검사할 수 있어야 한다.
6. BYOD[Bring Your Own Device]를 기업에서 관리하는 장치와 구별하고 그에 따라 접속 수준을 제어할 수 있어야 한다.
7. 모든 네트워크 리소스의 접속은 정책에 의해 명시적으로 부여해야 한다. 그리고 어떤 사용자나 장치도 광범위한 네트워크 접속을 허용해서는 안 된다.
8. 접근 제어는 동일한 네트워크 리소스에서도 서로 다른 서비스를 구별할 수 있어야 한다. 예를 들어 HTTPS 접속은 SSH 접속과 별도로 제어해야 한다.
9. 다른 유형의 애플리케이션이나 컨테이너에 포함된 특정 데이터 요소의

접속은 비즈니스 정책에 따라 통제해야 한다.

10. 네트워크 통신과 관련한 메타데이터는 저장해야 하고 ID 콘텍스트로 강화해야 한다.
11. 네트워크 통신은 보안, 데이터 확인 목적으로 검사할 수 있어야 한다.
12. 클라우드로 전송되는 워크로드는 온프레미스 솔루션에서 정의한 접근 제어 정책과 동일하게 적용해야 한다.
13. 자동화는 효율적이고 효과적인 사고 대응을 위해 ID 중심의 세부 정보를 포함해야 한다.
14. 정책을 효과적이고 동적으로 적용하려면 분석 툴 기반으로 로그를 활용해야 한다.

요약

2장에서는 2010년 포레스터가 제로 트러스트라는 용어를 처음 사용한 것을 시작으로 구글, NIST, CSA 등 여러 기업의 지속적인 제로 트러스트 노력을 다뤘다.

이런 과거 배경을 바탕으로 3가지 핵심 제로 트러스트 원칙을 설명하고 다듬었으며 3가지 확장 원칙을 설명했다. 그리고 이 원칙들은 모든 제로 트러스트 이니셔티브의 기본이 돼야 한다고 믿는다.

3장에서는 대표적인 엔터프라이즈 아키텍처 모델을 소개한다. 물론 모든 아키텍처를 다루지는 않지만 공통적인 제로 트러스트 구축 모델을 설명하면서 기업에 어떻게 적합한지를 설명한다. 이후 2부에서는 제로 트러스트가 IT, 보안 기술에 어떻게 영향을 주는지 심층적으로 살펴본다.

3장

제로 트러스트 아키텍처

지금까지 제로 트러스트의 역사를 설명하고 필자의 관점과 핵심 원칙들을 소개했다. 제로 트러스트는 다양한 유형의 아키텍처를 지원하는 철학이다. 다만 명확한 단일 아키텍처는 없기 때문에 각 기업은 제로 트러스트로 전환하는 올바른 접근 방식을 신중하게 개발하도록 기업만의 고유한 요구 사항을 검토하고 평가해야 한다.[1]

기업마다 매우 다양한 환경과 프로젝트 추진 방식을 고려할 때 '일률적인' 제로 트러스트 아키텍처를 만들 수는 없다. 그럼에도 필자는 과감히 시도했고 두 가지 관점에서 이 문제에 접근했다. 첫째, 3장에서는 비교적 단순하지만 대표적인 엔터프라이즈 아키텍처를 설계한 후 해당 아키텍처를 상세하게 살펴본다. 다만 일반적인 기업에서 사용하는 아키텍처를 설명할 예정으로 특정 기업이나 네트워크의 상세한 기술 모델은 아니다. 대부분의 기업에서 볼 수 있는 공통적인 많은 요소를 아키텍처에서 보여주고 이런 다양한 구성 요소 간의 연결과 의존성을 시각적으로 단순한 모델로 보여주는 것이 3장의 목표다.

1. 궁극적으로 이 책의 목적은 독자에게 제로 트러스트를 정확히 실행할 수 있는 지식을 제공하는 것이다.

엔터프라이즈 아키텍처를 소개한 다음에는 대표적으로 사용 중인 IT 구성 요소와 보안 구성 요소를 간략히 설명한다. 이 내용은 나중에 설명할 2부의 내용을 쉽게 이해하는 데 도움이 될 것이다. 그리고 제로 트러스트 아키텍처 관점에서 각각의 IT, 보안 구성 요소를 어떻게 연결하고 통합하고 검토할지 살펴본다.

둘째, 제로 트러스트 아키텍처의 개념 모델을 소개한다. 엔터프라이즈 아키텍처와 엔터프라이즈 보안 설계자의 선택에 따라 제로 트러스트 접근 방식이 다양해지기 때문에 이 또한 어려운 과제다. 먼저 제로 트러스트 아키텍처 설명을 위해 미국 국립 표준 기술 연구소NIST, National Institute of Standards and Technology에서 발간한 제로 트러스트 아키텍처 특별 간행물(800-207)부터 살펴보자. 다만 필자는 기업에 더 적합하고 기업이 더 쉽게 접근하도록 NIST 아키텍처를 확장해서 해석했다. 즉, 이 책 전반에 걸쳐 이런 아키텍처 개념을 사용해 기업에 적합하고 좀 더 현실적인 제로 트러스트를 설계한다.

엔터프라이즈 네트워크, 보안 인프라에는 방화벽, NAC, IDS/IPS 등과 같은 많은 요소가 있다. 그중 대부분은 제로 트러스트 아키텍처에서 계속 필요하다(일부는 그렇지 않을 수도 있다). 하지만 많은 요소를 실제 적용할 때는 제로 트러스트로 인프라를 구성하고 운영하는 방식을 변경해 보안을 개선하고 운영을 간소화해야 한다. 엔터프라이즈 아키텍처부터 시작해보자.

대표적인 엔터프라이즈 아키텍처

그림 3-1은 가장 일반적인 엔터프라이즈 아키텍처의 IT, 보안 인프라 요소로 네트워킹 구성 요소 간의 논리적 연결을 보여준다. 명확하게 하고자 이 다이어그램에서 많은 세부 사항은 생략했다. 하지만 2부의 관련 장에서 각 구성 요소, 의존성, 연결성을 확인할 수 있다. 이제 아키텍처 측면에서 각 요소의 역할을 간략하게 소개하고 기업에서 이를 어떻게 사용하고 있는지 그리고 어떻게 개선하기를 원하고 있는지 알아보자.

이 책 전반에서 사용하는 표시 방법을 개략적으로 소개하자면 객체 간의 논리적 연결은 파선으로 표시한다. 객체 간의 보안(암호화된) 연결은 굵은 선으로 표시하고 실선(굵게 표시되지 않음)은 네이티브 애플리케이션 프로토콜(암호화될 수도 있고 암호화되지 않을 수도 있음)을 사용해 다이어그램에서 객체 간의 데이터 흐름을 나타낸다. 접속 중인 리소스(워크로드, 서비스 또는 데이터)는 'R'로 표시하고 마지막으로 리소스 사이의 타원은 공통 리소스 집합을 의미한다.

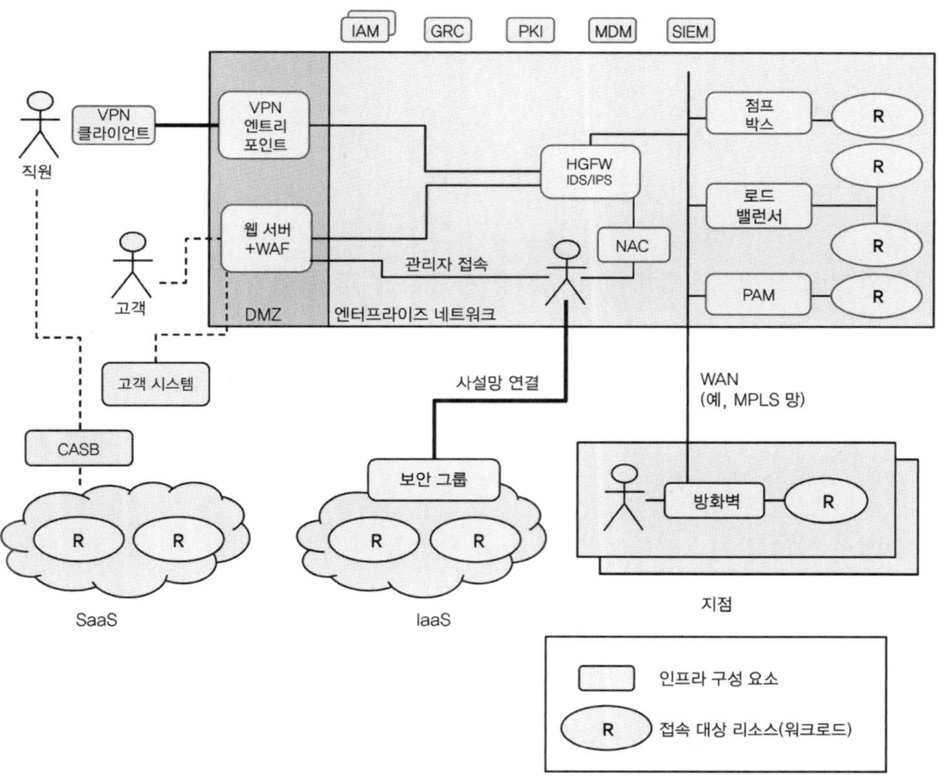

그림 3-1. 대표적인 엔터프라이즈 아키텍처

이 아키텍처에서 설명하는 기업은 본사 네트워크와 여러 지사를 운영하고 있다. 물리적 위치에는 각각 사용자가 안전하게 접속할 수 있는 여러 네트워크 리소스(워크로드)가 R로 표현돼 있다. 또한 이 기업에는 공용 서비스형 인프라IaaS,

Infrastructure as a Service 공급업체에서 제공하는 사설망 네트워크로 연결된 워크로드와 여러 사용자가 접속하는 서비스형 소프트웨어SaaS, Software as a Service 리소스가 있다.

대부분의 기업과 마찬가지로 여기서 설명하는 가상의 기업도 다양한 유형의 접근 제어와 네트워킹 메커니즘은 물론 IT, 보안 인프라 요소를 중앙에서 관리하는 시스템을 갖추고 있다. 다음 절에서는 이 항목들을 사용하는 이유와 방법뿐 아니라 개선 사항을 간략히 설명한다.

IAM

이 기업에는 오늘날 대부분 기업에서 흔히 볼 수 있는 여러 ID 제공자provider가 있다. 이 경우 기업은 하나의 IAMIdentity and Access Management 시스템을 갖고 있지만 다수의 기업을 인수, 합병해서 IAM을 사용하지 않는 여러 개의 소규모 시스템도 있다. IAM 시스템은 사용자(대부분 직원이며 일부 계약직도 포함)의 ID와 인증을 관리하는 데 사용한다. 이 기업은 MFAMulti-Factor Authentication 솔루션과 기본적인 ID 관리 프로그램을 혼용해 함께 사용했지만 최근 진행한 감사에서 몇 가지 해결해야 할 중요한 과제를 발견했다.

기업에서는 IAM 시스템을 중앙에 놓고 관리할 계획이 있지만 아직은 애플리케이션과 IAM의 통합 등 자동화 프로세스 구축이나 수동, 자동 프로비저닝 프로세스 연계 등 이 프로세스와 관련한 많은 의존성이 있다. 보안 개선이나 변경 사항이 무엇이든 ID 관리 시스템은 기존 IAM 인프라와 연동해 동작해야 한다. IAM 시스템이 중앙에서 관리될 때까지 기다리는 것은 현실적이지 않다.

기업은 현재 상황에서도 역할 기반 접근 제어RBAC, Role-Based Access Control 툴과 프로세스로 적합한 역할Role 세트를 구현했고, 기업은 이 툴을 이용해 어느 정도의 보안을 통제하고자 한다. 그러나 기존 보안 인프라는 IAM 시스템과 대부분 통합하지 않은 상태다. 물론 이 기업은 이런 환경이 비용 낭비, 비효율성, 비효과적인 보안 시스템 운영의 원인이라 생각하고 있으며 제로 트러스트로 전환할 때 제일 우선적으로 개선해야 할 대상임을 인지하고 있다.

네트워크 인프라(방화벽, DNS, 로드 밸런서)

이 기업은 이전부터 운영한 여러 방화벽과 내부 서버 호스트 이름을 확인할 목적으로 자체 DNS 서버 등 기본적인 네트워크 인프라를 갖추고 있다. 또한 네트워크, 애플리케이션 로드 밸런서를 포함한 다양한 유형의 로드 밸런서를 사용한다. 이 인프라 요소들 중 대부분은 수년간 서비스를 보호하고 네트워크를 세분화하며 내부 리소스 접속을 제어하는 데 사용해왔다.

그러나 이런 요소들을 관리하는 팀은 변하는 애플리케이션(워크로드)의 개발, 배포, 접속 방식을 따라잡고자 노력해왔다. 다만 기존 보안 솔루션들로는 증가하는 원격 사용자의 접속, 온프레미스 컨테이너나 가상화 환경에서 실행하는 매우 동적인 워크로드를 통제하기엔 한계가 있었다. 그리고 기존 보안 툴은 정적이고 고정된 IT 인프라 보호 관점에서 설계하고 구축했기 때문에 기본 네트워크 접속 권한을 너무 광범위하게 부여해야 한다.[2] 또한 기존 보안 툴들은 서로 다른 사용자와 서로 다른 대상 워크로드를 효율적으로 구분할 수 없었다.

이런 개방형 네트워크 접속은 이제 우선적으로 개선해야 할 대상이다. 이 기업에서는 최근에 악성 프로그램 해킹 공격이 있었는데, 이 공격은 네트워크 전체에 광범위하게 퍼져 상당수 시스템에 영향이 있었다. 이에 여러 네트워크에서 효과적으로 접근 제어를 관리하기 위한 제로 트러스트를 검토하고 있다.

---

2. 특히 이런 새로운 모델은 단일 공유 IP 주소로 서로 다른 접근 제어가 필요한 여러 워크로드까지도 적용 대상에 포함한다. 마찬가지로 원격 사용자는 VPN 게이트웨이에 접속할 때 NAT IP를 사용한다.

점프 박스

이 기업은 별도의 네트워크 세그먼트에서 격리된 운영 시스템, 백업 시스템과 같은 네트워크의 특정 중요 자산에 접속하는 관리자를 통제할 목적으로 점프 박스jump boxes(점프 호스트 또는 점프 서버라고도 함)를 사용하고 있었다. 그리고 최근 보안 감사를 통해 점프 박스의 일부 보안 문제(예, 인증 정보 및 MFA 미적용)를 해결했지만 여전히 개선해야 할 여러 문제가 있다.

예를 들어 점프 박스가 핵심 시스템에 접속할 수 있는 전체 네트워크 접속 권한을 갖고 있다는 점, 임시 권한 부여를 위해 필요한 비즈니스 프로세스(요청과 승인)를 시행할 수 없다는 점, ID 시스템과의 통합이 부족하다는 점 등이 있다. 또한 점프 박스 이용이 보안에 문제가 없다고 생각하고 있으며, 다음에 설명할 특권 접속 관리 시스템과 동일한 보안 수준을 갖췄다고 생각하는 경향이 있었다.

특권 접속 관리

이 기업은 특권 접속 관리PAM, Privileged Access Management 솔루션을 사용해 비밀번호 볼트vaulting 기능을 지원하고 핵심 시스템 접속 세션을 기록하고 있다. PAM은 비밀번호를 난독화하고 안전한 기업 시스템 접속을 지원하지만 솔루션 비용 문제와 복잡한 구성으로 일부에서만 사용하고 있다.

현재 이 기업의 PAM 솔루션은 핵심 ID 솔루션과는 어떤 연결도 없이 제한적인 상황 인지 기능만을 제공한다. 이는 PAM 솔루션에서 핵심 시스템에 누가 접속할 수 있어야 하는지를 통제하는 역할 기반 솔루션 기능이 제한적이라는 의미다.

이상적으로는 PAM 솔루션으로 정책, 컴플라이언스 요구 사항에 따라 접속의 허용, 차단 여부를 결정할 수 있는 콘텍스트 정보를 사용할 수 있어야 한다. 기업의 핵심 리소스에 접속하고자 사용 중인 점프 박스와 PAM을 재검토하는 측면에서 IAM과 PAM 솔루션 통합도 우선적으로 추진할 과제다.

네트워크 접근 제어

이 기업은 네트워크 접근 제어NAC, Network Access Control 솔루션으로 본사 사무실에 있는 사용자의 네트워크 접속과 게스트 와이파이Wi-Fi 접속을 관리한다. 네트워킹 인프라 중 하나인 이 하드웨어 기반 시스템은 기업에서 발행한 인증서를 사용해 접속 장치의 인가 여부를 확인하고 VLAN에 할당한다.

NAC 솔루션은 운영이 복잡하고 네트워크 변화를 따라가지 못해 필요 이상으로 사용자에게 많은 워크로드와 데이터 접속을 허용했지만 초기에 이 방식은 기업 본사에서 효과적인 통제 수단이었다. 하지만 이 방식은 최근 감사에서 확인한 운영 시스템 접속과 관련한 문제점의 근본적인 원인이었다.

또한 NAC 솔루션은 여러 측면에서 사일로silo와 같다. 첫째, 기업은 비용 문제와 복잡성으로 지사에 NAC 솔루션을 적용하지 않기로 결정했다. 결과적으로 지사 사무실의 사용자들은 다른 유형의 접근 제어가 적용된다. 둘째, NAC 솔루션은 원격 접속이나 클라우드 환경에서도 사용할 수 없다. 클라우드 환경에서는 넓은 범위로 정적인 별도 접속 정책 모델을 적용해야 한다.

마지막으로 NAC 하드웨어는 기술 지원이 종료End-Of-Life될 예정이다. 결국 이 모든 측면을 고려해 기업의 보안 관리자들은 NAC 솔루션을 없애기로 결정했다. 이에 NAC 솔루션 구매 예산을 제로 트러스트 이니셔티브에 대신 투자할 것이고 동시에 인프라를 최신화하고 복잡성과 운영 비용을 줄일 수 있다.

침입 탐지/침입 방지

많은 기업과 마찬가지로 이 기업도 네트워크 기반 IDS/IPS(침입 탐지 시스템/침입 방지 시스템)를 보유하고 있는데, 차세대 방화벽NGFW의 보안 기능을 사용하고 오픈소스 기반의 IDS/IPS를 적용했다. 이 시스템은 보안 운영 센터SOC에서 자동 또는 수동으로 비정상적인 이상 징후를 감지하고 대응한다.

그러나 이 기업의 IDS는 인라인 모드로 사용할 수 없었고 네트워크 처리량, 관련 복잡도, 클라우드 기반 리소스의 사용, 암호화 프로토콜 사용이 증가하면서 효과적이지 못했다.

기업들은 이기종 환경 전반에서 보안 위협을 감지하고 이에 대응할 수 있는 좀 더 포괄적이고 전사적인 방법을 원한다. 기업들은 많은 시간과 비용을 들였지만 예상과는 달리 침입 탐지, 방지 기능이 제한적이라고 생각할 것이다. 기업에서는 한곳에서 정의한 IDS 정책으로 네트워크, 사용자 장치, 워크로드 등 여러 대상에 적용할 수 있는 방식이 이상적이라 생각할 것이다. 또한 미탐지나 탐지 오류가 없고 보안 담당자, 데이터 분석가가 데이터를 분석할 때 쉽게 의사결정 가능한 정보를 얻고 싶어 할 것이다.

가상 사설망

현재 이 기업에서 원격 접속을 지원하는 유일한 시스템은 가상 사설망[VPN, Virtual Private Network]이다. 사용자가 원격으로 기업 환경에 접속할 수 있도록 VPN을 구축했다. 그러나 원격 사용자가 증가하고 보안 문제가 증가하면서 기업은 VPN의 성능, 안정성에 문제가 있음을 발견했으며 VPN은 원격 접속 환경에서 ID 확인을 위한 콘텍스트를 제공하지 않았다. 또한 기업은 VPN 솔루션이 기본적인 수준의 접속 제어만 가능한 점을 우려하고 있는데, 원격 사용자는 쉽게 네트워크를 통해 사내 여러 곳에 접근할 수 있기 때문이다.

이에 기업은 보안 콘텍스트를 강화하고 비즈니스에 영향을 미치는 여러 서비스와 성능의 영향을 줄이려고 한다. 또한 이런 보안을 제공하고자 원격 접속을 ID 제공자와 통합하고 접속 허용 여부를 판단할 때 사용자와 장치의 속성 정보를 활용하고자 한다.

차세대 방화벽

이 기업의 차세대 방화벽NGFW은 기존 방화벽 기능, IDS/IPS 기능, 애플리케이션 인지와 제어 기능, 원격 접속 VPN(이전에 별도로 설명) 기능으로 구성돼 있다. 하지만 해당 기업에서는 메인 차세대 방화벽에 불만이 있었고 하이브리드 인프라 구성에 어려움을 겪고 있었다. 즉, 서로 다른 벤더의 차세대 방화벽으로 구성된 두 개의 영역enclaves을 갖고 있어 이를 단일 벤더로 통합하고 싶지만 관련 구축비, 운영비 문제 해결이 어려운 상태다.

그 결과 이 두 영역에서 서로 다른 기능이 동작하고 있어 운영 충돌, 잘못된 정책 설정이나 제어, 보안 도메인 간에 트래픽을 전송할 때 기술적인 문제가 발생한다. 기업에서는 통합 정책 모델을 제공하고 전체 하드웨어 인프라를 일관되게 운영할 수 있는 보안 및 운영 솔루션을 찾고 있다. 그리고 용량, 감가상각 기간이 아직 여러 해 이상 남아 있어 이 하드웨어를 교체하는 낭비는 피하고 싶어 한다. 또한 보안 플랫폼에 위협 인텔리전스[3] 통합을 시작하려고 한다.

SIEM

이 기업은 기존의 온프레미스 기반의 보안 정보와 이벤트 관리SIEM, Security Information and Event Management와 클라우드 기반의 새로운 SIEM을 함께 사용하고 있다. 향후 클라우드 기반 SIEM으로 완전히 마이그레이션할 계획이지만 이전에 커스터마이징하고 통합한 일부 온프레미스 시스템을 보유하고 있다. 하지만 이런 통합은 운영상 필요했지만 유연성이 떨어지고 유지 보수가 어려운 상태다.

클라우드 기반 SIEM으로 마이그레이션하면 성능, 확장 기능이 향상되고 더 다양한 소스의 로그 데이터를 효율적으로 통합하는 등 최신 플랫폼 기능을 사용할 수 있다. 또한 해당 기업은 SIEM을 강화하고 위험 평가를 측정해 사용자 접속 개선에 도움이 되는 정보를 얻기 바란다. 또한 전반적으로 클라우드 기반

3. 사이버 공격에 대해 정리하고 분석한 증거 기반 정보 – 옮긴이

SIEM에 만족하지만 사용자 접속을 자동화할 수 있는 기능인 '최신 기술'을 이용하고 싶어 한다. 따라서 제로 트러스트 이니셔티브와 SOAR[Security Orchestration, Automation and Response] 시스템을 도입해 개선 방안을 모색하고 있다.

웹 서버, 웹 애플리케이션 방화벽

이 기업의 주요 사업은 기업 고객을 대상으로 한 웹 포털과 웹 API 기반 서비스다. 이 시스템은 DMZ에 위치하며 엔터프라이즈 네트워크 안에는 서로 연결된 여러 운영 시스템이 있다. 또한 웹 포털과 웹 API에 웹 애플리케이션 방화벽[WAF, Web Application Firewall]을 적용해 SQL 인젝션, 크로스사이트 스크립팅[XSS, cross-site scripting] 같은 애플리케이션, 네트워크 기반 해킹 공격을 방어하고 있다.

그리고 이 웹 시스템은 기본적으로 서비스 특성상 인증되지 않은 사용자와 익명의 사용자 모두 접속할 수 있어야 한다. 그리고 이 시스템은 샌드박스 데모 테넌트에서 실행되는 무료 체험 가능한 데모 서비스도 제공하고 있다. 물론 해당 서비스 또한 사업에서 중요하다.

그리고 해당 웹 사이트에는 외부에 공개되지 않고 인증된 사용자만 접속할 수 있는 영역도 있는데, 고객이 로그인한 후 애플리케이션을 사용해 기업 비즈니스를 거래할 수 있는 여러 웹 UI도 있다. 또한 이 애플리케이션에는 비즈니스 거래를 위해 고객 시스템에서 많이 사용하는 API도 있다. 실제로 최근 몇 년 동안 API는 UI 사용량을 넘어서 현재 온라인 비즈니스의 75% 매출을 차지하는 반면 웹 UI 매출은 25%다. 또한 이 기업은 시스템의 외부 해킹 대응 수준에 만족하고 있어 시급히 개선할 필요가 없다고 생각한다. 물론 내부의 관리자는 시스템 관리 권한이 있는데, 상대적으로 보안 수준이 낮아 제로 트러스트 이니셔티브 관점에서 강화하고 싶어 한다.

서비스형 인프라(IaaS)

이 기업은 서비스형 인프라IaaS, Infrastructure as a Service를 이용해 컴퓨팅, 네트워킹 기능을 개선하고 온프레미스 네트워크와 클라우드 인프라 사이에 '프라이빗 링크private link' 터널을 구축했다. 클라우드에 인프라를 구축하더라도 네트워크 접속 방식에는 변함이 없다. 따라서 동일한 네트워크 환경에서 연결이 가능하지만 추가적인 보안 기능을 적용하지는 않았다. 사실 이 방식은 하나의 네트워크에서 두 개의 서로 다른 보안 모델과 툴을 운영하기 때문에 갈수록 구성이 복잡해진다.

기업은 클라우드 서비스 제공업체CSP, Cloud Service Provider가 제공하는 모니터링, 네트워킹 서비스를 활용할 수 있지만 온프레미스 인프라는 여전히 네트워크 2계층에서 동작하는 일부 인프라를 포함해 레거시 네트워크 서비스를 기반으로 운영 중이다. 이런 환경은 클라우드에서 운영할 수 없기 때문에 기업에서는 IaaS를 이용해 보안에 접근하는 방법을 고려해야 한다.

기업은 온프레미스 보안 모델의 정책을 그대로 사용하면서 상황에 맞게 동적으로 동작하는 보안 모델을 찾고 있다. 그리고 이 보안 모델은 ID 중심이어야 한다. 즉, 주어진 환경과 클라우드 환경 모두에서 전체적으로 접속을 제어하고 모니터링할 수 있는 방법을 제공해야 한다. 마지막으로 모든 것을 클라우드로 마이그레이션할 필요 없이 이기종 환경 전반에서 IaaS에 있는 제어 기능과 자동화 기능을 그대로 사용하길 원한다.

서비스형 소프트웨어(SaaS), 클라우드 애플리케이션 보안 브로커(CASB)

기업은 크게 성장했으며 자연스럽게 HR, 기타 주요 비즈니스 기능을 지원하는 서비스형 소프트웨어SaaS, Software as a Service 기반 애플리케이션을 도입했다. 또한 특정 부서에서 사업 전략에 따라 자체적으로 SaaS 애플리케이션을 구입했기 때문에 완벽하게 보호되지 않는 리소스들이 계속 증가하고 있었다. 이에 기업에서는 여러 리소스를 보호하고자 클라우드 애플리케이션 보안 브로커[CASB, Cloud Application Security Broker]를 구축했고 사용 중인 리소스를 안전하게 보호하고 있다.

기업에서는 CASB로 승인하지 않은 IT 사용을 차단할 뿐만 아니라 DLP[Data Loss Prevention]를 확산해서 적용하려고 한다. 또한 ID 중심의 접근 제어 구축으로 SaaS 애플리케이션을 더욱 안전하게 이용하려 한다.

지금까지 이 기업의 기존 아키텍처 요소와 이를 개선하고자 하는 방법을 소개했다. 지금까지 설명한 각 구성 요소는 2부에서 제로 트러스트 관점으로 자세히 살펴본다. 이제 제로 트러스트 아키텍처의 구조와 구성을 확인해보자.

제로 트러스트 아키텍처

이 절에서는 NIST에서 제시한 내용을 기반으로 개념적인 제로 트러스트 아키텍처를 제시하면서 이를 구체화하고 확장한다. 앞서 NIST에서도 언급한, 즉 제로 트러스트는 일련의 원칙과 철학에서 시작하고 제로 트러스트의 목표를 달성하고자 사용할 수 있는 다양한 엔터프라이즈 보안 아키텍처가 있다는 것을 다뤘다. 하지만 보편적으로 적용할 수 있는 단일 아키텍처를 만들거나 설명하는 것이 불가능하다는 것을 인정한다. 다만 여기서 제로 트러스트 아키텍처 구성 요소와 요구 사항들을 소개하고, 이를 기업에 적합하고 가치 있는 아키텍처를 구축할 수 있다. 이 장에서 다룰 내용은 필자의 고민이자 NIST 담당자의 고민 사항이다.

NIST 제로 트러스트 모델

2장에서 설명한 것처럼 NIST는 그림 3-2와 같이 제로 트러스트의 논리적인 구성 요소를 소개했다. 이 다이어그램에는 책 전반에 걸쳐 설명할 핵심 개념과 구성 요소를 보여준다.

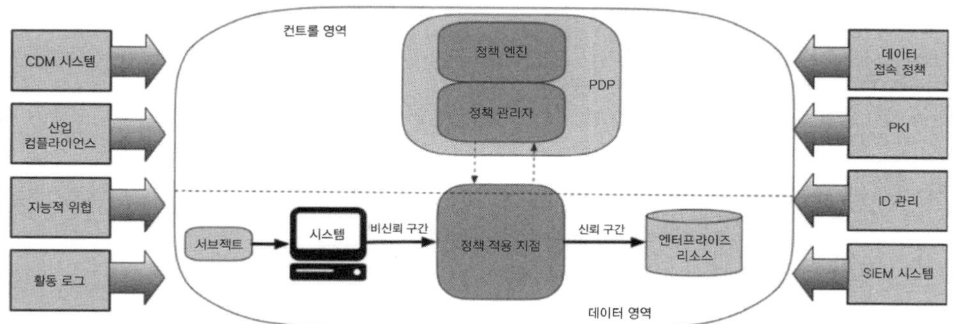

그림 3-2. 논리적 제로 트러스트 구성 요소(출처: NIST: 제로 트러스트 아키텍처, SP 800-207)

첫째, NIST에서 사용자, 애플리케이션 또는 장치로 정의한 **서브젝트**subject는 컴퓨터 시스템에서 작동하며 **엔터프라이즈 리소스**에 접속할 수 있는 개념이다. 이 리소스는 제로 트러스트 시스템에서 보호해야 하는 기업의 애플리케이션, 데이터, 문서나 워크로드일 수 있다. 일반적으로 이 책에서는 이를 리소스resource라고 한다.

서브젝트는 신뢰할 수 없는 네트워크 환경에서 동작하는 것으로 간주하며 **정책 적용 지점**PEP, Policy Enforcement Point을 통해서만 리소스에 접속할 수 있다. PEP는 NIST에서 언급하는 **암묵적 트러스트 존**에서 리소스에 접속하는 서브젝트를 제어한다. 이 내용은 나중에 자세히 설명한다. 서브젝트는 **정책 결정 지점**PDP, Policy Decision Point에서 ID를 확인(인증)받고 ID와 콘텍스트에 따라 해당 서브젝트에 최소한의 권한만 부여하고 이것를 PEP가 실행하는 형태다.[4]

PDP와 PEP는 논리적으로 분리돼 있고 기업의 자산과 리소스에 직접 접속할 수 없는 네트워크상에서 통신하기 때문에 NIST에서 설명한 것처럼 서브젝트는 **컨트롤 영역**Control Plane과는 다른 **데이터 영역**Data Plane에서 엔터프라이즈 리소스와 통신한다. 그리고 애플리케이션 데이터는 데이터 영역에서 사용한다.

시스템 외부에 있는 것으로 표현한 추가 요소들(예, CDM과 PKI)은 제로 트러스트

4. NIST에는 PDP를 구성하는 2개 구성 요소(정책 엔진과 정책 관리자) 간의 논리적 분리를 언급하고 있으나 이 책에서는 이런 분리까지는 고려할 필요가 없어 PDP를 하나의 단위로만 설명한다.

시스템의 논리적인 일부분으로 간주하거나 최소한 서로 다른 통합 수준을 나타내는 양방향 연결로 표현해야 한다. 이런 요소는 제로 트러스트 시스템에서 중요한 입력 정보(콘텍스트)이고 정책 결정에 많은 영향을 준다. 이 책에서(특히 2부에서) 이 모든 시스템이 데이터나 이벤트 혹은 2개가 혼합된 방식과 연결해야 하는 이유를 설명할 예정이다. 설명할 내용들이 많은데, 이런 요소들이 PDP, PEP와 어떻게 상호 연계하고 영향을 미칠 수 있는지 확인할 것이다.

또한 PDP와 PEP의 주요 개념을 살펴보는 것도 중요하다. 기업에서는 구축하려는 제로 트러스트 아키텍처에서 여러 IT, 보안 인프라 요소가 어떻게 PEP와 연계되는지를 확인할 수 있어야 하기 때문이다. 이것이 바로 그림 3-3 아키텍처 다이어그램에서 전사적으로 다양한 개념의 PEP가 있고 이 PEP들이 다양한 작업과 역할을 수행할 것으로 예상하는 이유다. 사실 이 장의 뒷부분에서 소개하는 것처럼 몇 가지 다른 유형의 PEP가 있을 것으로 예상할 수 있을 것이다. 이제 이 개념적 아키텍처를 살펴보자.

제로 트러스트 아키텍처 개념

그림 3-3은 대표적인 기업의 보안, IT 인프라를 제로 트러스트 관점에서 바라본 개념적인 제로 트러스트 아키텍처다.

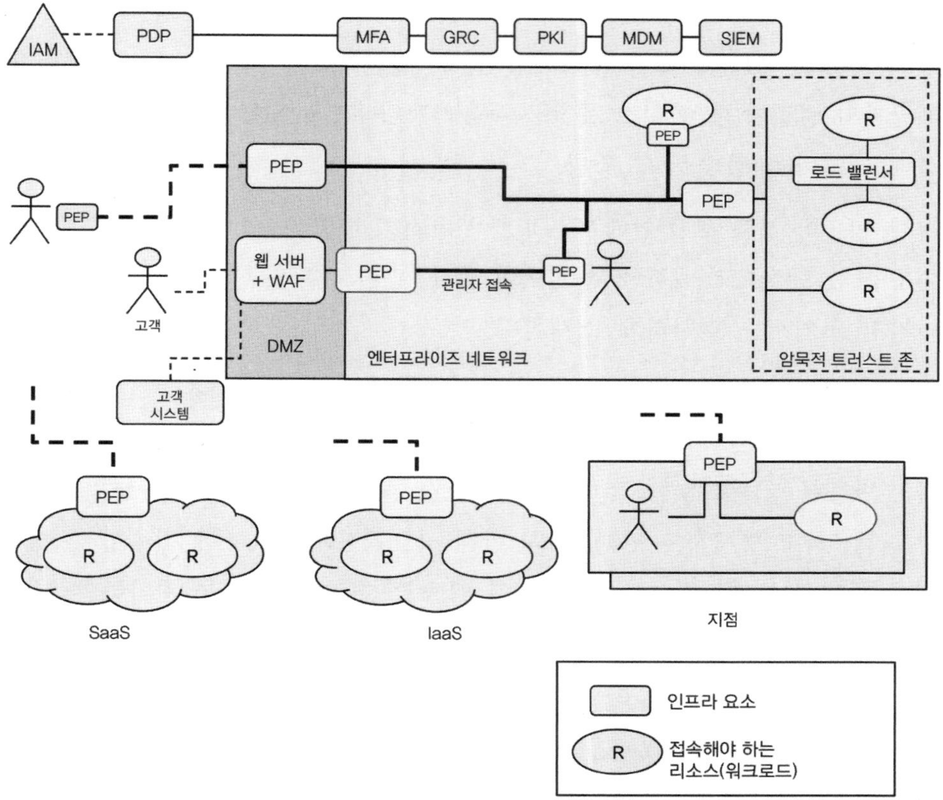

그림 3-3. 제로 트러스트 아키텍처 개념

첫 번째로 가장 먼저 주목해야 할 것은 제로 트러스트 시스템의 핵심 역할을 하는 논리적으로 중앙 집중화된 정책 결정 지점[PDP]이 있다는 점이다. 실제로 제로 트러스트를 지원하는 실제 기업 시스템에서는 PDP가 통합 비즈니스 프로세스와 연계한 다른 시스템과의 결합된 형태일 것이다.

제로 트러스트는 물론 매우 ID 중심의 시스템이며 모든 PDP는 기업의 ID 제공자와 신뢰할 수 있는 연계를 유지해야 한다. 기술적으로 PDP는 IAM 제공자와 직접 네트워크를 연결(LDAP 또는 RADIUS를 사용하는 경우)하거나 간접적으로도 연결(즉, SAML을 사용하는 경우)할 수 있다.

더 중요한 것은 우선 ID 제공자가 직접적으로 또는 간접적으로 보내는 데이터를 신뢰할 수 있게 PDP를 구성해야 한다. 일반적으로 이런 구성은 API로 ID 제공자와 연결할 때 서비스 계정을 사용하거나 ID 시스템의 공개 인증서를 사용해 데이터를 검증할 수 있다.

둘째, PDP의 정책 모델 안에서 PDP를 사용하기 때문에 ID 제공자의 ID 속성을 내부 표현 방식으로 매핑할 수 있어야 한다. 관련 내용은 17장에서 자세히 설명하지만 여기서는 간단하게 소개한다.

NIST 문서에서는 다음과 같은 관점에서 시작한다. 제로 트러스트의 기본 원칙 중 하나로, "리소스 접속 허용은 클라이언트 ID, 애플리케이션, 접속 리소스의 관찰 가능한 상태를 포함하는 동적 정책으로 결정하며 다른 행동 속성을 포함할 수 있다."라고 명시하고 있다. 다시 말해 서브젝트가 리소스에 접속할 수 있는 경우 현재 서브젝트가 해당 리소스에 접속할 수 있는 정책을 평가해야 한다.

NIST 제로 트러스트 문서에는 "PEP에 접속하지 않고는 기업 리소스에 연결할 수 없다."라 명시하고 있다. 그림 3-3에는 기업 아키텍처 전체에 구성한 PEP가 있다. 또한 표에서 PEP는 서로 다른 위치에 있으며 다른 기능을 수행한다는 점에 유의하자. 모두 PEP지만 유형이 다르고 정책을 수행할 때 역할과 기능이 다르다.

효과적인 제로 트러스트 시스템은 엔터프라이즈 시스템에 분산돼 있는 여러 PEP를 중앙에서 관리하는 구성일 것이다. 이 시스템은 동적이고 콘텍스트를 실시간으로 분석해 통제하고 시스템 환경 전체에 적용할 수 있는 정책으로 PEP 동작을 제어해야 한다. 그러나 앞서 언급한 바와 같이 이런 PEP는 다른 역할과 기능을 가진 서로 다른 유형일 수 있다.

예를 들어 DMZ에 있는 PEP는 내부 리소스에 접속할 수 있는 인증된 사용자만 접속을 허용하는 책임이 있다. 그리고 PEP는 네트워크 계층에서 PDP가 전달하는 권한 정보를 기반으로 동작해야 한다. 그리고 PDP는 사용자나 시스템 콘텍스트 등 다양한 입력 정보를 바탕으로 정책을 수립한다. 이 책의 뒷부분에서 관련 메커니즘을 살펴볼 것이다.

다이어그램의 오른쪽 상단에 있는 리소스에서 실행되는 PEP는 PDP에서 부여하는 권한 정책을 적용해야 한다. 이 PEP는 인바운드(그리고 아웃바운드) 네트워크 트래픽을 제어하는 역할을 할 수도 있고 애플리케이션에서 역할 기반 권한을 제어하는 역할을 할 수도 있다.

두 가지 경우 모두 PEP는 PDP에서 강제적인 통제 정책을 수신한다. 이 내용은 17장에서 깊이 있게 학습할 것이다. 이처럼 NIST보다 더 구체적으로 학습하는 이유는 독자의 기업 환경에서 제로 트러스트 플랫폼을 구축할 때 고려 사항, 설계, 정의, 솔루션 선택 그리고 궁극적으로 유용한 프레임워크를 제공할 수 있기 때문이다.

정책 구성 요소

정책 구성 요소는 표 3-1과 같이 정의했는데, 이 내용을 한 문장으로 요약하면 "특정 컨디션을 충족할 경우에만 타깃에서 서브젝트의 액션 실행을 허용한다."로 정의할 수 있다.

표 3-1. 정책 구성 요소

구성 요소	설명
서브젝트 기준 (Subject Criteria)	서브젝트는 액션을 실행하는(시작하는) 엔티티다. 서브젝트는 인증이 완료된 ID여야 한다. 그리고 정책이 적용되는 서브젝트를 지정하는 서브젝트 기준을 정책에 포함해야 한다.
액션(Action)	서브젝트가 실행하는 활동(Activity)이다. 여기에는 네트워크 또는 애플리케이션 구성 요소 중 하나를 포함해야 하며 둘 다 포함할 수 있다.

(이어짐)

구성 요소	설명
타깃(Target)	액션이 실행될 오브젝트(리소스)다. 액션은 정책에서 정적으로 또는 동적으로 정의할 수 있고 정책의 범위가 넓거나 좁을 수 있지만 좁은 범위의 정책이 좋다.
컨디션(Condition)	서브젝트가 타깃에 액션을 실행할 수 있는 상태다. 제로 트러스트 시스템은 서브젝트, 실행 환경, 타깃 속성 등 여러 유형의 속성을 기반으로 컨디션 정의를 지원해야 한다.

이 정책 구조를 살펴보자. 서브젝트 기준은 정책이 적용되는 서브젝트 집합을 정의하는 데 사용한다. 사람 또는 사람이 아닌 엔티티NPE, Non-Person Entities인 서브젝트는 인증된 엔티티여야 하고 ID 관리 시스템에서 관리해야 한다. 서브젝트는 ID 확인 시스템, 장치 프로파일, 네트워크, 위치 정보와 같은 정보에 관련된 많은 속성을 갖고 있다. 이 속성 정보는 서브젝트에 정책을 할당해야 할지 여부를 결정하는 서브젝트 기준에서 사용한다(속성은 컨디션에서도 사용하는데, 잠시 후 설명한다). 여기서는 속성을 간략하게 소개하고 있지만 제로 트러스트 정책 모델은 여러 가지 방법으로 속성 기반 접근 제어ABAC, Attribute-Based Access Control를 적용한다는 점을 분명히 알고 있어야 한다.[5]

액션은 정책을 통해 서브젝트가 실행할 수 있는 실제 활동을 정의한다. 네트워크 액션이나 애플리케이션 액션 중 하나일 수도 있고 둘 다일 수도 있다.

타깃은 접속해야 하는 시스템이나 구성 요소다. 타깃은 고정(예, 고정된 호스트 이름 또는 IP 주소[6]) 정보이거나 하이퍼바이저, IaaS 레이블, 태그와 같은 속성을 통해 실행할 때 동적으로 확인하는 정보일 수도 있다. 타깃은 좁게 정의하거나(예, 단일 서버에서

5. 사실 2014년에 발표된 ABAC 주제를 다룬 NIST SP 800-162는 여러 면에서 제로 트러스트 모델의 표본으로, "서브젝트가 접속을 요청할 때 ABAC 엔진은 요청자의 할당된 특성, 객체, 환경 조건, 해당 속성, 컨디션에 따라 정의되는 정책으로 접속 허용 여부를 결정할 수 있다."라고 정의했다.

6. 호스트 이름은 실제로 DNS를 이용해 동적으로 확인 가능하며 로드 밸런서를 사용하면 다르게 확인할 수도 있다. 다만 여기서 호스트 이름은 정적 정보로 간주하겠다.

실행되는 단일 서비스) 더 넓게 정의할 수 있다(예, 서버 대역이나 서브넷에 접속). 컨디션은 서브젝트가 실제로 액션을 수행할 수 있는 시점을 결정하며 다양한 상황을 포함할 수 있다. 이제 이를 구체화하고 PDP가 어떻게 해석하는지, 그리고 다양한 유형의 PEP가 어떻게 동작하는지 사례를 통해 알아보자.

표 3-2는 내부 웹 애플리케이션 접속을 제어하는 샘플 정책이며 17장에서는 다른 예를 통해 더 자세히 설명힌다.

표 3-2. 정책 샘플

정책: 청구 부서의 사용자는 청구 웹 애플리케이션을 사용할 수 있어야 한다.	
서브젝트 기준	ID 제공자에서 `Dept_Billing` 그룹의 구성원 사용자
액션	사용자는 HTTPS, 포트 443로 웹 UI에 접속할 수 있어야 한다.
타깃	FQDN(도메인 billing.internal.company.com)으로 접속하는 청구 애플리케이션
컨디션	사용자는 사내에서 접속하거나 외부에서 원격으로 접속할 수 있다. 원격 접속 사용자는 인증 시에 2중 인증(MFA)을 해야 한다. 사용자는 엔드포인트 보안 소프트웨어가 실행 중인 회사 관리 기기에서 청구 웹 애플리케이션에 접속해야 한다.

정책 적용 지점 유형

지금까지 정책을 간략히 소개했으므로 PEP를 더 자세히 살펴보겠다. 앞에서 언급했듯이 그림 3-4처럼 다양한 계층과 유형의 PEP로 정책을 적용할 수 있다.

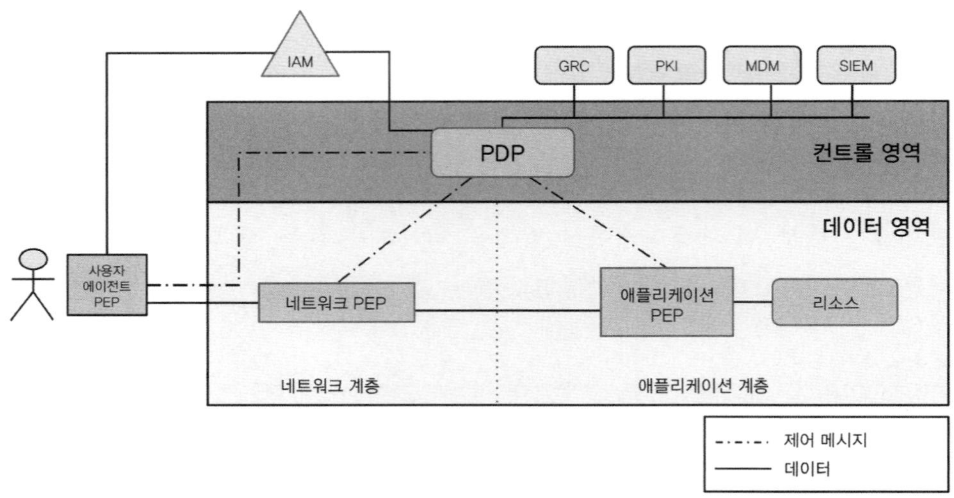

그림 3-4. 제어부, 데이터부, 정책 적용 계층

그림 3-4에서 볼 수 있듯 PEP는 실제로 사용자 에이전트 PEP, 네트워크 PEP, 애플리케이션 PEP로 구분할 수 있다. 네트워크 PEP는 개념적으로 제로 트러스트 모델에서 가장 단순한데, 제로 트러스트 네트워킹이 가장 일반적인 시작점이고 크게 보면 NIST에서 지향하는 개념이기 때문이다. 네트워크 PEP는 이미 많은 기업에서 사용하고 있다. 엔터프라이즈 방화벽(차세대 방화벽)을 어느 정도 제로 트러스트 PEP로 생각할 수 있다. 하지만 나중에 설명하겠지만 몇 가지 주의해야 할 사항도 있다. 네트워크 PEP는 네트워크 계층에서 동작하므로 네트워크 인라인 모드로 적용할 수 있는데, 이 지점이 가장 자연스러운 구성이다. 또한 메타데이터나 실제 트래픽 데이터 검사도 할 수 있다.

애플리케이션 PEP는 애플리케이션(예, PAM 또는 DLP 시스템)의 외부에 있거나 워크로드에서 실행되는 에이전트처럼 내부에 있을 수 있다. 후자의 경우 PEP를 사용해 로컬 OS 방화벽 규칙과 같은 정책을 로컬 호스트에서 적용할 수 있다. 또한 PEP는 논리적으로 애플리케이션에 영향을 주는 외부 속성이나 액션과 연계하는 애플리케이션 자체의 일부일 수 있다. 이 측면은 중요한데, PEP는 PDP와 어느 정도 통합돼 있어야 하며 PDP가 제공하는 정책 요소를 적용할 수 있어야 한다. 그리고 이 방식은 애플리케이션 안에서만 적용할 수 있다(예, 사용 ID가 특정 애플리케이션 역할을 가진 계정을 갖고 있는지 확인). 예를 들어 SAML 구문Assertion 내용을 기반으로 실시간 프로비저닝을 지원하는 최신 애플리케이션 방식의 PEP가 있다. 이 프로비저닝은 초기 역할Role을 사용해 새 계정을 생성하거나 사용자의 역할을 변경하는 형식일 수 있다.

사용자 에이전트 PEP는 사용자의 장치에서 실행되며 신뢰할 수 없는 네트워크에서 통신하는 트래픽을 암호화하는 등의 제로 트러스트 시스템에 필요한 기능을 제공한다. 그리고 보통 정책에 입력하는 정보(예, 기기 구성 및 보안 상태)를 가져오고자 장치를 검사할 때에도 PEP를 사용한다. 또한 PEP는 사용자를 대상으로 추가 인증을 요청하거나 알림을 제공하는 등 서브젝트(최종 사용자)와 서로 연계할 수 있다. 기업에서 애플리케이션 방식 PEP는 필수가 아닌 선택적으로 도입하지만 많은 (실제로 대부분의) 상업용 제로 트러스트 시스템은 사용자 장치에 설치해야 하는 에이전트(클라이언트)를 제공한다. 또한 클라이언트 없는 연계 방식이나 웹 기반 접속 기능을 옵션으로 제공하고 있으나 기능은 다소 떨어진다.[7] 이 책의 모든 그림에서는 사용자 에이전트 PEP로 계속 표시한다.

어떤 경우에는 이런 PEP 유형 간 차이점이 애매모호할 수 있는데, 유형별로 일부 중복 기능이 있을 수 있다. 예를 들어 IDS/IPS는 네트워크 기반이거나 호스트 기반으로 구성할 수 있다. 마찬가지로 DLP 기능도 차세대 방화벽NGFW과 같이 네트워크 기반이거나 호스트 기반일 수 있다. DLP, PAM 같은 통제 위치가 네트워크 계층이나 애플리케이션 계층(또는 둘 다)인지 여부는 그렇게 중요하지 않다. 중요한 것은 DLP와 PAM 모두 제로 트러스트 PEP의 일부로 간주해야 하며 정책 또한 논리적으로 제로 트러스트 모델의 일부여야 한다. 이상적으로는 제로 트러스트 시스템과 DLP/PAM를 통합해 모든 것을 해결할 수 있다. 이 구성은 ID 속성, 역할이나 별도의 제로 트러스트 정책 모델로 운영될 수 있는데, 실제

7. 그리고 일부 상용 시스템은 브라우저 확장 기능을 이용해 에이전트 소프트웨어를 제공한다.

구현 방식에 따라 다르다.

궁극적으로 PEP 기능과 동작 방식은 기업의 플랫폼과 구성 방법에 따라 다르다. 이 책 전반에 걸쳐 설명하는 제로 트러스트의 주요 핵심은 현재의 인프라와 아키텍처를 제로 트러스트 PEP들로 어떻게 구성할 수 있는지 방법을 설명하는 것이다. 성공적인 제로 트러스트 여정은 모든 PEP를 통합하고 정책 모델을 공유하며 운영상에서도 서로 연결돼 있다는 것을 의미한다. 그러나 이 여정은 출발지가 아닌 달성해야 할 목표다. 제로 트러스트 정책 모델에 논리적으로 연결돼 있지 않아 PEP로 보기 어려운 기존 인프라 요소가 여전히 많다는 점을 유념하자.

예를 들어 그림 3-3에서는 제로 트러스트 아키텍처에서도 유용하게 사용하는 로드 밸런서load balancer를 볼 수 있다. 이 경우 로드 밸런서는 단순한 네트워크 레벨에서 동작한다. 그리고 나머지 아키텍처에도 제로 트러스트를 도입했지만 로드 밸런서는 기능 변경 없이 계속 동작할 수 있다. 제로 트러스트는 지나치게 복잡하게 만들 이유도 없고, 사용자나 시스템 콘텍스트에 따라 기능을 변경할 필요도 없다. 이는 기업의 많은 인프라에도 해당된다. 따라서 제로 트러스트는 통합 보안 아키텍처를 다시 생각할 수 있는 기회를 기업에 제공할 수 있지만 모든 요소를 변경해야 하는 것은 아니다. 다시 말해 현실적으로는 제로 트러스트를 점진적으로 채택하고 인프라 전반의 주요 지점에 정책을 적용하면서 운영이 중단되지 않게 해야 한다. 이 내용은 다음에 설명할 주제인 정책으로 이어진다.

정책 적용 지점이란?

정책은 모든 제로 트러스트 시스템의 핵심으로, 정책 결정 지점PDP으로 지속적으로 평가하고 정책 적용 지점PEP으로 적용한다. 하지만 이는 다소 철학적이고 흥미로운 질문을 갖게 한다. 즉, 보안 구성 요소가 왜 제로 트러스트 정책 적용 지점이 되는가? 예를 들어 5년 전에 설정한 기본적인 방화벽 정책을 PEP로 볼 수 있을까? 대부분의 흥미로운 질문과 마찬가지로 이 질문에 대한 답은 "상황에 따라 다르다."이다. 통찰력은 연관 관계를 분석하고 고찰하는 과정에서 나온다. 좀 더 상세히 살펴보자.

기업의 기존 방화벽은 '출발지 서브넷 10.5.0.0/16의 TCP 트래픽이 목적지 서브넷 10.3.0.0/16에 443 포트로 허용'과 같이 포트 접근 제어 규칙을 적용한다는 점에서 물론 '네트워크 적용 지점'이다. 그러나 이 방화벽은 제로 트러스트 PEP가 아니며 다음 요구 사항을 충족하지 못한다.

- ID 중심적이고 상황에 민감한 PDP 정책 모델을 적용할 수 있는 기능을 보유
- PDP가 변경하는 정책에 자동으로 대응
- PDP와 통신 채널을 제어

기존 방화벽은 이런 요구 사항을 충족하지 않는다. 뒤에 설명하겠지만 PDP에서 프로그래밍 방식으로 설정하고 자동으로 정책을 조정할 수 있는 PEP 기능은 제로 트러스트 구현에 있어 핵심적이다. 즉, 제로 트러스트를 설명할 때 기본적인 전제가 있는데, 제로 트러스트 시스템은 ID와 상황에 민감한 동적 정책을 시행할 수 있어야 한다. 이를 통해 모든 PEP는 PDP에서 지속적인 변경 내용을 수신할 수 있어야 하고 관리자의 관여 없이 거의 실시간으로 시행 중인 정책을 자동으로 조정할 수 있어야 한다. 이는 제로 트러스트의 반응적이고 동적인 특성을 작은 규모에서도 달성할 수 있는 유일한 방법이다.

계속해서 다른 경우를 확인해보자. 아주 오래된 5년 전 설치한 방화벽에 정책 기반의 자동화 계층이 적용돼 있다면 어떨까? 이 경우 네트워크 보안 자동화 솔루션 자체가 PDP와 연결돼 있고 앞에서 설명한 제로 트러스트 기준을 충족한다면 이 방화벽과 네트워크 보안 자동화 소프트웨어를 모두 묶어서 제로 트러스트 PEP라고 볼 수 있다. 즉, PEP가 PDP와 자동화된 통합이 가능하고 정책

변화에 신속하게 대응할 수 있다는 점이 제로 트러스트 PEP의 본질이다. 제로 트러스트 정책 적용 지점은 정책 모델 관점이나 운영 관점에서 독립적으로 운영될 수 없다.

여기서 '자동화'라는 용어를 사용했지만 자동화가 반드시 완전 자동화를 의미하는 것은 아니다. 특정한 업무의 변경이 발생할 때 비즈니스 프로세스를 승인하거나 예외적인 상황이 있다면 수동으로 승인하는 단계가 있어도 전혀 문제되지 않는다. 그러나 정책 적용 지점이 제어하는 1일 주기(또는 시간 단위 또는 분 단위) 변경은 자동으로 변경해야 한다.

예를 들어 표 3-2 샘플 정책을 살펴보자. Dept_Billing 디렉터리 그룹에 사용자 제인Jane을 추가할 때 발생하는 상황을 생각해보자. 곧이어 제인은 네트워크 계층에서 청구 웹 애플리케이션에 접속할 수 있어야 하며 애플리케이션 계층에서 활성화된 계정을 가져야 한다. 제인의 계정을 실제로 프로비저닝하는 것은 수동 작업일 수 있지만 네트워크 접속은 자동으로 변경돼야 한다. 예를 들어 며칠 후 제인이 실수로 피싱phishing 링크를 클릭해 PC에 악성 프로그램을 설치했다고 가정해보자. 그러면 네트워크 스캔 탐지 기능이 동작하고 기업의 보안 시스템은 이를 해킹 시도로 인지해 피해를 방지하고자 핵심 업무 시스템의 접속을 네트워크 계층에서 자동으로 차단한다.

이런 대응은 업무 프로세스를 기다리지 말고 네트워크 PEP로 신속하고 자동으로 수행해야 한다. 이 사례에서는 네트워크 계층에서 네트워크 PEP로만 접속을 차단할 가능성이 매우 높다. 즉, 제인의 노트북에 있는 일시적인 문제이기 때문에 애플리케이션 PEP에서 변경할 필요는 없다. 잘 설계된 제로 트러스트 시스템은 제인의 노트북을 계속 차단하면서 다른 기기(예, 데스크톱 컴퓨터)에서는 청구 시스템에 접속할 수 있게 허용한다. 이 내용은 5장과 17장에서 자세히 설명한다.

제로 트러스트 구축 모델

NIST 제로 트러스트 문서에 있는 제로 트러스트 구축 모델 2개 및 완전성과 관련된 2개 이상의 모델을 살펴보자. 이 모델은 제로 트러스트 시스템을 실제로 어떻게 적용할 수 있는지를 상세하게 안내하지만 선택한 기술의 기능에 따라 실제 적용 아키텍처가 달라진다. 공급업체vendor가 제공하는 엔터프라이즈 제로 트러스트 모델 중 많은 부분이 다음에 설명하는 구축 모델들과 대부분 일치한다. 즉, 이런 구축 모델은 공급업체를 평가하고 해당 공급업체의 장단점을 검토할 수 있는 유용한 프레임워크 역할을 한다. 이 모델들은 완벽한 표준이라기보다는 대표적인 모델이다. 또한 반드시 상호 배타적일 필요는 없다. 일부 시스템은 NIST 제로 트러스트 모델의 여러 요소를 결합할 수도 있다. 다음에 이어지는 설명은 이런 모델들의 공통점보다는 두 모델 간의 차이점을 설명하는 데 중점을 두고 있다.

마지막으로 다이어그램에서는 앞에서 설명한 ID 관리, 기타 엔터프라이즈 보안 시스템에 대한 PDP 연결 표시는 생략했다. 하지만 어떤 제로 트러스트 구축 모델을 선택하든 PDP와 연결은 계속 있어야 한다.

리소스 기반 구축 모델

첫 번째 모델은 리소스 기반 구축 모델이다(그림 3-5 참고).[8]

8. NIST에서는 이를 장치 에이전트/게이트웨이 모델이라 부른다.

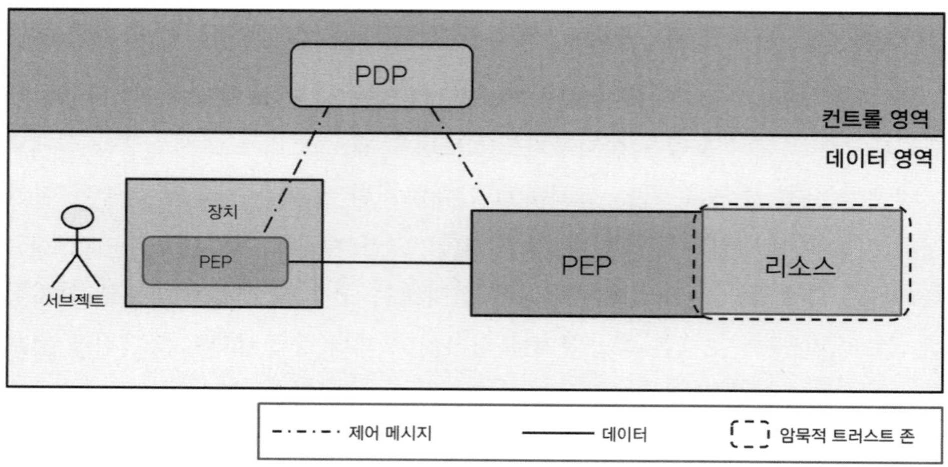

그림 3-5. 리소스 기반 구축 모델

이 모델에서 중요한 점은 다음과 같다. 첫째, 일반적으로 서브젝트 시스템에 사용자 에이전트 PEP[9] 역할을 하는 에이전트를 설치해야 한다. 둘째, NIST 설명에 따라 인라인 PEP(게이트웨이)가 리소스에 있거나 리소스 바로 앞에 놓인다.

또한 이 다이어그램은 모든 리소스(엔티티)가 동일한 신뢰성을 갖고 있으며 각 PEP 영역에서 암묵적 트러스트 존을 시각적으로 표현하고 있다. 이는 PEP가 담당하는 보안 도메인의 경계를 나타낸다. 암묵적 트러스트 존 안에 있는 구성 요소 간의 상호 연계는 정의에 따라 PEP의 제어 범위 밖에서도 발생할 수 있다. 이 사례에서 로컬 리소스 운영체제에서 PEP가 실행 중인 경우 암묵적 트러스트 존은 로컬 프로세스와 상호 연계할 수 있게 구성된다. 그리고 각 구축 모델에 상충 관계가 있다는 것을 안다면 기업에서는 자연스럽게 암묵적 트러스트 존의 크기를 최소화하려 노력할 것이다.

9. 앞에서 언급했듯이 이 에이전트는 대부분의 상용 제로 트러스트 솔루션의 구성 요소지만 엄밀히 말하자면 선택 사항이다. 대부분의 공급업체는 '클라이언트리스' 옵션을 지원하며 일부 기능적 측면에서 상충 관계가 있다.

리소스 기반 구축 모델: 장점

- 애플리케이션 접속 지점과 네트워크 트래픽 종단 간 제어
- 게이트웨이 뒤에 위치한 매우 조밀하고 작은 암묵적 트러스트 존

이 모델을 사용하면 사용자 장치와 접속 대상 리소스 간의 모든 네트워크 통신을 암호화하고 접근 제어 정책을 강제화할 수 있다. 또한 리소스와 모든 네트워크 통신을 PEP가 통제할 수 있다(때문에 기업의 제로 트러스트 모델로 통제 할 수 있다). 그러나 이 모델에서 고려해야 할 여러 단점도 있다.

리소스 기반 구축 모델: 단점

- 사용자 장치와 리소스 모두에 PEP를 배포해야 한다.
- 리소스 구성 요소와 PEP 간 기술적 충돌이 발생할 수 있다.
- PEP는 여러 유형의 오래된 OS나 레거시 OS에 배포할 수 있어야 한다.
- 애플리케이션 리소스로부터 호출pushback 가능성이 있다.
- PEP와 리소스 간의 1:1 관계가 필요하다.
- 종단 간end-to-end 보안 터널은 기존의 인라인 보안 제어에 영향을 줄 수 있다.
- PEP는 원격 사용자가 볼 수 있고 사용할 수 있어야 한다.

첫째, 이 모델은 환경 내의 모든 리소스에 PEP를 적용해야 하는데, 이는 잠재적으로 문제가 된다. 최소 규모 이상의 환경에서는 특히 가상화 환경이나 클라우드 환경의 경우 높은 수준의 관리 자동화가 필요할 수 있다. 그리고 로컬 OS에 설치된 PEP는 동일한 OS 안에서 웹 서버나 데이터베이스와 같은 네트워크나 디스크 I/O를 제어하는 구성 요소와 기술적인 충돌이 있을 수 있다.

또한 이 모델에서는 PEP를 보호 대상 리소스에 100% 적용해야 한다. 하지만 이런 적용은 보통 해결해야 할 여러 과제가 있다. 첫째, 기술적으로 모든 워크로드에 PEP 소프트웨어를 지원하고 적용할 수 있어야 한다. 많은 기업이 메인프레임이나 미니컴퓨터에서 실행 중인 레거시 애플리케이션을 보유하고 있으며, 이런 애플리케이션은 PEP를 지원하지 못할 가능성이 높다. 하지만 이런 레거시 애플리케이션은 더욱 보안에 취약한 경우가 많다.

둘째, 많은 보안 팀은 많은 매출이 발생하는 핵심 비즈니스 애플리케이션에 보안 소프트웨어를 추가로 설치하는 것에 반대하는 운영자의 반발에 부딪힐 것이다.

운영 측면에서 이 모델은 관리 대상 리소스마다 PEP를 적용해야 하므로 제로 트러스트 시스템에 많은 관리 부하를 줄 수 있고 관리 팀은 운영에 책임을 져야 한다. 예를 들어 가상화 또는 클라우드 환경에 워크로드를 구성한 경우 이 리소스의 지속적인 온보드(구동)와 오프보딩(폐기)에 주의해야 한다. 이 경우에는 클라우드 리소스를 관리할 수 있을 정도로 제로 트러스트 시스템을 자동화했는지 확인해야 한다.

제로 트러스트 핵심인 리소스 기반 구축 모델은 사용자 에이전트 PEP에서 리소스 PEP[10]로 네트워크 암호화 통신을 보장한다. 많은 상용 제로 트러스트 시스템에서는 암호화 터널을 사용한다. 이 방법은 안전하고 효과적이지만 일반적으로 인라인 네트워크 장치 같은 중계 기기에서 모든 트래픽을 확인하기 어려운 단점이 있다. 즉, 암호화된 터널은 해커에 대응하는 용도로는 유용하지만 네트워크 기반 IDS/IPS와 같은 엔터프라이즈 보안 구성에서 네트워크 트래픽을 탐지하기 어렵다.

그리고 마지막으로 가장 중요한 것은 리소스를 보호하는 PEP는 원격 사용자를 포함한 서브젝트가 접속할 수 있어야 한다. 이 모델에서 PEP가 리소스의 일부

---

10. PEP 뒷단의 트래픽은 암호화되지 않을 수 있으며 트래픽은 네이티브 프로토콜로 통신하는 암묵적 트러스트 존을 통과한다.

이기 때문에 모든 서브젝트가 동일한 물리적 네트워크에 각각의 PEP와 같이 있거나 모든 PEP를 원격으로 직접 접속할 수 있음을 의미한다. 첫 번째 경우는 사실상 불가능하며, 두 번째 경우는 이 리소스 중 다수가 사설 네트워크 세그먼트에 있다는 점을 고려할 때 실행 가능하지 않을 것이다. 실제로 이 모델을 따르는 제로 트러스트 구축에는 제로 트러스트 플랫폼의 일부로서 별도의 보안 원격 접속 기능이 필요하다.[11]

이 모델의 부정적인 측면을 지나치게 강조한 것처럼 보일 수 있지만 이 방식에도 분명 상당한 이점이 있다. 다만 이 책을 통해 잠재적인 문제점을 잘 인지하고 데이터 기반으로 결정하고 아키텍처 벤더나 제로 트러스트 벤더에 더 나은 질문을 할 수 있도록 가이드하고 싶다. 다른 구축 모델도 비슷한 방식으로 설명하겠다. 다음으로 엔클레이브 기반enclave-based 구축 모델을 살펴보자.

엔클레이브 기반 구축 모델

두 번째 모델은 엔클레이브 기반 구축 모델로, 그림 3-6과 같다. 이 경우 PEP는 리소스 엔클레이브라고 하는 여러 리소스 앞에 있다. 이런 리소스들은 물리적으로 함께 위치하거나(예, 온프레미스 또는 코로케이션 데이터 센터) 논리적인 구성일 수도 있다(예, 클라우드 기반 또는 가상화 서버). 이전 모델과 마찬가지로 서브젝트에는 로컬로 설치된 사용자 에이전트 PEP(선택 사항)가 있다.

---

11. 상용 제로 트러스트 플랫폼은 일반적으로 에지 PEP와 필수 사용자의 PEP 에이전트 조합으로 접근한다. 그리고 제로 트러스트 모델 범위 밖에서 이를 해결하는 아키텍처(예, 기존 VPN)를 주의해야 한다.

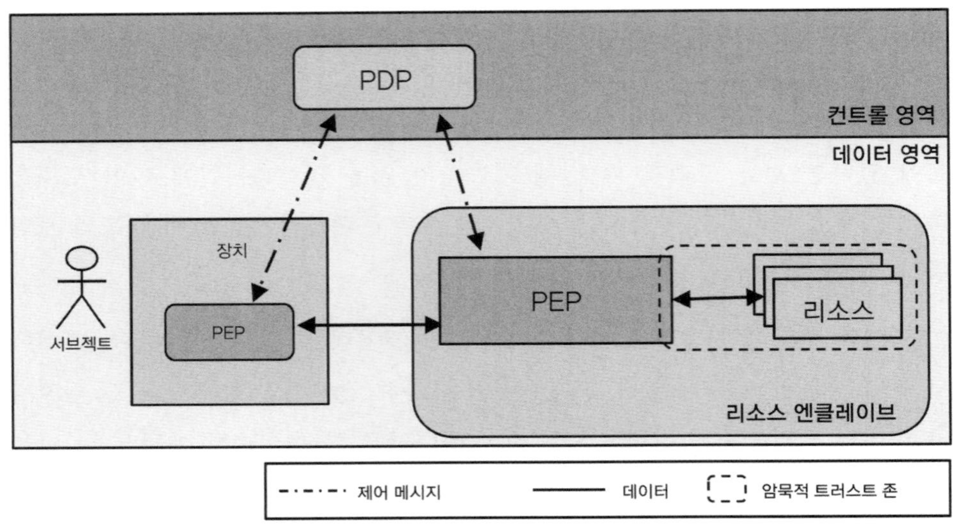

그림 3-6. 엔클레이브 기반 구축 모델

이 모델에서 암묵적 트러스트 존은 리소스 간 통신이 가능한 다수의 네트워크에 연결된 리소스를 포함하고 있다는 점을 이해하는 것이 중요하다. 즉, 이 모델에서 리소스 엔클레이브는 기업에서 제어하고 있는 프라이빗 네트워크에서만 실행해야 한다. 물론 공용 IaaS 환경이나 공용 코로케이션 환경에서도 실행될 수 있지만 네트워크 3계층 이상 트래픽은 프라이빗 네트워크여야 한다.

엔클레이브 내의 리소스가 PEP의 영역 밖에서 서로 통신할 수 있지만 트러스트 존 밖의 서브젝트는 PEP로만 리소스와 통신할 수 있다. 따라서 정책으로 제어할 수 있다.

즉, 이 모델을 사용하는 기업은 리소스의 데이터와 통신 패턴을 완벽하게 이해해야 한다. 또한 이 구축 모델은 '사용자 대 서비스' 방식으로 제로 트러스트에 접근한다.

엔클레이브 기반 구축 모델: 장점

- PEP 적용 간소화: 리소스 변경 없음
- PEP 적용 대상이 적다.
- 일회성 워크로드와 동적 환경을 안정적으로 처리한다.
- PEP는 네트워크 에지(DMZ)에서 실행할 수 있고 자연스런 진입점 역할을 할 수 있다.

이 모델은 한 개의 PEP에서 여러 개의 리소스를 연결할 수 있기 때문에 PEP 적용 대상 수를 줄일 수 있다. 따라서 일반적으로 리소스 기반 모델보다 더 간단히 적용할 수 있다. 리소스에 소프트웨어를 추가로 적용할 필요가 없어지면 운영이 단순해질 뿐만 아니라 애플리케이션 및 애플리케이션 운영자와 기술적인 마찰이 줄어든다. 또한 엔터프라이즈 네트워크 에지(DMZ)에 PEP를 적용해 원격 사용자의 연결 지점으로 사용할 수 있는 장점이 있다.

이 모델은 PEP 구현 방법에 따라 일회성 워크로드나 동적 워크로드를 쉽게 지원할 수 있다. 그리고 PEP가 새로운 인스턴스 리소스 생성을 탐지하고 리소스 속성(메타데이터)을 사용해 정책을 적용하는 등 보호 대상 리소스 변화에 대응할 수 있다. 예를 들어 온프레미스 가상 환경을 보호하는 PEP는 API를 호출해 하이퍼바이저에서 생성되는 인스턴스 정보를 수신할 수 있다. 이 인스턴스의 속성 정보를 기반으로 올바른 정책을 즉시 적용하고 권한이 있는 사용자에게만 접속 권한을 부여할 수 있다. 기업의 IaaS 환경에서 실행되는 PEP도 동일한 기능을 수행할 수 있다.

엔클레이브 기반 구축 모델: 단점

- 잠재적으로 규모가 크고 불투명하거나 노이즈가 많은 암묵적 트러스트 존이다.

- 엔터프라이즈 네트워크에 새로운 유형의 진입점인 PEP가 생성된다.

이 모델에서 해결해야 할 가장 큰 사항은 암묵적 트러스트 존의 크기와 범위이며, 이는 PEP를 배포하는 방법과 위치에 따라 달라진다. 그리고 접속 대상 리소스를 명시적으로 지정하고 관리가 용이하다면 견고한 제로 트러스트 모델이 될 것이다. 이 모델은 새로운 환경(특히 IaaS 기반)에서 작업하거나 프로그래밍 방식으로 동작하는 인프라(데브옵스 등)를 사용하는 기업이 특히 적합하다. 운영 성숙도가 낮거나 가시성이 낮거나 레거시 네트워크가 복잡한 기업은 암묵적 트러스트 존의 크기와 범위를 줄이려고 PEP를 더 많이 적용해야 할 수 있다. 또는 일부 제로 트러스트 공급업체에서 지원하는 하이브리드 방식 도입으로 나중에 설명할 마이크로세그먼트 모델과 결합할 수도 있다.

이 모델의 또 다른 단점은 기술적인 측면이 아닌 다소 관리적인 측면이다. 이 모델은 일반적으로 엔터프라이즈 네트워크의 가장 자리에 있는 DMZ에 PEP를 배치한다. 즉, 의도적으로 가장 신뢰도가 낮은 외부 인터넷을 이용해 접근할 수 있도록 DMZ를 이용한다. 하지만 이런 구성은 사용자가 보호 대상 리소스에 원격으로 접속하고자 필요하지만 VPN과 마찬가지로 잠재적인 해킹 공격 대상이 되기도 한다. 보안, 네트워킹 팀은 새로운 에지 장치를 평가하고 면밀히 확인해야 하지만 때로는 기술적인 문제가 아닌 다른 이유로 이런 활동을 하지 않는다. 제로 트러스트 팀은 이를 인지하고 프로젝트에 대한 충분한 관리 지원을 받아 새로운 에지 장치를 투명하고 객관적으로 평가할 수 있게 지원하는 것이 중요하다. 참고로 일부 에지 PEP는 기존의 에지 장치보다 더 나은 네트워크 보안을 제공하므로 미래 지향적인 네트워킹, 보안 팀은 실제로 변화의 기회를 받아들여야 한다.

클라우드 라우팅 구축 모델

클라우드 라우팅 구축 모델에서 모든 서브젝트 트래픽은 보호 대상 리소스에 도달하기 전에 클라우드 환경을 통과하므로 '클라우드 라우팅cloud routing'이라 부른다. 이 모델은 일반적인 구축 방식이며 많은 공급업체에서 서비스로 제공하고 있다. 이 모델은 그림 3-7과 같다.

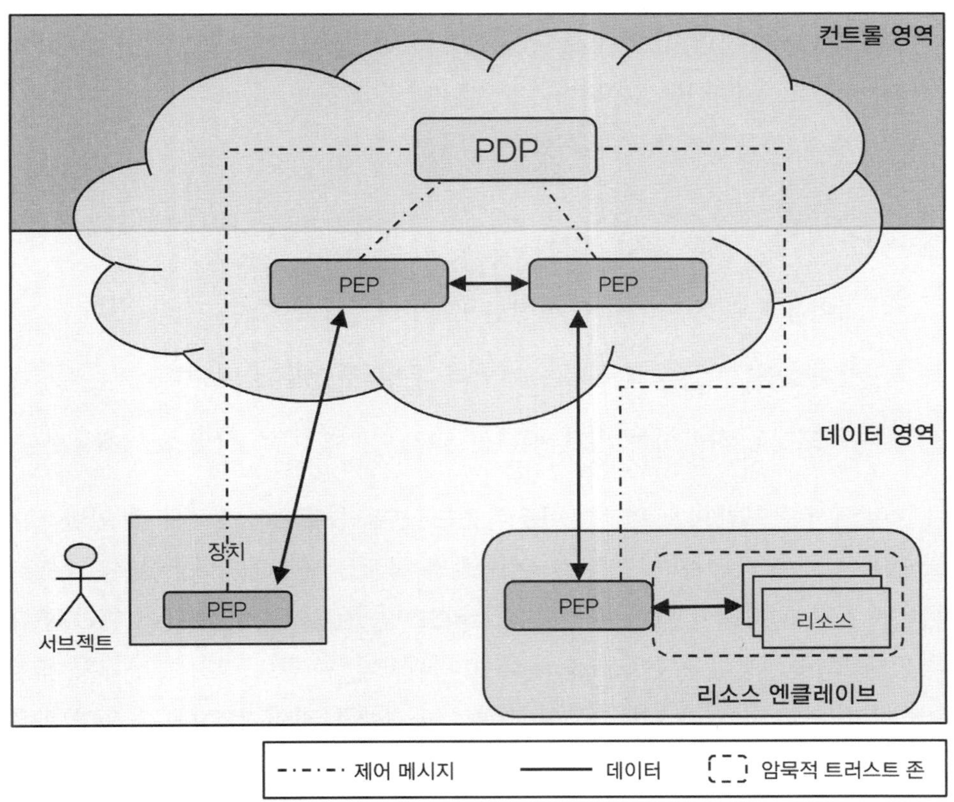

그림 3-7. 클라우드 라우팅 구축 모델

이 모델에서 기업의 리소스 엔클레이브 앞에 있는 PEP는 다른 PEP와 비슷하게 동작한다. 그러나 이 PEP에는 한 가지 중요한 차이점이 있다. PEP는 엔터프라이즈 네트워크의 진입점 역할을 하지 않는다. 대신 공급업체의 클라우드 환경에서 실행되는 논리적인 PEP가 이 기능을 제공한다. 이 모델에서는 엔터프라이즈에 있는 PEP가 커넥터 역할을 해 클라우드 기반 PEP와 아웃바운드로 연결한다. 이 온프레미스 커넥터는 인바운드 연결이 필요하지 않으므로 다음에 설명하는 일부 제한으로 모델을 단순하게 구성한다.

서브젝트가 리소스와 통신할 때 먼저 PDP에 인증한 다음 클라우드 기반 PEP 중 일반적으로 가장 가까운 지리적 위치에 있거나 대기 시간이 가장 짧은 PEP로 트래픽을 전송한다. 그런 다음 클라우드에 있는 PEP는 리소스 엔클레이브에 연결된 PEP로 트래픽을 전송한다. 온프레미스 PEP는 이전 모델과 동일한 방식으로 리소스 엔클레이브를 보호한다.

클라우드 라우팅 구축 모델: 장점

- 기업용으로 좀 더 쉽게 설정할 수 있다.
- 서비스형As-a-Service 플랫폼은 기업의 운영 부담을 줄여준다.
- 이 모델을 사용하는 일부 벤더는 SWGSecure Web Gateway 서비스도 제공한다.

이 모델에서 온프레미스 PEP는 아웃바운드 연결만 필요하기 때문에 일반적으로 구성이 매우 간단하다. 또한 DMZ 방화벽 정책을 변경하거나 DMZ에 소프트웨어를 배포할 필요가 없기 때문에 네트워크 팀, 컴플라이언스 팀의 관리 부담이 없다. 기업에서는 이런 PEP를 어디에나 배치할 수 있고 원격으로 해당 네트워크에 접속할 수 있다. 이 구성은 장점인 동시에 단점이기도 하다. 운영 팀은 구성이나 기술을 보안, 네트워크, GRC 감사 등을 우회하기 위한 수단으로 사용해서는 안 된다. '쉐도우 ITshadow IT'로 구성할 경우 기업에 심각한 취약성이 있을 수 있다. 물론 이 구성을 도입하기로 결정하면 보안 팀은 안전한 보안 정책을 정의하고 최소 권한의 원칙을 적용해야 한다. 구축이 쉽다고 해서 보안 통제를 허술하게 하면 안 된다.

마지막으로 일부 벤더는 이 모델을 보안 웹 게이트웨이Secure Web Gateway 서비스와 결합해 외부에서 인터넷으로 접속할 수 있는 웹 사이트의 사용자 접속을 보호한다. 이런 구성은 배치와 운영이 단순하기 때문에 일부 기업에서 선호할 수 있다.

클라우드 라우팅 구축 모델: 단점

- 적절한 보안, 네트워크나 규정 준수 감독 없이 PEP를 배포할 수 있다.
- 사용자 트래픽이 지연될 수 있다.
- 일반적으로 제한된 네트워크 프로토콜만 지원한다.
- 온프레미스 리소스에 접속하는 내부 사용자에게는 적합하지 않다.
- 다소 잠재적인 보안 리스크가 많은 암묵적 트러스트 존이다.

이 모델은 원격 접속이 가능한 '쉐도우 IT' 위험 외에도 일부 단점이 있다. 첫째, 모든 사용자 트래픽을 벤더 클라우드에 전송해야 하므로 접속 시간latency이 다소 지연되고 처리할 수 있는 통신량throughput이 감소할 수 있다. 일부 사용 환경과 애플리케이션에서는 사용이 어려울 수 있다. 기업에서는 플랫폼 종류별 네트워크 성능을 자세히 이해하고 사용자에게 적용하기 전에 몇 가지 테스트를 해야 한다. 둘째, 클라우드 라우팅 모델은 일부 네트워크 프로토콜만 지원하는 경향이 있는데, 이는 대부분 TCP/IP(어떤 경우에는 HTTPS, SSH, RDP와 같은 일부 애플리케이션 프로토콜)다. 사용자와 애플리케이션에 UDP 같은 프로토콜이 필요하거나 서버에서 사용자로 연결이 필요한 경우 이 모델이 적합하지 않을 수 있다. 또한 이전에 설명한 엔클레이브 기반 모델의 단점과 마찬가지로 이 모델에서도 암묵적 트러스트 존에서 발생하는 단점이 있다.

무엇보다도 이 모델은 모든 트래픽이 벤더 클라우드를 통과해야 하므로 일반적으로 원격에서 리소스에 접속하는 사용자에게만 적합하다. 사용자가 온프레미스에서 온프레미스 리소스에 접속하는 경우 불필요하게 트래픽을 벤더 클라우드를 통해 헤어핀(루프백)해 대기 시간이 늘어나고 처리량이 줄어들며 대역폭과 비용이 상승한다.

마이크로세그먼테이션 구축 모델

마지막 구축 모델은 서버 대 서버 접속 제어에 알맞은 마이크로세그먼테이션microsegmentation 모델이다. 이 모델은 이름에서 알 수 있듯이 사용자가 아닌 리소스의 관점에서 접근한다. 그림 3-8에서 보여주는 것처럼 리소스는 정책을 만들고 적용해야 하는 주요 서브젝트(사람이 아닌 엔티티, 즉 NPE)다. 보통은 시장에 나와 있는 많은 솔루션이 사용자를 대상으로 하는 제어 기능을 제공하기 때문에 서브젝트를 사람으로 설명한다. 하지만 이 모델에서는 서브젝트를 사람으로만 다루지 않는다.

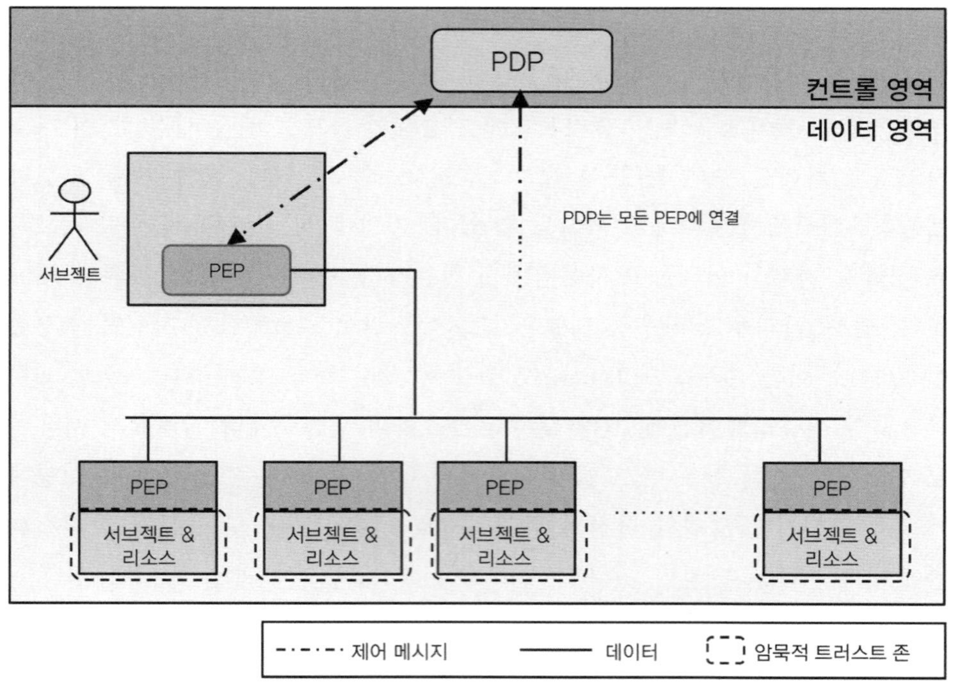

그림 3-8. 마이크로세그먼테이션 구축 모델

이 모델은 앞에서 설명한 첫 번째 모델(리소스 기반 모델)의 변형이며 리소스가 실제로 서브젝트(인증된 ID)라는 중요한 차이점이 있다. 이는 정책 모델과 PEP 적용 기능뿐만 아니라 일반적인 솔루션에서 제공하는 리소스 검색과 시각화 기능에도 많은 영향을 준다.

일반적으로 NPE(사람이 아닌 엔티티) 서브젝트는 보통 인증서 기반이고 복합 인증이 아닌 단일 인증[12] 기반이기 때문에 사람 서브젝트에 비해 신원 확인 기능이 약하다. 그리고 이 인증서는 기업의 PKI(인증기관)로 생성하고 관리한다.

마이크로세그먼테이션: 장점

- 작은 규모의 암묵적 트러스트 존
- 정확하고 양방향으로 리소스 접근 제어(서버 또는 마이크로서비스용)

첫 번째 모델과 마찬가지로 이 모델도 자연스럽게 작은 규모의 암묵적 트러스트 존을 가지며, 일반적으로 리소스 자체에만 적용된다. 따라서 세부적으로 리소스 접속을 제어하고 양방향 정책을 적용할 수 있다. 즉, PEP가 리소스의 로컬에서 실행되기 때문에 인바운드뿐만 아니라 아웃바운드 네트워크 통신을 정책으로 제어할 수 있다. 실제 환경에서 구현할 때는 마이크로서비스뿐만 아니라 서버 수준의 리소스에도 이 정책을 적용할 수 있다.

마이크로세그먼테이션: 단점

- 사용자 장치와 리소스 모두에 PEP를 적용해야 한다.
- 리소스 구성 요소와 PEP 간에 기술적 충돌이 발생할 수 있다.
- 오래된 OS이나 레거시 OS에도 PEP를 배포할 수 있어야 한다.

12. 다만 엔터프라이즈 제어 인프라에 구축된다는 사실 자체가 추가적인 보안 수단이라고 볼 수 있을 것 같다.

- 애플리케이션 리소스 관리자의 불만이 있을 수 있다.
- PEP와 리소스 간의 1:1 연결이 필요하다.
- 사용자 대 리소스 접속에 적합하지 않을 수 있다.
- 원격 접속 기능이 내장돼 있지 않아 서브젝트가 PEP에 직접 접속해야 한다.

이 접근 방식은 첫 번째 모델과 동일한 단점, 즉 보호해야 하는 모든 리소스에 PEP를 적용하고 관리해야 하는 문제가 있다. 다만 여기서는 더 이상 설명하지 않겠다. 또한 한 가지 단점이 더 있는데, 공급업체(또는 오픈소스)에서 구축할 때 사용자 대 서비스 시나리오와 관련한 기능적 결점이나 구조적 결점이 있을 수 있다. 이는 특정 구축 영역에서만의 문제일 수도 있고 그렇지 않을 수도 있지만 제로 트러스트 모델 도입 평가 기준에 반드시 포함시켜야 한다.

요약

몇 년간 보안업계에서 PDP(정책 결정 지점)과 PEP(정책 적용 지점)의 기본 개념이 발표됐지만 제로 트러스트 보안 모델의 PDP, PEP는 비교적 새로운 개념이다. 이 방식을 사용해 제로 트러스트 사상을 이해하고 아키텍처를 새롭게 설계해 시스템 요구사항과 우선순위를 결정하길 바란다. 이를 위해서는 기존 엔터프라이즈 보안 아키텍처의 구성 요소를 제로 트러스트 아키텍처 PEP 관점에서 고려하는 것이 중요하다. 이 점은 이 책을 집필한 목적이기도 한데, 기능을 수행하는 하나의 구성 요소가 아닌 보안 전체 관점에서 구성 요소를 설계하도록 이 책이 도움을 줄 것이다. 마치 “사람들은 1/4인치 드릴 비트를 원하는 게 아니라 1/4인치 구멍을 원한다.”는 속담과 비슷하다. 즉, 목표를 달성하는 수단보다는 그 가치에 초점을 두고 있다.

보안을 강화하고자 "방화벽이 필요하다."는 생각보다는 "네트워크 트래픽을 제어할 수 있는 정책 적용 지점과 인프라 전반에서 정책을 정의할 수 있는 방법이 필요하다."라고 생각해야 한다. 또는 "IDS를 구축해 웹 애플리케이션 트래픽을 검사고 SQL 인젝션 공격을 감시해야 한다."라고 생각하기보다는 "애플리케이션에서 트래픽을 처리하기 전에 웹 애플리케이션 트래픽이 SQL 인젝션을 검사하는지 확인해야 한다. 우리 기업의 아키텍처에는 여러 PEP가 있어 이런 보안 강화 목표를 달성할 수 있다."와 같은 생각을 해야 한다. 그리고 이런 사고의 변화는 독자의 긴 여정에 도움이 될 것이다.

3장에서는 제로 트러스트 아키텍처의 배경 지식을 살펴봤다. 대표적인 엔터프라이즈 아키텍처를 소개하고 설명했으며, 일반적인 제로 트러스트 아키텍처를 설명하고 정책 모델을 간략히 소개했으며 여러 가지 제로 트러스트 구축 모델을 살펴봤다. 4장에서는 기업들이 실제로 제로 트러스트를 어떻게 구성했는지 3가지 사례를 살펴본다.

4장

제로 트러스트 대표 사례

제로 트러스트의 원리를 소개하고 여러 모델을 살펴봤으니 이제 제로 트러스트 시스템 사례를 몇 가지 살펴보자. 구글의 BeyondCorp과 PagerDuty 제로 트러스트 시스템 구축 사례는 외부에도 공개돼 있는데, 서로 다른 접근 방식으로 기업 자체적으로 구축한 제로 트러스트 아키텍처, 시스템의 대표적인 사례다.

여기서 설명하는 사례와 일치하는 제로 트러스트 아키텍처를 구축할 수는 없더라도 이런 사례 연구를 통해 많은 것을 배울 수 있다. 첫 두 가지 사례는 문서로 잘 정리돼 있기 때문에 방금 소개한 제로 트러스트 원칙과 아키텍처의 관점에서 이 기업들의 관점, 목표, 보안 정책이 어떻게 다른지 비교하는 데 중점을 두겠다. 세 번째 사례는 소프트웨어 정의 경계SDP, Software-Defined Perimeter 아키텍처를 사용해 제로 트러스트를 성공적으로 구축한 기업으로 SDP 접근 방식의 이점을 검토하는 데 도움이 될 것이다. 이제 제로 트러스트 관련해 많은 기업에서 관심을 갖는 첫 번째 사례인 구글 내부 프로젝트부터 확인해보자.

구글 BeyondCorp

구글의 네트워크 보안 혁신 이니셔티브 이름인 BeyondCorp는 주목할 만한 성과로 관련 업계에 상당한 영향을 미쳤다. 구글은 내부 보안 아키텍처를 혁신하고 수만 명의 사용자를 위한 네트워크 접근 제어 기능을 제공했을 뿐만 아니라 2014년부터 2018년까지 USENIX에서 출판한 <;login> 기술 매거진의 6개 기사에서 해당 내용을 공개했다.[1]

구글에서 기고한 잘 정리된 기사는 업계에 많은 영향을 줬는데, 구글은 사실 제로 트러스트의 개념을 널리 홍보하는 데 선구자적인 역할을 했다. 시간이 되면 원문 기사를 읽어보길 추천한다. 기본 개념을 간략하게 소개하자면 구글은 수년에 걸쳐 대규모의 복잡한 제로 트러스트 시스템을 개발하고 구현했다. 달리 말하면 구글은 "권한 기반의 기업 네트워크를 사용하지 않는 새로운 모델로, 사용자 접속은 사용자의 네트워크 위치에 관계없이 기기와 사용자 자격증명에만 의존한다. 기업의 모든 리소스 접속은 장치 상태와 사용자 자격증명 기반이며, 완전히 인증된 상태이고 완전한 권한이 부여된 상태이며 완전히 암호화한다."고 정의했다.[2]

그 결과 이 모델은 회사 네트워크에 고유한 트러스트를 제공하지 않고 강력한 장치, 데이터 소스를 기반으로 모든 유형의 접속에 ID, 기기, 인증 권한을 부여한다. 사실상 기업의 네트워크 존을 기기 기반의 자체 트러스트 존으로 대체했다. 즉, 구글은 진정한 제로 트러스트 네트워크를 갖고 있으며 사용자가 구글 사무실에 있든 원격으로 작업하든 상관없이 모든 내부 애플리케이션은 BeyondCorp 시스템으로 접속한다. 또한 관리되지 않는 기기와 BYOD 기기는 기업 애플리케이션에 접속할 수 없다. 그리고 구글의 이 프로젝트는 서버 대 서버 접근 제어보다는 사용자 대 서버 접근 제어가 주요 목표였음을 유념해야 한다.

---

1. https://research.google/pubs/에 접속해서 BeyondCorp를 검색
2. 〈BeyondCorp: 엔터프라이즈 보안에 대한 새로운 접근 방식〉, ;login: 2014년 12월 제39호 6호

이런 설계 방식은 프로젝트에 여러 가지 영향을 미쳤다. 특히 디바이스 인벤토리(기업에서 관리하는 디바이스, 네트워크 현황 관리)와 관련한 상세 데이터는 이 모델에서 중요해서 이를 세밀하게 관리하고자 디바이스 인벤토리 데이터베이스를 구축했다. 그리고 각 기기의 트러스트 플랫폼 모듈TPM, Trusted Platform Module에 저장된 기업 인증서를 사용하고 일회성 접속 토큰을 발급하는 SSO를 가진 통합형 ID 시스템도 활용한다. ID 관리 시스템은 사용자 그룹, 역할 정보 관리를 위해 사용하며 정책 결정 지점에 ID 콘텍스트를 제공한다. 그리고 이 ID 시스템은 HR 데이터와 연계돼 있어 항상 최신의 사용자 정보를 사용한다. BeyondCorp 인프라 구성 요소는 그림 4-1과 같다.

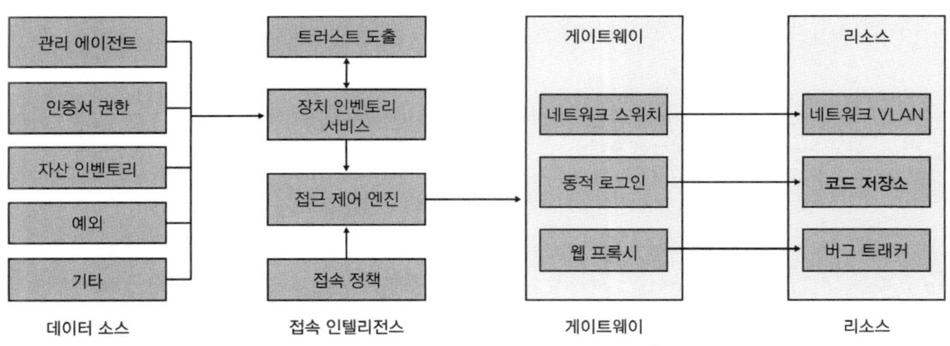

그림 4-1. BeyondCorp 인프라 구성 요소[3]

BeyondCorp의 핵심 요소는 다음과 같다. 첫째, 데이터 소스는 (논리적으로) 3장에서 설명한 외부 데이터 소스에 해당한다. 물론 이 리소스는 이전에 설명한 제로 트러스트 모델의 리소스와 일치한다(NIST에서는 엔터프라이즈 리소스라고도 함). 구글은 다른 2가지 섹션(영역)으로 흥미로운 하이브리드 방식을 사용했다. 접속 인텔리전스 구성 요소는 효과적으로 정책 결정 지점PDP을 구성하고 게이트웨이는 정책 적용 지점PEP을 구성하지만 접근 제어 엔진은 기술적으로 보면 PEP의 일부이기도 하다. 여기서 리소스는 애플리케이션에 따라 세분화된 접속을 적용하는 애플리케

3. 〈BeyondCorp: Google 적용 설계〉, :login; 2016년 봄호 41권, 1번

이션 PEP 역할을 할 수도 있다. 이런 혼합된 모습은 그림 4-1과 3장에서 소개한 제로 트러스트 아키텍처 구성 요소를 결합한 그림 4-2와 같다.

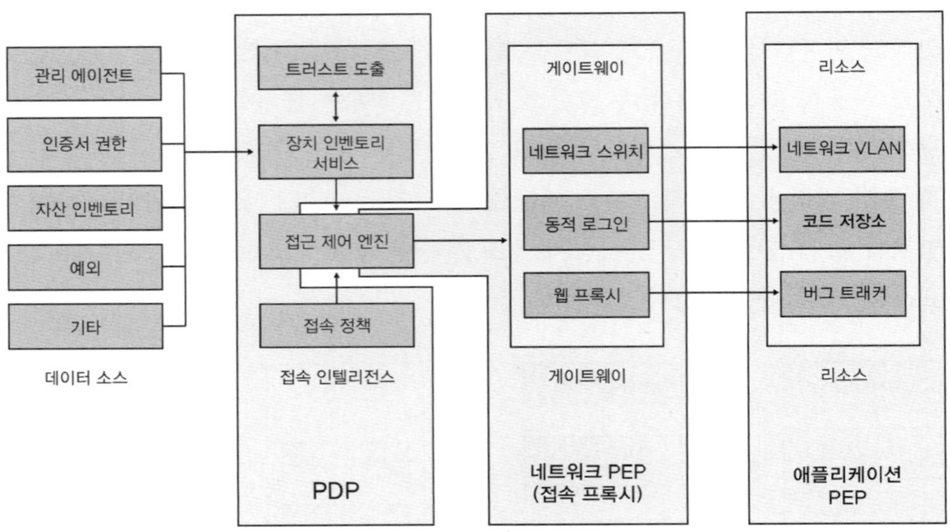

그림 4-2. BeyondCorp 인프라 구성 요소 추가 설명

BeyondCorp 접속 프록시(게이트웨이와 접근 제어 엔진의 일부로 구성)는 원격 사용자와 온프레미스 사용자 모두가 접속할 수 있는 PEP 역할을 한다. 접속 프록시는 프록시 내부에서 여러 데이터를 사용해 동적으로 트러스트 수준을 결정한다. 이 방식은 동적 정책 관리 방식의 좋은 사례이며 그룹 권한, 장치 속성을 사용하는 정책을 제로 트러스트 사례로 설명하는 NIST 원칙과도 잘 일치한다. 관련 구글 기사에서도 접근 제어 엔진이 모든 접속 요청별로 허용 여부를 결정한다고 언급한다. BeyondCorp의 이 구성은 제로 트러스트 아키텍처 모델에서 논리적으로 구분하는 일부 구성 요소 간의 경계를 모호하게 만드는 2개 영역 중 하나라는 점이 흥미롭다(이 장 뒷부분에서 소프트웨어 정의 경계를 설명할 때 경계 간 모호 영역을 확인할 수 있다).

구글은 기사에서는 애플리케이션 PEP가 접속 정책이나 IAM과 같은 데이터 소스에 어느 정도로 연결돼 있는지는 명시하고 있지는 않지만 접속 프록시가 백엔드(리소스 안에 있는)에 적용된 권한으로 프런트엔드에서 다소 넓은 범위의 접근 제어를 제공한다고 설명한다. 한편 온프레미스 네트워크 접근 제어 시스템이 장치 인증서를 기반으로 동적 VAN을 할당해 관리되는 장치와 관리되지 않는 장치를 구별한다는 점이 흥미롭다. 이 방식은 복잡하지만 802.1x 기반 NAC를 제로 트러스트 네트워크에 통합할 수 있는 효과적인 방법이다.[4]

또한 BeyondCorp는 엔클레이브 기반 모델과 리소스 기반 모델을 결합한 방식이라는 점도 흥미롭다. 접속 프록시는 HTTP 헤더를 사용해 추가적인 보안 메타데이터를 접속 중인 리소스에 전달한다. 이런 HTTP 헤더를 사용해 보안 메타데이터를 전달할 때 장점은 예상하지 못한 리소스나 처리할 수 없는 리소스에 영향이 없다는 점이다. 이 방식은 구글의 수백 개 애플리케이션에 보안 메타데이터를 배포하는 데 필요한 많은 노력을 줄였으며 대부분의 애플리케이션 변경 없이도 온보드(구동)할 수 있게 하는 한편, 필요할 경우 보안 메타데이터를 이용해 일부 애플리케이션의 보안을 향상시킬 수 있게 했다. 이 방식은 실제로 데이터 영역에서도 컨트롤 메시지를 혼용해 사용한다. 이는 '잘못된' 것이 아니고 BeyondCorp 아키텍처 안에서 많은 의미를 갖는 현명한 설계 방식이며 개념적인 제로 트러스트 모델을 다양한 아키텍처에 활용할 수 있는 사례다.

구글 팀은 BeyondCorp가 복잡하지만 종합적인 프로젝트였고, 다년간 프로젝트를 진행하면서 프로젝트 구축에 변경이 있었고 조직도 변경되는 과정을 거쳤다고 자유롭게 말한다. 그 이유 중 하나는 구글만의 조직, 네트워크 규모와 복잡성이 존재했기 때문이었다. 또 다른 측면으로 구글 팀은 개발, 학습, 반복적인 실수를 두려워하지 않았다. 그리고 많은 구현 방식을 보안업계에 공유해왔다. 그 결과 다른 많은 기업도 상용 툴, 오픈소스 툴 기반의 생태계, 기술, 플랫폼 등을 구축해 기업이 좀 더 체계적이고 예측 가능하며 신속하게 이점을 얻을 수 있었다.

따라서 "BeyondCorp를 우리 기업에 구축할 수 있습니까?"라는 질문의 대답은 "아

4. NAC와 802.1x는 7장에서 확인할 수 있다.

니요, 그리고 예"다. 분명 BeyondCorp는 구글 내부 프로그램이자 플랫폼이며 라이선싱 판매나 재사용이 불가능하다. 구글이 공개한 기사에서는 BeyondCorp를 구글의 엔터프라이즈 아키텍처, 기술 인프라, HR 프로세스의 일부로 매우 깊게 통합했다고 설명한다. "우리 기업에 BeyondCorp 플랫폼을 구축할 수 있나요?"라고 질문한다면 대답은 "아니요"다. 하지만 "우리 기업에 BeyondCorp와 비슷한 이점을 제공하는 보안 시스템을 구축할 수 있나요?"라고 묻는다면 대답은 "예"다. 이런 이점을 제공하도록 설계한 수많은 상용, 오픈소스 제로 트러스트 솔루션을 사용할 수 있다. 물론 이 계획을 위해 교육하고 준비시키는 것이 이 책의 주요 목표이다.

실제로 구글은 전체 플랫폼이 아니라 BeyondCorp의 일부 구성 요소를 상용화했는데, 일부는 구글 클라우드 플랫폼GCP, Google Cloud Platform에서 제공하는 IAPIdentity-Aware Proxy, BeyondCorp 엔터프라이즈 서비스에서 사용할 수 있다. 구글은 앞으로도 지속적으로 혁신하고 새로운 기능을 BeyondCorp 상용 제품에 계속 추가할 것으로 예상되므로 기업에서는 이를 제로 트러스트 평가 항목으로 고려해야 할 것이다.

구글 팀의 세부 내용과 프로세스에 관심이 있다면(여기서 다룬 내용보다 훨씬 더 깊이) 원본 BeyondCorp 기사를 읽어보기를 바란다. 다음은 다른 기업에서 매우 다른 관점으로 제로 트러스트를 구현한 사례를 살펴본다.

PagerDuty 제로 트러스트 네트워크

널리 알려진 제로 트러스트 네트워크Zero Trust Networks 책에 처음[5] 소개된 PagerDuty 사례는 BeyondCorp 사례와는 확연히 다르다. 무엇보다도 BeyondCorp가 사용자 대 서버 시나리오 중심이라면 PagerDuty의 네트워크는 서버 대 서버 접속

5. 에반 길먼(Evan Gilman)과 더그 바스(Doug Barth)의 『제로 트러스트 네트워크』(O'Reilly, 2017)

보안에 초점을 두고 있다. 둘째, PagerDuty는 엔터프라이즈 네트워크에서 동작하는 리소스 접속을 보호하기보다는 여러 퍼블릭 클라우드 환경에서 실행되는 리소스 간의 접속을 안전하게 보호하려는 목적이 강하다. 서로 다른 클라우드 플랫폼은 다양한 보안 기능(좋은 것부터 부실한 것까지)을 제공하기 때문에 제로 트러스트 시스템은 모든 것을 단순화하는 표준화 계층 역할을 했다. 여러 이기종, 하이브리드 환경에서 기업 제로 트러스트 시스템은 일관된 정책 모델로 운영과 구성을 간소화해 여러 긍정적인 효과를 제공한다.

PagerDuty 시스템은 제로 트러스트를 도입하기 전에 가상 서버를 자동화하고 제어하고자 구축한 구성 관리 시스템configuration management system에 크게 의존한다. 그리고 이 시스템은 PagerDuty 회사에서 중요한 기반 시스템으로 모든 리소스의 단일 진실 공급원Source of truth(정보와 스키마를 오직 하나의 출처에서만 생성, 편집하게 하는 방법론)이자 자동화 플랫폼이다. PagerDuty 시스템은 사실상 정책 결정 지점과 컨트롤 채널 기능을 결합했다. 즉, 강력한 장치 관리 시스템과 ID 시스템을 결합해 단일 진실 공급원을 구성한 방식은 BeyondCorp 사례와 비슷하다. 다만 서버 대 서버 제로 트러스트 시스템은 리소스 카탈로그 권한을 얻고자 안정적인 구성 관리 데이터베이스Configuration Management Database가 필요하거나 네트워크 검색 기능을 사용해야 한다. 반면 사용자 대 서버 시스템은 일반적으로 권한 중심 위주의 ID 관리에 의존한다.

PagerDuty 모델은 구성 관리 및 자동화 시스템을 기반으로 한 중앙 PDP를 사용한다.[6] 실제로 호스트의 로컬 iptables 방화벽 규칙을 사용하는 분산 PEP가 있어 서로 다른 클라우드 환경에 일관된 메커니즘을 적용할 수 있다. 이 방식은 3장에서 설명한 마이크로세그먼테이션 구축 모델과 같다. 이 경우 내장된 호스트 기반 로컬 방화벽은 설정 시스템(PDP)이 제어하는 PEP 역할을 한다. 이 플랫폼은 IPSec를 이용해 네트워크에 있는 모든 서버 간의 연결을 보호한다.

---

6. 처음에는 Chef를 사용했지만 나중에는 별도의 시스템으로 전환했다.

이 방식은 새로 구축하는 복잡한 시스템에서는 계획처럼 적용이 쉽지 않겠지만 이 모델과 아키텍처는 PagerDuty에서 이상 없이 동작했다. 자세한 PagerDuty 정책 모델은 공개되지 않았지만 기본적으로 각 서버에 접속 규칙을 제어하는 역할을 할당하며 지정된 역할의 모든 서버는 동일한 구성을 가진다. 이런 방식은 서버 대 서버 환경에 적합하다. 서버는 일반적으로 고정된 위치에 있고 기업에서 100% 제어가 가능하기 때문에 사용자 장치와는 많이 다르기 때문이다. 즉, 오케스트레이션 툴과 같이 서버를 자동으로 설정, 관리하는 좋은 시스템은 각 서버의 이미지, 구성, 네트워크를 완벽하게 제어한다. 하지만 신뢰할 수 없는 네트워크 환경에서 사용하는 모바일인 경우에는 일반적으로 접속 예측이 어렵기 때문에 제어가 어렵다(BYOD는 사용자 대 서버 접근 제어를 더욱 어렵게 만든다).

PagerDuty의 혁신성을 높이 평가하며 이 책에서 해당 내용을 공유할 수 있게 해준 에반과 더그에게 감사하다. PagerDuty 사례는 성공적인 이니셔티브였으며 서버 대 서버 적용 사례에서 보면 설계 방식과 문제 해결 방식이 BeyondCorp와 대조를 이뤘다는 점이 흥미로웠다. 특히 PDP로 방화벽 규칙을 적용 및 평가하고 확인하도록 구성 관리 시스템에서 데이터를 기반으로 정책을 정의하는 방식이 눈여겨볼 점이다. 접속 대상 리소스의 메타데이터를 입력 정보로 사용하는 정책은 일반적인(권장되는) 패턴으로 17장에서 자세히 살펴본다.

소프트웨어 정의 경계와 제로 트러스트

소프트웨어 정의 경계(SDP, Software-Defined Perimeter)는 2014년에 클라우드 보안 협회에서 처음 제시한 개방형 보안 아키텍처로 이후 지속적으로 개선됐다.[7] 아키텍처 자체는 새로운 것이지만 이미 기존에 이상 없는 것으로 검증된 보안 요소로 구성돼 있다. 최초 SDP 규격은 미국 정보기관에서 기밀 네트워크(극비) 보안 업무 경

---

7. 이 책의 공동 저자 중 한 명인 제이슨은 현재 CSA의 SDP 제로 트러스트 워킹그룹의 공동 의장이다. 그는 최초 명세서가 발표된 이후인 2015년 워킹그룹에 합류했다.

험이 있는 팀에서 작성했다.

SDP는 엔터프라이즈 보안의 여러 문제를 해결하고자 설계됐으며 이미 소개한 BeyondCorp의 목표, 제로 트러스트의 원칙과 많은 공통점이 있다. SDP는 보호 대상 서버의 네트워크 접속 권한을 얻기 전에 먼저 엔드포인트가 인증하고 인가해야 한다. 이후 연결을 요청하는 시스템과 연결 대상인 애플리케이션 인프라 간에 암호화된 연결이 실시간으로 생성된다.[8] SDP는 ID 기반 네트워크 접근 제어, 네트워크 마이크로세그먼테이션, 원격 보안 접속 등 다양한 용도로 사용한다(전체 목록은 소프트웨어 정의 경계 아키텍처 가이드[9] 참고).

SDP에는 여러 구축 모델이 있고 상용화가 가능한 아키텍처다. 이 구축 모델은 3장에서 설명한 제로 트러스트 모델, 제로 트러스트 개념과 거의 같다. 그리고 여기서 설명할 내용과 가장 관련이 있는 모델은 클라이언트 대 게이트웨이 SDP 구축 모델로 그림 4-3과 같으며, 이 구성은 높은 보안 수준의 SDP 개념 모델이다.[10]

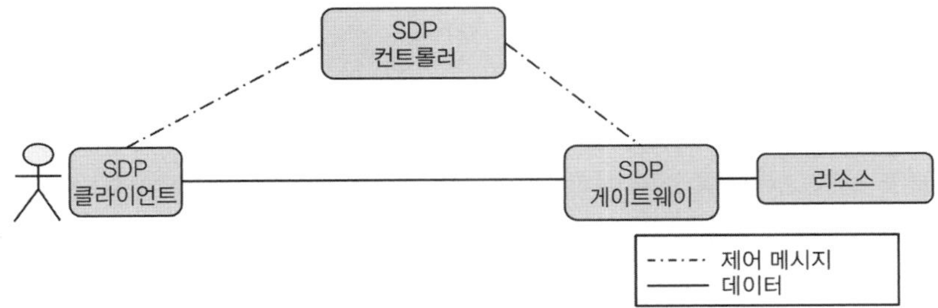

그림 4-3. 소프트웨어 정의 경계 아키텍처

8. 소프트웨어 정의 경계 사양 1.0, Cloud Security Alliance, 2014
9. 목록은 소프트웨어 정의 경계 아키텍처 가이드를 참고한다.
10. 모든 SDP 구축 모델에 대한 소개는 소프트웨어 정의 경계 아키텍처 가이드를 참고한다.

몇 가지 유의할 사항이 있다. 첫째, 제로 트러스트와 마찬가지로 SDP는 별도의 컨트롤 채널, 데이터 채널에 의존한다. SDP 컨트롤러는 제로 트러스트 정책 결정 지점 역할을 하며 SDP 게이트웨이는 정책 적용 지점이다. 이 SDP 모델은 3장에서 소개한 엔클레이브 기반 제로 트러스트 모델과 본질적으로 같다는 것을 알 수 있는데, 이는 우연이 아니다. NIST 제로 트러스트 팀은 아키텍처 문서를 만들 때 SDP의 개념과 접근 방식을 활용했다.

또한 SDP에는 모든 제로 트러스트 모델에 있는 2가지 보안 구성 요소인 양방향 TLS 인증 통신[11]과 단일 패킷 인증이 필요하다.

양방향 TLS 통신

양방향 TLS 통신(또는 mTLS)은 클라이언트(연결 개시자)와 서버(연결 수락자)가 서로의 인증서를 검증하는 비교적 단순한 방식이다. 이는 클라이언트만 서버의 인증서를 검증하고 그 반대는 검증하지 않는 표준 TLS(예, 브라우저에서 웹 서버 연결로 시작) 통신에 비해 상당히 개선된 방식이다.

mTLS는 시스템에 상당히 향상된 보안을 제공하므로 중간자Man-In-The-Middle 공격 가능성을 근본적으로 제거하고 신뢰할 수 없는 네트워크 간에도 안전하게 통신한다. 물론 신뢰하는 인증기관인 통신 서버는 루트 인증서 기반으로 TLS 인증서를 발급 후 사용한다. 제로 트러스트를 구현할 때는 mTLS와 같이 양방향 인증으로 보안 통신을 해야 한다.

단일 패킷 인증(SPA)

TCP/IP는 기본적으로 개방형 네트워크 프로토콜로 분산 컴퓨팅 노드 간의 손쉬운 연결과 안정적인 통신이 용이하게 설계됐다. 하이퍼커넥티드hyper-connected 환

---

11. SDP는 IKE로 IPSec을 상호 인증과 함께 사용할 수도 있다.

경에서는 훌륭한 표준이지만 여러 이유로 아직 일부 보안 기능은 없다.[12] 재밌게도 네트워크 보안을 논의하거나 토론할 때 대부분 '인증 전 연결' 모델보다는 암호화에 중점을 둔다.

설계상 기본적으로 IP 네트워크 패킷을 다른 장치와 통신할 수 있는 모든 장치는 TCP 연결을 설정할 수 있다. 이 연결은 잘 알려진 TCP 3-WAY 핸드셰이크로 동작하는데, 보안 측면에서는 ID, 인증, 인가 없이도 단순히 네트워크 계층에서 연결을 설정한다는 점이 중요하다. 이 모델은 브라우저만 있으면 누구나 사전에 등록이나 허가 없이 전 세계 공용 웹 서버에 쉽게 연결할 수 있고 웹 페이지도 이용할 수 있는 장점이 있다. 물론 퍼블릭 웹 서버에는 좋은 방식일 수 있지만 프라이빗 애플리케이션에는 보안에 취약한 방식으로 엔터프라이즈 네트워크에 접속을 통제하려는 관점에선 최악이다. 그리고 아직도 엔터프라이즈 VPN은 악의적인 사용자가 외부에 오픈된 포트를 이용해 취약점을 찾아내고 무단 연결이 가능한 방식으로 동작한다. 더구나 취약점은 단순 이론만이 아니며 TCP 통신의 특성 때문에 공격자는 계속해서 반복적으로[13] 엔터프라이즈 네트워크를 해킹할 수 있다.

SDP는 소위 SPA(Single-Packet Authorization)라고 하는 공유 키 기반의 일회용 암호 알고리듬을 사용해 이런 취약점을 개선했다. 기본적으로 시스템은 알고리듬 기반으로 생성한 OTP[14]를 사용하며 클라이언트에서 서버로 전송되는 초기 네트워크 패킷에 생성한 암호를 담아 보낸다. SDP 명세서에는 TCP를 연결한 후 SPA 패킷을

---

12. 인터넷의 흥미로운 역사와 보안 문제를 확인하려면 워싱턴 포스트 eBook 〈The Threated Net: 어떻게 웹이 위험한 장소가 됐는지〉(특히 1부)를 추천한다. 이런 인터워킹 프로토콜을 발명한 재능 있고 헌신적인 사람들이 1960년대와 1970년대에 매우 제한된 기술로 놀라운 것들을 만든 것은 엄청난 공로로 인정 받을 만하다. 당시 제한된 컴퓨팅 용량을 고려할 때 암호화 구축은 기술적으로 불가능했을 것이며, 50년이 지난 지금도 키 배포 문제를 해결할 수 있는 일반적인 대안은 없다.

13. 최근 사례: www.zdnet.com/article/iranian-hackers-have-been- hacking-vpn-servers-to-plant-backdoors-in-companies-around-the-world/

14. SDP는 RFC 4226(HOTP)을 사용한다. HOTP: HMAC 기반 일회용 비밀번호 알고리듬: https://tools.ietf.org/html/rfc4226.

사용하도록 제시했지만 SPA[15]의 개발자들이 구현한 오픈소스 구현체에서는 TCP 연결 전에 UDP 패킷을 사용한다. 그리고 상업용 SDP는 두 가지 방식으로 모두 구현할 수 있다.

2가지 경우 모두 굉장히 효과적이다. 특히 UDP 기반 SPA는 보안이 상당히 강하다. 즉, 허가되지 않은 클라이언트는 해당 서버를 볼 수 없게 되고 유효한 HOTP(HMAC 기반 일회용 비밀번호 알고리듬)를 입력하지 않는 클라이언트는 TCP 연결을 설정할 수 없다. 심지어 구현에 따라 특정 포트로 리슨 중인 서버에서 ack조차 수신하지 못할 수도 있다. 공유 키를 가진 인증된 클라이언트는 유효한 HOTP를 생성할 수 있고 서버는 TCP 연결(물론 mTLS 연결)을 설정할 수 있다. 추가로 SPA를 이용하면 서버 리소스를 적게 사용해 무리 없이(자원에 영향 없이) 승인되지 않은 클라이언트를 평가하고 접속을 차단할 수 있다. UDP 패킷에서 64비트 HOTP를 확인하는 것이 TCP와 TLS 연결 설정 후 인증을 검사하는 것보다 훨씬 적은 서버 리소스가 필요하다. 따라서 SPA로 보호된 서버는 DDoS 공격에 더욱 탄력적으로 대응할 수 있다.

마지막으로 SPA는 뛰어난 1차 방어막이지만 첫 번째 계층일 뿐이다. 클라이언트가 공유 인증 정보를 소유하고 있음을 SPA로 증명한 이후에도 SDP 시스템은 보호 대상 리소스의 접속을 허용하기 전에 인증서 유효성 검사, ID 인증으로 양방향 TLS를 연결해야 한다.

SDP는 제로 트러스트에 알맞은 우수한 아키텍처다. 즉, SDP 아키텍처 기반의 솔루션을 사용해 제로 트러스트 원칙을 구현할 수 있다. (명세서상으로는) SDP 범위가 제한적이지만 이 부족함을 보완하고 엔터프라이즈 지원 플랫폼을 제공하는 상용 SDP가 있다. 다음으로 한 기업이 제로 트러스트 전환을 위해 SDP를 어떻게 적용했는지 살펴보자.

15. SPA 설명: www.cipherdyne.org/blog/2012/09/single-packet-authorization-the-fwknop-approach.html

SDP 사례 연구

이 사례에서는 미국에 본사를 둔 다국적 기업이 SDP를 사용해 제로 트러스트를 어떻게 구축했는지 알아본다. 1970년대부터 사업을 시작한 이 회사는 소비자를 대상으로 대면 서비스를 제공하고 있으며 전 세계적으로 14,000명이 넘는 직원이 근무하고 있다. 기존 보안 인프라에 문제점을 발견한 CISO는 BeyondCorp에서 영감을 받아 전략적으로 제로 트러스트 이니셔티브를 시작했다. CISO의 목표는 민감한 고객 데이터의 보안을 강화하고 비용을 절감하며 미디어와 고객 관리를 위해 비즈니스가 새로운 디지털 플랫폼을 활용할 수 있게 하는 것이었다.

인프라는 주요 데이터 센터(미국과 유럽에 각각 하나씩) 2곳에 있고 본사 외에 4개의 미국 지사, 8개의 해외 지사, 전 세계 700개 이상의 소매점이 있다. 그리고 본사에 직원 약 2,000명, 12개 지사 전체에 약 2,000명의 사용자, 소매점에 약 10,000명의 시간제 근로자가 있다. 이 기업은 현재 클라우드를 이용하고 있는데, 내부적으로 온프레미스에 구축한 수십 개의 애플리케이션을 IaaS로 마이그레이션했다.

초기 IT 인프라를 구성할 때 여러 문제점으로 고생했는데, 이 문제점은 제로 트러스트를 전략적으로 도입하기 위한 과정이었다. 그리고 이런 노력으로부터 거의 즉각적인 가치를 얻었다는 점이 중요하다. 실제로 이 기업에서는 상용 보안 플랫폼이 기존 인프라와 신속하게 통합하는지, 제로 트러스트를 계속 문제없이 지원할 수 있는지 여부가 평가 기준에 포함돼 있었다. 예를 들어 이 기업은 온프레미스 액티브 디렉터리AD, Active Directory에서 클라우드 기반 SAML IDPIDentity Provider로 마이그레이션하는 초기 단계에 있었고, 이 2개 기능을 동시에 지원하고자 SDP 플랫폼이 필요했다.

제로 트러스트 이니셔티브와 비전의 핵심 요소는 모든 사용자를 '네트워크에서 벗어나게' 하고 이기종 엔터프라이즈 인프라에 분산된 SDP 게이트웨이(PEP)를 사용하는 것이다. 보안 팀은 다양한 제로 트러스트 공급업체, 솔루션을 평가하고 엔클레이브 기반 모델을 따라 엔터프라이즈급 SDP 구현을 선택했다.

보안 팀은 VPN 연결에 문제가 있고 2개 사용자 그룹에서 많은 불만을 제기하는 노후화 VPN 장비 교체를 첫 번째 단계로 진행했다. 첫 번째 그룹은 회사 사무실 네트워크와 메인 데이터 센터의 리소스에 원격으로 접속해야 하는 약 750명의 일반 기업 사용자였다. 두 번째 그룹은 약 250명의 개발자로, IaaS 클라우드 환경에서 실행되는 개발, 테스트, 운영 리소스에 SSH, RDP 접속과 데이터베이스 접속이 필요했다. 초기 구축 시에는 단순하고 개방적인 정책을 사용했지만 UX를 개선하고 연결 속도를 즉시 높일 수 있는 이점을 제공해 보안, 네트워크 팀은 제로 트러스트 플랫폼에 대한 자신감과 경험을 얻을 수 있었다. 또한 보안을 유지하면서 개발자는 여러 IaaS 계정과 위치에 동시에 접속할 수 있었다.

이 단계가 성공으로 전개되자 보안 팀은 클라우드 기반 ID 제공자의 그룹 권한을 사용해 네트워크에 있는 기업 사용자의 접속을 통제하기 시작했다. 사용자 그룹을 일반 직원, IT, 재무, 네트워크 관리자, 데이터베이스 관리자를 포함한 몇 가지 기본 역할로만 분류했다. 모든 직원은 표준 서비스(예, DNS, 인쇄, 파일 공유) 접속 권한을 부여받았으며 다른 그룹은 각 역할에 특정한 리소스에 대한 접속 권한을 부여받았다.

다음으로 2,000명의 지사 직원들을 기업 네트워크에서 분리하기 시작했고 제로 트러스트 정책으로 모든 접속이 통제되도록 전환했다. 기본적으로 12개 지사에 구축됐던 모든 네트워크, 보안 소프트웨어, 하드웨어, 케이블 연결을 제거하고, 일반 광대역 인터넷과 와이파이로 교체했다. 대부분의 운영 시스템이 미국 북동부의 단일 데이터 센터에 있었고 기업 사용자들은 이미 비즈니스 애플리케이션에 접속하고자 해당 데이터 센터와 보안 터널이 필요했는데, 사용자는 IDS, SWG 기능을 지원하는 내부 보안 소프트웨어를 이용해 데이터 센터까지 인터넷 통신 보안이 가능했기 때문이다. 추가로 이를 통해 인프라와 통신 비용을 연간 50만 달러 이상 절감할 수 있었다.

각 지사마다 로컬 SDP 게이트웨이(제로 트러스트 PEP)를 적용해 사용자의 로컬 파일 공유 접속을 보안 정책으로 제어할 수 있게 했다. 즉, SDP 시스템 아키텍처로 사용자는 로컬 PEP를 이용해 공유 파일에 안전한 연결이 가능했다.

모든 기업과 마찬가지로 이 기업도 2020년 초 COVID-19 전염병으로 많은 영향이 있었다. 1만 명이 넘는 시간제 직원이 근무하는 700개 이상의 전 세계 소매점은 일시적으로 문을 닫아야 했다. COVID 이전에 소매점들은 상점 내부 로컬 무선 네트워크로 연결돼 있었고, 이 네트워크는 각 소매점에서 주요 기업 데이터 센터에 이르는 사이트 간 VPN를 이용해 중앙 애플리케이션 서버에 연결하고 있었다. 그리고 COVID 발생 이후 보안, 네트워크 팀은 신속하게 SDP 클라이언트를 회사 업무 기기와 BYOD 기기 등 모든 작업자의 기기에 배치했다. 이에 시간제 직원은 즉시 재택근무를 시작할 수 있었고 기업이 가상으로 제공하는 업무 공간으로 빠르게 전환하도록 지원할 수 있었다. 한 가지 흥미로운 점은 모든 사용자가 접속 지점을 보안 SDP 터널로 전환했기 때문에 700여 개 소매점을 연결한 사이트 간 VPN 연결을 해제할 수 있었다. 물론 이 작업으로 네트워크 관련 비용 절감도 가능했다.

제로 트러스트로 전환하기 위한 다음 단계는 마이크로세그먼테이션 구축 모델로 리눅스 서버에 SDP 클라이언트 배포해 서버 환경 전반의 접근 제어를 강화하는 것이었다.

전반적으로 이 기업은 소프트웨어 정의 경계 아키텍처를 통한 제로 트러스트 도입으로 보안과 재무 측면 모두에서 분명하고 많은 이점을 얻었다. 모든 사용자가 '네트워크 밖에' 있고 허가되지 않은 사용자는 기업 네트워크에 진입하는 접속지점에서 차단되기 때문에 기업 환경이 훨씬 더 안전해졌다. 거의 모든 사용자가 제로 트러스트 솔루션을 사용하고 있었고 네트워크 관점에서는 이미

'원격'이었기 때문에 COVID 전염병은 기업 사용자들에게 거의 영향을 미치지 않았다.

기업과 제로 트러스트

지금까지 기업 내부적으로 개발한 플랫폼의 2가지 사례를 설명했다. 특히 오늘날 제로 트러스트 보안 시장의 대부분 기업이 SDP 사례에서 설명한 접근 방식을 따르고 있음을 강조하고 싶다. 즉, BeyondCorp와 Pagerduty가 했던 방식으로 직접 구현하기보다는 상용 소프트웨어 라이선스를 구매해 이용한다. 정교하고 수익성이 높으며 기술적으로 진보한 기업인 구글은 분명히 그 자체로 리그에 속해 있는 반면 PagerDuty의 핵심 비즈니스와 기술은 복잡하고 동적인 네트워크를 효과적으로 운영하는 것에 있다. 이 두 기업 모두 상용 제로 트러스트 플랫폼이 널리 보급되기 전에 자체적인 제로 트러스트 여정을 시작했다는 점이 가능 중요한 것 같다.

오늘날의 시장은 다르다. 필자는 제로 트러스트 방식으로 중소기업, 중견기업, 대기업과 매일 긴밀히 협력하고 있으며, 대부분 자체 플랫폼을 구축하기보다는 상용 또는 오픈소스 보안 솔루션을 플랫폼의 핵심으로 활용하려고 한다. 오늘날 다양한 제로 트러스트 지원 제품이 제공되고 있으며 기업은 플랫폼, 동종 최고의 모델, 온프레미스, 클라우드 기반 또는 하이브리드 모델 조합을 평가할 수 있고 평가해야 한다.

또한 이 책은 솔루션 공급업체나 오픈소스 플랫폼을 분석하거나 비평하기 위한 수단이 아니다. 공급업체가 새로운 제품과 혁신을 소개하고 기술을 계속 보완하는 등 관련 제품과 플랫폼은 지속적으로 변화 중이다. 이 책은 제로 트러스트 원칙을 준수하는 기반, 환경에 적용할 수 있는 방법과 아키텍처 설계에 필요한 여러 요구 사항을 제공한다. 그리고 궁극적으로 기업에서는 이 책의 정보, 설계 요구 사항으로 제로 트러스트 구축 시 여러 현안에 대해 옳은 결정을 할 수 있다.

요약

4장에서는 각각 제로 트러스트의 고유한 관점을 제공하는 3가지 제로 트러스트 구현 사례를 살펴봤다. 구글의 BeyondCorp 사례는 보안을 강화하기 위한 구글의 노력뿐만 아니라 구글의 경험을 문서로 공개한 부분은 보안업계에서 상당히 중요하고 긍정적인 영향을 미쳤다. 그리고 PagerDuty는 서비스, 네트워크 중심 기업이 서버 대 서버 보안 문제를 어떻게 해결했는지 다른 관점에서 사례를 제공했다. 마지막으로 제로 트러스트 원칙을 제공하는 개방형 아키텍처인 소프트웨어 정의 경계를 소개했다. SDP가 어떻게 동작하는지 설명한 후 이 아키텍처를 사용해 여러 국가에 있는 기업 전체에 보안, 운영상의 이점을 제공하는 사례였다. 정리하면 이 3가지 사례는 제로 트러스트 보안이 다른 유형의 기업에서 어떻게 필수적인 부분이 됐는지를 보여주는 실용적인 가이드와 비전을 제공한다. 그리고 이들 사례는 분명히 기업이 제로 트러스트로 전환할 수 있는 생각의 원천이 되고 영감을 줄 것이다.

2부

제로 트러스트와 엔터프라이즈 아키텍처 구성 요소

1부에서는 제로 트러스트의 역사와 배경을 소개하고 대표적인 엔터프라이즈 아키텍처를 제로 트러스트 아키텍처와 비교하며 서로 다른 제로 트러스트의 유형 사례 3개를 탐구했다. 2부에서는 제로 트러스트 렌즈를 통해 IT, 보안 인프라의 주요 기능 영역을 살펴본다. 각각의 목표와 기능을 설명하고 이런 목표와 기능이 새로운 제로 트러스트 세계에서 어떻게 통합하고 변해야 하는지 살펴본다.

이런 분석을 진행하면서 기업에서 제로 트러스트를 어떻게 도입할 수 있는지 관점에서 생각해보자. 장애가 될 수 있는 기업 내부의 기술적, 비기술적 제약 사항을 식별하고 이를 극복할 수 있는 방법을 생각해보자. 또한 네트워크, 관리 시스템, 인프라에서 제로 트러스트의 영향을 이해해야 한다. 이런 과정을 진행한다면 제로 트러스트를 향한 여정에 걸림돌이 없을 것이다.

5장

IAM

ID와 접속 관리IAM, Identity and Access Management는 정보보호에서 굉장히 넓은 영역으로 접속 권한을 보유한 사용자에게 적시에 필요한 접속을 제공하는 기술적 및 비즈니스 프로세스 측면을 모두 포함한다. 여러 가지 면에서 ID, ID 관리 프로그램은 제로 트러스트 프로그램을 성공으로 이끄는 열쇠다. 또한 제로 트러스트의 핵심은 ID 중심 접근 방식의 보안으로, ID를 이해하고 관리하는 것은 제로 트러스트 프로그램에서 매우 중요하다. 그러나 기업은 제로 트러스트 여정을 시작하기 전에 불합리한 표준을 준수하거나 ID 팀과 시스템에 완벽을 요구해서는 안 된다.

ID 관리 시스템은 ID(사람 및 사람이 아닌 개체) 확인을 위한 권한 정보를 제공해야 하며 비즈니스 프로세스뿐만 아니라 많은 기술적 통합을 위한 '키스톤keystone' 시스템으로 사용해야 한다. 물론 이는 쉽지 않다. 오늘날의 기업 IT 환경은 복잡하며 단일 중앙 집중식 ID 시스템이 없을 수 있다. 하지만 괜찮다. 이런 이슈는 제로 트러스트를 선택하는 데 걸림돌이 돼서는 안 된다. 사실 제로 트러스트는 서로 다른 네트워크 인프라를 통합하는 시스템으로서 여러 ID 시스템 간의 격차를 해소하는 데 도움을 줄 수 있다. 이 내용은 5장 뒷부분에서 설명하는 'IAM과 제로 트러스트' 절에서 다룬다. 먼저 이 책에서 제로 트러스트를 설명할 때 기초가 되는 IAM의 주요 구성 요소를 살펴보자.

IAM 검토

모든 ID 관리 시스템은 서로 다르지만 각 기업에서 선택한 기술 집합의 고유한 조합을 봤을 때 ID 관리 시스템에는 그림 5-1과 같이 공통적인 요소가 있다. 다양한 IAM 프로그램[1]을 이해하고자 각 영역을 살펴보자.

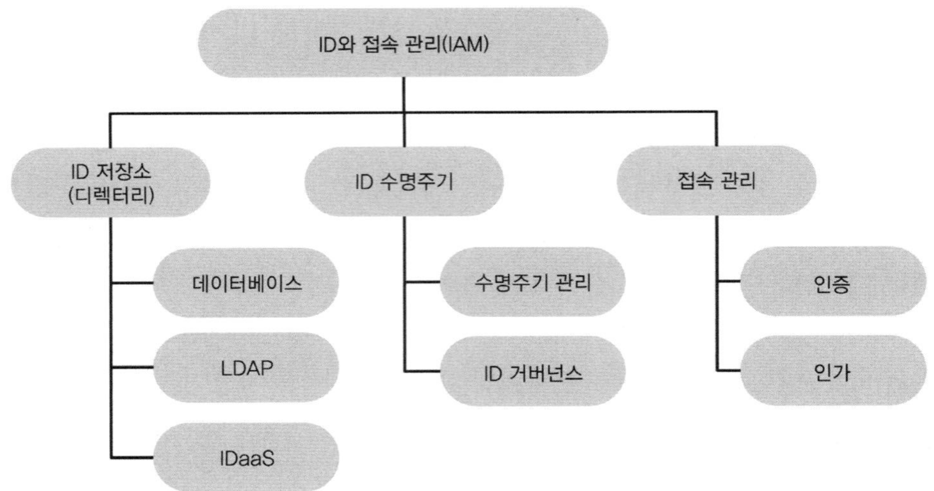

그림 5-1. ID 관리 시스템 영역

ID 저장소(디렉터리)

ID 관리 시스템의 핵심 요소는 디렉터리(공식적으로는 디렉터리 서비스)로 불리는 ID 저장소다. 이는 엔티티의 권한 정보가 논리적으로 저장되는 곳이며 이런 정보의 사용

1. 일부 기업에서는 이를 ICAM(Identity, Credential, Access Management)라고 한다.

자나 자동화된 기기에서 사용하게 엔티티를 설명하고 관련된 의미 있는 데이터를 제공하는 속성이기도 하다.

디렉터리[2]는 1980년대 후반 기업에서 PC 기반의 로컬 영역 네트워크에서 사용하면서 알려지기 시작했다. 디렉터리는 사용자의 네트워크 접속 인증을 위해 사용했으며 사용자 검색이 가능하고 권한 정보 목록을 관리할 수 있다. 그리고 디렉터리는 사용자 인증 정보도 보관하고 있는데, 중앙에서 관리하는 방식이다.

이는 현대의 IAM 생태계가 성장하면서 핵심 디렉터리 기능을 이용한 것이라 본다. 많은 분야와 마찬가지로 발전에 따라 표준도 강화된다. 디렉터리의 경우 엔티티 정보를 저장하는 프로세스는 X.500 표준으로 시작했고 초기에는 디렉터리 접속 프로토콜DAP, Directory Access Protocol을 이용해 연결했다. 하지만 이 방식은 TCP/IP 네트워킹을 기반으로 하지 않았고 클라이언트가 활용하기에는 매우 복잡해 채택되지 않았다. 이를 개선하고자 DAP의 '가벼운' 버전이 만들어졌는데, 잠시 후에 설명하는 경량 디렉터리 접속 프로토콜LDAP, Lightweight Directory Access Protocol이다.

제로 트러스트와 관련한 디렉터리와 ID 관리 시스템은 지난 수십 년 동안 기능과 적용 범위가 분명히 성장했다. 오늘날의 디렉터리는 서로 다른 여러 개의 디렉터리를 연결하는 메타디렉터리metadirectories, 연합 디렉터리federated directories 등 여러 가지 다양하고 복잡한 시나리오를 지원한다. 다음으로 요즘 주로 사용되고 있는 3가지 디렉터리 유형을 소개한다.

데이터베이스

데이터베이스는 기술적으로 네트워크로 접속할 수 있는 중앙 집중식 ID 저장소를 제공할 수 있다. 그러나 최근 대부분 기업은 여러 이유로 데이터베이스를 디렉터리로 사용하지 않고 있다. 원격으로 사용자 정보(특히 인증 정보) 확인을 위해

2. 디렉터리는 엔티티와 속성을 저장한다. 엔티티는 (사람) 사용자일 수도 있고 서버나 서비스와 같은 엔티티일 수도 있으며, 인증 및 권한 부여도 받을 수 있다. 관련 내용은 3장에서 간략히 설명했다.

데이터베이스 접속을 허용하는 것은 읽기 전용이라 하더라도 좋지 않은 설계다.

물론 디렉터리 표준상 기본 데이터베이스에 연결은 할 수 있다. 그러나 데이터베이스에 직접 접속하는 방식, 표준 프로토콜 방식, API를 이용한 디렉터리 연결 방식은 많은 차이점이 있다. 그리고 데이터베이스를 이용한 ID 저장소는 제로 트러스트 이니셔티브 관점에서는 반드시 피해야 한다.

LDAP

경량 디렉터리 접속 프로토콜LDAP은 네트워크로 디렉터리 서비스와 연계하기 위한 메시지 집합(간단히 말하자면 API)을 정의한 프로토콜이다. LDAP은 안정적인 표준으로 관련 내용은 IETFInternet Engineering Task Force[3]의 RFC에서 볼 수 있다. 1997년에 공개된 LDAP v3는 디렉터리 솔루션이 (오픈소스 및 상업용) LDAP 프로토콜을 지원하고 이기종 제품의 구성 요소를 안정적으로 통합할 수 있다는 점에서 매우 성공적인 표준이다.

LDAP은 일반적으로 디렉터리의 엔티티 집합 운영을 위해 직접 API를 제공하며 사용자의 인증 정보(암호) 확인을 위해 사용한다. LDAP은 오늘날 ID, 보안, 애플리케이션, 인프라 공급업체 전반에서 지원되고 적용하고 있는 프로토콜이다. 예를 들어 디렉터리로 가장 많이 사용 중인 마이크로소프트의 액티브 디렉터리Active Directory는 LDAP API를 지원한다.

LDAP 지원 디렉터리와 애플리케이션이 향후에도 이상 없이 동작할 것으로 예상하지만 곧 새로운 표준 기반 인증 및 인증 프로토콜이 LDAP을 대체할 것으로 예상된다. 특히 LDAP은 디렉터리에 직접 API로 호출해야 하지만 오늘날의 분산 환경에 더 적합한 최신 프로토콜은 간접 토큰 기반 메커니즘을 지원한다. 그렇다고는 해도 기업에는 하나 이상의 LDAP 기반 디렉터리를 운영할 가능성이 높으며 제로 트러스트 플랫폼은 이런 서비스를 변경할 필요 없이 상호 연계

3. IETF의 '로드맵' 개요는 https://tools.ietf.org/html/rfc4510을 참고한다.

할 수 있어야 한다. LDAP이 기능적 요구 사항를 충족시키는 한 LDAP을 계속 사용하는 것은 본질적으로 잘못된 것이 아니다.

서비스형 ID(IDaaS)

일반적인 IT 환경이 클라우드 기반 서비스로 전환할 때 ID 관리 공급업체도 물론 전환을 시도했고 이에 따라 서비스형 ID[IDaaS, Identity-as-a-Service]로 알려진 산업 영역이 급성장했다. ID 공급업체는 클라우드 기반 디렉터리를 제공해 기업의 사내 디렉터리 서버 운영을 필요 없게 하고 최신 웹 기반 UI를 제공하며, 싱글 사인온[SSO, Single Sign On]이나 비밀번호가 없는 방식의 인증 기능 등 사용자 중심의 기능을 제공한다.

이런 서비스는 일반적으로 SAML과 같은 신규 API뿐 아니라 LDAP, RADIUS와 같은 기존 API도 모두 제공한다. 또한 해당 서비스는 클라우드 기반 보안 서비스의 도입 증가와 안정성이 높아지면서 지속적으로 성장할 것으로 예상한다. 그리고 보통 IDaaS 공급업체는 연합[federation] 인증이나 데이터 복제, 레거시 디렉터리, 인증 체계와의 통합 등 특정 기능을 수행하고자 온프레미스 소프트웨어(에이전트)를 제공한다.

궁극적으로 모든 기업에는 하나의 ID 저장소(가끔 여러 개)가 존재하게 된다. 제로 트러스트 시스템은 이런 시스템과 통합해야 하며 여러 개의 서로 다른 ID 스토어와 연계할 수 있는 기준을 수립해야 한다. 특히 서드파티 솔루션을 사용해 자체 ID 스토어를 보호할 때 더욱 그렇다. 관련 내용은 '접속 관리' 절에서 인증을 설명할 때 상세히 설명하겠다. 그 전에 IAM의 또 다른 중요한 부분인 ID 수명주기를 살펴보자.

ID 수명주기

모든 ID는 공식적인 정의 내용을 떠나서 명확한 수명주기를 갖고 있다. ID는 생성되고 일정 기간 존재하고 시간이 지남에 따라 다른 역할을 할 수 있으며 결국 없어진다. 따라서 기업은 ID 수명주기를 관리하고 제어하는 기술 도구와 비즈니스를 보유해야 한다. IAM 수명주기 관리, ID 거버넌스는 간접적으로 보면 제로 트러스트 이니셔티브의 한 영역이다.

수명주기 관리

일반적으로 사용자(사람)의 ID 수명주기를 '가입, 변경, 탈퇴'로 부른다.[4] 사람 엔티티(사용자)는 일반적으로 그림 5-2의 수명주기를 거친다. '기본 권한' 프로비저닝도 마찬가지다. 'birthright(기본)' 권한은 모든 사용자(가입)가 기업 디렉터리에 처음 추가될 때 자동으로 할당받는다. 물론 사용자는 일반적으로 이런 권한 이상의 접속 권한을 가지며 역할에 따라 할당돼야 한다. 기업은 사용자에게 지나치게 많은 권한을 할당하지 않도록 신중해야 하며, 특히 기존 사용자의 권한을 새로운 사용자의 권한 템플릿으로 사용하는 실수를 저지를 수 있는데, 이런 실수는 사용자가 필요 이상의 접속 권한을 갖게 돼 보안, 컴플라이언스에 문제가 될 수 있다. 이전에 잠시 설명한 바와 같이 안정적인 ID 관리 프로그램은 역할, ID 거버넌스 관리로 이 문제를 통제할 수 있다.

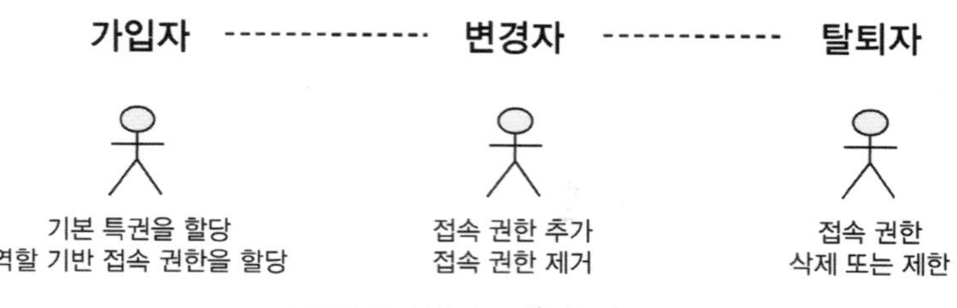

그림 5-2. 사용자 ID 수명주기

4. 일반적으로 직원을 '생성', '파괴'보다는 '가입', '탈퇴'라고 부르는 것이 더 낫다.

사용자의 업무나 소속 부서가 수평 또는 수직으로 변경되면 추가적인 접속 권한이 있는 새로운 역할이 부여될 것이다. 접속 권한을 추가하는 것은 간단하다. 사용자가 새로운 작업을 수행하고자 접속을 요구하면 트리거를 이용해 추가 권한을 바로 적용한다. 일반적으로 사용자가 새로운 접속과 이전 접속 모두를 필요로 하는 전환 기간이 있기 때문에 이전 접속 권한의 삭제 여부를 확인하기 힘든 점이 있다. 이 기간은 몇 주 혹은 몇 개월 동안 지속될 수 있으므로 이를 추적하고 관리하기 위한 비즈니스 프로세스가 필요하다(이 프로세스는 일반적으로 ID 거버넌스의 일부다).

수명주기의 맨 마지막 단계에 있는 사용자를 탈퇴자Leavers라고 한다. 이 단계는 사용자가 의도한 자발적인 이직, 퇴사일 수도 있고 의도하지 않은 해고 등 여러 이유일 수 있다. 예를 들어 관리자가 퇴직한 직원의 이메일에 접속할 수 있도록 퇴직한 직원의 계정 정보를 ID 시스템에 일정 기간 보관할 수도 있다. 경우에 따라 퇴직한 사용자 정보가 시스템에 존재하며 장기간(예, 개인 급여, 보험 또는 세금 기록에 접속할 수 있게) 또는 심지어 무기한(예, 교육 기관의 동문으로 전환하는 학생) 특정 접속 권한을 보유할 수도 있다.

ID 관리 시스템은 이런 수명주기 이벤트를 기반으로 사용자의 접속 권한 할당, 프로비저닝provisioning, 디프로비저닝deprovisioning을 관리하고 궁극적으로는 자동화해야 한다. 대부분의 기업은 HR, 입사, 퇴직 절차를 잘 관리한다. 그러나 IT 프로세스는 성숙도와 효율성 측면에서 뒤떨어진다. 예를 들어 직원이 기업을 떠난 후에도 계속해서 급여를 받는 것은 굉장히 드문 일이다. 그러나 직원이 퇴사한 후에도 IT 시스템(특히 SaaS 애플리케이션의 경우)에 접속 권한이 계속 남아있는 경우는 흔하다.

사용자가 아닌 서비스 계정을 관리하려면 일반적으로 다른 방식으로 접근해야 한다. 이런 시스템은 채용이나 해고와 같은 명확한 인사 프로세스 기반의 트리거와 일반적으로 연계돼 있지 않다. 서비스 계정은 사용자가 아닌 서버나 인프라 코드를 사용하고자 생성한 계정이다.[5] 이런 메커니즘은 계정뿐 아니라 API

5. 서비스 계정이나 스크립트에 사용자 인증 정보를 재사용하는 것은 보안에 매우 취약하다.

키나 인증서와 같은 다른 접근 제어 메커니즘까지도 해당한다.

일반 사용자 계정과 마찬가지로 서비스 계정에도 권한, 역할이 있어 면밀하게 관리해야 한다. 또한 사용자 계정과 마찬가지로 서비스 계정은 최소 권한으로 연계해야 한다. 서비스 계정은 시스템 관리를 목적으로 생성하는 경우가 많고 시스템에서 권한을 제한할 수 있는 강력한 모델이 없을 수 있기 때문에 다소 어려운 과제다. 이런 서비스 계정은 신속하게 문제를 해결해야 한다는 이유로 높은 수준의 관리자 계정을 부여한다. "걱정하지 마세요... 나중에 권한을 낮출게요."라는 이유를 너무나도 많이 얘기한다. 더구나 이 계정의 인증 정보는 다른 시스템에 공유되고 일반 텍스트로 저장되며 변경하지도 않는다. 분명한 점은 서비스 계정은 사용자 계정과 마찬가지로 ID 거버넌스 프로세스에 포함해야 하며 제로 트러스트 시스템을 사용해 이런 서비스 계정에 접근 제어 정책을 강제화해야 한다. PAM(Privileged Access Management) 솔루션은 이런 문제 해결에 도움이 되는 서비스나 서비스 계정 볼트를 제공하는 경우가 많다. PAM은 6장에서 설명한다.

ID 거버넌스

앞에서 설명한 ID 수명주기의 연장선에서 "누가 어디에 접속할 수 있는가?"를 결정하는 정책(또는 규칙)을 ID 거버넌스라고 하며 일반적인 IAM 프로그램과는 또 다른 영역이다. 거버넌스는 일반적으로 컴플라이언스, 보안 요구 사항 준수를 위해 수립하며 보통 컴플라이언스를 위한 경우가 더 많다. 이런 컴플라이언스 요구 사항은 금융 애플리케이션과 통제에 중점을 두고 있는데, 특히 상장기업의 경우 더욱 강한 거버넌스가 요구된다.

이런 컴플라이언스 요구 사항을 충족하고자 관련 업체에서는 ID 거버넌스 제품을 개발했으며, 기업들은 이런 솔루션을 이용해 ID 거버넌스를 강화했다. 물론 모든 기업이 ID 거버넌스 프로그램을 갖고 있는 것은 아니다. 물론 소규모 기업이나 규제 대상이 아닌 기업에는 이런 프로그램이 필요하지 않을 수 있다. 그러나 모든 기업은 ID 수명주기 프로세스에서 “누가 암묵적 또는 명시적으로 어디에 접속할 수 있는가”를 결정해야 하고 접속 허용 여부를 결정하려면 현재 사용 중인 시스템을 변경해야 한다(예, 디렉터리의 사용자 속성 또는 그룹 구성원 자격을 변경, 애플리케이션 내 사용자 계정의 생성, 삭제, 권한 변경).

이런 접근 제어 결정은 프로비저닝 시스템으로 자동화하거나 수동으로 운영자가 직접 작업해야 하는 IT, 비즈니스 프로세스로 구현할 수 있다. 어느 경우든 ID 거버넌스 정책은 제로 트러스트 정책과 일치해야 한다. 이 주제와 관련된 내용은 뒷부분에서 사용 권한 인가를 설명할 때 좀 더 자세히 살펴본다.

접속 관리

접속 관리는 ID 관리의 핵심으로 주요한 2개의 구성 요소가 있다. 첫째는 엔티티(사람 또는 기기)가 본인이 맞음을 증명하는 수단인 ‘인증authentication’이고, 둘째는 주어진 엔티티가 수행할 수 있는 행동들을 정의하고 표현하는 모델인 ‘인가authorization’다. 이 2가지를 차례로 살펴보자.

인증

이 절에서는 일반적인 인증 프로토콜, 메커니즘, 표준, 동향을 간략하게 소개한다. 제로 트러스트를 구축할 때 이 항목들 간의 관련성을 확인하기 위함인데, 명확하게 하고자 몇 가지 기본적인 정의부터 확인해보자.

- **사용자 이름/비밀번호:** 수십 년 동안 사용한 기본적인 인증 정보로 사용자가 알고 있는 것을 검증한다.
- **다중 인증**MFA, Multi-Factor Authentication**:** 인증 프로세스의 일부로 둘 이상의 인증 수단을 사용한다. 물리적 토큰, 스마트폰 앱이나 생체 인식 메커니즘을

사용해 사용자가 소유하고 있는 것이나 사용자의 생체를 검증한다.

- **단계별 인증:** 이벤트 또는 트리거가 발생한 후 사용자에게 추가 인증을 요청하는 프로세스다. 예를 들어 이미 인증된 사용자가 상위 권한의 리소스에 접속하려고 할 때 추가 인증이 필요할 수 있다. 보통 이미 인증된 사용자를 기반으로 MFA 인증을 추가로 적용한다.
- **비밀번호 없는 인증:** 초기 인증할 때 비밀번호가 아닌 다른 방식을 사용한다. 이 방식은 약한 비밀번호, 비밀번호 유출, 비밀번호 재사용과 관련된 널리 알려진 위험을 사전에 예방하기 때문에 권장하는 방식이다. 이런 솔루션은 앞서 설명한 MFA 메커니즘을 사용하는 경우가 많다.

이제 오늘날 사용 중인 몇 가지 인증 프로토콜과 메커니즘을 살펴보자.

LDAP

LDAP는 이전에 설명했듯이 디렉터리 연계와 사용자 인증에 모두 사용할 수 있는 API이다. 인증 관점에서 LDAP API는 일반적으로 사용하는 사용자 이름, 비밀번호 기반 인증 방식을 기본으로 지원한다. LDAP API에는 시도 응답 인증 challenge-response 메커니즘으로 다른 인증 유형을 추가할 수 있는 확장 메커니즘이 있다. 다만 이 메커니즘은 자주 사용되지만 표준화가 안 돼 있어 구현 방식에 의존적이다.

RADIUS

RADIUS도 오래된 인증 프로토콜 중 하나다. RADIUS는 Remote Authentication Dial-In User Service의 약자로, 오늘날 ID 관리의 시초가 되는 인증, 인가, 계정 AAA, Authentication, Authorization, and Accounting 관리를 제공한다. 요즘은 AAA라는 용어를 많이 사용하지 않지만 AAA는 ID, 보안 이니셔티브에서 중요한 요소다.

RADIUS는 개발한지 오래 됐지만 오늘날에도 여전히 많이 사용하고 있다. 또한 RADIUS는 IETF 표준(RFC)으로 제정돼 있어 많은 솔루션 공급업체에서 기술지원을 제공하고 있고 상이한 솔루션 간 연계도 가능하다.

LDAP와 마찬가지로 RADIUS는 RADIUS 클라이언트(일반적으로 '네트워크 접속 서버'라고 함)가 RADIUS 서버와 직접 상호 통신해 주체(일반적으로 사용자)를 대신해 인증을 수행하는 단순한 모델이다. 그리고 RADIUS는 승인, 거부만을 응답한다(시도 응답 메커니즘 이후 MFA 활성화). RADIUS는 프로토콜을 확장해 ID 콘텍스트를 제공하는 데 사용할 수 있지만 많이 사용하지는 않는다.

그러나 RADIUS는 사용자 이름과 암호뿐만 아니라 인증 메커니즘 표준도 지원하는데, 이 기능으로 RADIUS 사용이 증가했다. 실제로 많은 최신 ID 서비스 제공 기업들은 오래된 애플리케이션이나 인프라를 새로운 플랫폼과 통합할 때 RADIUS API나 게이트웨이를 이용한다. 구형 시스템은 이 방식으로(RADIUS 인보크) 최신 ID 플랫폼에서 지원하는 MFA나 비밀번호 없는 인증 방식을 신규로 사용할 수 있다.

SAML

SAML(Security Assertion Markup Language)은 통합 웹 애플리케이션, 특히 서로 다른 시스템의 웹 애플리케이션에 SSO 인증이 가능한 신뢰할 수 있는 환경을 구축하고자 만들어졌다. 공식적인 SAML의 정의는 웹 애플리케이션(SAML 전문 용어로 서비스 제공자)이 별도 ID 제공자(IdP)가 제공하는 사용자 인증, 속성 정보를 처리할 수 있는 XML 및 HTTP 기반 프로토콜이다. 즉, 사용자 인증뿐 아니라 웹 애플리케이션이 요청하고 ID 제공자가 제공하는 사용자의 추가 정보도 SAML를 이용해 전달할 수 있다.

표준 관점에서 보면 SAML은 ID 제공자, SaaS, 사내 웹 애플리케이션을 모두 지원할 수 있어 IaaS(Identity-as-a-Service) 서비스와 관련한 SSO 분야에서 많은 성공을 거두고 있다. SAML은 웹 애플리케이션과 IdP 간의 신뢰 관계를 쉽게 구성할 수 있는 표준으로 SAML을 활용하는 업체, 서비스가 증가하고 있는데, 이는 긍정적인 신호다. 다양한 오픈소스 툴킷과 플러그인 사용으로 웹 애플리케이션에서도 당연히 SAML을 지원한다. 마찬가지로 제로 트러스트 솔루션 또한 SAML을 지원하는 ID 제공자의 서비스와 연계하고 인증 메커니즘으로 SAML을 지원해야 한다.

SAML은 SAML의 응답 통신을 이용해 주체의 속성 정보, 그룹 구성원 자격, 역할을 요청할 수 있다. 그리고 이 방식은 제로 트러스트 정책(RBAC, ABAC 접근 제어 모델의 입력 정보)을 운영할 때 필요한 ID 콘텍스트의 핵심으로 SAML을 제로 트러스트 환경에서 사용하면 더 많은 이점을 얻을 수 있다.

OAuth2

IETF[6]에서 표준으로 정의한 OAuth2는 인가 프로토콜로, 사용자를 대신해 서드파티 애플리케이션이 제한된 함수나 리소스에 접속 권한을 부여할 수 있는 메커니즘으로 설계됐다. 예를 들어 사진 공유 사이트 사용자는 본인의 이름과 비밀번호를 사이트에 공유할 필요 없이 개인 사진의 인쇄 서비스 권한을 허용할 수 있다. 좀 더 정석대로 설명하자면 OAuth2는 클라이언트가 신뢰할 수 있는 토큰 서비스(일반적으로 IdP)에서 보안 토큰을 얻고, 인증이 필요한 대상에게 토큰을 전송하는 방법이다. 기본적으로 이 작업은 사용자 승인을 기반으로 한다.

기술적으로 OAuth2는 인증 프로토콜이 아닌 인가 프로토콜이다. 다음에 설명하는 OpenID 연결은 OAuth2 위에 구축된 인증 프로토콜의 한 예다.

6. OAuth2 정의는 RFC 6749와 6750에서 확인할 수 있다.

OpenID 연결(OIDC)

OIDC는 토큰으로 JSON 웹 토큰JWT, JSON Web Token[7]을 사용해 OAuth2 기반으로 만들었다. OAuth의 인가 기능에 인증을 추가하도록 설계한 OIDC는 시스템 연계가 가능한 REST 형식을 기반으로 OAuth 프레임워크를 활용해 웹 애플리케이션에서 인가, 인증 기능으로 자주 사용된다. 그리고 대상 애플리케이션(상대방)에서 사용할 수 있는 검증된 사용자 정보를 OIDC 토큰에 담을 수 있다.

인증서 기반 인증

기업 ID 관리 관점에서 인증서(및 인증서 지원 시스템)는 사용자와 장치 ID 검증에 자주 사용한다. 즉, 보유하고 있는 유효한 인증서로 엔티티를 확실하게 식별할 수 있다. 실제로 사용자 장치에 현재 유효한 인증서가 설치돼 있고 이 인증서가 기업 자체 인증기관(PKI의 한 부분)에서 발급했다면 OS의 로컬 키 관리 시스템에서 인증서를 안전하게 관리하기 때문에 사용자는 보안에 문제없이 데스크톱이나 모바일 OS에 로그인할 수 있다. 서버, IoT와 같은 장치는 기업이 인증서를 설치하고 식별, 인증에 사용할 수 있는 고유한 메커니즘을 갖고 있다. 마지막으로 일부 실물 ID 카드에는 기업에서 발급한 인증서가 있는데, 사용자가 PIN을 입력해 접속하고 다중 인증 용도로도 사용한다. 미국 정부, 국방 부문에서 사용하는 CACCommon Access Card와 PIVPersonal Identity Verification 카드가 대표적인 사용 사례다.

FIDO2

FIDO2는 FIDO 범용 인증 프레임워크UAF, Universal Authentication Framework와 클라이언트-인증자 프로토콜(CTAP1, CTAP2)로 비밀번호 없이 인증을 제공하는 새로운 표준이다. FIDO2는 PKI 기반 프로토콜을 이용해 브라우저, 모바일 기기, 하드웨어 펍fobs을 인증 수단으로 지원한다.

---

7. JWT는 RFC 7519로 정의한 개방형 표준 프레임워크로, 상호 간의 메시지를 안전하게 정의한다.

모바일과 생체 인증

물론 인증 표준은 아니지만 현대의 인증 방법은 사용자를 위해 사용자 친화적이거나 모바일 장치 기반 기술을 점점 더 많이 활용한다. 사용자는 모바일 장치의 지문 인식이나 얼굴 인식과 같은 기술에 익숙하며, 일회용 비밀번호OTP, One Time Password 생성 모바일 앱은 하드웨어 토큰 기반의 기술을 대체하고 있다.

MFA는 제로 트러스트에서 굉장히 중요하며 사용자 편의성을 고려한 MFA 수단 중 하나는 모바일 장치다. 실제로 비대면 결제 애플리케이션과 같은 시스템의 사용 편의성을 고려하면 사용자는 기업 내부의 IT 시스템에서도 동일한 수준의 편의성을 기대한다.

하지만 안타깝게도 기업의 IT는 단순 신용카드 거래의 인증이나 승인보다 더 복잡해서 사용 편의성을 보장하기가 쉽지는 않다. 엔터프라이즈 보안 시스템은 일반적으로 사용자를 인증하고 몇 분 또는 몇 시간 동안만 비즈니스나 기술 애플리케이션에 접속 권한을 부여한다. 또한 엔터프라이즈 IT는 일반적으로 제약 사항이 복잡한 네트워크 토폴로지에 영향을 많이 받는다. 하지만 모바일, 생체 인증과 같은 표준과 기술들은 네트워크 제약에 크게 영향이 없으며 사용자는 일반적인 암호 입력 없이도 인증이 가능한 새로운 인증 수단의 사용을 선호한다. 그리고 제로 트러스트 보안 아키텍처는 다양한 통합 기능으로 이런 변화에 대응하고 있다.

인가

인가는 접속 관리의 최종 목표며 결국 정책 모델(기술 또는 비즈니스 정책)에서 정책 적용 지점PEP까지를 연결하는 중요한 역할을 한다. ID 관리 시스템은 엔티티와 연관된 권한 특성(역할, 속성)을 제공하고 권한의 정상 여부를 확인하기 위한 거버넌스 정책과 프로세스를 갖추고 있다.

물론 이런 속성은 정책을 실제로 올바르게 적용할 수 있는 실시간 정책 적용이 가능한 런타임 IT 구성 요소가 존재할 경우에 의미가 있다. 예를 들어 샐리가 'Astronauts'라는 이름의 디렉터리 그룹에 있다고 해서 그녀가 실제로 우주 비행사라는 것을 의미하지는 않는다.[8] 마찬가지로 샐리Sally의 "ABC123" 디렉터리 그룹에 멤버쉽 같은 의미는 전혀 없다. 두 가지 경우 모두 IT, 애플리케이션, 보안 시스템에서 이 정보를 어떻게 해석하고, 이 정보가 샐리의 계정과 접속에 어떤 영향을 미치는지가 중요하다. 실제로 인가는 그림 5-3과 같이 여러 레벨에서 발생한다.

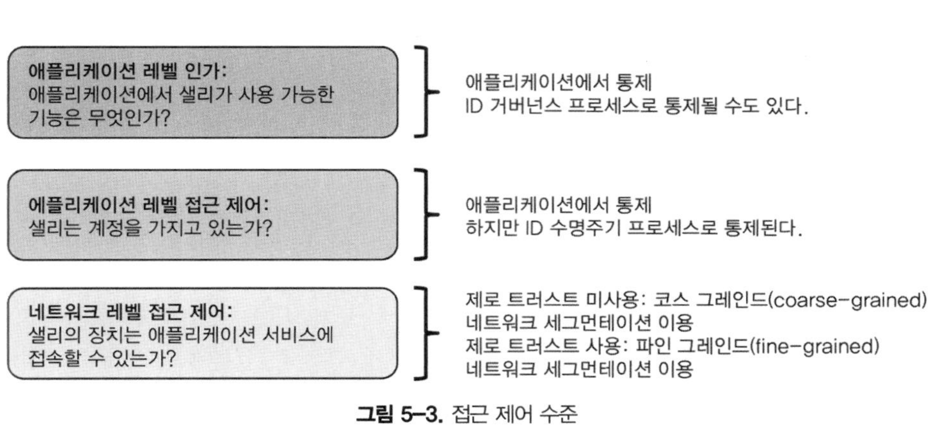

그림 5-3. 접근 제어 수준

제일 첫 번째 레벨은 애플리케이션 수준 인증 모델이 있으며 이 모델은 사용자(이 경우 샐리)가 애플리케이션에서 수행할 수 있는 작업을 제어한다. 이는 일반적으로 샐리의 계정과 관련된 역할이나 권한을 기준으로 애플리케이션[9]에 직접 적용한다. 애플리케이션을 재무 관리 시스템과 같은 비즈니스 애플리케이션으로 생각하는 것이 가장 이해하기 쉽지만 이 모델은 해당 애플리케이션이 소스코드 저장소나 데이터베이스 같이 더 기술적인 시스템이나 또는 심지어 완전히 다른 유형의 서비스에도 동일하게 적용할 수 있다. 제로 트러스트가 제공하는 핵심

8. 기업 내 디렉터리에서 직접 테스트해 보는 것이 좋다. 이 방법이 효과가 있다면 재밌을 것 같다.

9. 승인 모델을 외부화한 애플리케이션 수는 상대적으로 적다. XACML과 같은 표준에도 불구하고 이 방식은 전통적인 애플리케이션 아키텍처에서 사용하지 않았다.

중 하나는 외부에서도 효과적으로 네트워크 승인 모델을 이용할 수 있다. 네트워크 인프라는 애플리케이션에 비해 매우 빈약한 인증 모델을 갖고 있으며 제로 트러스트는 이를 훨씬 풍부한 정책 모델로 대체할 수 있다. 이 내용은 뒷부분에서 자세히 다룬다. 서버에 SSH로 로그인 하는 경우를 보자. 어떤 경우든 높은 보안 수준의 기업은 ID 거버넌스 프로세스와 관련 툴을 이용해 애플리케이션 레벨 권한(인가)을 검증하고 제어한다. 낮은 보안 수준의 기업에서는 일반적으로 사전에 정의된 애플리케이션 역할로만 단순하게 권한을 통제한다.

중간 계층은 애플리케이션 계정 수준이라고 생각할 수 있는데, 사용자의 애플리케이션 계정 유무에 따라 애플리케이션 접속을 제어한다. 이 계층에서 사용자가 애플리케이션에 접속 하려면 유효한 인증 정보를 제공해야 한다. 즉, 인증으로 접속 여부를 통제하는데, SSO, PAM(Privileged Access Management) 솔루션 등 많은 접근 제어 솔루션이 이 계층에서 동작한다.

앞서 설명한 첫 번째, 두 번째 계층은 네트워크에서 접속을 통제하는 계층과는 명확하게 분리돼 있어 ID 관리나 ID 관리 범위에 한계가 있음을 보여준다. 제로 트러스트가 없는 상태에서 보안, 네트워킹 팀은 보통 수백에서 수천 개의 호스트로 구성된 넓은 영역의 가상 LAN(VLAN)에 사용자를 수동으로 할당했다. 또한 MPLS나 사이트 간 VPN과 같은 WAN 통신을 사용해 전체 네트워크를 원격으로 연결하거나 원격 사용자의 SSL VPN에 전체 네트워크를 제공하는 등 정적이고 단순한 방식으로만 접속을 제어할 수 있었다. 하지만 제로 트러스트로 네트워크 계층에서 미세한 접근 제어를 적용할 수 있으며 기존 보안 시스템은 애플리케이션 계층에서만 권한을 통제한다.

마지막으로 제로 트러스트, IAM을 설명하기 전에 역할 기반 접근 제어(RBAC, Role-Based Access Control)와 속성 기반 접근 제어(ABAC, Attribute-Based Access Control)를 간략히 소개하겠다. RBAC, ABAC는 일반적으로 ID 관리 시스템에서 부여한 속성 정보를 기반으로 접속을 제어한다(기술적으로 역할(롤)은 특정 유형의 속성 정보로 볼 수 있어 ABAC는 RBAC를 포함한다고 볼 수 있다). ABAC의 '제어'는 어떤 ID가 기업 리소스에 접속 가능한지 여부를 논리적인 조건으로 정의할 수 있는 기능을 말한다.

ABAC를 이해한다면 속성 기반 정책을 즉시 제로 트러스트에서 적용해야 한다. 사실 제로 트러스트 아키텍처가 속성 기반 접근 제어를 적용할 수 있는 가장 효과적인 방법이다. 결국 ABAC는 이런 접근 제어 정책을 기업의 플랫폼에서 구체적인 아키텍처로 표현하는 개념일 뿐이고 해당 정책 모델(범위, 기능, 효율성)은 제로 트러스트 이니셔티브의 중심에 있어야 한다. 다음에서도 계속 설명한다.

제로 트러스트와 IAM

지금까지 IAM과 IAM의 구성 요소를 검토했으니 이제 제로 트러스트에서 IAM이 중요한 이유와 어떤 점에서 중요한지를 살펴본다. 제로 트러스트 PDP에서 엔티티를 인증하고 정책 결정을 위한 콘텍스트(역할, 속성)의 원천 정보로 IAM 시스템을 사용한다는 점을 기억해보자. 이 구성을 고려했을 때 앞에서 설명한 것처럼 제로 트러스트 관련 업계에서 다양한 인증 API 표준과 프로토콜을 만들어낸 것은 참 다행스러운 일이다. 인증 API와 프로토콜이 있어 ID 제공자와 제로 트러스트 플랫폼은 상호 연계가 가능하게 됐다. 제로 트러스트 플랫폼은 기업의 기존 IAM 시스템을 사용자 인증에 사용하는 것 외에도 PDP가 접속 결정을 내릴 수 있도록 ID 콘텍스트를 얻을 수 있어야 한다. 이와 같이 표준 프로토콜(특히 LDAP, SAML) 지원은 제로 트러스트 시스템에 필요하다.

이 원칙으로 제로 트러스트 구축 모델 유형과는 상관없이 모든 제로 트러스트 시스템은 ID 시스템과 통합해야 한다. 이런 통합으로 보안을 이전보다 더욱 강화시킬 수 있다. 제로 트러스트를 기존 보안 방식과 개략적으로 비교해본다면 ID 통합, 단순 제로 트러스트 기능뿐 아니라 제로 트러스트의 전반적인 가치를 이해할 수 있을 것이다.

인증, 인가, 제로 트러스트 통합

그림 5-4에서 사용자가 애플리케이션에 접속하는 3가지 시나리오를 볼 수 있다. 모든 시나리오에서 사용자는 애플리케이션 계정을 갖고 있고 인증을 받아야 하며 애플리케이션에서 수행할 수 있는 특정 권한을 갖고 있다. 예를 들어 웹 사이트 콘텐츠 관리 시스템CMS, Content Management System인 경우 사용자는 페이지를 편집할 수 있지만 편집한 페이지를 운영 환경에 배포할 수는 없다. 흥미로운 점은 보안과 통합의 관점에서 본 3가지 시나리오들 간의 차이이다.

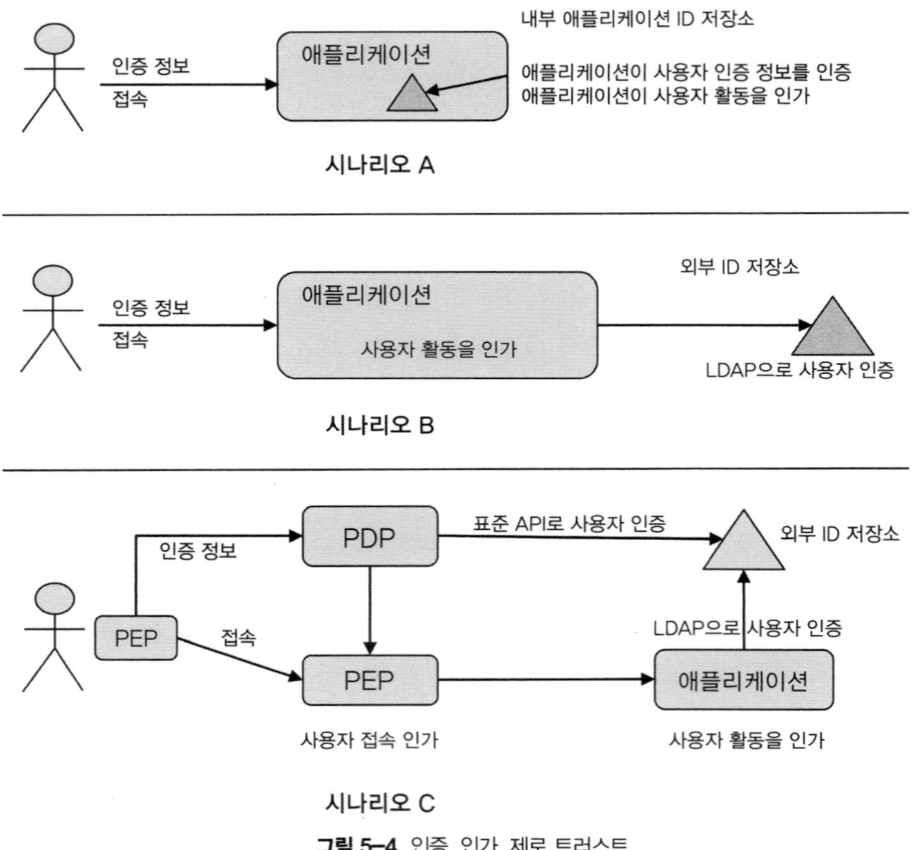

그림 5-4. 인증, 인가, 제로 트러스트

시나리오 A는 애플리케이션 자체적으로 자격을 증명하고 내부에 인증서 저장소를 가진 전통적인 애플리케이션이다. 애플리케이션 안에서 사용자를 직접 인증하기 때문에 사용자 권한도 직접 부여한다. 이 시나리오는 효과적이고 이 방식으로 만들어진 수많은 애플리케이션이 있지만 여러 단점이 있다. 독립적인 자체 ID 시스템은 사일로[SILO]와 같은데, 사용자가 정의한 코드는 악용될 수 있는 보안 취약점이 있을 수 있고 퇴사자, 부서 변경 등에 따른 관리 수명주기 프로세스에서 누락될 위험이 있다. 이로 인해 계정은 여전히 활성 상태지만 사용하지 않는 계정이 발생한다. 또한 네트워크 암호화 프로토콜을 사용하지 않을 수도 있고 MFA를 지원하지 않을 수도 있다.

시나리오 B는 시나리오 A를 개선했다. 외부 LDAP 기반 ID 시스템을 사용해서 사일로가 되는 것을 방지하고 기업의 중앙 집중식 ID 거버넌스와 수명주기 프로세스를 자동화할 수 있다. 또한 LDAP 시스템은 MFA를 지원해 인증 보안을 강화할 수 있다. 그러나 시나리오 A와 마찬가지로 시나리오 B 애플리케이션은 암호화가 안 된 네트워크 프로토콜을 사용할 수 있다. 또한 시나리오 A와 마찬가지로 이 애플리케이션(동일한 호스트에서 실행되는 다른 서비스 포함)은 모든 사용자가 네트워크에서 접속할 수 있다. 기업에서 중요한 애플리케이션인 웹 CMS는 해커 등 외부에서는 매력적인 공격 대상이다. 기업의 공식 웹 사이트에 악성코드를 주입할 수 있다고 상상해보자.

시나리오 C는 제로 트러스트 보안 프레임워크 안에 있는 애플리케이션을 보여준다. 애플리케이션이 LDAP으로 사용자를 인증하는 동안 PEP로 애플리케이션의 네트워크 접속을 보호한다. 이렇게 하면 인증된 사용자만 네트워크를 통해 해당 호스트에 접속할 수 있어 해킹 공격을 대부분 예방할 수 있다. 또한 인증된 사용자는 원격으로 애플리케이션에 접속할 수 있고 사용자 장치와 애플리케이션을 보호하는 PEP 네트워크 구간은 암호화된다. 제로 트러스트 시스템은 정책, 사용자 상황에 따라 필요할 경우 MFA를 적용할 수 있다. 또한 ID, 제로 트러스트 시스템 기능에 따라 사용자가 SSO로 애플리케이션을 자동 인증할 수 있다.

레거시 시스템 인증 강화

제로 트러스트 시스템의 독특한 측면 중 하나는 보호 대상 범위가 제한적인 인증 시스템에서 보호 영역을 넓히고 가치를 향상시킬 수 있다는 점이다. 제로 트러스트 시스템은 ID 시스템과 통합돼 있으며 네트워크 계층에서 정책을 시행할 수 있기 때문에 인증 시스템을 이용한 새로운 방식을 사용할 수 있다. 예를 들어 그림 5-5의 레거시 애플리케이션과 같다.

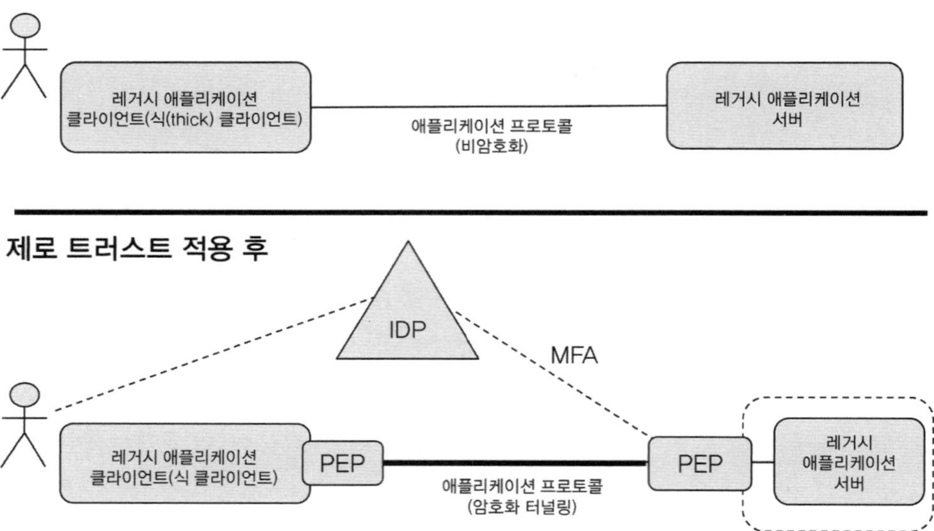

그림 5-5. 레거시 애플리케이션 인증 전과 후

'제로 트러스트 적용 전' 상태에서 사용자는 암호화되지 않은 프로토콜을 사용하는 레거시 애플리케이션 클라이언트로, 핵심 비즈니스 애플리케이션에 접속한다. 이 트래픽은 표준 TCP/IP 네트워크를 이용하고 표준 엔터프라이즈 관리 장치에서 트래픽을 보내지만 HTTPS를 사용하지 않고 HTTP 헤더에 의존하기 때문에 최신 툴과 보안 시스템에 접속할 수 없다. 또한 보안 시스템이 차단된 상태지만 애플리케이션은 민감한 비즈니스 데이터를 암호화하지 않고 전송한

다. 그리고 이 기업은 해당 애플리케이션을 웹 인증 또는 SAML 인증이 가능하게 변경할 수 없다.[10] 이런 이유로 MFA를 적용하기도 어렵고 네트워크 트래픽 암호화 적용과 관련한 보안 기준 및 컴플라이언스를 준수하기도 어렵다.

'제로 트러스트 적용 후' 상태에서 기업은 최신 인증 시스템을 도입했는데, 권한 관리 ID 시스템을 기반으로 사용자 로그인, MFA 기능의 사용이 가능하다. 그리고 레거시 애플리케이션은 IDP와 직접 연결돼 있지 않지만 제로 트러스트 PEP는 사용자의 애플리케이션 접속을 가로채고 사용자의 접속을 허용하기 전에 MFA를 적용하도록 IDP에 요청할 수 있다. 이 방식은 기업에 다음과 같은 몇 가지 중요한 이점을 제공한다. 첫째, MFA와 암호화가 가능하다. 둘째, 기업 전체에서 동일한 IDP를 일관되게 사용해 사용자 환경을 단순화하고 운영 복잡도를 줄인다. 또한 제로 트러스트 솔루션을 사용하면 애플리케이션 서버나 클라이언트를 변경하지 않고도 이런 모든 보안 사항을 적용할 수 있다.

이 사례는 단순하지만 시스템 변경이 어려운 내부 IT 인프라에서도 제로 트러스트 원칙과 이점을 얻을 수 있는 방법 중 하나다. 특히 제로 트러스트 아키텍처는 기존 네트워크에 가상의 네트워크를 구성해 기존 아키텍처 변화를 최소화하면서 보안성을 향상시킬 수 있는 혁신적인 방법이다. 변화와 관련해서 제로 트러스트 시스템이 어떻게 기업의 IAM 프로그램을 향상시킬 수 있는지 살펴보자.

IAM 개선 촉매제 제로 트러스트

제로 트러스트 프로젝트는 기업이 ID 시스템을 점진적으로 개선하거나 크게 변화시킬 수 있는 절호의 기회다. 제로 트러스트 프로젝트에 잘 접근하면 기업은 내부 ID 시스템을 단순화하고 원활하게 운영하거나 효과적인 최신 시스템으

10. 기업에서 관리하지 않은 폐쇄적인 소스 애플리케이션이나 오래된 기술을 사용해 자체 구축한 애플리케이션, 기업 내부에서 운영할 담당자가 없는 애플리케이션 등 여러 가지 이유가 있을 수 있다.

로 마이그레이션할 수 있다.

예를 들어 많은 대기업에는 인증, 사용자 속성 정보와 호환되지 않는 여러 디렉터리 서비스가 있다. 이런 시스템은 시간이 지나면서 개별적으로 생성했을 수 있고, 다양한 프로젝트의 여러 요구 사항을 가진 부서의 요청으로 생성했을 수도 있고, 타 디렉터리를 그대로 사용했을 수도 있다. 이는 특정 인프라 내의 디렉터리뿐 아니라 클라우드의 디렉터리, 고객 ID 시스템이나 비즈니스 협력사의 ID일 수도 있다. ID 관리 실무자는 이런 모든 디렉터리를 하나의 디렉터리로 통합하길 원할 수 있다. 이 문제는 바로 개선해야 할 프로젝트 대상일 수 있지만 제로 트러스트 프로젝트 시작을 위한 핵심 요구 사항으로 생각하면 안 된다. 관련된 2가지 이유가 있다.

첫째, 서로 다른 ID 시스템은 구성 환경이 다르고 경우에 따라서는 상충되는 여러 요구 사항을 갖고 있어 보통 하나의 ID 시스템이 이 모든 것을 만족시키는 것은 불가능하다. 예를 들어 기술 플랫폼이나 시스템 통합의 요구, 특정한 규제나 컴플라이언스 지침(예, 데이터를 내부에만 보관) 준수 또는 다국어 지원처럼 단순하지만 중요한 요구 사항이 있을 수 있다.

둘째, 기업은 제로 트러스트 프로젝트를 단순히 구식 기술을 대체하는 촉진제(6장에서 상세하게 살펴볼 예정이다)가 아닌 서로 다른 시스템을 안정화시키는 메커니즘으로 바라볼 필요가 있다. 제로 트러스트를 정상적으로 적용하면 여러 복잡한 환경을 단순하게 개선해 보안과 운영을 간소화할 수 있다.

그렇다고 해서 제로 트러스트 프로그램이 근본적으로 망가진 ID 시스템을 보완하거나 마법처럼 고칠 수 있다는 뜻은 아니다. 하지만 대부분 기업의 ID 팀은 복잡하고 다양한 솔루션과 많은 양의 작업으로 어려움을 겪고 있다. 제로 트러스트를 정상적으로 적용하면 ID 작업을 단순화하고 간소화할 수 있고 전체 ID 프로그램의 복잡도를 줄일 수 있다. 일괄 변경이나 급격한 변경은 필요하지 않다.

요약

5장에서 소개한 ID 관리 시스템은 범위가 광범위하다. 그리고 복잡한 경향이 있다. 즉, 본질적으로 ID 관리 시스템은 동적이며 신규 사용자, 퇴직자, 변경자 권한 프로세스, 예외 등을 매일 처리한다. 현실적으로 이런 복잡성은 피할 수 없다. ID 시스템은 기본적으로 조직, 직원, 직원 역할의 프로세스 모델과 소프트웨어를 제공한다. 이런 관점에서, 기업은 ID 시스템을 운영하기 위한 전문화된 팀을 만들고 관련 공급업체와 컨설턴트 시스템도 있다는 것은 놀랄일이 아니다.

ID 수명주기(ID 거버넌스 포함)는 궁극적으로 "누가 무엇에 접속할 수 있어야 하는가"(즉, 권한 부여)를 결정하는 역할을 담당하지만 일반적으로 수동 또는 자동 계정 프로비저닝에 의존한다. 그리고 계정 프로비저닝으로 애플리케이션 계정에서 접속을 통제한다.[11] 제로 트러스트 시스템은 네트워크 계층에서도 접근 제어가 가능하며, 이를 위해 제로 트러스트 시스템은 ID 인증 시점 또는 인증 이후에도 정책을 관리하기 위해 ID 속성을 정기적으로 검색할 수 있어야 한다.

제로 트러스트 팀은 조직 변경을 통해서라도 ID 관리 팀과 긴밀하게 협력해야 하고 제로 트러스트 시스템은 ID 시스템 데이터를 기반으로 접속 규칙(그중 일부는 ID 팀에서 발생)을 시행해야 한다. 그리고 시스템 통합과 마찬가지로 시스템 구성, 설정 등을 문서화하고 안정적인 API, 데이터베이스 스키마, 버전을 관리하고 변경 사항을 관리해야 한다. 이런 업무를 쉽게 봐서는 안 된다. IAM 프로세스(사람들의 가입, 이동, 탈퇴가 매일 발생)는 기업에서 원활하게 운영해야 하며, 이 프로세스를 효율적으로 지원하면서 보안을 극대화하는 것이 보안 팀의 의무다.

ID는 제로 트러스트의 핵심이며 여러 보안 요소를 매우 효과적으로 통합할 수

---

11. 프로비저닝 프로세스 자동화는 IAM에서 쉽지 않은 부분이다. 일반적으로 프로비저닝 엔진으로 애플리케이션을 온보드(구동)하려면 어댑터나 사용자 지정 데이터베이스 작업이 필요하다. 최근 IETF 표준 SCM인 교차 도메인 ID 관리 시스템(System for Cross-Domain Identity Management)으로 몇 가지 개선 사항이 있었다. 관련 내용은 https://tools.ietf.org/wg/scim/ 및 http://www.simplecloud.info/를 참고한다.

있는 새로운 표준이다. 기업의 IAM 시스템이 어떻게 동작하는지 이해하는 것은 모든 제로 트러스트 이니셔티브 실현에서 있어 자연스런 과정이 될 것이다. 인증, ID 속성 정보를 이용하고자 IAM을 사용하기 때문이다. 놀랍게도 ID 관리 프로그램(기술, 인력, 프로세스)이 상대적으로 미숙하더라도 제로 트러스트 이니셔티브에는 유용할 수 있다. IAM 환경이 완벽할 필요는 없다(그러나 고장 난 상태는 안 된다). 궁극적으로 기업은 IAM 플랫폼 수준에 상관없이 제로 트러스트를 받아들일 수 있고 수용해야 한다.

6장

네트워크 인프라

기업이 제로 트러스트로 전환하는 과정에서 네트워크와 네트워크를 구성하는 하드웨어, 소프트웨어 인프라는 분명 영향을 받는다. 사실 제로 트러스트가 가져오는 강점과 가치의 대부분은 네트워크 계층에서 ID와 콘텍스트 인지 정책을 적용해 외부 환경과 연결하는 기능이다. 결과적으로 제로 트러스트로 전환은 기업의 네트워크 인프라, 운영, 네트워크 토폴로지에 영향을 준다. 보안, 네트워크 설계 팀은 이를 인지하고 이런 변화에 대비한 계획을 세울 수 있어야 한다. 완전히 백지 상태에서 시작하는 기업은 거의 없을 것이며 제로 트러스트를 계획하고 있는 보안 설계 팀은 현재 환경을 이해하고자 IT 부서와 협력해야 한다. 기존 기업의 인프라는 제로 트러스트 도입으로 인프라 아키텍처, 보안 요구 사항 등의 변경 사항이 발생할 것이다. 하지만 동시에 너무 많은 제약 사항을 요청해서는 안 된다. 즉, 제로 트러스트를 도입하면서 네트워크 구성과 네트워크 팀, 운영 업무, 프로세스는 많은 변경이 발생하겠지만 이런 변화들은 거부하기보다는 받아들여야 한다. 물론 이런 변화를 이행하는 작업은 단순히 말하기는 쉽고 실제 적용하기는 쉽지 않으며, 때로는 기술적 측면보다는 기업 문화적으로 더 어렵다는 것도 잘 알고 있다.

VPN을 제로 트러스트 원격 접속 솔루션으로 교체하는 것과 같이 단지 개선된 기능을 가진 신규 솔루션으로 변경하는 것도 조직적으로나 문화적으로 어려울 수 있다. 19장에서 제로 트러스트 적용과 관련된 몇 가지 비기술적인 측면을 알아보겠지만 6장에서는 제로 트러스트가 방화벽, DNS, WAN^Wide Area Networks 같은 기본 네트워크 인프라 구성 요소에 미치는 영향을 살펴보겠다. 또한 웹 애플리케이션 방화벽, API 게이트웨이, 로드 밸런서/애플리케이션 전송 컨트롤러와 같은 영역도 추가로 간략히 설명한다. 그리고 NAC, VPN과 같은 네트워크 장치는 별도로 상세히 설명할 예정이다. 마지막으로 7장에서는 NAC를 설명하지만 네트워크 하드웨어와 스위칭, 라우팅은 설명하지 않는다.

네트워크 방화벽

물론 네트워크 방화벽은 이전부터 네트워크 보안 인프라의 기본이었고, 네트워크 '정책 적용 지점' 역할을 담당했다. 그리고 방화벽은 역할이 변경되더라도 제로 트러스트 네트워크에 분명 계속 필요할 것이다. 그림 6-1에서 방화벽 구성 방식에 따른 접근 제어 시나리오를 확인해보자.

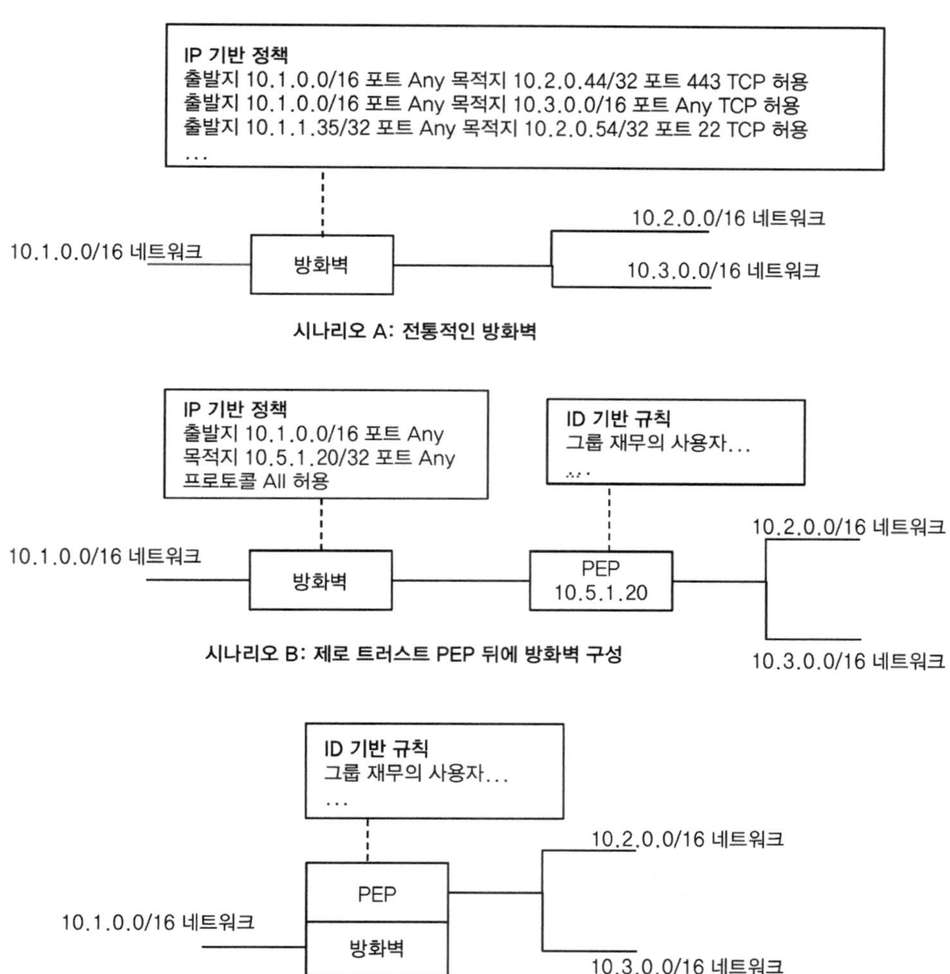

그림 6-1. 방화벽과 제로 트러스트

그림 6-1의 시나리오 A는 IP 중심 접속 정책(rule)을 적용하는 전통적인 방화벽 구성이다. 전통적인 방화벽은 5 튜플(출발지 IP, 출발지 포트, 목적지 IP, 목적지 포트, 프로토콜)을 사용해 방화벽 정책을 생성하기 때문에 정보가 매우 제한적이다. 이런 제한적인 정보는 ID나 콘텍스트가 아닌 로컬 IP 주소 기준으로 접속 정책을 생성해 일반적으로 과도한 네트워크 접속 권한을 부여하게 된다. 이는 물론 IP 주소는 ID가

아니며 고유한 정보가 아니기 때문이다. 접속 장치와 방화벽이 동일한 네트워크에 있지 않으면 수신 IP 주소가 고유하지 않을 수 있다. 일반적으로 사내 IP 주소는 네트워크나 서브넷 경계를 넘어 통신할 때 NAT IP로 변환되기 때문에 방화벽이 접근 제어를 위해 ID나 콘텍스트 인지context-aware 결정 기능을 이용하는 것은 불가능하다.

물론 제로 트러스트는 네트워크에서 ID, 콘텍스트 인지 정책 적용 지점을 활성화해 이 문제를 해결한다. 이는 두 가지 결과 중 하나가 될 것이다. 첫 번째 경우는 시나리오 B에서 볼 수 있듯이 방화벽 정책이 모든 접근 제어를 PEP에 효과적으로 전달하기 때문에 훨씬 더 간단할 것이다. PEP는 보통 암호화 터널 연결을 종료하기 때문에 터널의 연결 출발지에서 생성한 엔티티 정보를 갖고 있어 ID 중심의 정책을 적용할 수 있다.

대안은 시나리오 C에 나와 있는데, 여기서는 PEP를 방화벽과 병합한다. 이 시나리오는 제로 트러스트 공급업체가 차세대 방화벽NGFW 공급업체인 경우 가능하다. 기능 측면에서 시나리오 B와 C는 본질적으로 동일한 결과를 제공한다. 정책 모델, 운영, 관리 용이성 측면에서 특정 공급업체의 역량을 평가할 때 차이점이 있다. 시나리오 C는 보통 차세대 방화벽 공급업체가 제공하는 방식으로, 경우에 따라서는 제로 트러스트 PEP 기능을 방화벽 스택에 추가하기도 한다(다음 장에서 NGFW를 설명한다).

결국 제로 트러스트 PEP는 네트워크 제어 접점이기 때문에 방화벽 역할을 해야 한다. 제로 트러스트 시스템은 적은 수의 방화벽 규칙으로 방화벽 구성을 간소화하고 관리와 유지 보수가 용이하게 워크로드를 지속적으로 줄여준다. 경우에 따라 기업은 방화벽의 기능을 PEP로 이전했기 때문에 방화벽의 크기, 복잡도, 비용을 줄일 수 있다. 즉, 기업에서 전통적으로 방화벽을 이용해 시도했던 접근 제어 방식은 PEP에 적용되는 제로 트러스트 정책을 통해 좀 더 쉽고 효과적으로 달성할 수 있다.

도메인 네임 시스템

도메인 네임 시스템DNS, Domain Name System은 일반적으로 골칫거리지만[1] 네트워크 인프라에서는 매우 중요하다. DNS는 물론 도메인 이름과 호스트 이름을 IP 주소로 변환하는 시스템으로 결국 컴퓨터가 서로 통신하는 방식이다. 표준 DNS는 암호화나 개인 정보를 제공하지 않으며 사용자가 원격 환경일 경우 이와 관련한 일부 특이한 복잡성을 갖고 있다.

공개 DNS 서버

공개 DNS는 계층 간 연결 방식으로 동작하는데, 일반적으로 접속 기기는 로컬 영역 네트워크에 있는 DNS 서버에서 쿼리하도록 네트워크를 설정한다. 그리고 공개 DNS는 캐시되지 않은 쿼리를 외부 재귀 DNS, 루트 DNS, 최상위 도메인 DNS, 권한 있는 서버로 릴레이하는 재귀 서버 역할을 한다.[2] 하지만 공개 DNS 서버에는 기밀성 문제(이 장의 뒷부분에서 설명)와 DNS 인프라 보안에 문제가 있다(별도로 설명하지 않겠지만 IETF에서 진행 중인 표준이 있다). 마지막으로 공개 DNS 레코드는 설계상 인증되지 않은 모든 사용자가 인터넷에서 공개적으로 사용할 수 있다.

내부 DNS 서버

반면 내부 DNS 서버는 공개 DNS 서버와는 매우 다르다. 우선 제한된 사용자만 내부 DNS 서버와 해당 콘텐츠를 사용할 수 있다. 특히 개인 정보보호 측면에서 강점이 있는데, 로컬 네트워크에서만 내부 DNS 서버를 사용할 수 있게 함으로써 해당 네트워크에 물리적으로 접근이 가능한 사용자만 내부 자원에 접속할 수 있다. 또한 내부 DNS 서버에 쿼리를 요청하면 개인 네트워크에서만 접속할

1. 인터넷에서 "it's always DNS"를 검색해보자.
2. 관련 기술은 www.digitalocean.com/community/tutorials/ an-introduction-to-the-terminal-components-and-contents 또는 https://aws.com/route53/what-is-contents/를 참고한다.

수 있는 사설 IP 주소를 반환하기 때문에 보안을 강화할 수 있다.

로컬 장치에는 일반적으로 도메인의 IP를 확인하려고 로컬(사내) DNS 서버를 이용한다. 공개 DNS 서버는 캐시된 응답을 반환하거나 외부의 공개 DNS 서버를 재귀적으로 쿼리해 인터넷 라우팅 가능한 IP 주소를 반환한다. 내부 DNS(예, server1234.internal.company.com)는 도메인을 쿼리할 경우 로컬 데이터베이스를 이용해 서버의 사설 IP 주소를 반환한다.

대부분의 기업에는 복잡한 도메인과 네트워크가 있으며 DNS는 빠른 속도로 복잡해지고 있다. 예를 들어 LAN으로 연결된 3개의 내부 도메인을 보유한 기업은 DNS 서버가 서로 내용을 복제하거나 모든 도메인 쿼리에 응답이 가능한 다른 DNS 서버에 연결할 수 있는지도 확인해야 한다. 내부 DNS 서버가 반환하는 사설 IP 주소도 네트워크에서 접속할 수 있어야 한다.

지금까지는 로컬 사용자에 대해서만 설명했는데, 사용자가 접속 서버에서 멀리 떨어져 있으면 상황이 훨씬 더 복잡해진다. 물론 IaaS 기반 리소스를 관리하는 사용자는 보통 자택, 회사 등 원격지에서 운영 업무를 수행한다. 이 상황에서 IT, 보안 팀은 지리적으로 분산된 서로 다른 격리된 도메인에 있거나 분산된 IaaS 환경에 있는 사내 서버에 사용자가 접속해야 하는 환경을 보호해야 한다.

기존의 원격 접속 솔루션(VPN)은 모든 DNS 트래픽을 내부 서버로 터널링tunneling 하거나 도메인 이름(도메인을 검색)을 이용해 제한적으로 분할 터널링을 지원한다. 전자의 경우 모든 DNS 쿼리가 원격 DNS 서버로 전송되고, 후자의 경우 일부 DNS 트래픽이 로컬(LAN) DNS 서버로 전송된다. 제로 트러스트 솔루션은 물론 이 문제를 해결해야 하며 플랫폼마다 다른 방식으로 접근해야 한다. 일부 제로 트러스트 플랫폼은 내부 서버에 접속할 수 있는 레코드 정보를 공개 DNS에 등록한다, 이를 통해 외부 사용자가 프록시를 경유해 내부 애플리케이션에 접속할 수 있다. 이는 보통 클라우드 라우팅 제로 트러스트 시스템 방식으로 다소 구성이 정적인 측면이 있다. 정교한 방식을 가진 제로 트러스트 모델도 있다.

예를 들어 도메인 검색 기반 PEP를 이용해 클라이언트의 DNS 요청을 사내 DNS 서버로 전송할 수 있다. 따라서 공개 DNS에서 사내 서버 정보가 필요 없으며 가상 환경이나 클라우드 환경에 필수적인 호스트를 동적으로 사용할 수 있다.

이 구성은 다소 복잡한데, 제로 트러스트 솔루션이 제공하는 표준은 없고 플랫폼 아키텍처에 많이 의존한다. 그러나 이런 내용은 나중에 제로 트러스트를 도입할 때 기업의 네트워크 아키텍처에 부합하도록 플랫폼 제공업체에 확인해야 한다. 또한 제로 트러스트 보안 플랫폼은 정책에 따라 호스트에서 실행 중인 서비스를 자동으로 연결할 수 있는 기능을 제공해야 한다. 오늘날 대부분 서비스는 지속적으로 생성, 업데이트, 삭제되는 동적인 환경이기 때문에 제로 트러스트 솔루션은 민첩하고 빠른 개발 문화인 데브옵스DevOps 같은 이니셔티브를 지원하고 마찰이 없어야 한다.

보안을 위한 DNS 모니터링

DNS 트래픽 모니터링은 많이 사용하는 보안 기능으로 제로 트러스트 시스템에서도 지원해야 한다. 악성 도메인 DNS 쿼리 요청은 명백한 해킹 공격 징후로 정책 적용 지점에서 악성 도메인 쿼리를 신속하게 탐지하고 대응해야 한다. DNS 모니터링은 보안 위험을 낮출 수 있는 제로 트러스트 플랫폼의 구성 요소다. 정리하자면 제로 트러스트 아키텍처에는 DNS 모니터링과 DNS 필터링 또는 DNS 방지 기능이 있어야 하며, 사용자의 접속을 변조하는 악성 DNS 요청에 신속하게 대응할 수 있어야 한다. 제로 트러스트 솔루션이 DNS 트래픽을 암호화한 후 터널링 구간으로 전송하는 경우 트래픽을 모니터링하는 방법과 위치 그리고 이 트래픽으로 발생 가능한 보안 위협을 인지하고 있어야 한다.

DNS 설명을 마치기 전에 암호화에 관련된 간단한 내용을 소개하려고 한다. 표준 DNS는 UDP 통신을 이용하는 암호화되지 않은 프로토콜로, 요청과 응답 모두 텍스트 형태로 전송되기 때문에 로컬 네트워크나 중간 네트워크에서 데이터를 확인(악의적이든 업무 목적이든)할 수 있다. 그러나 인프라 보안은 계속 발전하고 있으며 오픈소스를 이용한 DNS 암호화 등 다양한 방법의 DNS 암호화 적용 기술이 나오고 있다. IETF는 DNS 트래픽을 암호화하는 DoT DNS over TLS(DTLS), DoH DNS over HTTPS[3] 두 가지를 모두 사용하는 방식 등 DNS 보안의 다양한 측면을 다루는 여러 RFC를 제안하고 검토하면서 DNS 암호화 표준을 주도하고 있다. 다만 HTTPS 기반 DNS는 업계에서 다소 논란의 여지가 있지만 여러 방식으로 DNS 암호화를 연구하고 있다.[4]

보안 설계자는 보안 시스템에서 DNS 쿼리 모니터링이나 필터링 사용 방법을 이해하고 암호화된 DNS로 전환하면 기존 모니터링 체계와 제어 기능에 어떤 영향이 있는지 이해하는 것이 중요하다. 추가로 기업에서는 DoT 도입을 검토해야 한다. DoT는 안전한 통신을 보장하고 기존 엔터프라이즈 DNS 설정으로 적용하며 중단 없이 동작할 수 있다(단, 방금 설명한 것처럼 DNS 모니터링에 영향을 미칠 수 있다).

일부 제로 트러스트 시스템은 설계상 DNS 보안을 향상시킨다. 예를 들어 제로 트러스트 정책 적용으로 암호화된 터널을 이용해 DNS 쿼리 요청을 보낼 수 있다. 이렇게 하면 DNS 모니터링, 필터링 기능과 함께 DNS 통신 암호화가 가능하다. 다만 오늘날 보안 기준에 따르면 보안 부서와 IT 부서는 HTTPS 기반의 DNS 쿼리 사용을 제한해야 한다. 이는 HTTPS 기반 DNS로 엔터프라이즈 DNS 통제를 우회할 수 있기 때문이다.

WAN

WAN Wide Area Networks 은 1980년대 이후 인터넷이 널리 보급되기 훨씬 전에 지리적으로 분산된 기업 사이트와 네트워크를 연결하는 기업 네트워크의 주축이었으

3. RFC 8310에서 DNS over TLS, RFC 8484에서 DNS over HTTP를 다루고 있다.

4. HTTPS 기반 DNS가 엔터프라이즈 보안에 부정적인 영향을 미치고 보안성이 부족한 사례가 있는데, 관련 링크는 부록 A를 참고한다.

며 기반 기술은 회선 교환망에서 패킷 교환망으로 점차 전환됐다. WAN은 주로 보안보다는 안정적이고 효율적인 네트워크 연결에 중점을 둔다. 실제로 WAN 트래픽은 일반적으로 통신사나 네트워크 서비스 제공업체를 경유해 내부로 라우팅되지만 트래픽을 암호화하지는 않는다. 즉, 트래픽을 전송할 때 외부에서 보이지 않지만 네트워크 서비스 제공업체는 물론 네트워크에 합법적(또는 불법적) 접속 권한을 가진 다른 중개자도 접속할 수 있다.[5] 또한 WAN 자체에서 네트워크 트래픽 암호화를 지원하지 않는다는 점이 단점이다.

마찬가지로 접근 제어는 WAN의 범위가 아니다. WAN은 분산된 엔터프라이즈 네트워크를 연결하도록 설계됐지만 방화벽 규칙이나 정책에 따라 접속을 제어하는 모델은 제공하지 않는다. WAN을 사용하는 기업은 당연히 서비스 제공업체 WAN 라우터 바로 뒤에 네트워크 방화벽을 배치하고 구성해야 한다. 또한 WAN을 통과하는 트래픽을 암호화된 애플리케이션 프로토콜이나 다른 방법으로 암호화할지 여부와 암호화 방법을 결정해야 한다.

지난 10여 년 동안 기본 ISP(인터넷 서비스 공급업체) 연결이 엔터프라이즈 WAN의 기반으로 사용될 만큼 충분한 대역폭, 신뢰성, 낮은 지연시간을 보장한다는 전제로 SD-WAN[Software-Defined Wide Area Networks]이 등장했다. 기존 WAN이 매우 비싸고 ISP 프로비저닝 속도가 느릴 수 있기 때문에 SD-WAN을 이용하면 비용을 절감할 수 있다. SD-WAN은 일반적으로 원격 노드 간에 IPSec과 같은 암호화된 가상 네트워크 터널을 사용해 개인 정보 데이터 보호 및 무결성을 보장한다. 또한 네트워크 서비스 품질을 보장하고자 노드 간에 여러 경로(네트워크 경로)를 제공하는 경우가 많은데, 이는 나중에 살펴보겠지만 제로 트러스트와 연결할 때 일부 영향이 있다. 전통적인 WAN과 마찬가지로 SD-WAN은 분산 위치 간의 네트워크 연결을 제공하지만 보안 모델이나 접속 정책을 제공하지는 않는다.

기업이 제로 트러스트 시스템을 설계하고 구축함에 따라 자연스럽게 WAN의

5. 물론 이 취약점은 오늘날 인터넷을 통과하는 트래픽에도 해당된다.

의존도가 낮아질 수 있다(또한 사용자 기기에서 시작된 암호화 연결 의존도가 높아진다). 이것은 WAN이 사라질 것이라고 말하는 것이 아니라 단지 2가지 측면에서 WAN의 중요도가 낮아질 것으로 예상한다. 첫째, 제로 트러스트 시스템은 어떤 네트워크이든 상관없다. 즉, 기본 네트워크가 안전하지 않다는 전제하에 모든 트래픽을 암호화한다. 둘째, 오늘날 인터넷 연결은 대부분 어디서나 사용할 수 있고 저렴하며, 일반적으로 비즈니스 크리티컬 엔터프라이즈 통신에 사용할 수 있을 만큼 빠르고 안정적이다.[6]

대부분의 제로 트러스트 구축이 WAN 인프라에 즉각적인 변화를 가져오지는 않겠지만 최소한 WAN 인프라를 줄이거나 교체할 수 있는 대안은 제공할 것이다. 물론 네트워크, IT, 보안 팀이 반드시 함께 검토해야 한다. 변화를 추진하면 보통 시스템의 복잡도도 높아지는데, 제로 트러스트도 예외는 아니다. 특히 제로 트러스트 시스템은 일반적으로 사용자 에이전트 PEP와 보호 대상 리소스 앞에 있는 PEP 사이 중간 네트워크에서 가상 네트워크(overlay) 암호화 터널을 설정한다. 설계상 네트워크 중개자는 암호화 터널 구간의 네트워크를 볼 수 없다. 이는 데이터 기밀성과 무결성을 제공하지만 정상적인 네트워크 중개자의 업무에는 부정적인 영향을 줄 수 있다(이 점은 이 책 전반에 걸쳐 공통적인 주제다). SD-WAN은 서비스 품질 목표를 달성하고자 또는 네트워크 라우팅 및 우선순위를 결정(트래픽 쉐이핑)하고자 포트, 프로토콜과 같은 네트워크 트래픽 메타데이터에 의존하는 경우가 많다. 이는 일반적으로 장점일 수도 있지만 제로 트러스트와 네트워크 팀 간의 협의가 필요할 것이다.

요약하자면 제로 트러스트의 채택은 네트워크 비용이나 대역폭 사용량을 줄임으로써 기업의 WAN 사용에 영향을 미칠 가능성이 매우 높으며 경우에 따라서는 WAN을 없앨 수도 있다. 그러나 일반적으로 제로 트러스트 네트워크 트래픽은 기존 WAN 위에 가상화 네트워크를 생성하므로 WAN에서 네트워크 트래픽

---

6. 5G를 포함한 무선 통신의 확대는 이런 추세를 증가시키고 있다.

메타데이터를 사용하는 방법과 영향에 주의해야 한다.

로드 밸런서, 애플리케이션 전송 컨트롤러, API 게이트웨이

로드 밸런서, 애플리케이션 전송 컨트롤러ADC, Application Delivery Controllers, API 게이트웨이는 모두 넓게 보면 네트워크와 IT 인프라의 구성 요소다. 또한 애플리케이션의 성능, 확장성, 복원력을 높이고 서비스 제공업체와 해당 서비스의 사용자 구간에 추상화 계층을 적용한다. 이 구성 요소들은 복잡할 수 있지만 보통 몇 가지 기술을 이용해 각각 목적에 맞게 사용할 수 있다. 예를 들어 단순한 로드 밸런싱 장치도 라운드 로빈, 랜덤, 요청 기반과 같은 여러 기술을 사용해 워크로드를 서버에 할당할 수 있다. ADC, API 게이트웨이는 백엔드 서버 앞에서 특정 네트워크, 콘텐츠 최적화, API 통합 기능으로 서버의 부담을 줄일 수 있는데, SSL 연결, 콘텐츠 캐싱, 연결 다중화, 트래픽 조절, 마이크로서비스 추상화나 통합 기능을 사용할 수 있다. 일반적으로 이런 시스템은 네트워크 기능, 애플리케이션 기능을 제공하며 가용성 측면에서는 우수하다. 하지만 일반적으로 보안 장치로는 간주하지는 않는다.

이 시스템이 제공하는 기능은 매우 중요한데, 제로 트러스트 시스템에 해당 기능은 계속 필요할 것이며 크게 변경되지 않을 것이다. 다만 앞서 설명한 SD-WAN과 마찬가지로 네트워크 토폴로지 변경과 제로 트러스트 시스템에서 터널링 구간 트래픽을 암호화할 때 다른 시스템과 서비스 영향도를 고려해야 한다. 트래픽 암호화는 PEP의 위치와 PEP가 정책을 적용하는 방식에 따라 네트워크 중개자 등 중간 구성 요소에 영향을 줄 수 있다. 일반적으로 로드 밸런서, ADC, API 게이트웨이가 PEP의 뒤에 있는 경우 엔클레이브 기반 및 클라우드 구축 모델과 이상 없이 연동해야 한다. 리소스 기반 및 마이크로세그먼테이션 모델은 네트워크 통신에 네트워크 중개자가 중간에 있으면 트래픽 확인이 어려워 영향을 받을 수 있다.

여기서 핵심은 기업에서 이런 시스템을 어떻게 사용하고 있는지 현황을 파악하고 네트워킹, 애플리케이션, IT, 보안 팀이 서로 협력해야 하다는 점이다. 모든 애플리케이션과 서비스가 제로 트러스트 시스템에 반드시 있어야 하는 것은 아니다. 웹 애플리케이션 서버(로드 밸런서 및 ADC 포함)는 인증되지 않은 사용자가 외부에 오픈된 인터넷에서 접속할 수 있게 애플리케이션을 제공할 수 있다. 예를 들어 기업의 웹 사이트나 SaaS 애플리케이션이 해당할 수 있다. 반대로 API 서비스는 인터넷으로 접속할 수 있어야 하지만 허가된 사용자와 기기만 접속이 가능하도록 제로 트러스트 PEP로 보호할 수 있다. 물론 접속 모델과 API에 접속할 수 있는 권한이 부여된 클라이언트 시스템 유형에 따라 다르다.

결론적으로 한 가지 더 강조하고 싶은 사항은 일반 사용자나 인증되지 않은 사용자가 사용할 수 있는 서비스(예, 웹 사이트) 외에도 동일한 호스트에서 동작하는 인증, 인가 제어가 필요한 다른 서비스가 있을 수 있다. 이 경우 또한 제로 트러스트 적용 대상에 포함시켜야 한다. 예를 들어 외부에 오픈된 웹 서버(또는 로드 밸런서 하드웨어)에는 SSH와 같은 관리 인터페이스가 별도로 있다. 이 인터페이스 접속은 권한 있는 사용자로 제한해야 하며 권한 없는 사용자의 접속은 차단해야 한다. 이 경우 제로 트러스트가 완벽한 솔루션이다.

웹 애플리케이션 방화벽

웹 애플리케이션 방화벽[WAF]은 웹 서버 앞에 구성해 HTTP 트래픽을 분석, 모니터링, 보호하는 보안 장치(구성 요소)다. WAF는 네트워크 방화벽이 아니라 보안 프록시에 가깝기 때문에 다소 오해가 있을 수 있다. 기술적으로 WAF는 들어오는 HTTP 트래픽을 검사해 SQL 인젝션, 크로스사이트 스크립팅[XSS, Cross-Site Scripting] 같은 해킹 공격을 탐지하고 방어한다.

WAF는 외부에 오픈된 웹 서버를 보호하고자 구성한다. 물론 외부에 오픈된 웹 서버는 구성상 항상 외부 스캐닝, 해킹 공격을 빈번하게 받는다. 따라서 이런 리소스는 WAF와 같은 보안 솔루션을 필요로 한다. 흥미로운 점은 내부 사용자만 접속할 수 있는 사내 애플리케이션을 보호하고자 WAF를 설치하기도 한다는 점이다. 이 경우 내부 네트워크를 사용하는 악의적인 내부 사용자와 악성코드에 감염된 장치로부터 내부 애플리케이션을 보호할 수 있다. 제로 트러스트의 관점에서 내부 애플리케이션도 보호하려는 노력은 박수를 받아야 한다.

물론 제로 트러스트 시스템은 해킹 공격을 제거할 수는 없지만 해킹된 내부 장치나 시스템이 공격할 수 있는 범위를 줄일 수 있다. 따라서 내부 웹 애플리케이션의 경우 제로 트러스트 시스템은 권한을 부여받는 서비스나 웹 애플리케이션 계정을 보유한 사용자만 접속할 수 있도록 통제한다. 전체 직원의 10%가 이 애플리케이션을 사용할 경우 제로 트러스트 시스템은 나머지 90% 기기의 애플리케이션 공격 시도를 예방한다. 또한 제로 트러스트를 사용하는 10%도 내부 애플리케이션을 공격할 수 있는 악성 소프트웨어를 호스팅하고 있을 수 있기 때문에 WAF를 설치해 방어할 수 있다.

요약

일부 네트워크 인프라는 제로 트러스트 도입으로 영향을 받는다. 물론 제로 트러스트를 도입한다고 해서 모든 네트워크에 영향을 미치지는 않지만 최소한 모든 네트워크 구성을 분석하고 관련 부서와 논의가 필요하다. 즉, 제로 트러스트 설계자와 리더로서 예상치 못한 어려움을 사전에 대응하고자 엔터프라이즈 네트워크를 이해하고 다양한 보안, 연결, 가용성, 안정성을 어떻게 확보하고 있는지 현황을 파악해야 한다.

제로 트러스트 시스템은 기본 네트워크 위에서 암호화된 가상 네트워크 계층 역할을 하기 때문에 이러한 유형의 조정, 협력, 이해가 필요하다. 그렇다고 해서 제로 트러스트 프로젝트가 반드시 다른 시스템에 부정적 영향을 준다는 뜻은 아니다. 당연히 제로 트러스트 도입 여정을 멈춰서는 안 된다. 실제로 제로 트러스트를 점진적으로 쉽게 구축할 수 있는 사례나 시나리오가 있다. 그러나 엔터프라이즈 제로 트러스트 아키텍처는 네트워크 및 네트워크 애플리케이션의 대부분에 영향을 미치며 폭넓은 인프라 분석이 필요하다. 6장과 2부에서는 성공적인 제로 트러스트 적용을 위해 필요한 내용과 이해를 제공할 것이다.

7장

네트워크 접근 제어

6장에서 방화벽, DNS, 로드 밸런서 솔루션을 설명했지만 7장에서는 네트워크 접근 제어NAC, Network Access Control 솔루션을 다룬다. NAC 솔루션을 별도로 설명하는 2가지 이유가 있다. 첫째, NAC 솔루션은 ID 중심의 접근 제어를 위해 제일 앞에서 사용자 접속을 통제하는 네트워크 계층에서 동작하는 솔루션이다. 둘째, 일반적으로 기업에서 최신 제로 트러스트 아키텍처를 구축할 경우 NAC 솔루션은 영향을 받는다. 제로 트러스트가 높은 성능으로 광범위한 범위에 적용할 수 있는 네트워크 접근 제어 솔루션 역할을 하고 있어 NAC의 필요성과 중요성이 감소하고 있다. 그리고 계속해서 NAC 솔루션을 제로 트러스트로 교체하고 있다.

네트워크 접근 제어 소개

보통 IT에서는 사용자의 장치 식별, 검증, 사용자 인증, 사용자가 접속할 수 있는 네트워크 리소스를 지정하는 정책 적용과 관련 기능, 네트워크 프로토콜 등을 모두 포함해 NAC 솔루션이라 한다. 상용 NAC 솔루션은 일반적으로 장치를 검색할 수 있고 악성코드 감염 방어 수준, 시스템 패치 수준, 장치 설정과 같은 장치의 보안 상태를 검증할 수 있다. 이런 기능으로 NAC 시스템은 악성코드에 감염된 PC를 전용 네트워크 세그먼트로 강제로 할당하고 검역하는 등의 정책을 적용할 수 있다. 이후 안전한 것으로 판단되면 PC는 NAC 시스템에서 정의한 정책에 따라 네트워크 리소스와 인터넷에 접속할 수 있다.

NAC의 보안 목표 자체는 우수하며 관련 기능은 제로 트러스트 원칙 내용과도 같다. 그렇다면 NAC이 어떤 문제점이 있어 보안에 한계가 있다고 생각할까? NAC의 문제는 NAC 자체가 아니라 NAC 시스템 설계 방식에 있다. 특히 NAC 솔루션의 접근 방식(NAC에서 사용하는 네트워크 프로토콜 802.1x 포함)은 일반적으로 모든 사용자와 서버에서 사용하는 네트워크 하드웨어 인프라를 단일 조직에서 보유하고 운영해야 한다. 따라서 NAC 솔루션은 장치가 개인이나 협력사 네트워크에 연결돼 있거나 클라우드에서 실행 중인 리소스에 접속하는 원격 사용자에게는 유용하지 않다. NAC 시스템은 네트워크 2계층에서 동작하기 때문에 하드웨어 기반이며 클라우드 환경이나 원격 사용자 대상으로는 동작하지 않는다.

사내 사용자가 온프레미스 리소스에 접속하는 경우 NAC은 유용하다. 사용자 그룹별로 넓은 네트워크 범위의 가상 LAN을 할당할 수 있고 NAC을 이용해 수십 개(수백 개까지는 아니더라도)의 서비스를 제공할 수 있기 때문이다. 다만 이 설계는 제로 트러스트 목표와 맞지 않는다. 그리고 유의할 점은 NAC 솔루션은 네트워크 트래픽 암호화나 원격 접속을 제공하지 않는다는 점이다.[1]

추가적으로 NAC 솔루션에는 공통적인 특징이 있는데, 게스트 네트워크 접속을 제공한다. 이 장의 뒷부분에서 설명하겠지만 먼저 기존의 모든 NAC 솔루션이 사용하는 802.1x 프로토콜을 살펴보자.

IEEE와 IETF에서 통합으로 정의한 개방형 프로토콜인 802.1x는 LAN에 연결하

---

1. 하지만 사실 많은 NAC 공급업체의 포트폴리오를 보면 이 기능을 갖춘 제품을 보유하고 있으며 다양한 통합 제품을 계획하고 있다.

는 장치를 인증하고 연결을 승인하기 위한 네트워크 인증 표준 메커니즘이다. 간단히 말해 NAC 시스템은 장치의 네트워크 접속을 허가하고 해당 IP 주소를 LAN에 할당할지 여부를 제어한다. 그리고 그림 7-1과 같이 네트워크 하드웨어(스위치)로 동작한다.

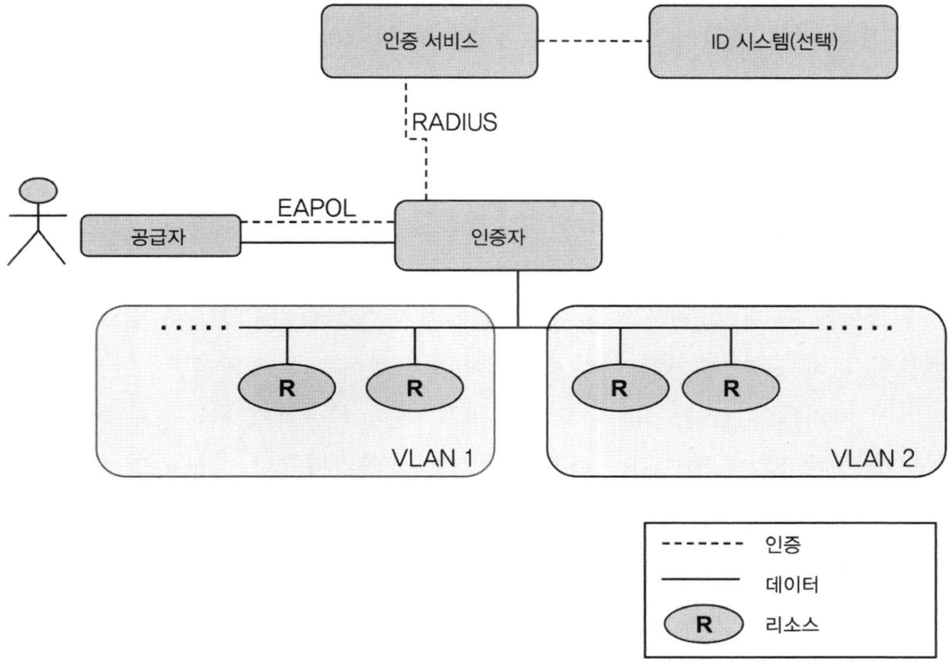

그림 7-1. 802.1x 인증

다이어그램에서 알 수 있듯이 사용자의 장치(인증 받고자 하는 단말장치)는 LAN 기반 EAP 인증(EAPOL)을 사용해 인증자에게 인증 정보나 인증서를 전달한다. 인증 요청 장치가 처음 네트워크 스위치에 연결하면 '권한 없음' 상태가 되며 EAP 트래픽은 허용하지만 UDP, TCP, ICMP는 허용하지 않는다.[2] EAP는 설계상 IP 계층 다음으로 네트워크 2계층에서 동작하는 프로토콜이다.[3] 이와 같이 EAP는 라우

2. DHCP를 사용하는 경우 IP 주소도 할당되지 않는다.

3. https://tools.ietf.org/html/rfc3748의 1.3절을 참고한다.

팅 기능이 없는 로컬 서브넷(브로드캐스트 도메인)에서만 접속할 수 있는 로컬 네트워크 프로토콜이다.[4] 그리고 인증자는 일반적으로 RADIUS 프로토콜을 사용해 사용자의 인증 정보를 확인한다. 802.1x 기반 제품은 ID 시스템이나 인증서 기반 인증과 같은 사용자 인증 정보도 지원한다.

사용자의 인증 정보에 이상이 없을 경우 인증자는 사용자 장치의 네트워크 스위치를 '허가' 상태로 설정한다. 그리고 사용자 장치는 IP 주소를 얻고 UDP, ICMP, TCP 트래픽 전송을 시작할 수 있다. 가장 중요한 것은 인증자가 네트워크 스위치를 설정해 네트워크 세그먼트(가상 LAN 또는 VLAN)에 장치를 할당한다.

이 프로토콜에서 사용자 장치와 인증자는 동일한 네트워크 브로드캐스트 도메인에 위치해야 한다. 즉, 둘 다 동일한 물리적 네트워크 도메인(이더넷 또는 와이파이)에 있어야 한다. 더구나 사용자 장치, 인증자는 기업에서 보유하고 운영하는 네트워크 하드웨어를 사용해야 하며, 이 하드웨어는 보호하려는 모든 인프라 전반에 배치해야 한다. 결과적으로 NAC는 원격 사용자나 클라우드 리소스에 접속하는 사용자에게는 유용하지 않다. 원격 네트워크나 클라우드 서비스는 기업 내부가 아닌 ISP, CSP 같이 다른 누군가가 운영하는 네트워크 인프라이기 때문이다. 그리고 원격 접속과 클라우드 사용이 확산되면서 NAC 솔루션을 이용한 보안은 한계를 나타내고 있다. 사용자의 장치가 VLAN에 할당되면 많은 NAC 솔루션은 접근 제어 측면에서 추가적인 통제를 하지 않는다(단, 주기적인 재인증은 제외).

VLAN 안에서 사용자나 장치 접속은 기업의 방화벽(또는 차세대 방화벽)에서 제어한다. 그리고 방화벽은 물론 자체적인 접근 제어 기능을 갖고 있다. 일부 신규 NAC 공급업체는 (802.1x 범위 이상) 추가 기능을 갖고 있으며 다른 보안 구성 요소와 통합을 지원한다.

4. 일부 NAC-as-a-Service 공급업체는 로컬 에이전트에서 트래픽을 클라우드 기반 인증자에게 전달해 트래픽을 효과적으로 라우팅한다.

마지막으로 802.1x는 사용자에게 가상 LAN[VLAN] 세그먼트를 넓게 할당하며 일반적으로 네트워크로 연결된 수십 개 서비스 또는 장치와 함께 사용한다. 또한 단일 VLAN에만 각 장치를 한 번에 할당할 수 있기 때문에 NAC는 지나치게 넓은 네트워크 접속을 할당하는 문제점을 안고 있다. 물론 방화벽 ACL을 사용해 NAC 솔루션을 보완할 수 있지만 NAC 솔루션 자체는 정적이고 IP 중심적인 솔루션이기 때문에 제로 트러스트 목표와 잘 맞지 않는다.

제로 트러스트와 네트워크 접근 제어

사용자에게 전체 VLAN에 걸쳐 모든 포트, 프로토콜에 대한 광범위한 접속을 허용하는 것은 제로 트러스트의 최소 권한 원칙과 맞지 않는다. 그렇더라도 기업에서 NAC 솔루션이 제로 트러스트의 일부가 될 수 없다는 뜻은 아니다. 나중에 몇 가지 살펴보겠지만 앞서 BeyondCorp 인프라 사례에서 NAC의 역할을 설명했었다. 그러나 제로 트러스트 아키텍처에 NAC 솔루션을 포함하는 방법을 결정하기 전에 NAC 벤더 솔루션과 해당 솔루션이 제로 트러스트 요구사항에 어떻게 잘 부합하는지를 주의 깊게 확인해야 한다. NAC 공급업체는 802.1x의 한계를 이미 인지하고 있어 일부 NAC 공급업체는 이런 한계를 극복하고자 제품 포트폴리오에 802.1x 프로토콜의 단점을 개선한 기능을 추가했다. 예를 들어 일부 NAC 공급업체는 엔드포인트 검사 기능과 원격 접속 기능을 탑재하거나 NAC를 클라우드 기반 서비스로 제공하기도 한다.

또한 엔터프라이즈 네트워크에는 일반적으로 프린터, VOIP 전화, IoT 장치와 같이 802.1x를 지원하지 않는 장치 비율이 상당히 높다. NAC 솔루션은 일반적으로 MAC 주소를 기반으로 이 장치들에 VLAN을 할당하지만 이 방식은 로컬 네트워크 접근 제어로 제한되며 관리하기가 어려운 경우가 많다. 제로 트러스트 환경에서 이 장치를 어떻게 사용하는지는 16장에서 설명한다.

제로 트러스트 아키텍처에서도 사용할 수 있는 NAC 기능은 있다. 특히 게스트 네트워크 접속, 장치 검색과 같은 기능을 보유한 NAC 솔루션이 해당된다. 관련 내용을 좀 더 알아보자.

관리되지 않는 게스트 네트워크 접속

게스트 네트워크 접속은 어떤 면에서는 제로 트러스트 네트워크에서 문제되지 않을 수 있다. 관련 분석 결과를 다음과 같이 정의했다.

> 게스트 네트워킹은 관리되지 않는 장치를 가진 외부 사용자에게 인터넷 접속을 제공하는 프로세스이자 통제 수단이다.

게스트 네트워크는 인터넷 접속을 제공하며 무선 회의실 A/V 시스템 또는 게스트 프린터와 같이 일부 장치도 네트워크에 접속할 수 있게 설정할 수 있지만 게스트 네트워크는 기업 내부 네트워크와 분리해야 한다.

오늘날 게스트 네트워크는 유선이 아닌 무선(와이파이) 기반이기 때문에 여기서는 무선 네트워크만 설명한다. 대부분의 게스트 네트워크는 정적인 와이파이 암호로 보호하고 보통 단일 플랫 네트워크 세그먼트로 구성하기 때문에 네트워크의 모든 장치가 다른 모든 장치와 서로 연결된다. 민감한 자산의 접속이나 게스트의 악의적인 행동이 크게 걱정되지 않는 환경에서는 게스트 네트워크 무선 접속 지점WAP, Wireless Access Point를 기업 네트워크와 분리하는 것만으로도 보안이 충분하다.

기업은 모니터링이나 관리를 거의 하지 않고 게스트 네트워크를 운영하거나 신규로 투자해 모니터링 기능을 새로 도입할지도 모른다. 여기서 유의해야 할 점은 모든 사용자를 동일하게 취급해서 사용자 인증이나 기기 인증이 없거나, 사용자 유형이나 기기 유형을 구별하지 않는 경우다. 이런 상황은 뒤에 '관리형 게스트 네트워크 대 비관리형 게스트 네트워크: 토론' 절에서 설명한다. 마지막으로 앞에서 설명한 비관리형 게스트 네트워크 접속(WAP 하드웨어의 일반적인 기능)은 802.1x 프로토콜을 사용하지 않는다.

관리형 게스트 네트워크 접속

관리형 게스트 네트워크 접속은 많은 상용 NAC 솔루션에서 공통적으로 사용하는 기능으로, 일반적인 구성은 다음과 같다.

- 이메일, SMS 인증을 사용하는 접속 등록 포털
- 직원의 임시 네트워크 접속과 같은 게스트 전용 접속 요청 절차

관리형 게스트 네트워크 방식은 인증으로 사용자를 식별해야 한다는 점이 비관리형 게스트 네트워크 접속 방식과 다른 주요 차이점이다. 관리형 게스트 네트워크는 일반적으로 제한된 시간 동안만 접속을 허용한다. 일반적으로 이 시스템은 게스트나 협력사 직원이 단순한 포털에서 직접 접속 권한을 신청해야 하며 제한된 기간(일반적으로 24시간 이내) 동안만 접속을 허용한다. 시간제한 접속은 근거리 와이파이 통신에서 추가적인 보안 단계를 제공한다. 이 관리형 게스트 네트워크 포털과 워크플로는 상용 NAC 솔루션에서 일반적인 기능이다.

관리형 게스트 네트워크 대 비관리형 게스트 네트워크: 토론

게스트 네트워크 보안과 관련 다양한 관점과 접근 방식이 있으며 정해진 정답과 오답은 없다. 기업은 자신의 환경에 적합한 것과 위험 정도에 따라 스스로 결정해야 한다. 기업이 고려해야 할 네트워크와 관련한 여러 기능이 있으며 표 7-1에 표시된 것처럼 보안 수준이 낮은 것부터 보안 수준이 높은 것까지 개략적으로 정리했다. 해당 등급은 제로 트러스트 네트워크에서도 관련 있다. 어떤 기업이든 무선 환경에서 게스트 네트워크는 기업 LAN과 분리해야 한다.

표 7-1. 네트워크 보안 속성

네트워크 보안	속성
오픈 와이파이: 비밀번호 미설정	네트워크 트래픽 암호화 미설정 사용자 인증, 인가 절차 없음
비밀번호 설정 와이파이	네트워크 트래픽 암호화[5] 사용자 인증, 인가 절차 없음 사용자 이용 약관 수집을 위한 와이파이 인증 포탈(선택 사항)
사용자 등록	네트워크 접속 시간제한 사용자 자체 신원 인증과 인가(디렉터리 기반이 아닌 보통 이메일 기반) 사용자 이용 약관 동의 양식
직원 통제	네트워크 접속 시간제한 접속 활성화에 필요한 절차 사용자 인증, 인가 사용자 이용 약관 동의 양식
장치 고립	일부 와이파이 네트워크는 라우터 방화벽 규칙으로 장치 격리 기능을 지원한다. 이 방법은 해커(또는 악성 프로그램)가 로컬 네트워크에서 포트 스캐닝을 차단하는 좋은 방법이다.[6]
네트워크 모니터링	DNS 필터링, IDS/IPS 등 엔터프라이즈 네트워크에서 일반적으로 사용하는 서비스가 해당될 수 있다.

각 조직과 보안 팀에서 자체적으로 결정해야 하지만 일반적인 관점에서 볼 때

5. WPA와 WPA2(사전 공유 키 포함)는 일반적인 와이파이 표준이지만 비밀번호가 없는 사용자가 트래픽을 볼 수 없게 트래픽을 암호화한다. 암호화는 네트워크의 다른 인증된 사용자의 개인 정보를 볼 수 없게 한다. WPA3에서 다뤘지만 항상 그렇듯 제로 트러스트에서는 L1 또는 L2 네트워크 계층 암호화와 암호화된 애플리케이션 프로토콜을 사용해야 한다.

6. 제이슨은 가끔 호기심으로 보안이 향상될 수 있다고 말한다. 한 번은 치과에 가서 필자의 딸을 기다리는 동안 게스트 와이파이에 접속해서 네트워크를 스캔했다. 그리고 네트워크에서 사무실 컴퓨터와 프린터가 열려있는 포트를 발견했다. 다행히 치과의사가 이웃 주민이어서 연락 후 병원 IT 서비스가 개선되게 요청했다. 약 6개월 후 다시 방문했을 때 병원의 사무실 기기들은 모두 차단된 상태였다.

암호가 설정된 와이파이 게스트 네트워크는 기업 네트워크와 분리돼 있는 한 대부분의 기업 환경에서 안전할 것이다. WPA3는 WPA2보다 보안성이 좋고, 와이파이 접속 단말기 격리 설정 또한 좀 더 안전한 방법이지만 필수는 아니고 선택 사항으로 보인다.

물론 제로 트러스트 네트워크를 사용하는 기업은 환경에 적합한 네트워크 보안 속성을 조합해 게스트 Wi-Fi를 계속 제공해야 한다. 제로 트러스트 네트워크는 게스트 네트워크의 필요성에 영향을 주지 않으며 앞에서 설명한 고려 사항을 변경하지도 않는다.

한 가지 흥미로운 측면: 엔터프라이즈 게스트 네트워크는 최소한 공항 및 커피숍과 같은 공용 와이파이 네트워크 이상은 안전할 것 같다. 그리고 제로 트러스트 시스템은 이 책에서 설명한 방식으로 사용자가 해당 네트워크에서 엔터프라이즈 리소스에 접속할 수 있게 허용해야 한다. 따라서 일반 직원들도 원격에서 접속하는 것처럼 게스트 네트워크를 사용하지 못할 이유가 없다. 물론 기업은 보안을 강화하고자 직원 네트워크에 추가적인 보안이나 컴플라이언스 통제를 적용하거나 아니면 단순하게 더 넓은 네트워크 대역에 연결을 허용하는 경우도 많다. 결과적으로 기업 입장에서는 직원들의 게스트 네트워크보다는 내부 네트워크 사용을 선호할 수 있다.

직원 BYOD 기기

많은 기업에서 직원들이 개인 기기를 사용해 기업 네트워크와 기업에서 관리하는 리소스 접속을 허용한다. BYOD는 개인 스마트폰, 태블릿, 노트북 컴퓨터 또는 특정 운영체제를 사용하는 기기일 수 있다. 기업은 모든 장치에 사용자 접속을 허용하는 핸드오프 방식을 운영할 수도 있고, 기업에서 발급한 인증서나 장치 관리 소프트웨어 설치와 같은 어느 정도의 보안 통제가 필요할 수도 있다.[7]

7. 후자는 사용자 생산성, 개인 정보보호, 보안의 교차점에 있기 때문에 논란이 될 수 있다. 많은 직원은 사진이나 검색 기록과 같은 개인 정보를 기업이 확인할 수 있다는 (합법적인) 우려도 있고 기업 보안 팀에 개인 스마트폰을 조작할 수 있는 권한을 부여하는 것도 반대할 수 있다. 따라서 가끔 직원들은 회사용, 개인용 전화기 2대를 이용하기도 한다.

보안 팀은 직원들이 BYOD를 사용해 기업의 리소스에 접속하는 것을 허용할지 여부와 방법을 결정해야 한다. 기존 NAC 솔루션의 경우 네트워크 접속을 얼마나 엄격하게 제어하는지, 보안 팀이 사용자 장치에 인증서나 관리 소프트웨어를 어느 정도 설치하는지에 따라 이 통제가 가능할 수도 있고 그렇지 않을 수도 있다. 표 7-2에서 다양한 장치 통제 방식을 요약했다. OS와 보안 플랫폼에 따라 약간의 차이가 있을 수 있지만 일반적으로 노트북과 모바일 기기 모두에서 동일하게 적용할 수 있다.

표 7-2. BYOD 설정 비교

장치 설정	NAC 이용	제로 트러스트 이용
설정이나 설치가 없는 기본 BYOD 기기	인터넷에 액세스할 수 있는 게스트 네트워크다. 와이파이 비밀번호 보안으로 세밀하게 접근 제어(전체 네트워크)한다. 사내 사용자에게만 적용된다.	인터넷에 액세스할 수 있는 게스트 네트워크다. '클라이언트리스' 제로 트러스트 방식으로 보안 리소스에 접속한다. 사내 사용자와 원격 사용자에게 동일하게 적용된다.
기업 인증서를 설치한 BYOD 기기	설치된 802.1x 인증으로 직원 네트워크(VLAN)에 접속한다. 세밀한 접근 제어를 제공한다. 사내 사용자에게만 적용된다.	기본 BYOD와 동일하다. 일반적으로 장치 인증서 저장소에 접속하려면 클라이언트 소프트웨어를 설치해야 한다.
소프트웨어가 설치 및 구성된 BYOD(기업 인증서는 선택 사항)	802.1x(기본 제공 또는 설치)로 직원 네트워크(VLAN)에 접속한다. 설치된 관리 소프트웨어로 장치 상태 검사도 가능하다.	제로 트러스트 클라이언트 설치로 세분화된 네트워크 접속 제어한다. 조건부 접속을 위해 인증서, 장치 상태 검사를 사용할 수 있다. 사내 사용자와 원격 사용자에게 동일하게 적용한다.

장치 상태 검사

궁극적으로 비인가 사용자와 비인가자 장치의 모든 접속을 차단하고 사용 승인이 완료되더라도 안전하지 않는 장치의 접속을 검역하고 제한하며, 인증된 사용자만 제한된 접속을 허용해야 하는 보안 요건은 NAC 솔루션과 제로 트러스트 솔루션의 공통적인 보안 사항으로, 실제로도 기업의 중요한 보안 목표다. 이 장에서는 802.1x 기반 NAC 솔루션의 동작 방식을 설명하고 제로 트러스트 원칙과의 가치 측면에서 단점을 설명했다. 다음은 보안 상태 검사 기능을 알아보자. 이 기능은 802.1x 표준 범위를 벗어나지만 일반적으로 NAC 제품에 포함돼 있다.

일부 NAC 솔루션은 사용자 장치의 보안 상태를 검사하는 기능을 제공한다. 이 기능은 OS 패치 여부 또는 최신 바이러스 백신 솔루션의 설치 여부와 같은 보안 상태를 검사할 수 있는데, 보안 상태에 따라 어떤 장치에서 네트워크 리소스에 연결할 수 있는지 여부를 결정하는 정책을 정의할 수 있다. 일반적인 사례를 보면 특정 장치의 보안 업데이트 또는 A/V 패치 상태가 '최신'이 아닌 경우 IT 헬프 데스크 포털/셀프 서비스 포털에만 접속할 수 있는 별도의 VLAN 망으로 격리한다.

이 방식은 상당히 의미 있는데, 제로 트러스트 정책 및 통제 모델에서는 장치의 속성 정보를 기반으로 보안을 통제해야 한다. 물론 이를 위해서는 표 7-3와 같이 다양한 방법으로 접근 제어 정책에서 사용할 기기 정보를 얻는 기능이 필요하다.

표 7-3. NAC를 이용한 장치 상태 확인 방식

방식	영향도
네이티브 802.1x 지원	장치 속성은 802.1x 표준이 아니며 OS 내장 기능으로 제공되지 않을 수 있다.
특정 제품의 802.1X 지원	많은 NAC 제품에서 클라이언트 장치 속성을 검색하는 추가 기능이 있는 클라이언트 에이전트(802.1x 장치)를 제공한다.
추가 장치 에이전트(MDM 등)	기업 장치 관리 솔루션에는 네트워크 접속정책 적용 지점에서 사용하고자 장치 상태 정보를 검색하는 기능이 포함돼 있다. 이 방식은 일반적으로 API 호출을 이용한 NAC 인증 서버와 EDM 서버 간의 통합이 필요하다.

결국 장치 속성 정보를 얻는 기능은 환경에 따라 여러 방식이 있지만 이런 속성 정보를 기반으로 네트워크 접근 제어를 위한 동적 정책 모델을 만들고 적용할 수 있는 기능이 가장 중요하다. 제로 트러스트 정책 모델은 17장에서 자세히 설명한다.

장치 검색과 접근 제어

네트워크 관점에서 장치 검색과 네트워크 가시성은 NAC 솔루션이 제공하는 기능 중 하나다. 기업 네트워크에서 동작하는 장치를 검색하고 보고하는 기능은 네트워크 팀과 보안 팀에서는 필수적이며 NAC뿐만 아니라 이를 지원하는 여러 제품이 있다. NAC 역시 네트워크 인프라 중 하나이기 때문에 이런 기능을 제공하며, 네트워크에 연결할 때 인프라 계층에서 새 장치를 탐지한다. 이 검색 기능은 다른 통제 기능과도 관련이 있는데, 장치 인증과 VLAN을 할당할 때 필요하다.

물론 네트워크(사용자, 장치, 워크로드 포함)에 무엇이 있는지 확인하는 것은 제로 트러스트 정책 모델을 적용하고 접근 제어를 적용하기 위한 필수 조건이다. 그리고 엔티티를 인증하고 시스템이 상황별로 접속 허용 여부를 결정하고자 다양한 속성 정보를 사용하는 점은 굉장히 중요하다. NAC 솔루션은 제로 트러스트 솔루션의 일부가 될 수 있지만(BeyondCorp 같이 넓은 범위의 네트워크를 할당하거나 장치 검색 정보를 얻고자 사용) 모든 사용자의 접속과 접속 대상 리소스를 동적으로 상세하게 통제할 수는 없다.

엔터프라이즈 네트워크에서 보안 및 네트워크 팀이 수행해야 하는 작업은 표 7-4와 같으며 작업별로 NAC 솔루션과 제로 트러스트 접근 방식을 비교했다.

표 7-4. 엔터프라이즈 네트워크의 장치 보안 접근 방식

장치 유형	NAC 솔루션	제로 트러스트
권한이 없는 장치	모든 네트워크 접속 차단: VLAN, IP 주소가 할당되지 않는다.	보호된 리소스의 접속을 차단한다. 인터넷 접속을 차단한다. 장치가 네트워크에 있지만 아무 것도 접속할 수 없다.
인증을 받았지만 관리되지 않는 장치 또는 802.1x 미사용 장치	VLAN을 할당한다(일반적으로 MAC 주소 그룹으로 분기).	장치 유형(예, MAC 주소 그룹)을 기반으로 접근 제어한다. VLAN보다 세분화 통제한다.
권한을 획득하고 관리되는 장치이거나 802.1x을 지원하는 장치	디바이스를 인증하고 VLAN에 할당한다(ID 그룹 이용 가능).	인증, 세분화된 ID별 접근 제어한다.

한 가지 추가하자면 기기 MAC 주소를 사용한 접근 제어는 최상의 보안 모델은 아니지만 없는 것보다는 낫다. 이 방식은 관련 위험과 위협 모델을 명확하게 이해하고 접근해야 한다. 네트워크에 물리적으로 접속할 수 있는 악의적인 공격자가 기업 내부에 접속하고자 MAC 주소를 변경하고 인증된 장치로 위장하는 공격 시도는 빈번히 발생한다. 경험상 이런 위험을 알고 있다면 프린터나 VOIP VLAN 등과 같은 장치도 매우 제한적인 접속만 가능하도록 통제해야 한다.

요약

7장에서는 네트워크 접근 제어의 기능을 소개하고 802.1x 프로토콜의 동작 방식을 설명했다. 이후 제로 트러스트의 관점에서 NAC 솔루션을 살펴보고 NAC 솔루션이 게스트 네트워크 접속에 어떻게 접근하는지 설명했는데, 결국 NAC 솔루션도 제로 트러스트 네트워크에서 여전히 필요하다. 마지막으로 BYOD, 장치 프로파일, 장치 검색 등 NAC에서 사용할 수 있는 몇 가지 다른 기능을 확인했다.

NAC 솔루션은 특히 게스트 네트워크의 접속을 제어할 때 제로 트러스트 환경의 일부가 될 수 있지만 802.1x 기반 NAC 기능은 제로 트러스트 환경에서 핵심 영역으로 사용하기엔 적합하지 않다. 일부 NAC 공급업체는 802.1x를 넘어서는 개선된 제로 트러스트 기능을 추가했지만 이를 고려하는 기업은 네트워크 및 아키텍처 환경을 고려해 신중하게 결정해야 한다.

8장

침입 탐지 및 침입 방지 시스템

엔터프라이즈 보안 플랫폼에는 침입을 방어하고 탐지할 수 있는 기능이 분명히 필요하다. 침입의 의미는 엔터프라이즈 장치나 네트워크에서 악성 소프트웨어를 실행하거나 비인가자의 해킹 공격으로 정의하겠다. 침입 탐지 시스템IDS, Intrusion Detection Systems은 의심스러운 활동을 탐지, 기록, 경고하는 기능을 제공하며 침입 방지 시스템IPS, Intrusion Prevention Systems은 어떤 방식으로든 의심스러운 활동을 차단한다. 침입 탐지 및 침입 방지 시스템IDPS[1]은 일반적으로 시그니처(패턴 일치)와 이상 탐지 메커니즘(통계 분석 또는 머신러닝 사용)을 이용해 의심스러운 활동을 식별한다. 또한 최신 데이터를 수집하고 알고리듬으로 분석하고자 위협 인텔리전스 시스템과 통합하기도 한다. 이런 솔루션은 보통 단독형 솔루션이나 차세대 방화벽NGFW[2]에서 모두 사용할 수 있다.

이전부터 IDPS는 트래픽 가시성을 확보할 수 있고 상세 패킷 검사가 가능한 네트워크 접점에 설치하는 것이 가장 효과적이었다. 이런 기능은 제로 트러스

---

1. 이 책에서는 IDS, IPS를 IDPS라고 한다. 다만 특정 영역을 설명할 경우 IDS 또는 IPS 약자를 사용한다.
2. 10장에서 언급하겠지만 방화벽 공급업체는 기존 방화벽에 IDPS 기능을 추가한 차세대 방화벽을 제공하고 있다.

트 아키텍처 관점에서는 PEP 위치와 거의 같다. 보통 최신의 IDPS가 제로 트러스트 시스템과 통합할 때 효과적인 PEP가 될 수 있다고 믿는다. 보안 생태계의 다른 요소들과 마찬가지로 IDPS는 제로 트러스트 정책을 실행하고 통제할 수 있을 때 가치가 증가하고 효과적이다. 그리고 PDP에 사용하는 정보로 IDPS를 이용하거나, 어떤 위협이 감지되면 사용자 위험 수준이나 액세스 정책을 초기화하는 등의 다른 PEP가 통제할 수 있게 상호 연계(트리거)도 가능할 것이다.

지금까지 네트워크 기반 IDPS를 설명했는데, 호스트 기반 IDPS와는 차이점이 있다. 2가지 IDPS 아키텍처를 제로 트러스트 전환 관점에서 비교하겠다.

IDPS 유형

상용 IDPS는 일반적으로 표 8-1과 같이 호스트 기반 및 네트워크 기반 구성 방식이 있으며, 이는 배치 위치와 방법에 따라 다르다. 일반적으로 방지 시스템은 탐지 기능을 일부 포함하고 있다. 시스템이 해킹 공격 차단 등의 조치를 취하려면 먼저 이상 징후(또는 최소한 예상하지 못한) 활동을 감지해야 하기 때문이다.

표 8-1. 구축 모델별 일반적인 침입 탐지 및 방지 기능

유형	탐지	방지
호스트 기반	파일 무결성 모니터링	화이트리스트 기반 프로세스
	네트워크 메타데이터 분석 프로세스	프로세스 종료
	로컬 로그, 이벤트 분석 로그 전송	소프트웨어 다운로드 또는 설치 차단
	장치 또는 사용자 행위 모니터링	네트워크 연결 종료
	소프트웨어 설치 또는 다운로드 모니터링	
	권한 상승 또는 루트킷 탐지	

(이어짐)

유형	탐지	방지
네트워크 기반	DNS 모니터링 네트워크 메타데이터 분석 네트워크 트래픽 검사(딥 패킷 검사)	DNS 필터링 네트워크 콘텐츠 차단 네트워크 연결 차단 샌드박스 기반의 의심스러운 콘텐츠 검사

표 8-1에서 보듯이 보안 솔루션에는 예상하지 못한 활동을 감지하고 대응할 수 있는 기능과 메커니즘이 매우 다양하다는 점을 이해해야 한다. 이런 복잡성은 현대의 IT, 정보 보안이 매우 어려운 이유 중 하나다. 그리고 내부, 외부 해킹 등 여러 가지 악의적인 해킹 공격 유형이 있는데, 이에 대한 방어 방법도 다양하다. 네트워크 연결 차단과 같은 방식은 분명 제로 트러스트 시스템의 범위다. 호스트 기반 프로세스 종료나 샌드박스 기반의 페이로드 검사 같은 기능들은 제로 트러스트 시스템의 범위 밖에 있을 가능성이 높다. 하지만 이런 기능을 제로 트러스트 플랫폼의 데이터나 이벤트 소스로 활용해 제로 트러스트 가치를 높일 수 있다.

IDPS 유형을 파악했으니 2가지 IDPS 적용 모델을 살펴보고 기업이 제로 트러스트 아키텍처로 전환할 때 각 모델이 미치는 영향을 살펴보자.

호스트 기반 시스템

호스트 기반 침입 탐지 및 방지 시스템은 사용자 장치 또는 서버(리소스)에서 실행되는 소프트웨어 에이전트를 사용한다. 호스트 기반 시스템은 프로세스, 네트워크 활동을 포함한 OS에서 발생하는 모든 사항을 상세히 검토하고 로컬에서 작업이 가능한 장점이 있다. 호스트 기반 시스템은 일반적으로 암호화된 네트워크 트래픽 터널을 활용하는 제로 트러스트 구성에 유용하다(이 장의 뒷부분에서 자세히 설명한다).

한 가지 단점은 호스트 기반 시스템은 많은 장치에서 소프트웨어를 설치하고 관리해야 하며 소프트웨어를 실행하려면 높은 권한이 필요하다는 점이다. 또한 이런 에이전트는 모바일 장치의 배터리 수명을 줄이고, 정상적인 사용자 작업 활동을 방해할 수 있고, 모든 플랫폼에서 장치 성능을 저하시킬 수 있다. 그리고 이 단점들은 최종 사용자에게는 예상하지 못한 영향을 줄 수 있는 잠재적인 리스크다.

하지만 3장에서 설명했듯이 보통 기업에서는 다양한 이유로 보호 대상 리소스에 접속하는 장치에 에이전트를 배포한다. 반면 IT 팀은 IDPS 에이전트 배포로 사용자 기기 리소스 사용, 이미 설치돼 있는 다른 에이전트 간의 충돌 등을 걱정한다. 이런 에이전트는 일반적으로 고유한 설치 공간, 의존성, 구성을 가진 바이너리로 형태로 배포되기 때문에 충돌 문제가 쉽게 해결되지 않는다. 그리고 공급업체 간에도 에이전트 통합, 에이전트 배포를 조정할 가능성은 매우 낮으며, 기업은 공급업체 간 해결만을 기다려서는 안 된다. 대신 보안 팀은 현실을 받아들이고 에이전트 배포 전의 영향도 파악 등 검토를 상세하게 진행해야 한다. 다행히 요즘 IT 인프라, OS는 일반적으로 큰 문제없이 여러 에이전트 동작을 지원할 수 있는 충분한 메모리와 처리 용량을 제공한다.[3]

네트워크 기반 시스템

네트워크 기반 IDS, IPS는 네트워크 트래픽을 모니터링(또는 변경)할 수 있는 기능을 보유한 기업의 네트워크에서 운영한다. 물론 요즘 네트워크는 분산되고 세분화돼 있으며 네트워크 기반 IDS/IPS 시스템의 범위와 기능은 시스템 노드가 배치되는 위치와 접속할 수 있는 네트워크 트래픽 유형에 따라 다르다. 예를 들어 직원 LAN 서브넷에 배치한 IDS는 해당 서브넷에 있는 장치 간의 트래픽을 검사하거나 해당 장치와 원격 리소스 간의 트래픽을 검사할 수 있다. 분산 데이터

3. IoT 및 일부 장치 유형은 소프트웨어 에이전트 설치를 지원하지 않는다. 물론 네트워크 기반 IDPS는 이런 장치와 함께 사용할 수 있다. 16장의 뒷부분에서 제로 트러스트 관점의 IoT 장치를 살펴본다.

센터를 연결하는 WAN 링크에 배치한 IDS는 데이터 센터 간 트래픽을 검사할 수 있지만 지정된 데이터 센터나 네트워크 안에서 로컬 LAN 트래픽을 볼 수는 없다.

네트워크 IDPS는 네트워크 탭이나 스팬 포트(수동으로 트래픽을 감시) 또는 인라인(노드를 통과하는 트래픽을 감시)으로 구성할 수 있다. 인라인 구성 방식은 감지된 위협에 대응해 네트워크 연결을 좀 더 확실하게 차단할 수 있는 장점이 있다. 인라인 방식은 침입 탐지, 방지 기능을 보유한 차세대 NGFW이 여전히 보안 시장에서 성장하고 있는 한 가지 이유이기도 하다.

물론 기업이 '모든' 네트워크 트래픽을 전체적으로 감시할 수 있도록 네트워크 기반 IDPS를 '모든' 네트워크 노드에 배치해야 한다고 주장할 수 있다. 그러나 이는 다음과 같은 이견이 있다.

- 현실적으로 기업의 IT 예산을 고려하면 전체 네트워크에 네트워크 기반 IDPS를 배치할 수 없다.
- 오늘날의 환경에서는 많은 사용자와 리소스가 기업 통제 밖에 있는 다른 네트워크로 연결돼 있으며 사용자는 집에서 혹은 호텔 네트워크에서 작업하고 클라우드 환경에서 실행되는 리소스(특히 IaaS)에 접속한다. 기존 IDPS는 이런 환경에서 동작하지 않을 수 있다.
- 마지막으로 암호화된 네트워크 프로토콜의 사용 확산으로 네트워크 기반 IDPS를 과거만큼 효과적으로 사용하기 어려워졌다.

제로 트러스트 환경에서는 일반적으로 암호화된 터널을 사용하고 있어 네트워크 중개 장치에서는 트래픽을 거의 확인하기 어렵다. 마찬가지로 네트워크 기반 IDS를 제로 트러스트 환경에 구성하기 더 어려울 수 있다. 암호화된 네트워크 프로토콜이 네트워크 기반 보안 시스템에 미치는 영향은 흥미로운 주제로, 계속해서 설명하겠다.

네트워크 트래픽 분석과 암호화

제로 트러스트 시스템은 기업의 보안 아키텍처와 네트워크를 변화시킨다. 이는 서로 다른 IT, 보안 구성 요소가 상호 연계 방식을 변경하고 토폴로지 관점에서 네트워크를 변화시킬 수도 있지만 네트워크 세그먼테이션을 변경하고 암호화 계층을 추가로 적용함으로써 네트워크를 변화시킬 수도 있다. 특히 암호화 계층 적용은 네트워크 기반 IDS 시스템을 사용하는 기업에서 특히 중요하다.

현대의 애플리케이션 프로토콜에서는 암호화(가장 일반적으로 TLS)를 활용해야 하는데, 이는 네트워크 피어나 중개자로부터 메시지 무결성과 기밀성을 보장하기 때문이다. 물론 암호화된 트래픽 내용은 보안 기능을 수행하는 허가받은 네트워크 중개자조차 트래픽을 볼 수 없다. 다만 이 문제는 트래픽 분석을 위해 하나의 암호화된 링크를 종료하고 다른 링크에서 암호화를 다시 시작해 네트워크 중개자가 트래픽을 확인할 수 있도록 구성을 변경하면 해결할 수 있다.[4]

이는 일반적으로 암호화된 TLS 연결 양쪽 끝에 신뢰된 루트 인증서 기반의 엔터프라이즈 PKI 인증서를 배포해 마치 중간자[MITM] 공격처럼 구성하는 방식이다.

이 방식은 실제로 안정적이고 많은 보안 제품에서 암호화된 트래픽을 검사하는 방법으로 정적 인증서를 사용하는 단방향 인증 모델 기반이다. 즉, 클라이언트는 TLS 연결을 설정할 때 서버의 인증서를 검증하지만 서버는 네트워크 계층에서 클라이언트의 유효성 검사를 수행하지 않는다. 이 기능은 서버가 어떤 클라이언트의 연결이라도 허용해야 하는 모델과 애플리케이션 계층에서 클라이언트를 인증하는 모델에 매우 유용하다. 또한 이 모델은 단순해서 정적인 서버 인증서를 공유하기만 하면 되기 때문에 중간 네트워크 보안 장치에서 TLS를 종료할 수 있다.

하지만 이 모델은 제로 트러스트 환경에서는 적합하지 않을 수 있다. 많은 제로

---

4. 기술적으로는 간단하지만 보안과 개인 정보보호 및 컴플라이언스 균형이 필요한 복잡한 영역이다. 예를 들어 많은 국가에서 기업들에게 직원들이 개인 의료 사이트에 접속할 때 특정 유형의 트래픽을 탐지하지 않도록 법으로 규정하고 있다.

트러스트 모델은 사용자 에이전트 PEP와 네트워크 PEP 사이의 통신을 위해 상호 TLS^{mTLS}(양방향 TLS)를 사용한다. 이 방법을 사용하면 두 PEP가 모두 서로의 인증서를 검증한다. 따라서 악의적인 사용자는 단 하나의 인증서만으로는 MITM 공격을 실행할 수 없기 때문에 보안 수준이 높아진다. 일부 제로 트러스트 시스템은 더 나아가 유효 기간이 짧은 단기 인증서를 통신에 사용한다. 이런 향상된 보안 구성으로 PEP 구간에서 실행하는 표준 IDPS는 암호화된 네트워크 트래픽을 확인할 수 없다. 즉, IDPS가 애플리케이션 프로토콜 암호화 인증서를 직접 사용할 수 있는 권한이 있더라도 제로 트러스트 터널을 암호화하는 데 사용하는 인증서에 대한 접속 권한은 없다.

다음 절에서 자세히 설명하지만 먼저 TLS에 관련된 내용을 설명하자면 업계에서는 TLS 인증 알고리듬을 변경하고 네트워크 보안 솔루션을 더욱 어렵게 만드는 TLS v1.3(2018년 8월 완료)으로 전환하고 있다. 특히 이제는 TLS 핸드셰이크 암호화가 강화돼, 네트워크 모니터링 담당자의 악성 네트워크 트래픽 분석을 더욱 어렵게 만들었다. TLS에 관심이 많다면 상세히 정리된 IETF TLS 1.3 백서를 참고하길 바란다.[5] 결론은 많은 암호화 통신이 TLS 1.3으로 계속 전환 중으로, TLS 1.3 전환을 적극 검토해야 한다.[6]

제로 트러스트와 IDPS

최신 보안 인프라에서 기업 플랫폼 전반에 걸쳐 동작하는 IDPS는 필요하다. 이는 기업이 제로 트러스트 보안 아키텍처로 전환하더라도 계속 중요할 것이다. 그러나 IDS/IPS의 구성 방식은 제로 트러스트 배치에 따라 달라질 수 있다.

5. 이 백서는 https://datatracker.ietf.org/doc/draft-ietf-opsec-ns-impact/에서 제공한다.

6. 이를 위해서는 수동적인 네트워크 트래픽 모니터링에서 벗어나 능동적으로 TLS 중간 복호화 또는 호스트 기반 IDPS로 전환해야 한다. 물론 네트워크 성능의 감소와 네트워크 기반 하드웨어나 호스트 기반 IDPS 솔루션의 투자가 증가할 수 있다.

기업은 이런 사실을 인지하고 능동적으로 변경해야 한다. 예를 들어 제로 트러스트를 사용하면 네트워크 세그먼테이션과 네트워크 트래픽 암호화 패턴이 변경된다. 이로 인해 호스트 기반 IDS/IPS 사용을 늘리거나 아니면 네트워크 기반 IDPS에 더 많은 투자를 해야 할 수 있는데, 그림 8-1을 보면 알 수 있다.

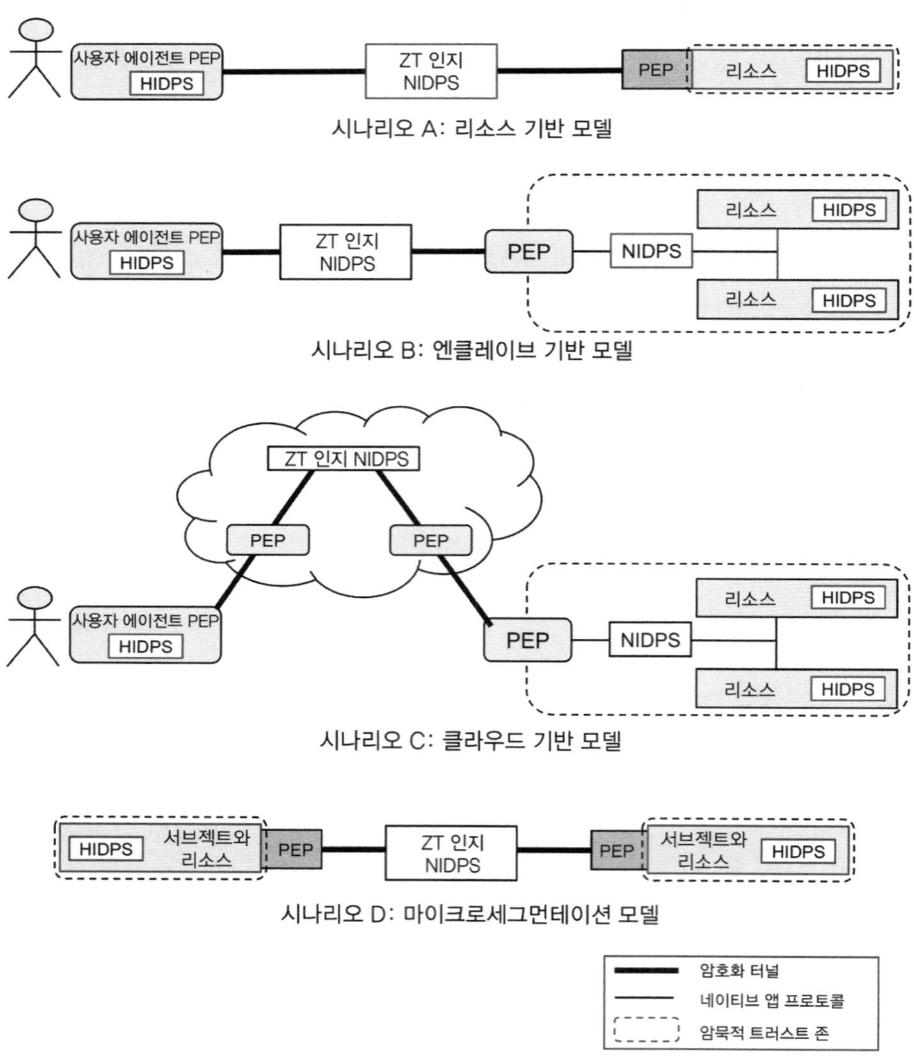

그림 8-1. IDPS와 제로 트러스트 구축 모델

그림 8-1은 암호화된(터널링된) 네트워크 트래픽과 암묵적 트러스트 존과 함께 네트워크 기반 IDPS^Network-Based IDPS^ 및 호스트 기반 IDPS^HIDPS, Host-based IDPS^가 있는 4가지 제로 트러스트 구축 모델을 보여준다. 제로 트러스트 구축 모델에 따라 NIDPS는 터널링 트래픽을 분석하지 못할 수 있다. 그림 8-1의 모든 시나리오에서 PEP와 PEP 사이의 트래픽을 분석하려면 NIDPS가 '제로 트러스트 인지^Zero Trust-aware^' 구성이어야 한다. 표준 NIDPS는 계속 작동할 수 있지만 네트워크 세그먼트가 있는 시나리오 B와 C와 같이 암묵적 트러스트 존 안에서 NIDPS를 구성해야 네트워크를 분석할 수 있다.

호스트 기반 IDPS는 호스트에서 실행되기 때문에 암호화 트래픽에도 거의 영향 없이 동작한다, 따라서 PEP 뒤에 있는 네트워크에 접속할 수 있다. 호스트 기반 IDPS는 제로 트러스트 환경에서 변경 없이 동작할 수 있지만 실제로는 제로 트러스트 환경과 느슨하게 통합해 더 많은 가치를 제공할 수 있다. 예를 들어 서버의 호스트 기반 IDPS는 제로 트러스트 시스템이 호스트의 네트워크가 위험하다고 판단할 경우 정밀 검사를 실행하거나 알림 수준을 조정할 수 있다.

일반적으로 IDPS 기능은 독립형 툴이 아닌 기업의 제로 트러스트 플랫폼에 기본으로 제공될 가능성이 높다. 그리고 누군가는 제로 트러스트 시스템이 결국 IDPS가 될 것이라고 주장할 수도 있다. 즉, IDPS는 별도의 기능이 아니라 전체 보안 구성에서 고유한 영역이다. 제로 트러스트 환경에서 IDPS 기능을 가진 PEP를 사용하거나 PEP 뒤에 별도의 IDPS를 구성할 수 있다. 그리고 이 PEP와 IDPS는 검사 수준과 통제 수준을 조정하고자 정책, 리소스 메타데이터나 ID 콘텍스트를 사용할 수 있어야 한다.

예를 들어 IDPS를 통과하는 트래픽 중 중요도가 낮은 리소스에 접속하는 트래픽은 중요도가 높은 리소스의 트래픽에 비해 상세한 (리소스 집약적) 수준의 분석이 필요하지 않을 수 있다. 또는 기업 관리 기기에 로컬 사용자가 접속할 경우 BYOD 기기에서 접속하는 원격 사용자보다 분석 정밀도가 낮아질 수 있다. 이런 통합 유형은 IDPS를 지원하는 데 필요한 인프라를 줄일 수 있고 IDPS에서 발생하기 쉬운 경고 오류(1종 오류)도 줄일 수 있다.

또한 제로 트러스트와 통합해 IDPS는 탐지한 침입에 대응해 좀 더 많은 작업을 수행할 수 있다. IDS는 알림만 할 수 있고 IPS는 시도된 네트워크 접속을 차단할 수 있지만 제로 트러스트 시스템은 더 넓은 범위에서 선제적으로 조치를 취할 수 있다. 예를 들어 사용자에게 단계별 인증을 요청하거나 모든 네트워크의 사용자 장치에서 악성코드를 검사할 수 있다.

클라이언트에서 설치, 실행되는 보안 제품(보통 단일 프로그램으로 바이러스 백신과 IDPS로 구성됨)은 제로 트러스트 보안 아키텍처의 중요한 요소다. 그러나 이런 솔루션은 네트워크 통제 지점 역할을 할 수 있는 제로 트러스트 정책 모델과 통합하면 더 나은 보안(더 많은 가치)을 제공할 수 있다. 예를 들어 기업은 엔터프라이즈 관리 리소스에 접속을 허용하기 전에 클라이언트 장치에서 최신 바이러스 백신의 업데이트 여부를 검사하는 접속 정책을 정의할 수 있다. 클라이언트 프로필 데이터는 클라이언트 관리 기능이나 안티바이러스 중앙 관리 시스템에서 제공할 수 있다. 예를 들어 네트워크 기반 정책 통제 지점 역할을 하는 제로 트러스트 시스템은 보안 기준에 미달하는 장치가 리소스에 접속할 수 없게 통제하고, 바이러스 백신을 업데이트하고자 IT 헬프 데스크 또는 셀프 서비스 시스템 접속만 허용할 수 있다. 제로 트러스트는 모든 회사 리소스의 네트워크 접속을 제어하기 때문에 사용자의 위치나 사용자가 접속하는 리소스의 유형, 위치에 관계없이 이 정책을 적용할 수 있다.

이런 기능은 IDS 또는 IPS 기능뿐만 아니라 제로 트러스트 시스템에서도 중요한 보안 강화 요소다. 그리고 제로 트러스트 시스템 정책의 원천 데이터와 정책 통제를 위한 메커니즘으로서 이 기능을 살펴보는 것이 옳다고 믿는다. 예를 들어 이 방식으로 제로 트러스트 모델을 구성하면 네트워크 전체에서 불필요하거나 중복되는 통제 지점을 제거하거나 조정할 수 있어 보안과 효율성을 모두 향상시킬 수 있다.

다만 이 기능을 구현하는 방법에 정답은 없다. 이는 전적으로 각 기업의 보안 인프라, 생태계, 제로 트러스트의 구축 접근 방식에 따라 다르다. 그리고 많은 다른 제품들과 공통으로 상호 연동할 수 있는 표준이 거의 없기 때문에 어렵다. 좋은 소식은 관련 산업에서 표준 수립에 진전을 보이고 있다는 점이다. 예를 들어 위협 인텔리전스 커뮤니티는 STIX와 TAXII 규격으로 위협 인텔리전스 정보를 표시하고 전송하는 표준 방법론을 개발하고 있다.[7]

특정 데스크톱 클라이언트 OS 버전의 취약점을 악용하는 새로운 멀웨어와 특정 애플리케이션 유형을 제로 트러스트 시스템에 알리는 표준 기반의 위협 인텔리전스 피드 기능을 상상해보자. 이 정보를 사용해 IDPS가 애플리케이션 탐지 수준을 높이고 접근 권한을 부여하기 전에 클라이언트 OS 패치를 설치하도록 제로 트러스트 PEP를 호출할 수 있다.

이런 통합 방식으로 기업은 기존 IT, 보안 인프라에서 더 많은 가치를 창출하고 효과적으로 제로 트러스트로 전환할 수 있을 것이다.

요약

8장에서는 침입 탐지 시스템과 침입 방지 시스템의 일반적인 기능을 포함한 개념을 설명했고 호스트 기반 IDPS, 네트워크 기반 IDPS 2가지 유형을 비교하고 암호화된 네트워크 프로토콜이 IDPS에 미치는 영향도 설명했다. 마지막으로 제로 트러스트 구축 모델의 관점에서 IDPS를 설명했고 제로 트러스트 정책 통제 지점에서 IDPS를 어떻게 사용할 수 있는지도 설명했다.

---

7. STIX는 정형화된 위협 인텔리전스 전송 및 TAXII는 신뢰할 수 있는 인텔리전스 정보의 자동 전송으로 자세한 내용은 https://oasis-open.github.io/cti-documentation/을 참고한다.

9장

가상 사설망

가상 사설망VPN은 엔터프라이즈 네트워크 사용이 증가하면서 1990년대 중반에 처음 나왔으며, 가정용 PC(휴대용 또는 데스크톱 PC) 사용이 늘어나면서 VPN 사용도 증가했다. VPN 기본 네트워크 프로토콜은 시간이 지나면서 발전하고 표준화되고 더욱 안전해졌지만 핵심 개념은 변하지 않았다. 신뢰할 수 없는 네트워크에서도 원격 노드 간 애플리케이션 트래픽을 암호화된 네트워크 터널로 안전하게 전송한다.

오늘날 'VPN'이라는 용어는 그림 9-1과 같이 일반적으로 3개 솔루션 유형으로 본다.

- **소비자용 VPN:** 개인 정보보호와 보안을 목적으로 사용자의 인터넷 연결 트래픽을 네트워크 중개자가 볼 수 없게 보호한다. ISP나 정부에서 요구하는 개인 정보보호 또는 인터넷 중간 접속 공격에 대응하고자 자주 사용한다.
- **엔터프라이즈 VPN:** 원격 사용자를 엔터프라이즈 네트워크에 연결하는

VPN으로 제로 트러스트의 영향을 가장 많이 받는 VPN 유형이다.

- **사이트 to 사이트 VPN**: 기업이 WAN을 생성할 수 있는 방법 중 하나다.

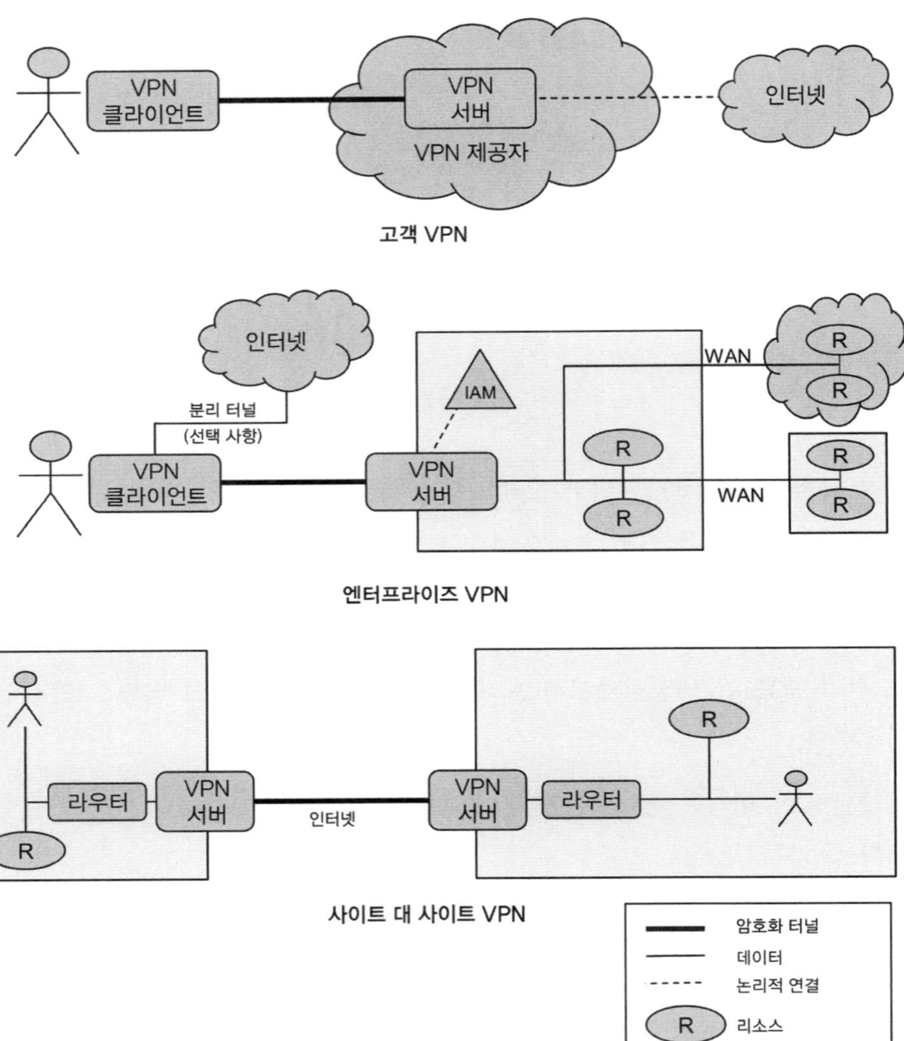

그림 9-1. VPN 유형

VPN은 터널 암호화 설정을 위해 인증서[1]를 사용하는 VPN 클라이언트와 VPN 서버가 필요하다. 소비자용 VPN과 엔터프라이즈 VPN은 VPN 클라이언트를 실행하는 사용자 서비스와 VPN 서버(VPN 집선 장치 또는 VPN 게이트웨이라고도 함) 간에 터널을 설정한다. 이 경우 VPN 클라이언트는 별도로 설치된 소프트웨어이거나 사용자의 OS 또는 브라우저에 내장된 기능으로 실행할 수 있다.

소비자용 VPN, 엔터프라이즈 VPN 모두 신뢰할 수 없는 중간 네트워크로부터 개인 정보보호, 무결성 확보를 위해 암호화된 터널로 트래픽을 전송한다. 트래픽이 VPN 서버에 도달하면 캡슐화 터널에서 복호화되고 원하는 대상으로 전달된다. 소비자용 VPN의 경우 트래픽이 인터넷으로 전송되는 반면 엔터프라이즈 VPN의 경우 회사 내부 네트워크로 라우팅된다. 많은 엔터프라이즈 VPN은 엔터프라이즈 네트워크에 바인딩된 트래픽만 터널을 통해 전송되고 다른 트래픽은 사용자의 장치에서 직접 전달되는 '분할 터널링split tunneling'을 지원한다. 전체 터널링full tunneling 방식은 모든 사용자의 트래픽을 기업 네트워크로 보낸다. 따라서 네트워크 지연시간과 대역 사용량이 증가하지만 기업은 모든 사용자의 트래픽을 통제할 수 있다.

사이트 대 사이트 VPN은 약간 다르게 동작하는데, 두 고정 위치 사이에 WAN 암호화 터널을 제공해 논리적인 LAN으로 효과적인 통신이 가능하다. 이 경우 사용자와 장치는 VPN 링크로 트래픽의 일부를 라우팅해 원격지와 통신한다. 그리고 사용자는 VPN 소프트웨어를 실행할 필요 없이 원격 사이트와 통신할 수 있다.

엔터프라이즈 VPN과 보안

엔터프라이즈 VPN이 제공하는 장점부터 살펴보자. 첫째, 사용자 장치와 기업 네트워크 간 암호화된 터널을 제공한다. 또한 일반적으로 LDAP이나 RADIUS

1. TLS와 IPSec은 다른 방식으로 동작한다.

프로토콜을 사용해 IAM Identity Management System 으로 사용자를 인증할 수 있다.

또한 기본 IAM 속성(예, 그룹 구성원 자격)을 사용해 사용자를 VPN 접근 제어 그룹에 연동할 수 있다. 일부 VPN은 초기 연결 시 MFA를 강제 적용할 수 있으며, 일부 VPN은 동적 접근 제어가 가능하도록 콘텍스트를 추가해 호스트의 보안 상태 검사 기능을 제공한다.

이런 기능으로 보안을 강화시킬 수 있고 실제로도 제로 트러스트 솔루션에도 반드시 필요한 기능이다. 그렇다면 엔터프라이즈 VPN에 대해 왜 부정적이며 VPN을 교체해야 한다고 생각하는가?

다음 절에서는 제로 트러스트 관점에서 VPN를 알아보겠지만 현재 사용 중인 엔터프라이즈 VPN에도 여러 가지 단점이 있다. 예를 들어 개별 IP 주소와 포트 접속을 관리하고자 정책을 설정할 수 있지만 일반적으로는 그렇지 않다. 네트워크 팀과 보안 팀은 편의상 VLAN이나 전체 서브넷으로 접속 권한을 할당한다. 이를 통해 사용자는 사내에 있을 때와 같이 여러 리소스에 접속할 수 있다.[2]

냉정하게 말하면 VPN을 이용해 기업의 리소스에 최소한의 제한적인 접속만 허용하는 것도 가능은 하다. 사용자 또는 사용자 그룹을 잘 정의한 상태에서 특정 애플리케이션 집합에만 접속이 필요한 경우가 그렇다. 예를 들어 보험 청구 업무를 분석하고자 내부 애플리케이션을 사용하는 원격 작업자 그룹을 생각해보자. 이 사용자의 업무에서는 해당 애플리케이션 접속만 필요할 수 있다. 또는 특정 애플리케이션만 접속해야 하는 서드파티 담당자를 예로 들 수 있다. 2가지 경우 모두 필요한 애플리케이션에 고정 IP 주소가 있으면 VPN을 사용해 사용자에게 제한된 네트워크 접속만 허용할 수 있다. 그러나 이 상황은 특수한 경우로 대부분의 사용자에게는 해당되지 않는다. 일반적으로 VPN은 다섯 가지 단점이 있다.

2. 원격 사용자에게도 사내 사용자와 같은 넓은 범위의 접속을 허용하는 것이 매우 모순이다.

첫째, VPN은 인증, 그룹 구성원 검증을 위해 엔터프라이즈 IAM을 사용할 수 있지만 일반적으로 ID 관점에서 접근 제어 정책은 매우 단순하다. 예를 들어 사용자가 연결하는 장치와는 상관없이 사용자의 인증 정보에 따른 접속 권한이 다르지 않고 거의 동일하다. 따라서 보안 팀이 개인 장치의 접속을 제한하거나 누군가가 탈취한 인증 정보를 이용하지 못하도록 방지하는 것은 더 어렵다.

둘째, VPN의 접근 제어 모델은 리소스 관점에서 매우 정적이다. VPN은 고정 서브넷 또는 IP 주소나 호스트 이름을 기준으로 접속을 통제하지만 VPN 설계상 사용자의 리소스 접속을 동적으로 변경하기 어렵다. 특히 최근에 가상화 리소스를 사용하거나 데브옵스 모델을 사용하는 기업이 굉장히 증가하고 있는데, 기업은 작업 생산성을 높이려고 매우 광범위한 네트워크 접속을 허용하고 있다.

셋째, 그림 9-1에서 볼 수 있듯이 기업은 VPN을 사용할 때 특정 네트워크 모델을 구성한다. 그리고 엔터프라이즈 네트워크는 단일 통신 접점을 가진다. 따라서 모든 엔터프라이즈 리소스가 내부 네트워크(LAN 또는 WAN)를 통해서만 연결되는 경계 기반 네트워크 모델을 사용해야 한다. 8장에서 설명했듯이 이 구성은 보안에 취약할 수 있으며, 오늘날 분산된 클라우드 기반 환경에서는 기술적으로 통제하기 어렵거나 불가능한 경우가 많다. 이로 인해 기업의 네트워크가 불필요하게 열려 있거나 사용자가 특정 리소스에 접속하고자 다른 VPN 서버에 지속적으로 연결을 끊었다가 다시 연결해야 하는 문제가 발생한다. 특히 두 번째 문제는 사용자에게 굉장히 비효율적일 것이다.[3]

넷째, 사용자가 VPN을 연결하려면 VPN 서버는 인터넷에 VPN 연결 포트를 오픈해야 하기 때문에 전 세계 해커들의 표적이 된다. 불행히도 최근에 널리 알려진 VPN 취약점이 많으며, 이 취약점은 승인되지 않은 원격 사용자가

---

3. 엔터프라이즈 VPN의 분할 터널링 기능은 여기서는 도움이 되지 않는다. 엔터프라이즈 바인딩 트래픽(단일 터널을 통해 전송됨)과 인터넷 바인딩 트래픽(터널링되지 않음)을 분리할 뿐이다.

VPN 서버를 손상시키고 엔터프라이즈 네트워크에 진입할 수 있다. 이런 위험한 상황에서 엔터프라이즈 네트워크의 '입구'를 노출하는 것은 무책임한 행동이다.

다섯째, VPN은 궁극적으로 원격 접속 툴일 뿐이며, 따라서 사일로다. 사내 사용자의 접근 제어 목적으로는 사용할 수 없다. 기업은 사내 사용자를 위해 별도의 네트워크 및 보안 툴을 배포하고 관리해야 한다. 그리고 여러 보안 툴의 도입은 중복 비용과 중복 작업이 발생하고 여러 툴을 일관성 있게 접근 제어하기는 힘들다(사용자 생산성을 저해하지 않고자 네트워크 접속 권한을 너무 광범위하게 부여할 가능성이 높다).

VPN은 일반적으로 취약한 사용자 환경, 제한된 대역폭, 연결 손실, 애플리케이션 충돌 외에도 많은 보안 결함이 있다. 이런 이유로 VPN 사용을 권하지 않는다. 이제 제로 트러스트 접근법과 비교해보자.

제로 트러스트와 VPN

제로 트러스트의 관점에서 VPN은 보안 도구가 아닌 원격 접속 도구로 간주해야 한다. 물론 이 주장에는 논란의 여지가 있고 기업이 VPN으로 어느 정도 보안 목적을 달성할 수 있다는 것도 인정하지만 VPN을 지속적으로 사용하기엔 너무 많은 결함이 있다. 즉, 잘 설계한 VPN도 제로 트러스트 솔루션에서는 허용하지 않는 제약 사항들이 있다. 어떻게 왜 이런 경우가 있는지 살펴보자.

제로 트러스트 솔루션은 사용자, 장치, 네트워크, 시스템, 접속 대상 리소스의 콘텍스트 정보를 기반으로 사용자 접속을 동적으로 조정해야 한다. 그리고 이 모든 정보는 중앙에 있는 PDP로 통제해야 한다. 또한 솔루션은 콘텍스트와 사용자 활동을 기반으로 단계별 인증도 지원해야 한다. 또한 제로 트러스트 솔루션은 원격 사용자가 접속 가능한 여러 개의 엔터프라이즈 네트워크 접속 지점을 지원해야 한다. 따라서 단일 접속 지점(기존 경계 기반 보안 모델)에서 모든 리소스를 접속할 필요가 없다. 제로 트러스트 모델은 본질적으로 분산 PEP를 지원하며 각 PEP는 그림 9-2와 같이 논리적으로 또는 물리적으로 리소스를 보호한다. 사용자가 이런 PEP에 직접 접속하기 때문에 기업이 각 분산 위치 간에 WAN 연결을 유지할 필요가 없다.

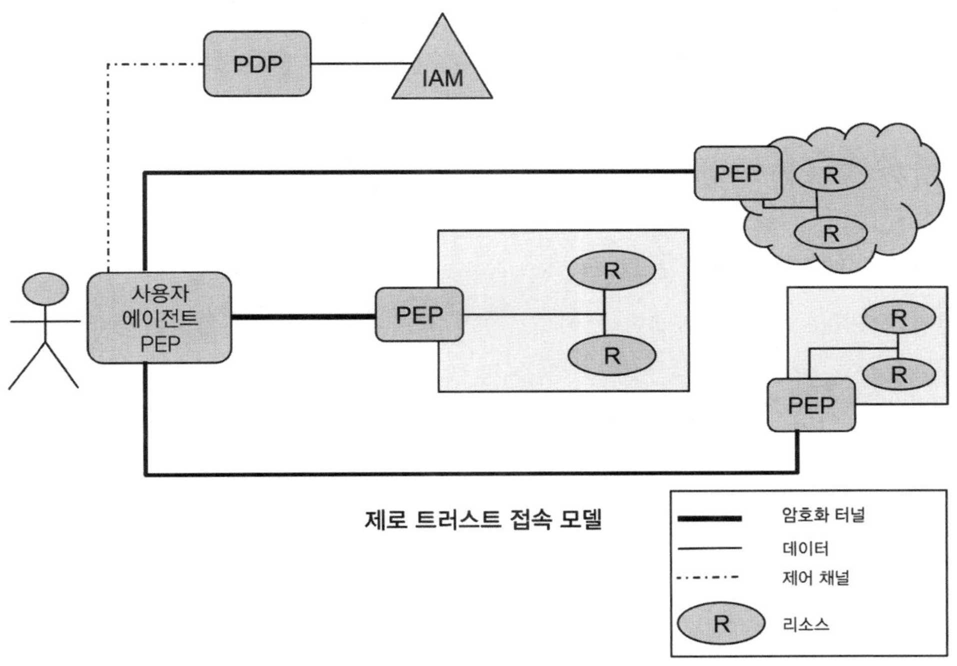

그림 9-2. 제로 트러스트 접속 모델

제로 트러스트 시스템이 VPN보다 우수한 2가지 이유를 알아보자. 첫째, 제로 트러스트 시스템은 허가되지 않은 사용자로부터 엔터프라이즈 네트워크 접속 지점을 숨겨야 한다. 즉, 최소 권한 원칙에 따라 기업 리소스에 접속 가능한 권한이 없는 원격 사용자와 장치는 네트워크 진입점을 검색하나 연결할 수 없어야 한다. 이 방식 자체가 보안 강화 측면에서 큰 진전이다. 소프트웨어 정의 경계에서 수행하는 방식[4]으로 네트워크 진입점을 제거하거나 진입 지점을 엔터

4. 4장에서 설명했듯이 단일 패킷 인증 사용

프라이즈 네트워크에서 클라우드 호스팅 플랫폼(클라우드 라우팅 모델)으로 변경하는 두 가지 방법을 구성할 수 있다.

마지막으로 아마 가장 중요한 것은 VPN과 다르게 제로 트러스트는 사내, 원격 사용자를 위한 단일 접근 제어 모델을 (설계상) 제공한다는 점이다. VPN으로 단일 접근 제어 모델을 설계하려면 굉장히 힘들 것이다. 제로 트러스트의 통합 접근 제어 모델은 운영을 간소화하고 모든 환경에서 접근 제어 정책을 정의하고 적용할 수 있는 단일 중앙 집중식 플랫폼을 제공한다.

이 장을 마치기 전에 서로 다른 제로 트러스트 구축 모델이 원격 접속을 어떻게 통제하는지 간략히 살펴보자. 엔클레이브 기반 모델과 클라우드 라우팅 모델은 모두 본질적으로 제로 트러스트 아키텍처의 일부로, 원격 접속 기능을 제공하므로 VPN을 완전히 대체할 것이다. 그러나 리소스 기반 및 마이크로세그먼테이션의 두 가지 제로 트러스트 구축 모델은 자체 원격 접속 기능을 제공하지 않을 수 있다. 제로 트러스트 공급업체와 아키텍처를 평가할 때는 이런 요구사항과 차이를 명확하게 파악하고, 다양한 제안 내용을 판별하고 평가할 수 있는 질문을 준비하는 것이 중요하다.

요약

VPN은 안전하지 않은 원격 접속 방식을 제공하며 기업이 제로 트러스트로 전환할 때 경우에 따라서는 폐기나 교체도 고려해야 한다. 이 장에서 설명한 것처럼 VPN 자체가 보안 위험이 있는 솔루션이기 때문에 운영에 문제없는 VPN에도 몇 가지 중요한 단점이 있다. 이제 기업은 접근 제어 모델을 구축하고자 좀 더 다양한 기능을 가진 효과적인 툴을 활용해야 한다.

제로 트러스트를 도입하면 엔터프라이즈 네트워크와 보안 인프라에 별도의 원격 접속 솔루션(엔터프라이즈 VPN)을 구성하지 않는다. 통합 플랫폼과 정책 모델을 기반으로 원격 사용자와 사내 사용자 모두에게 접근 제어 적용이 가능한 접속 솔루션을 사용할 수 있다. 또한 VPN과 달리 사용자가 분산된 리소스에 접속하는 환경에서도 유연하게 통제할 수 있다.

10장

차세대 방화벽

10장에서는 제로 트러스트 관점에서 차세대 방화벽NGFW을 알아본다. NGFW 제품의 일부 기능인 코어 방화벽, IDS/IPS, VPN의 주요 기능은 이미 앞의 장들에서 설명했다. 따라서 10장에서는 NGFW 기능 분석이 아닌 NGFW 플랫폼과 기능이 제로 트러스트 환경에서 수행해야 하는 역할을 설명한다.

이번 장의 목표는 NGFW 솔루션이 제로 트러스트 아키텍처에서 어디에 위치하고 어떻게 구성해야 하는지를 이해하고 다른 엔터프라이즈 구성 요소에 어떻게 잘 통합할 수 있는지 설명하는 것이다. 먼저 방화벽의 유형부터 살펴보자.

방화벽 역사와 진화

엔터프라이즈 네트워크 방화벽은 6장에서 고전적인 5 튜플 방화벽 정책을 사용하는 기본 네트워크 기능 관점으로 설명했다. 이런 기존 방화벽은 특히 오늘날의 관점에서 볼 때 ID 개념이 없는 네트워킹(네트워크 패킷을 허용하거나 허용하지 않음)에 더 중점을 뒀다. 시간이 지나면서 일부 방화벽 제조업체는 기능을 혁신적으로 개선했고 결국 '차세대' 방화벽 시장이 자리를 잡기 시작했다.

오늘날 기본적으로 모든 엔터프라이즈 방화벽은 '차세대'이며 일반적으로 IDS/IPS, 위협 탐지를 위한 트래픽 분석, 멀웨어 탐지, URL 필터링, 애플리케이션 인지/제어 기능을 제공한다. NAC 솔루션 시장과 마찬가지로 이 분야의 공급업체들은 제로 트러스트 개념이 업계에 나타났을 때 방화벽도 ID 중심 보안으로 변하기 시작했다. 오늘날 많은 NGFW 공급업체는 제로 트러스트 기능을 제공하며 앞서 설명한 일부 제로 트러스트 원칙을 충족한다. 이런 관점에서 방화벽을 살펴보자.

제로 트러스트와 차세대 방화벽(NGFWS)

기업에서는 보통 엔터프라이즈 네트워크에 제로 트러스트를 적용할 때 NGFW가 결정적인 역할을 했다고 믿는다. 하지만 NGFW 제품은 어느 정도 ID 중심의 세분화 정책을 제공하지만 완전한 제로 트러스트 원칙을 충족시키지는 못한다. 중요한 것은 NGFW의 통제 범위가 제한적이라는 점에서 NGFW는 여전히 방화벽이다. 특히 이 플랫폼은 '위치와 상관없이 모든 리소스와 모든 사용자'에게 보안을 제공할 수 있는 플랫폼이 아니다. 제로 트러스트는 설계한 목표를 실제로 적용해야 한다. 방화벽은 원격 접속을 세분화하지 않으며 일반적으로 사용자 인증, 암호화나 장치 분리(사용자 에이전트 PEP가 없음) 기능이 없고 보통 하드웨어 기반이다.

물론 NGFW 공급업체는 앞에서 다뤘던 것처럼 원격 접속과 기타 기능을 추가하면서 플랫폼을 구축하고 확장했다. 이런 개선은 제로 트러스트 시장에 있어 긍정적인 신호였고 일부 NGFW 공급업체는 신뢰할 수 있는 제로 트러스트 제품을 제공했다. 하지만 NGFW 영역을 완전히 제로 트러스트로 대체할 수 있다고 볼 수는 없다. NGFW 관점에서 설계하지 않거나 서로 다른 아키텍처 플랫폼을 가진 다양한 제로 트러스트 제공업체가 많다.

물론 여기서 특정 공급업체의 제품이나 아키텍처를 분석하려는 것은 분명 아니다. 앞서 소개한 것처럼 IT 환경은 빠르게 변하고 있으며 특정 제품을 평가하거나 분석하는 것은 정확하지도 공정하지도 않다. 이 책에서는 일반적으로 NGFW를 구성하는 기능을 이해하고 제로 트러스트 아키텍처의 관점에서 평가할 수 있게 설명과 프레임워크를 제공한다.

제로 트러스트 아키텍처는 NGFW 유형의 제품을 포함하거나 포함하지 않을 수 있다. 그러나 IDS/IPS, ID, 애플리케이션 인지 정책 모델과 같은 NGFW의 일부 기능은 제로 트러스트 아키텍처에 해당된다. 따라서 제로 트러스트 아키텍처에서 NGFW 역할을 이야기하는 것은 중요하다. 관련해서 다루고자 하는 2가지 측면이 있다. 첫째, 네트워크 구성 요소 간 네트워크 트래픽이 암호화될 때 영향도다. 둘째, NGFW 기반 솔루션을 적용할 때 전체 네트워크 토폴로지의 영향도다.

네트워크 트래픽 암호화: 영향도

제로 트러스트 원칙 중 하나는 네트워크 트래픽이 네이티브 애플리케이션 프로토콜(예, HTTPS)을 이용하거나 네트워크 라우팅 시 암호화 터널을 이용할 때 암호화를 해야 한다는 점이다. 네이티브 애플리케이션 프로토콜 암호화 방식은 SaaS 애플리케이션 접속 같은 환경에서 적합하지만 대부분 제로 트러스트 구현은 3장에서 설명한 내용처럼 암호화 터널을 사용해 PEP와 통신한다. 그리고 암호화 터널로 사용자 에이전트와 네트워크 PEP 사이의 트래픽은 중간 네트워크에서 확인할 수 없게 된다. IDS/IPS 관련 장에서 이 내용을 언급했는데, 조금 다른 관점에서 다시 살펴보려 한다.

그림 10-1[1]과 같이 사용자의 장치와 PEP 간에 네트워크 트래픽 암호화는 다른 네트워크 구성 요소에 여러 영향을 준다. 3계층에서 동작하는 코어 방화벽은

1. 그림 10-1 다이어그램은 엔클레이브 기반 구축 모델이다.

네트워크 헤더 계층에서 동작하고 암호화된 페이로드 데이터에 접속할 필요가 없어 기능에 문제가 없다. 그리고 암호화 터널에서 네트워크 트래픽을 추출할 때 페이로드 접속이 필요한 모든 기능은 PEP의 '뒤에' 배치하고 네이티브 애플리케이션 프로토콜로 트래픽을 전송한다. 이 트래픽은 그림 10-1에서 시나리오 A에 표시된 암묵적 트러스트 존에서 발생한다.

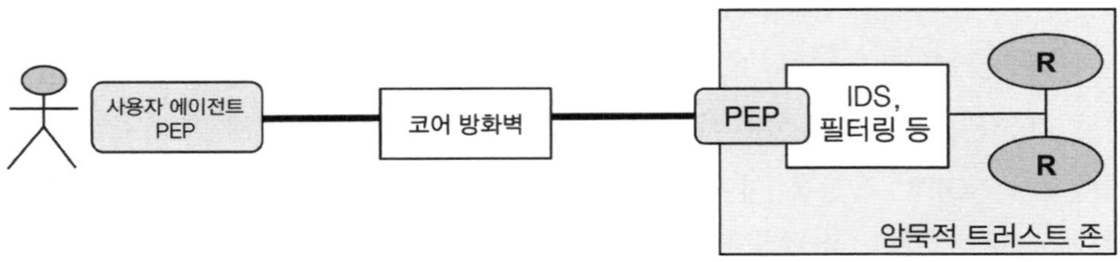

시나리오 A : 코어 방화벽만 구성

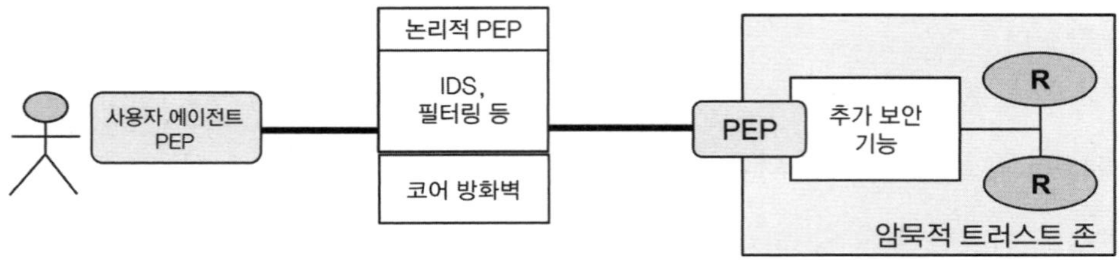

시나리오 B: 재암호화로 논리적 PEP 구성

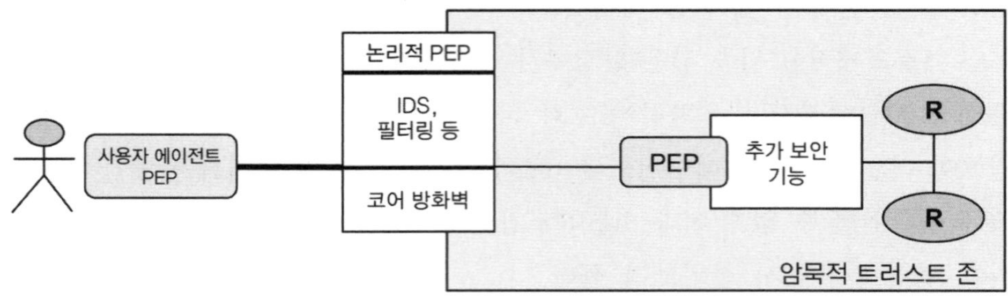

시나리오 C: 암묵적 트러스트 존을 확장해 논리적 PEP 구성

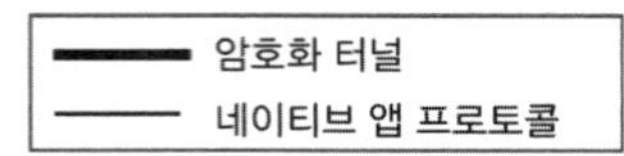

그림 10-1. 차세대 방화벽 구축 시나리오

네트워크 장치가 트래픽을 분석하거나 페이로드에 조치가 필요한 경우라면 시나리오 B와 같이 페이로드를 복호화해야 한다. 즉, 이 사나리오에서 NGFW가 논리적인 제로 트러스트 PEP 역할을 한다. NGFW가 암호화 키에 접속할 수 있다면 NGFW는 제로 트러스트 플랫폼의 일부로 간주해야 한다. 이 논리적인 PEP는 여러 보안 기능(IDS 또는 URL 필터링)을 수행하는데, 프록시처럼 애플리케이션 트래픽 제어도 필요하다. 시나리오 B는 네트워크 트래픽을 다시 암호화하고 다른 터널 경로를 이용해 암묵적 트러스트 존에 있는 두 번째 PEP로 전송하는 상황을 보여준다. 이 시나리오에서 NGFW는 많은 트래픽을 처리해야 하기 때문에 네트워크 지연이 발생할 수 있어 고사양 자원[2]을 갖춘 고가의 어플라이언스가 필요할 수 있다.

또는 NGFW는 시나리오 C에서와 같이 애플리케이션 트래픽을 다시 암호화하지 않고 두 번째 PEP로 전송할 수 있다. 이렇게 하면 NGFW의 워크로드는 감소하지만 암묵적 트러스트 존이 확장되므로 네트워크 환경에 미치는 영향을 고려해야 한다. 시나리오 B와 C 모두에서 기존 PEP(또는 그 뒤의 구성 요소)는 추가적인 보안 통제 기능을 사용할 수 있다.

또한 논리적 PEP인 NGFW와 두 번째 PEP의 정책이 일치하지 않을 수 있다는 점도 유의해야 한다. 특히 다른 공급업체가 솔루션을 제공하거나 정책 모델이 다른 경우에 더욱 중요하다. 3가지 시나리오를 설명했지만 그렇다고 NGFW 업체의 제로 트러스트 플랫폼이 본질적으로 더 우수하거나 효과적이라는 의미는 아니다. 다음에 살펴보겠지만 NGFW를 도입할 때 주의해야 할 점과 고려 사항이 있다.

네트워크 아키텍처

보안 팀은 제로 트러스트 아키텍처에서 솔루션 전체 네트워크 토폴로지를 확실히 이해하고 솔루션 토폴로지가 엔터프라이즈 네트워크 아키텍처와 어떻게 일

2. RAM, CPU 속도 등

치하는지 파악하는 것이 중요하다. 네트워크 아키텍처는 IT 인프라의 클라우드 전환과 같이 지속적으로 발전하고 있다. 또한 수년간 동일하게 사용한 WAN 링크처럼 매우 정적이고 변하지 않는 아키텍처도 있다.

일부 NGFW 기반 솔루션에는 특정 네트워크 아키텍처가 필요하거나 제로 트러스트 전환에 걸림돌이 되는 제약 조건이 있는데, 여기서 이 내용을 다룬다. 그림 10-2는 제로 트러스트 네트워크 아키텍처의 2가지 사례를 보여준다.

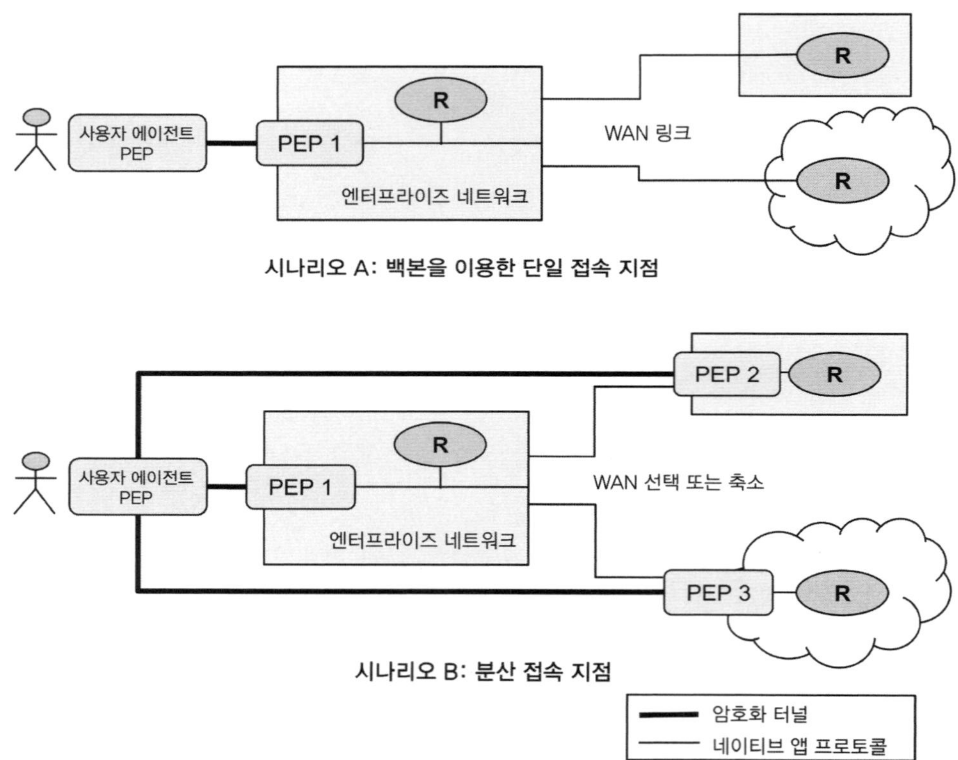

그림 10-2. 제로 트러스트 아키텍처

시나리오 A는 NGFW 기반 제로 트러스트 플랫폼을 사용하는 아키텍처로, 원격 사용자도 단일 접점 지점으로 엔터프라이즈 네트워크에 접속하는 구성이다. 그리고 분산 리소스(현재의 모든 기업이 사용)에는 WAN이나 백본이 필요하다. 그리고 원격 네트워크에서 WAN으로 진입하는 연결 지점에 간단한 방화벽을 설치해 기본 네트워크 ACL(접근 제어 목록)을 적용한다.

이 방식의 가장 중요한 문제는 내부 네트워크를 네트워크 경계의 개념으로 본다는 것이다. PEP 1은 제로 트러스트 원칙을 적용하는 유일한 접점이지만 제로 트러스트 원칙을 충족하지 못한다. 이 방식에는 2가지 문제가 있다.

첫째, WAN 자체는 네트워크 지연이 발생하며 기본적으로 PEP 1 입력 지점에 연결하는 모든 사용자 트래픽에 네트워크 백홀network backhaul이 필요하다. 물론 많은 WAN 대역폭을 사용하면 비용도 증가한다. 둘째, 이 방식은 보안 정책 적용 측면에서 효과적이지 못하다. PEP 1은 원격 위치의 리소스에서 '멀리 떨어져' 있어 상세한 동적 접속 정책을 적용하기 어렵다.

이를 시나리오 B와 비교해보자. 시나리오 B는 PEP를 분산 구성해 사용자가 허가된 PEP에 직접 연결한다. 따라서 사용자 트래픽을 PEP 1로 연결할 필요가 없으므로 대기 시간과 WAN 비용이 감소한다. 기업은 WAN 사용량을 크게 줄일 수 있으며 때로는 WAN을 완전히 제거해 일반 인터넷 연결로 대체할 수 있다. 또한 모든 PEP는 로컬 리소스에 대해 세분화된 ID 중심의 동적 정책을 적용할 수 있는 장점이 있다. 또한 PEP 2와 PEP 3는 제로 트러스트 적용 노드이기 때문에 API 연계가 가능하고 보호 대상의 환경과 리소스 속성을 검색할 수 있다.

실제 아키텍처는 이와 다를 수 있다는 점은 유의하자. 많은 공급업체가 혼합 모델이나 하이브리드 모델을 지원하며 기업에는 분명 고유한 환경이 있을 것이다. 여기서 설명하는 관점으로 여러분이 운영 중인 현재 그리고 앞으로 계획할 네트워크 토폴로지를 이해해보자.

요약

요약하자면 제로 트러스트의 도입이 NGFW 시장에 큰 영향을 줄 것이라고 생각한다. '엔터프라이즈 방화벽' 시장이 성숙했기 때문에 오늘날 모든 엔터프라이즈 방화벽에는 이전에 '차세대'로 간주했던 기능이 있다. 그리고 NGFW 공급업체는 계속해서 제로 트러스트 기능을 추가하고 있다.

앞으로 많은 기업이 제로 트러스트 원칙을 적용한 네트워크 보안 솔루션을 점점 더 많이 출시할 것이라 생각한다. 제로 트러스트 원칙은 정의에 따라 더 넓은 관점과 더 넓은 정책 모델이 필요하다. 이런 방향은 긍정적이다. 기업에서는 지속적으로 좀 더 넓은 영역에 더 적은 수의 솔루션을 구현하려 한다. 단순한 보안 솔루션은 제로 트러스트 접근 방식과 반대되는 솔루션이라는 점을 기업에서도 인식하고 있다. 따라서 선택한 보안 구성 요소가 다양한 API를 지원하고 쉽게 통합할 수 있게 해야 한다(확장된 제로 트러스트 원칙 중 하나).

제로 트러스트 아키텍처를 결정할 때 PDP가 사용할 수 있는 ID와 콘텍스트 정보 그리고 기업 자산에 분산 PEP로 얼마나 폭넓게 정책 모델을 적용할 수 있는지 여부가 핵심이다. 정책 모델과 PEP 집합을 사용해 사용자, 인프라, 유스케이스 전체에 적용할 수 있는 상용 플랫폼은 현재 존재하지 않는다. 이는 제로 트러스트를 '여정'이라고 부르는 이유 중 하나다.

선택한 플랫폼과 툴이 초기 유스케이스와 잘 일치하지 않을 수 있지만 현재 환경, PEP와 통합될 수 있는 플랫폼을 선택할 수도 있다. 다만 아키텍처를 이해한 상태에서만 현명한 선택을 할 수 있다는 점을 강조하고 싶다. NGFW 공급업체의 플랫폼을 제로 트러스트 아키텍처 핵심 영역에서 사용할 수 있으며 이는 현명한 판단일 수 있다. 플랫폼의 한계(경계)를 숙지하고 플랫폼이 다양한 시스템에 통합될 수 있는 방법을 계속 공급업체에 질문하고 모든 아키텍처의 제약 사항도 인지해야 한다. 많은 기업에서 외부 공급업체 플랫폼에 있는 PEP를 사용할 것이다. 그리고 외부에 PEP가 있지만 내부 시스템과 PEP를 통합해야 할 것이다. 선택한 플랫폼이 사용자 환경에서 효율적이고 효과적으로 통합을 지원하는지 꼭 확인해야 한다.

11장

보안 운영

많은 기업이 가상 조직이나 전담 조직으로 SOC[Security Operations Center]를 구성하고 위협, 취약성, 사고 대응을 해결하기 위한 인력, 프로세스, 기술 강화에 집중적으로 투자해왔다. 11장에서는 SOC에서 사용하는 SIEM[Security Information and Event Management]과 SOAR[Security Orchestration, Automation, and Response]라는 두 가지 툴을 설명한다. 먼저 SIEM과 SOAR를 제로 트러스트의 관점에서 설명한 후 SOC에서 두 가지 툴을 어떻게 효율적으로 운영할 수 있는지와 효율성을 어떻게 개선할 수 있는지 알아본다.

현대의 IT 시스템은 매우 다양한 형식, 위치, 스키마로 방대한 양의 로그 데이터를 생성한다. 그리고 문제 해결이나 IT 진단 목적의 접속 로그, 지속적인 이상 감지, 포렌식 또는 감사 목적을 위한 장기 아카이브 등 다양한 용도로 대량 로그를 사용한다. 또한 관련 로그는 인프라 요소 그리고 인프라 요소 간의 상호 연계와 관련한 큰 그림을 제공할 뿐만 아니라 SOC 분석 담당자와 툴이 전체 IT 환경에서 이벤트를 검토하고 통합할 수 있게 지원한다. SIEM은 많은 볼륨과 다양한 로그 데이터를 처리할 수 있게 발전했으며, 최신 SOC에서 필수적인 기능이다.

물론 보안 분석가는 로그를 조사하는 것 이상의 일을 한다. 즉, 사고 대응이나 이벤트 관리에 많은 시간과 노력을 들인다. 다행히도 SOAR는 SOC의 다양한 툴에서 필요한 사고 대응 요구 사항을 지원하고자 신속하게 통합될 수 있는 자동화된(또는 반자동화된) 워크플로를 제공한다. SOC 운영이 기업의 핵심 보안 프로그램이기 때문에 SOAR 툴 기능이 발전하면서 SOC 팀은 많은 양의 데이터와 보안 이벤트를 좀 더 효과적으로 활용할 수 있었다.

그리고 SIEM과 SOAR는 갈수록 SOC와는 분리할 수 없는 핵심 기능이 되고 있다. 실제로 기업에서 제로 트러스트 아키텍처를 채택함에 따라 SIEM과 SOAR의 가치는 계속 증가할 것이다. 11장에서는 ID 콘텍스트가 보안 시스템 전체에 널리 활용됨에 따라 SIEM과 SOAR가 제로 트러스트 아키텍처와 어떻게 통합해 보안을 강화할 수 있는지 설명한다.

SIEM

SIEM 툴은 기업에서 보안 이벤트를 탐지, 평가할 목적으로 로그 데이터 수집, 집계, 정규화가 가능한 메커니즘을 제공한다. IT 기업은 수십 년 동안 로그를 활용하고 로그 관리 시스템으로 로그 데이터를 집계해 왔는데, 현재 SIEM이라고 하는 보안 관련 시장은 2005년경에 등장했다. SIEM 공급업체는 그동안 로그 관리를 뛰어넘는 혁신을 이뤘는데, 로그 데이터의 통합, 정규화, 집계, 상관관계, 로그 데이터 분석, 보안 분석 데이터로 변환, 보안 정보 및 (이상적으로) 실행 가능한 이벤트 정보로 전환 등 보안 중심 기능을 개발했다.

일반적으로 IT 인프라(서버, 방화벽 등)뿐만 아니라 IDS/IPS, 엔드포인트 관리, 인증 시스템 등과 같은 보안 시스템에서도 이 로그 데이터를 수집한다.[1]

1. SIEM에 데이터를 제공하는 시스템 중 일부는 바이러스 백신 시스템, EDR(Endpoint Detection and Response), UBA(사용자 및 엔티티 동작 분석), MDM(Mobile Device Management), UEM(Unified Endpoint Management) 등이 있다. 즉, 모든 엔터프라이즈 IT 시스템 로그를 SIEM에 제공할 수 있다.

이런 유형의 엔터프라이즈 시스템과 네트워크는 로그 데이터가 대량으로 발생하기 때문에 로그 분석가는 분석에 어려움을 겪는다. SIEM은 이를 분류하고 분석, 필터, 시각화, 기타 툴을 제공해 1종 오류(긍정 오류) 발생 빈도를 낮춘다. 이전에는 온프레미스 모델 방식으로 SIEM을 구축했지만 최근에는 클라우드 기반 모델로 전환하고 있다. 2가지 SIEM 구축 모델(온프레미스/클라우드)에는 장점과 단점이 있지만 제로 트러스트 관점에서 보면 모델 차이점은 크게 상관이 없는데, 나중에 설명하는 통합 시나리오, 요구 사항, 이점은 모두 동일하다.

즉, SIEM 위치에 상관없이 제로 트러스트 아키텍처와 통합하면 많은 이점을 얻을 수 있다. SIEM은 로그를 집계하는 것 외에도 원시 데이터를 통합해 기업의 네트워크 인프라를 매핑하는 데 도움이 된다. 그리고 네트워크에서 이벤트가 발생하는 위치와 관련한 유용한 콘텍스트를 제공하기 때문에 보안 팀과 IT 팀에 도움이 될 수 있다. 이는 기업의 핵심(또는 적어도 활용도가 높은) 자산 정보를 제공하면 PEP의 정책 정의나 구축 위치에 영향을 미치는 등 기업은 제로 트러스트 전략과 아키텍처를 더욱 잘 정의하고 계획할 수 있기 때문이다.

SIEM은 데이터를 집계, 제공하고 보안 분석가들의 의사 결정을 지원하면서 SIEM 자체는 매우 유용하다는 것이 입증됐다. 또한 이 플랫폼은 체계적이고 이벤트 중심적인 방법을 제공해 감지된 이벤트를 자동으로 대응하고 조치까지 가능할 정도로 발전했다. 이 기능을 통합해 SOAR 플랫폼이라 부른다.

보안 오케스트레이션, 자동화, 대응

SOAR는 SIEM과 함께 사용하는 경우가 많다. 실제로도 통합 플랫폼의 일부로 동일한 회사에서 솔루션으로 제공하는 경우도 있다. 즉, SIEM에서 보고된 정보(및 감지된 이벤트 또는 임곗값 경고)를 가공하고 머신러닝을 이용해 자동화된 대응 조치 모델과 메커니즘을 제공한다.

이 방식은 SIEM에서 생성되는 많은 수의 이벤트를 SOAR가 정제할 때 SOAR는 이벤트 관련 공통 정보를 제공하고 이벤트에 대한 응답 프로세스 또는 워크플로를 자동화하기 때문에 유용하다. 또한 이런 통합 자동화로 데이터 분석 시 1종 오류(긍정 오류) 수를 줄여주기 때문에 보안 엔지니어가 정상적인 데이터만 검토할 수 있다.

SOAR의 가치는 단지 자동화뿐만 아니라 논리적인 분석과 대응 흐름을 모델링할 수 있다는 점이다. 이 워크플로에는 엔터프라이즈 네트워크, 시스템, 의존성, 워크플로 설정 방법(분석 전문가의 머릿속에만 존재하는 지식)이 담겨있다. SOAR를 이용하면 이 워크플로를 반복적으로 자동화 가능한 플랫폼에 적용할 수 있어 24시간 365일 운영이 가능하다. 이처럼 코드화된 워크플로로 SOC의 인력, 프로세스, 기술을 완벽하게 통합할 수 있고 그렇게 해야 한다. 제로 트러스트 관점에서 볼 때 이 통합 원칙을 달성하려면 독립 실행형 기술이 필요하며, 통합과 조정은 물론 플랫폼과 연계할 때 필요한 SOAR를 제로 트러스트 엔터프라이즈 인프라 전반에 걸쳐 변화를 일으키기 위한 '접근'이 필요하다. 특히 SOAR는 반복 가능하고 예측 가능한 프로세스 자동화를 제공함으로써 SOC 운영에 도움이 된다. 대부분의 SOAR는 정책 의사 결정 패턴을 인지하고 전체 사고 대응 수명주기를 관리하는 동시에 위협 인텔리전스를 능동적으로 수집하고 콘텍스트 데이터를 제공한다. 특히 취약점 관리[2]와 위협 인텔리전스는 SOC의 핵심 기능으로 SOAR는 이를 지원하는 워크플로와 사고 대응 패턴을 제공한다. 그리고 이 기능들은 SOAR 솔루션의 지속적인 성장과 학습에 기여한다.

SIEM과 SOAR가 제공하는 분석과 조치는 제로 트러스트 시스템 PDP가 결정하는 정책 결정에 필요한 중요한 콘텍스트로, 매우 핵심적인 구성 요소다. 다음 절에서 자세히 살펴본다.

---

2. 취약점 관리는 여러 가지로 개념이 있지만 결국 적절한 기술로 네트워크와 장치를 안전하게 보호하고 장치의 상태를 파악하는 것이다.

보안 운영센터에서 제로 트러스트

SIEM과 SOAR는 엔터프라이즈 보안의 핵심으로 기업에서 제로 트러스트를 채택하면서 SIEM과 SOAR의 가치와 중요성은 더욱 높아질 것이다. 즉, 기업은 제로 트러스트로 전환하면서 SIEM, SOAR의 범위, 깊이, 전반적인 효율성 개선을 기대(그리고 요구)해야 한다. 게다가 제로 트러스트 통합형 SOAR가 제공하는 학습 자동화는 PDP가 전체적인 환경에서 결정하는 정책 결정만 개선할 수 있을 것이다. 이제 이 내용을 확인해보자.

풍부한 로그 데이터

SIEM의 주요 핵심 기능 중 하나는 격리된 시스템과 데이터의 상관관계 분석이다. 예를 들어 유동 IP를 사용하는 네트워크 로그들을 사용자 기준으로 자동 분석할 수 있다. 그러나 SIEM은 원천 시스템에서 제공하는 데이터 집합으로 제한되며 기본적으로 기술적 한계와 고립된 인프라 요소로 인해 방해받는 경우가 많다. 예를 들어 네트워크 접속은 NAT[Network Address Translation]가 발생하는 네트워크 경계를 통과하는 경우가 많으므로 IP 주소를 특정 사용자에게 할당하기가 어렵거나 불가능할 수 있다. 또한 대부분의 경우 로그는 격리되거나 연결되지 않은 ID 관리 시스템을 사용하는 시스템에서 생성되므로 SIEM과 보안 분석가가 서로 다른 로그 소스에서 사용자 ID를 통합하거나 명확하게 구분하기가 어렵다.

제로 트러스트 시스템은 이런 기술적 한계를 많이 개선할 뿐만 아니라 SIEM이 분석하는 데이터를 풍부하게 해서 보안 관련 이벤트를 상호 연관시키고 탐지 능력을 향상시킨다. 특히 제로 트러스트 시스템은 기본적으로 ID 중심이기 때문에 ID가 풍부한 상세 데이터를 SIEM에 기록할 수 있다. 이런 풍부한 로그 데이터는 SIEM과 SOC 엔지니어에게 더욱 의미가 있어 효과적으로 대응할 수 있는 능력을 향상시킬 수 있다. 즉, 제로 트러스트 시스템은 모든 사용자의 모든 네트워크 접속을 기록할 수 있어야 하며 사용자의 ID, 장치, 전체 콘텍스트에 대한 정보로 이 로그 데이터를 풍부하게 할 수 있어야 한다. 그리고 이런 로깅 활동은 사용자 위치, 사용 네트워크 수, 네트워크 프로토콜, 애플리케이션 연계 ID 시스템의 사용자 식별 방식과 상관없이 가능해야 한다.

오케스트레이션과 자동화(트리거, 이벤트)

엔터프라이즈 제로 트러스트 시스템은 고도의 자동화가 필요하며 다양한 트리거와 이벤트를 규모에 맞게 감지하고 대응할 수 있어야 한다. 지금까지 설명한 것처럼 제로 트러스트 정책 모델의 동적인 측면은 제로 트러스트 정책 모델의 가치를 높여준다. 그리고 SOAR 시스템은 제로 트러스트보다 범위가 넓기 때문에 제로 트러스트 시스템의 효과를 높이고 개선할 수 있다. 실제로 이벤트 로그 통합, API 호출, 트리거를 통해 SOAR와 제로 트러스트를 결합하면 두 시스템 모두에 도움이 된다.

어떤 구성 요소가 어떤 기능을 수행하는지에 대한 세부 사항은 특정 아키텍처와 플랫폼에 따라 달라지지만 일반적으로 PDP, SOC 보안 분석 담당자 간에 조정한 워크플로는 실시간 의사 결정, 보안 정책을 실행하고 관련 정보를 제공한다. 다음 절에서 몇 가지 사례를 살펴본다. 물론 이런 통합에는 최신 데이터 교환, 최신 평가 정책 트리거, 신규 보안 정책 또는 가상 인프라 구성 요소 프로그래밍 생성과 같은 작업을 위한 양방향 API[3]가 필요하다.

이 내용은 나중에 17장에서 자세히 다루겠지만 이 장에서도 연관이 있어 개념 위주로 잠시 설명하겠다. 제로 트러스트 시스템의 관점에서 SIEM, SOAR와 같은 외부 시스템과 연계하는 4가지 주요 트리거 유형이 있다. 그중 첫 번째, 두

3. 이런 통합은 API, 메시징, YAML과 같은 방법으로 구현할 수 있다. 그리고 연계 방식은 동기식이나 비동기식일 수 있다. 좋은 제로 트러스트와 SOAR 플랫폼은 여러 통합 수단을 지원한다. 여기서는 통합을 단순하게 동기식 API 호출로 설명하지만 실제 구축 시에는 특정 플랫폼의 기능을 평가하고 사용 사례에 가장 적합한 메커니즘을 선택해야 한다.

번째, 세 번째 트리거는 제로 트러스트 시스템에서 시작되며 네 번째 트리거는 외부 시스템에 의해 시작된다.

인증 트리거

인증 트리거는 사용자에게 하루에 한 번 또는 몇 번만 발생한다. 그리고 서비스(사람이 아닌 엔티티)의 경우 인증 트리거 빈도가 훨씬 낮을 수 있다. 이 트리거는 PDP의 정책 평가를 활성화하고 PDP는 SIEM/SOAR에서 쿼리를 실행해 사용자 또는 환경 콘텍스트 정보를 추가로 얻는다.

리소스 접속 트리거

물론 ID는 매일 PEP를 통해 리소스에 여러 번 접속한다. 그리고 PEP는 필요시 SIEM/SOAR을 호출해 최신 콘텍스트 정보를 얻을 수 있는데, 특히 장치 위험 수준과 같이 인증 이후 변경된 속성 정보를 얻을 때 트리거를 발생하는 게 좋다. 다만 PEP가 모든 접속 시도를 재평가해서는 안 된다. 따라서 제로 트러스트 시스템이 이 트리거를 어떻게 모델링하는지 살펴봐야 한다.

정기(세션 만료) 트리거

많은 제로 트러스트 시스템은 ID 세션 개념을 갖고 있으며, 이는 제한된 세션 기간(예, 몇 시간)을 갖는다. 세션이 만료되면 제로 트러스트 시스템은 ID에 할당된 정책을 갱신하는 경우가 많으며 PDP가 인증 시간과 비슷하게 SIEM/SOAR을 호출해 추가 콘텍스트를 얻기도 한다.

외부 트리거

마지막으로 많은 제로 트러스트 시스템은 외부 구성 요소가 이벤트를 트리거하고 콘텍스트 정보를 업데이트할 수 있는 인바운드 API를 지원한다.

물론 제로 트러스트 시스템을 최대한 활용하려면 SIEM/SOAR에서 인바운드 API, 아웃바운드 API 집합을 모두 지원해야 한다. 제로 트러스트 시스템을 평가할 때는 다양한 통합 지원 여부를 확인하자. 이를 구체화하고자 제로 트러스트와 SIEM/SOAR 사이의 통합과 관련한 3가지 사례를 자세히 살펴보자.

제로 트러스트에서 추가 콘텍스트 쿼리(인증 트리거)

첫 번째 시나리오에서 제로 트러스트 시스템은 사용자를 인증할 때 그림 11-1과 같이 API로 SIEM[4]을 호출한다. 이런 통합은 PDP가 더 나은 의사 결정을 위해 추가 정보를 얻도록 설계됐다.

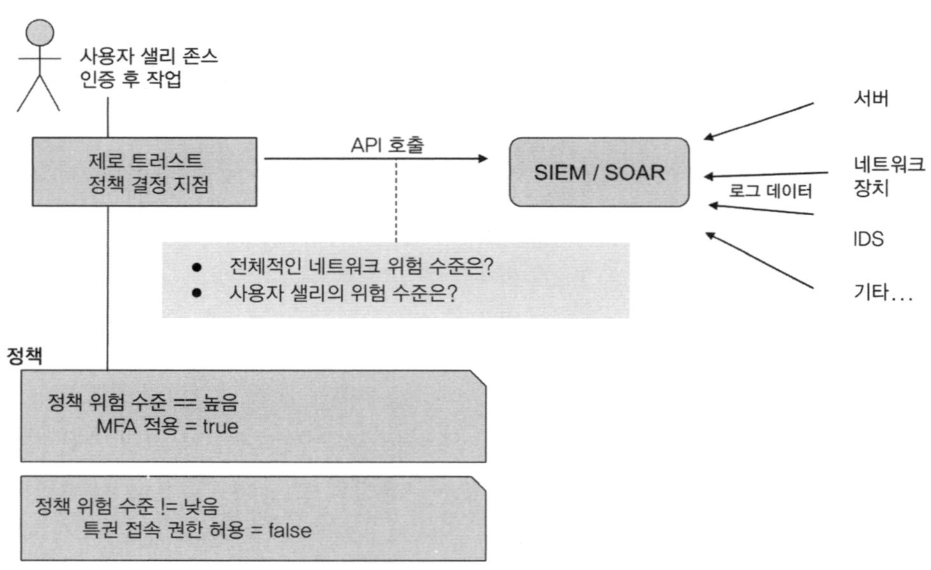

그림 11-1. SIEM/SOAR 기반 제로 트러스트 시스템 의사 결정

이 사례에서 샐리가 인증 성공 후 제로 트러스트 시스템은 즉시 다음 단계인 PDP를 실행하고 있다. 즉, 정책을 평가하고 관련 콘텍스트 정보를 기반으로

4. 이 기능은 앞서 설명한 SIEM에 제로 트러스트 로그 데이터를 제공하는 기본 기능과는 다르다.

섀리의 리소스 접속 허용 여부를 결정한다. 이 사례에서 제로 트러스트 시스템은 API를 호출해 SIEM 시스템에서 얻는 두 가지 특성, 즉 네트워크의 전체 위협 수준 및 섀리와 관련된 위험 수준을 사용한다.

그림에 표시된 정책은 이런 속성을 평가하고 제로 트러스트 시스템의 통제 수단으로 사용한다. SIEM이 전체 네트워크 위협 수준이 높다고 판단한 경우 첫 번째 정책에는 MFA가 필요하다. 두 번째 정책은 해당 사용자의 현재 위험 수준이 낮지 않은 것으로 플래그가 지정된 경우(아마도 장치 상태 또는 관찰된 네트워크 로그 분석 결과에 따라) 분류상 특권 접속 권한이 필요한 리소스 접속을 차단한다.

이전 사례에서는 PDP가 인증 트리거를 이용해 SIEM/SOAR을 쿼리하는 방법을 보여줬다. 또한 제로 트러스트 시스템은 세션 만료 트리거와 리소스 접속 트리거를 사용해 유사한 쿼리를 실행할 수 있는 장점이 있다. 이제 반대 방향에서 발생하는 API 호출 방식을 살펴보자.

SIEM/SOAR에서 제로 트러스트 시스템 호출(외부 트리거)

이 사례는 SOAR 시스템이 PDP로 프로세스를 시작하고자 API를 호출하는 방법이다. 이 구조는 SOAR 시스템이 일부 분석을 수행하고 서버, 사용자 장치 또는 네트워크에서 무엇인가 잘못됐다고 판단해 트리거를 호출하기 때문에 대응 조치를 해야 한다.[5] 그림 11-2에서 볼 수 있듯이 이 API 호출은 특정 사용자에게 해당하거나 네트워크 전체 위협 수준과 같은 넓은 범위에 적용되는 정보일 수 있다.

5. 보안 운영 센터(Security Operations Center)의 SIEM 분석가가 트리거하거나 SOAR의 자동 응답으로 트리거할 수 있다.

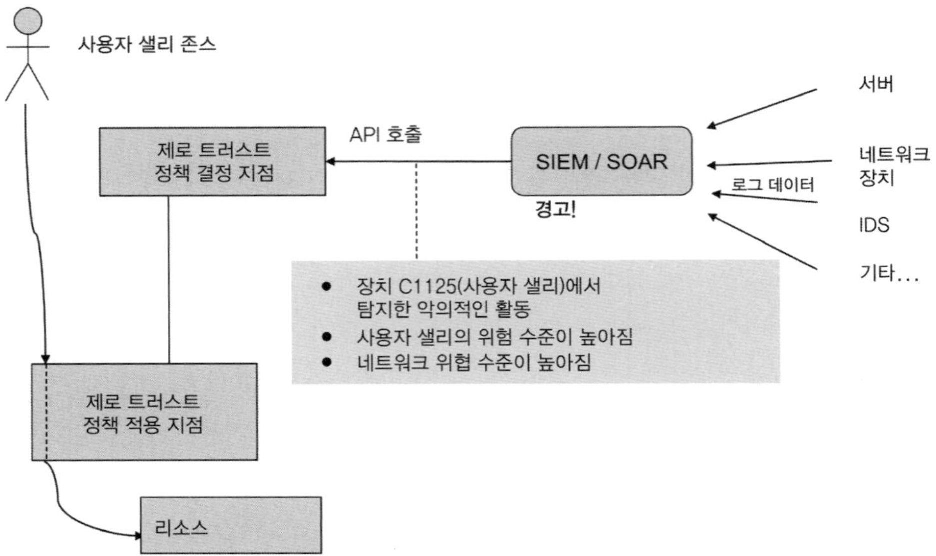

그림 11-2. 워크플로 및 대응 조치 실행 SOAR

물론 이 시나리오에서는 제로 트러스트 시스템이 정책에 따라 SOAR의 API 호출에 적절하게 응답할 수 있어야 한다. 예를 들어 샐리의 장치에서 비정상적인 동작이 감지되면 제로 트러스트 시스템은 다음의 조치를 취할 수 있다.

- 해당 장치에서 샐리에게 재인증 요청[6]
- 샐리에게 MFA 요청
- 샐리의 장치 접속을 즉시 제한(예, 네트워크에서 검역)
- 샐리에게 경고 메시지 전송

6. 보안 팀은 이런 대응을 설계할 때 위협 모델과 사용자 환경을 고려해야 한다. 샐리의 장치에서 악성 프로그램이 실행 중인 경우 키 입력과 화면 캡처가 기록될 수 있다. 따라서 감염된 장치에서 샐리에게 인증 정보나 OTP를 입력하도록 요청하는 것은 잘못된 선택일 수 있고, 이는 오히려 보안을 저해할 수 있다. 별도의 장치(예, 스마트폰)에서 MFA를 요청하거나 단순히 장치를 격리하는 것이 훨씬 더 좋다. 대응 수준은 악의적인 활동의 수준과 SIEM, SOC의 오탐 정도에 따라 달라야 한다.

간접 통합(외부 트리거)

SIEM과 제로 트러스트 시스템 간의 상호 연계 관련 마지막 사례를 설명하겠다. 앞의 사례에서 서로 간 호출은 간단하지만 실제로 뒷단 작업은 복잡하다. 즉, 제로 트러스트가 정책을 평가하고자 필요한 데이터가 무엇인지 SIEM/SOAR가 인지하도록 구성해야 한다. 다만 이렇게 하면 시스템의 복잡도가 증가하고 운영이 어려워진다. 이 두 시스템 사이에 양방향 의존성이 생기기 때문이다. 제로 트러스트 시스템 정책이 SIEM/SOAR의 신규 속성 정보를 사용하도록 구성한 경우 SIEM/SOAR도 API 속성 정보를 이용해 제로 트러스트 시스템을 호출하도록 변경해야 한다. 이를 위해서는 두 시스템 모두 구성 변경이 필요하고 복잡해진다. 간단한 대안은 제로 트러스트 시스템이 필요한 데이터를 SIEM/SOAR에 요청하는 것이다. 이렇게 하면 제로 트러스트 시스템에서 필요한 속성 정보가 SIEM에 있을 경우 제로 트러스트가 정책을 변경하더라도 SIEM을 변경할 필요가 없게 된다. 이 모델은 그림 11-3과 같다.

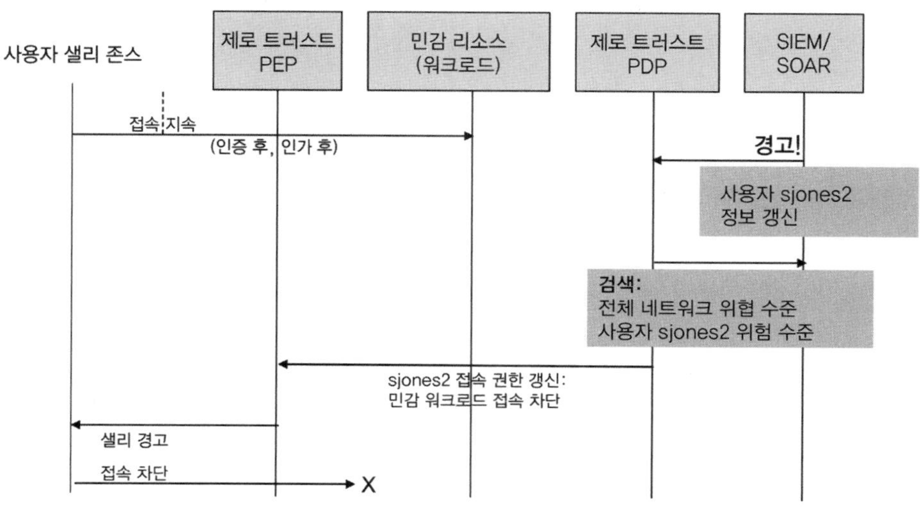

그림 11-3. SOAR, PEP 액티비티 다이어그램

그림 11-3의 액티비티 다이어그램에서 샐리는 이미 인증을 받았으며 중요 워크로드에 접속할 수 있는 권한도 받았다. 그런 다음 SOAR 시스템은 샐리 또는 샐리 장치와 관련된 비정상 활동을 감지하고 제로 트러스트 PDP API를 호출해 제로 트러스트 시스템이 샐리(sjone2 계정) 정보를 갱신해야 한다고 알려준다. API 호출을 기반으로 제로 트러스트 시스템은 SOAR을 포함한 여러 시스템에서 샐리 최신 정보를 검색해 샐리의 전체 정책을 재평가한다. 어떤 정보가 필요한지 결정하는 것은 SOAR가 아니라 제로 트러스트 시스템이다. 즉, PDP가 정책을 평가하는 데 어떤 데이터 요소가 필요한지 SOAR가 알 필요가 없다. 이 갱신된 정보를 기반으로 PDP는 샐리가 더 이상 중요한 리소스에 접속하면 안 된다는 결정을 하고 PEP에 이 변경 사항을 알린다. 이 사례에서는 보안 팀이 팝업 메시지나 SMS로 샐리에게 메시지를 알린다.

요약

SIEM과 SOAR 툴은 보안 분석가에게 매우 중요한 데이터 분석, 시각화, 대응 기능을 제공하며 최신 SOC에서 필수적인 요소가 됐다. 그리고 제로 트러스트 아키텍처에서 SIEM이나 SOAR는 실시간에 가깝게 즉각적으로 분석하고 대응하도록 솔루션을 통합할 수 있다. 여기서 설명한 통합 시나리오는 보안, 효율성, 효과적 대응을 위해 시스템을 서로 다른 트리거를 기반으로 서로 다른 시간에 통합할 수 있는 방법을 보여준다. 사실 지금 설명한 사례도 완벽하지는 않다. 제로 트러스트 시스템과 SIEM, SOAR을 통합해 가치 있고 흥미로운 기능을 동작시킬 수 있는 다른 많은 방법이 있다. SOC 팀이 보유한 도구를 사용해 어떻게 동작하는지 살펴보고 제로 트러스트 시스템이 플랫폼에 제공할 수 있는 여러 ID와 콘텍스트가 풍부한 데이터 유형을 학습해보자. 기업에서는 이러한 통합이 기업 보안에 도움이 되도록 수많은 방법을 생각해볼 것 같다. 또한 SOC 팀을 참여시키면 제로 트러스트 여정에 도움이 될 수 있다.

12장

PAM

PAM^Privileged Access Management^은 보안 기능과 프로세스를 통해 권한 있는 사용자(시스템 관리자)가 시스템이나 리소스에 접속하는 방법을 제어, 관리, 기록하는 기능으로 IT 보안의 한 분야다. PAM은 모든 시스템에 대한 접속을 제어하는 데 사용할 수 있지만 일반적으로 도메인 컨트롤러, 프로덕션 서버와 같은 중요 핵심 리소스에 주로 적용된다. 물론 제로 트러스트 보안은 모든 시스템 보호를 기반으로 하지만 초기 제로 트러스트 프로젝트 범위를 선정할 때 핵심 시스템(일반적으로 PAM에 의해 보호되는 시스템)을 우선 보호 대상으로 설계한다.

PAM 솔루션은 관련 산업이 성장하면서 동시에 발전하고 영역을 확장했으며 오늘날에는 비밀번호 볼트^Password Vaulting^, 인증 정보 공유, 세션 관리에 중점을 둔 기능을 제공한다. PAM은 일반적으로 엔터프라이즈 ID 제공자로 사용자를 인증하고 그룹 구성원 자격을 사용해 접속을 제어할 수 있지만 이러한 솔루션을 ID 중심^identity-centric^ 솔루션이 아닌 ID 인지^identity-aware^ 솔루션으로 분류하는 것이 합리적이라고 생각한다. PAM 솔루션이 제로 트러스트 시스템처럼 보일 수 있고 PEP와 유사한 기능을 제공할 수 있지만 자체적으로는 제로 트러스트 솔루션으로 간주할 수 없기 때문에 이러한 구분을 이해해야 한다. 12장의 마지막 부분에서 이 주제를 다시 설명하겠지만 먼저 PAM에서 일반적으로 제공하는 3가지 핵심 기능을 살펴보자.

비밀번호 볼트

PAM 솔루션은 관리자 사용자가 권한 있는 계정의 암호를 개별적으로 관리하는 대신 보안 저장소에 저장하는 간단한 비밀번호 볼트 개념으로 시작했다. 그리고 볼트는 비밀번호에 대한 안전한 스토리지, 접속 관리를 제공하며 자동으로 비밀번호를 만료시키거나 교체하는 등 비밀번호 수명주기도 관리한다. 이 시스템은 접속 요청과 비밀번호 사용을 위한 '체크아웃' 승인 프로세스(일반적으로 비밀번호 볼트는 비밀번호 사용을 위한 라이브러리 같으며 사용자는 도서관에서 책을 체크아웃하는 것과 같은 방식으로 비밀번호를 체크아웃한다)를 포함해 필요한 비즈니스 프로세스를 지원한다. 오늘날 실제로 비밀번호 사용을 위한 자격증명의 유효 기간은 짧으며 일반적으로 지정된 기간이 만료된 후에 다시 체크아웃을 요청해야 한다. 보통 사용자는 비밀번호를 보지 못하고 PAM 시스템이 대상 시스템에 인증서로 인증하면 사용자도 자동으로 인증된다.

오늘날 비밀번호 볼트 기능은 권한 있는 계정의 비밀번호를 저장하는 단순한 프로세스뿐 아니라 서비스 계정을 지원하는 API를 통해 비밀번호 관리까지 발전했다. 이런 API 기능으로 애플리케이션, 스크립트, 서비스 계정이 일반 텍스트로 비밀번호를 저장하거나 보안이 취약한 저장소에 비밀번호를 저장하지 않게 할 수 있다.

PAM의 맥락에서 비밀번호 볼트 기능은 여러 가지 목표를 달성하기 위한 수단이기 때문에 가치가 있다. 첫째, 제로 트러스트 환경의 구성 요소인 인증 정보에 대한 접속과 관련, 최소 권한 모델을 제공한다. 둘째, 중요한 리소스 접속과 관련한 비즈니스 프로세스를 강제하는 데 도움이 된다. 마지막으로 권한 있는 시스템의 접속을 기록하고 감시할 수 있게 지원하는데, 이는 많은 규제 환경에서 중요하다.

보안 암호 관리

시간이 지남에 따라 PAM 솔루션은 사용자 비밀번호를 저장하고 관리하는 비교적 간단한 기능만이 아니라 더 많은 보안 암호 관리 기능을 확장했다. 보안 암호 정보는 비밀번호에 국한되지 않으며 시스템을 직접 또는 간접적으로 보호하는 데 필요한 모든 유형의 정보를 포함할 수 있다. 다음은 보안 암호 공유 솔루션에 저장될 수 있는 비밀번호가 아닌 항목들의 사례다.

- 해시[hash]
- 인증서
- 클라우드 테넌트 정보
- API 키
- 데이터베이스 저장소 정보
- 개인 정보
- SSH 연결 정보

이 항목들의 공통점은 인증 받고 승인된 ID만 접속할 수 있고 데이터 무결성을 유지하는(즉, 변조 불가) 방식으로 민감 정보를 안정적으로 저장해야 한다는 점이다. 보안 암호 관리 시스템은 안전하고 감시 가능한 방식으로 사용자와 시스템 접속을 모두 지원해야 한다.

보안 암호 관리의 기술적 장점 외에도 비즈니스, 프로세스 측면의 이점도 있다. 특히 보안 암호를 저장하고 조회하고자 적용되는 워크플로와 프로세스가 있다. 단순히 통제 중인 위치와 안전한 스토리지가 있다는 사실만으로도 기업은 보안 암호를 임시적으로 저장하지 않아도 되기 때문에 도난이나 분실 위험을 줄일 수 있다.

그리고 마지막으로 앞서 언급 것처럼 API 메커니즘을 통해 보안 암호 저장소에 접속하는 엔티티(사람이 아닌)를 사용해 해당 환경을 시작하는 동안 애플리케이션이나 서버에서 보안 암호를 자동으로 검색하는 데 사용할 수 있다.

특권 세션 관리

특권 세션 관리PSM, Privileged Session Management는 PAM의 가장 중요한 측면 중 하나다. 특히 PSM은 보통 제로 트러스트 솔루션의 기본 영역이 아니기 때문이다. 보통 컴플라이언스, 감사 요구 사항으로 PSM 솔루션을 도입하는 경우가 많다. PSM 솔루션은 기본적으로 시스템 관리자의 접속을 차단하거나 프록시 기능으로 원격 데스크톱 프로토콜RDP, Remote Desktop Protocol, SSHSecure Shell 접속과 같은 프로토콜을 통해 관리자 접속을 모니터링하고 기록하거나 제한하는 메커니즘을 제공한다.

PSM 솔루션은 일반적으로 기업에 2가지 주요 기능을 제공한다. 첫째, 관리자 접속 키를 로깅하거나 세션을 기록해 관련된 모든 활동을 컴플라이언스, 감사, 포렌식 목적으로 저장할 수 있다. 둘째, 고위험 활동을 모니터링하고자 다른 사용자가 관리자의 세션을 실시간으로 볼 수 있는 '관리자 감시용' 접속도 제공한다.

또한 PSM은 사용자 작업에 필요한 충분한 권한을 제공하기 때문에 권한이 있는 시스템에서 역할 기반 접속 정책을 강제적으로 적용할 때 자주 사용한다. 이는 관리자 계정에 부여된 권한을 제한하는 형태이거나 특정 명령이 대상 장치에서 실행되는 것을 차단하는 형태일 수 있다. 예를 들어 윈도우 개발자가 코드를 배포한 다음 IIS 서버에서 특정 웹을 다시 시작해야 하지만 `IISRESET` 명령을 실행하지 못하게 통제해야 하는 경우 PSM은 필요한 최소한의 권한만 부여할 수 있다. 리눅스 시스템의 경우도 마찬가지다. 세션 관리 시스템은 사용자가 ssh 접속 후 `move` 명령을 사용하지 못하게 통제할 수 있다.

PAM의 개념은 그림 12-1로 요약할 수 있는데, 중앙 PAM 정책 서버와 운영 서버(보호된 리소스)에서 동작하는 분산 PAM 에이전트 집합을 사용해 PAM 솔루션을 구성할 수 있는 한 가지 방법을 보여준다. 이 사례에서 기업은 점프 박스와 같은 접속 방식의 대안으로 PAM 솔루션을 선택했을 수 있다.

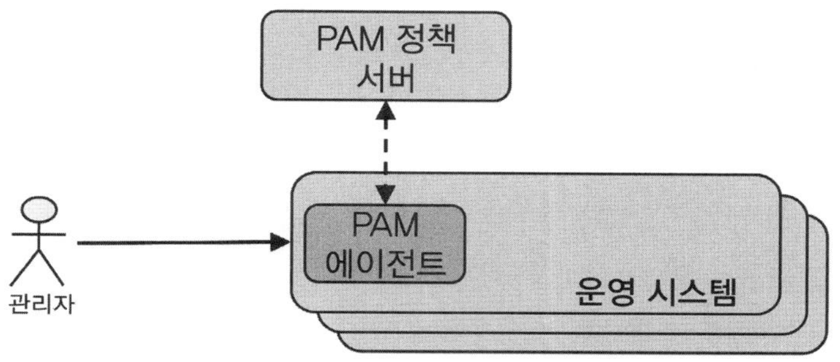

그림 12-1. 세션 관리로 접근 제어 기능을 제공하는 PAM

이 사례에서는 PAM 에이전트가 접속 대상 시스템에서 사용할 수 있는 사용자의 권한 정보를 정책 서버에서 수신한다. 즉, 사용자는 서버에 직접 접속할 수 있지만 에이전트는 로그인 사용자를 제어하고 관리자 권한 제어뿐 아니라 RBAC 제어도 가능하다. 지금까지 제로 트러스트와 관련한 용어를 사용해 의도적으로 PAM 구성 요소를 설명했다. 어떤 면에서는 제로 트러스트와 PAM 구성 요소 간에 공통점이 있기 때문이다. 반면 몇 가지 중요한 차이점이 있는데, 다음 절에서 살펴본다.

마지막으로 서버리스serverless 컴퓨팅과 데브옵스 스타일의 '불변 인프라' 사용이 증가하면서 관리자의 특권 작업 방식이 변하고 있으며 기존 PSM(그리고 비밀번호 볼트)과 관련성이 낮아지고 있다. 기업은 이런 IT 환경 변화에 대응해야 한다. 인프라 관리자는 더 이상 수동 작업을 위해 운영 시스템에 로그인하지 않는 방식으로 변하고 있다. '코드화'로 많은 작업을 자동화할 수 있고 자동화로 신뢰할 수 있는 결과를 신속하게 얻을 수 있다. 이 내용은 나중에 18장에서 설명한다.

제로 트러스트와 PAM

지금까지 기존 IT와 보안의 관점에서 PAM을 살펴봤으므로 이제 PAM의 기능이 제로 트러스트 환경에서는 어떻게 접목되는지 살펴보자. PAM 기능(암호 저장, 인증 정보, 세션 기록)은 보안 아키텍처에서 중요한 역할을 여전히 수행하지만 제로 트러스트 환경 안에서는 일부 변경(그리고 일부는 기능 축소)이 있을 수 있다.

앞에서 언급한 것처럼 많은 PAM 솔루션은 이미 정책, 접속 모델을 내부에 포함하고 있으며 사용자 인증, 역할 기반 접근 제어, 속성 기반 접근 제어를 위해 ID 제공자와 통합할 수 있다. 이런 식으로 PAM은 어느 정도 정책 적용 지점처럼 행동하고 있다. 먼저 '800파운드 고릴라(매우 강력한)'인 PAM 비밀번호 볼트를 확인해보자. 비밀번호 볼트는 신뢰할 수 없는 매우 개방적인 네트워크에서 모든 사용자가 모든 서버에 지속적인 네트워크 접속 권한을 가져야 한다는 목표가 있어 서버 비밀번호 난독화와 수명주기 관리가 필요하다. 하지만 이런 환경은 제로 트러스트와 맞지 않는다. 이론적으로 제로 트러스트 네트워크에서는 특권 접속 권한이 있는 비밀번호를 사용하지 않고 대신 PEP를 사용해 콘텍스트, 비즈니스 프로세스와 관련한 제로 트러스트 정책을 적용할 수 있다. 물론 이 부분은 실제 상황이 아닌 이론이지만 제로 트러스트 네트워크에서는 비밀번호 볼트가 그렇게 중요하지 않을 수 있다. PAM 볼트를 사용하지 말자는 의미는 아니지만 새로운 환경이나 프로젝트에 PAM 볼트를 사용하지 않는 것이 좋다. 하지만 PAM의 다른 기능인 인증 정보 관리, 세션 기록은 제로 트러스트와 관련 있다는 점을 명심하자.

PAM이 제로 트러스트와 어떤 관련이 있는지 계속 알아보자. 가장 간단하고 쉬운 방식은 그림 12-2와 같이 PEP 뒤에 PAM 서버 자체를 배치하고 PAM 서버 자체에 대한 접속을 보호하는 것이다. 이 시나리오에서 제로 트러스트 아키텍처 안에서 보호하는 리소스는 PAM 솔루션이다. 간단하지만 효과적인 이 방식으로 권한이 없는 사용자나 장치가 PAM 솔루션에 접속하는 것을 방지해 PAM

솔루션 보안을 강화한다. 다만 결국 PAM 서버에 '만능 키'가 있는 경우 악의적인 공격자의 표적이 되는 위험이 있다.

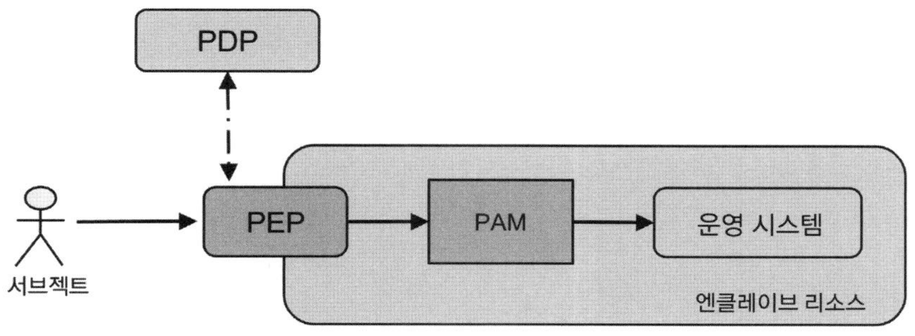

그림 12-2. PEP 후단에 PAM 구성

PEP의 단순 시나리오를 개선한 ID 콘텍스트와 정책을 사용해 보안을 강화할 수 있는 제로 트러스트 솔루션과의 통합 방식을 살펴보자.

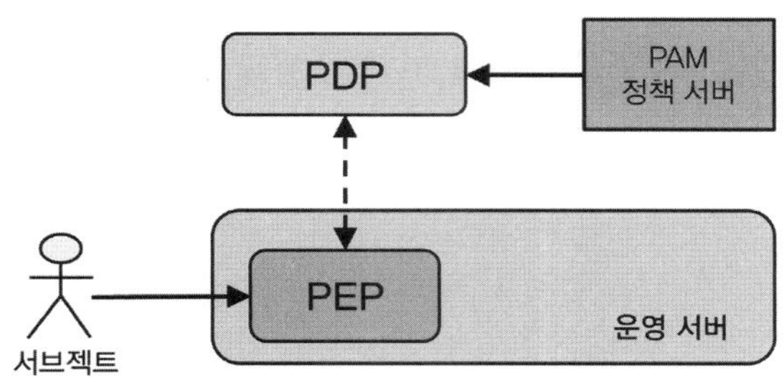

그림 12-3. 제로 트러스트와 PAM 통합

그림 12-3은 제로 트러스트 정책 모델에서 PDP가 PAM 정책과 어떻게 통합하는지 그리고 어떻게 PAM 정보를 연계하는지를 보여주는 방법 중 하나다. 이 방식은 단순히 PAM을 사용해 인증 강화가 필요한지, 보안 검사가 필요한지 여부를 핵심 업무 서버가 알려주는 것처럼 단순할 수 있다. 또는 PDP가 어떤 관리자가 어떤 서버에 접속할 수 있는지를 정의한 PAM 정책을 사용하고 PEP에 전달해 적용하는 정교한 통합일 수도 있다.

또 다른 시나리오는 그림 12-4에 나와 있는데, PAM은 PDP로부터 정보를 전달

받아 접근 제어를 강화한다. 이 정보는 대상 시스템의 접속 허용 여부를 결정하는 ID나 장치 속성 정보일 수 있다. 예를 들어 대부분의 PAM 솔루션에는 원격 접속 기능이 없지만 제로 트러스트 솔루션에는 있다. PDP는 사용자의 위치 정보를 PAM에서 사용할 수 있게 만들 수 있고 PAM은 위치 정보를 기준으로 접속 허용 여부를 판단할 수 있다.

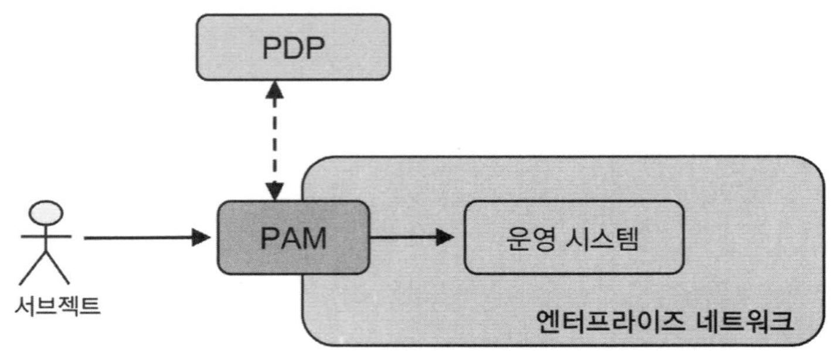

그림 12-4. PDP로부터 제로 트러스트 콘텍스트를 사용하는 PAM

앞서 설명한 2가지 사례는 실제 시나리오라기보다는 미래의 방향성을 제시하는 내용으로, 제로 트러스트 플랫폼이 점차 널리 보급되면서 여러 공급업체에서 다양한 보안 기능으로 이런 통합을 지원할 것이라고 확신한다. 또한 PAM 공급업체가 제로 트러스트 영역으로 사업을 확장하면 더 빨리 지원할 수 있을 것이다.

또한 오늘날의 PAM 솔루션은 ID 중심적이기보다는 ID 인지 방식을 중요하게 생각한다. 엔터프라이즈 ID 제공자를 사용해 사용자를 인증하는 경우가 많고 그룹 구성원 자격을 사용해 접속 정책을 결정할 수 있지만 일반적으로 이 범위는 제한적이다. 그림 12-3과 12-4에서 설명한 미래 지향적 시나리오는 흥미롭고, 제로 트러스트의 동적이고 ID 중심적인 세계에 PAM 솔루션을 도입하는 데 도움이 될 것이다.

요약

PAM은 중요한 비밀번호, 접속 관리 기능을 명확하게 제공하고 보안, 컴플라이언스 준수, 감사 요구 사항을 충족하도록 지원한다. 또한 일부 최소 권한 원칙을 지원하고 ID 속성을 사용해 접속을 관리할 수 있지만 완벽히 제로 트러스트 플랫폼을 대체할 수는 없다. 그러나 PAM을 제로 트러스트 플랫폼과 통합하면 두 시스템의 가치를 높일 수 있어 PAM을 보유한 기업은 PAM 서버 자체를 우선적으로 보호해야 한다. 그리고 현재 가능한 시나리오는 아니지만 향후에는 두 가지 솔루션이 서로 정보를 연동해 향상된 보안 정책을 생성할 수 있을 것이다.

13장

데이터 보호

포레스터는 ZTX(Zero Trust eXtended) 프레임워크의 중심에 데이터를 구성한다. 이는 모든 기업에 존재하는 중요 데이터를 보호해야 하기 때문이다. 제로 트러스트 관점에서 보면 공격자의 주요 타깃인 데이터는 기업의 핵심 리소스로 ID, 메타데이터 중심의 정책 모델을 이용해 PDP와 통합한 PEP로 보호해야 한다.

대부분 기업은 데이터 볼륨이 급격히 증가했으며 이제는 온프레미스, 클라우드 기반, 모바일 장치 등의 다양한 시스템에서 고부가가치 데이터를 주기적으로 저장하고 접속한다. 기업의 클라우드 마이그레이션, 디지털 전환으로 데이터의 양과 복잡도는 계속 증가한다. 이런 증가는 효과적인 데이터 수명주기와 사용 계획을 수립해 효과적으로 관리하고 보호해야 한다. 13장에서는 데이터 수명주기, 데이터 보호, 데이터 사용(태깅, 분류 포함), 데이터 보안을 제로 트러스트 전략과 통합하는 방법을 다룬다.

데이터 유형과 데이터 분류

데이터는 일반적으로 정형 데이터와 비정형 데이터로 분류한다. 이 유형에 따라 보안 적용 방법이나 데이터 보안을 지원하는 기술이 어떻게 사용될 수 있는지 영향을 미치기 때문에 이런 차이를 구분하는 것은 중요하다.

정형 데이터는 특정 메커니즘(예, 구조화 쿼리, SQL)으로 접속하고 생성되는 일종의 데이터베이스에 저장되는 데이터다. 데이터베이스에 데이터를 저장하는 정확한 프로세스는 선택한 데이터베이스 기술에 따라 다르지만 일반적으로 정형 데이터는 데이터베이스 시스템 자체에서 정의한 접근 제어와 함께 이진 데이터 형식으로 저장된다. 그리고 데이터베이스는 일반적으로 입력 가능한 데이터 타입을 제한하고 열(칼럼) 이름과 같은 메타데이터를 정의한 스키마를 사용한다. 예를 들어 직원 레코드를 저장하는 데이터베이스 테이블에는 생년월일(날짜 타입), 주소(텍스트 타입), 직원 ID(정수 타입)와 같은 열 집합이 정의될 수 있다. 이는 해당 테이블에 저장된 데이터 열과 관련한 분류 수준을 제공하며 해당 데이터의 보안 요구 사항과 처리 방법의 지침을 제공한다.

비정형 데이터는 임의의 방법으로 생성하고 사용자나 데이터 저장 기술로 형성되는 데이터다. 가장 중요한 것은, 비정형 데이터는 사전 정의된 스키마에 맞지 않기 때문에 보안 요구 사항과 분류를 전체적으로 또는 필드별로 자동 정의할 수 없다는 점이다. 즉, 파일 자체는 정형화되지 않았기 때문에 파일에 포함된 데이터에 대한 정보를 제공하지 않는다. 앞서 설명한 생년월일 데이터베이스 열과는 달리 파일에는 직원 생년월일 정보가 명시적으로 포함돼 있지는 않는다. 또한 비정형 파일은 데이터베이스의 데이터와 다른 보안 차이점이 있다. 공유 파일에 저장된 비정형 파일은 파일을 생성한 소프트웨어가 아닌 다른 방법으로 암호화하거나 난독화가 어려울 수 있다. 반면 비정형 파일은 자체 형식으로 생성될 수 있지만 기본적인 파일 접속은 네트워크 파일 공유든 SaaS 기반 서비스든 저장 위치에 적용되는 제어 방식에 따라 다르다.

물론 비정형 데이터는 일부 레이블링labeling이 있고 규약, 비즈니스 프로세스로 정의하는 구조를 가질 수 있어 어느 정도 연속성이 있다. 마찬가지로 정형 데이터 스키마는 실수나 악의적으로 잘못 사용해 쉽게 비정형화될 수도 있다. 예를 들어 사회보장번호를 '고객 계정 참고' 필드를 저장하는 실수가 있을 수 있다. 궁극적으로 데이터 스키마와 운영 규약을 함께 사용하면 데이터 보안의 활성화 기능인 분류classification를 할 수 있다.

정형 데이터와 비정형 데이터 모두 데이터 보안 시스템에 데이터 처리 방법을 전달하려면 분류 레벨이 필요하다. 분류는 데이터가 기업에 미치는 영향을 기준으로 데이터와 관련된 위험 수준을 식별하는 프로세스다. FIPS Pub 199[1] 표준인 '연방 정보 및 정보 시스템의 보안 분류 표준'은 다음과 같다.

- **낮음:** 비즈니스 기능에 미치는 부정적인 영향으로 기밀성, 무결성, 가용성 손실(예, 마케팅이나 웹 사이트 콘텐츠)
- **보통:** 비즈니스 기능에 심각한 악영향을 미치는 기밀성, 무결성, 가용성 손실(예, 고객 정보, 가격 리스트, 비즈니스 계획이나 전략 문서)
- **높음:** 비즈니스 기능에 심각하거나 치명적인 영향을 미치는 기밀성, 무결성, 가용성 손실(예, 소스코드, 은행 인증 정보나 서명 정보)

이 표준들은 높은 수준의 분류지만 제로 트러스트 환경에서 초기 접속 정책에 영향을 미치는 데 사용할 수 있다. 이런 분류와 제로 트러스트가 미치는 영향은 17장에서 다시 설명한다.

1. FIPS Pub 199는 미국 국립 표준 기술 연구소에서 제공하는 연방 정보 처리 표준 시리즈며, 데이터 침해의 영향을 판단하기 위한 지침을 제공한다.

데이터 수명주기

ID와 마찬가지로 데이터에도 구체적인 수명주기가 있다. 데이터의 수명주기는 데이터 생성부터 시작해 데이터 사용 단계까지 계속되며 데이터 파기로 끝난다. 각 단계에는 다른 보안 방법과 접근 방식이 필요하다.

데이터 생성

데이터는 다양한 방식으로 생성될 수 있다. 그리고 데이터 생성 단계에서 데이터가 정형 데이터인지 비정형 데이터인지 여부가 결정된다. 그림 13-1과 같이 데이터는 파일로 생성할 수도 있고 데이터베이스에서 레코드로 생성할 수 있다. 또한 데이터는 항상 관리자나 사용자가 생성하는 것은 아니다. 애플리케이션이나 프로세스가 정형, 비정형 형식으로 데이터를 생성할 수 있다. 또한 데이터는 비즈니스 파일(예, 문서 또는 스프레드시트), 기계 생성 데이터(예, 센서 데이터 또는 분석, 계산된 결과) 또는 지식 재산 (예, 소스코드, 장비 설계 또는 유전자 또는 제약 데이터) 등의 다양한 유형이 존재한다.

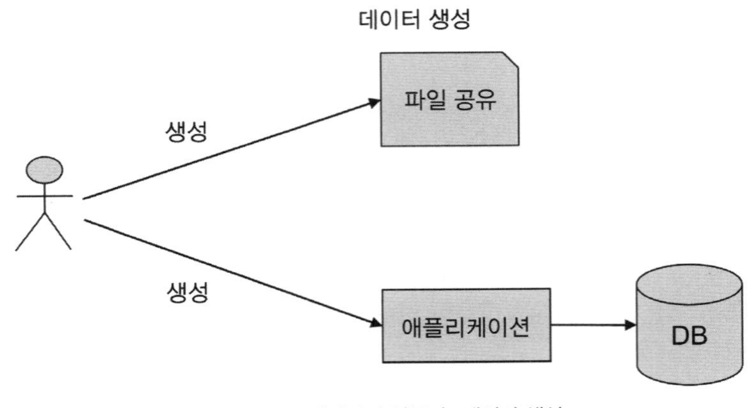

그림 13-1. 데이터 수명주기: 데이터 생성

데이터가 생성되는 방법에 관계없이 분류 정책을 지원하려면 메타데이터나 태그 지정이 필요하다. 분류 태그나 레이블을 만드는 방법은 자동화, 사용자 기반, 검색 솔루션 등 여러 가지가 있다. 자동화된 데이터는 소프트웨어가 콘텐츠 분석, 문서 위치, 사용자 부서 혹은 관련 애플리케이션이나 비즈니스 프로세스를 포함한 여러 가지 방법을 통해 문서를 분석하고 분류한다. 그리고 일반적으로 데이터를 생성할 때 데이터 분류까지 실행한다. 사용자가 직접 분류할 경우 데이터 배경 지식, 학습이 필요하다. 또한 사용자 태그와 레이블을 제공하는 효과적인 메커니즘이 될 수 있지만 학습을 하더라도 태그와 레이블을 다르게 적용하는 불일치 위험이 있다. 마지막으로 검색 도구discovery tool는 데이터를 분류하기도 하지만 데이터가 생성되고 저장된 후에 실행되는 경우가 많다는 점에서 자동화 분류 솔루션과는 다르다. 적용되는 내용, 위치, 검색 규칙에 따라 태그 지정과 레이블을 제공하지만 자동화된 분류 도구와는 달리 데이터를 만든 ID, 애플리케이션, 프로세스를 인식하지 못할 수 있다.

데이터 사용

모든 데이터는 보호해야 하지만 데이터를 분류하면 데이터 사용 단계에서 좀 더 효과적인 보안을 실현할 수 있다. 데이터는 보관 중인 데이터, 이동 중인 데이터, 사용 중인 데이터 등 여러 단계를 고려해야 한다. 이런 모든 단계는 데이터 관리, 보안 측면에서 해결해야 할 문제점과 이점 모두 존재한다.

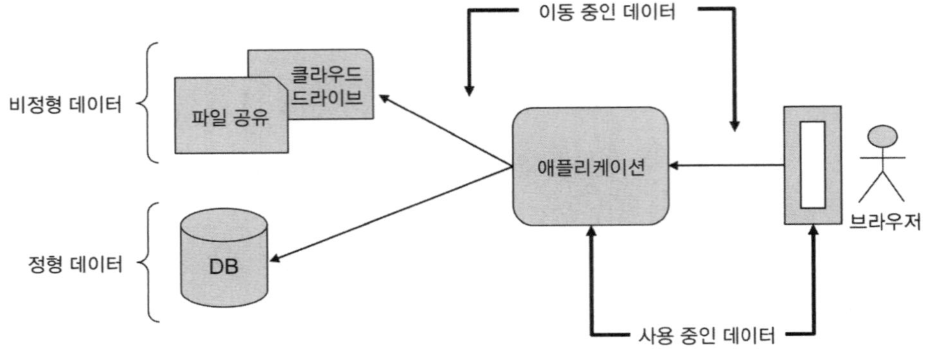

그림 13-2. 데이터 사용

그림 13-2는 사용자가 웹 브라우저로 애플리케이션 서버에 접속할 때 여러 단계를 거치는 데이터를 보여준다. 데이터에 접속하기 전에 데이터는 보관 중인 상태다. 이 단계는 데이터가 생성된 후 특정 영구 스토리지에 저장된 상태다. 보관 중인 데이터를 보호하기 위한 전체 디스크나 데이터베이스 테이블 암호화 방식이 있지만 이런 방식이 리소스 관점에서 데이터를 보호하지는 않는다는 점을 이해해야 한다. 전체 디스크나 데이터베이스 테이블 암호화 프로세스는 물리적, 디스크 레벨의 직접 접속으로부터 데이터를 보호하지만 데이터 접속을 통제하는 인증 모델은 아니다.

그림 13-2의 사례에서 사용자가 애플리케이션에 접속할 때 2가지 데이터 이동이 발생한다. 애플리케이션은 스토리지를 호출해 데이터를 검색한다. 이는 애플리케이션과 스토리지 간의 암호화된 네트워크 연결로 전송 데이터를 보호할 수 있는 첫 번째 구간이다. 사용자 장치와 애플리케이션 사이의 네트워크는 HTTPS나 다른 보안 TCP 채널을 사용해 데이터 이동을 보호하는 두 번째 구간이다. 데이터 이동은 여러 측면에서 데이터를 보호하기 위한 가장 간단한 단계로 암호화 네트워크 프로토콜을 사용해 해결할 수 있고 실제로도 모든 이동 중인 데이터 분류에 관계없이 적용해야 한다.

마지막으로 사용 중인 데이터는 애플리케이션 클라이언트, 브라우저 또는 애플리케이션 서버와 같은 소프트웨어의 메모리에 데이터가 유지되는 경우다. 이 상태는 보통 가장 보호하기가 어려운 데이터 상태다. 그림 13-2에서 볼 수 있듯이 애플리케이션이 메모리에 데이터를 로드하면 데이터를 보호하는 것이 매우 어려울 수 있다. 사용 중인 데이터를 보호하고자 인메모리 암호화, 데이터 토큰화, 난독화와 같은 데이터 보안 기술이 있다. 이런 환경에서는 애플리케이션이나 기술에 크게 의존한다. SaaS 애플리케이션의 경우 CASB와 같은 솔루션이 도움이 될 수 있지만 엔터프라이즈 구축 애플리케이션은 일반적으로 설계 패턴, 툴킷 또는 라이브러리를 활용하고자 개발자에게 의존한다.

데이터 파기

데이터 수명주기의 마지막 단계는 데이터 파기다. 특히 컴플라이언스 규제 대상 업종이나 중요한 데이터를 관리하는 기업에서는 데이터를 파기하기 전에 데이터를 저장하고 접속할 수 있는 기간 결정 등의 데이터 보존 정책을 정의하고 운영해야 한다. 비즈니스 분야마다 요구 사항이 다르기 때문에 이런 '파기' 정책을 관리하는 것은 특히 대기업이나 복합 기업에서는 어려울 수 있다.

오늘날 SaaS에서 데이터 스토리지 서비스와 보존 정책 서비스를 제공하는 데이터 수명주기 서비스 제공업체가 증가하고 있다. 이런 SaaS 플랫폼은 일관되고 단순한 분류 정책을 제공해 온프레미스 스토리지나 관리 프로그램의 비용과 노력을 줄일 수 있다.

데이터 보안

데이터 보안은 여러 데이터 수명주기 단계에서 다르게 적용된다. 앞 절에서 설명한 것처럼 보관 중인 데이터(전체 드라이브 암호화)와 이동 중인 데이터(암호화된 전송)는 비교적 쉽게 데이터를 보호할 수 있다. 하지만 가장 어려운 단계는 사용 중인 데이터다. DLP^Data Loss Prevention^ 솔루션이 이 문제를 해결하는 데 도움이 될 수 있다.

기업에서 많이 구성하는 DLP 솔루션은 여러 제어 기능을 제공하는데, 일반적으로 다음과 같다.

- **장치 제어:** 장치에서 데이터를 활용하는 방법(예, 인쇄 또는 복사 후 붙여넣기 기능을 차단하거나 장치에서 USB 포트를 사용할 수 있는지 여부)을 정의한다.
- **콘텐츠 인식 제어:** 데이터 내용 기반의 데이터를 통제하며 데이터 난독화 기능도 제공할 수 있다.
- **강제 암호화:** 보관 중인 데이터를 드라이브나 물리적 스토리지 레벨에서 암호화한다. 이 기능은 장치를 분실하거나 도난 당한 경우에도 저장된 데이터에 접속할 수 없게 보안을 강화한다.
- **데이터 검색:** 가장 중요한 데이터 보안 중 하나인 검색 솔루션은 알려지지 않은 중요한 데이터를 찾을 뿐만 아니라 데이터 분류도 자동화할 수 있다.

DLP 솔루션은 접근 제어 정책을 적용할 수 있는 기술을 보유하고 있고 제로 트러스트 환경과 밀접한 관련이 있다. 물론 DLP 시스템에 적용하는 실제 정책은 기업에서 정의하고 검증하고 데이터 큐레이션(Data Curation) 작업을 해야 한다. 이런 활동은 데이터 접속 거버넌스(DAG, Data Access Governance)라고 알려진 정보 보안 영역에서 진행한다.

DAG는 IAM의 ID 거버넌스 기능과 밀접한 관련이 있으며 데이터에 접속할 수 있는 위치, 방법 그리고 궁극적으로 접속 시기를 정의한다. 제로 트러스트 환경에서는 DAG를 사용해 제로 트러스트 정책과 직접 연결되는 데이터에 접속할 수 있는 조건을 정의해야 한다. DAG는 데이터 제어 기능과 접속 규칙을 제공하고 궁극적으로는 기업 전체에 정책이 적용되는 방식을 제공한다.

데이터 거버넌스는 데이터 분류와 메타데이터 태그를 이용해 접속 정책을 적용하고 관리할 수 있는 효과적인 메커니즘을 제공할 수 있다. 이런 메타데이터 태그는 제로 트러스트 RBAC 또는 ABAC 정책에 대한 입력 정보로 사용할 수 있다.

DRM^Digital Rights Management^은 소유 데이터, 저작권이 연결된 데이터, 지적 재산^IP, Intellectual Property^인 비즈니스 데이터 소유자에게 통제 기능을 제공하는 또 다른 유형의 데이터 보안 정책이다. DRM은 데이터 소유자가 기술적인 제어 방식을 정의할 수 있고 데이터 사용 방법과 접속하는 방법을 제어할 수 있다. 일부 DRM 솔루션은 ID, 장치 속성과 같은 콘텍스트를 활용해 제로 트러스트 플랫폼과 연결할 수 있다.

DRM은 데이터 접속에 초점을 두고 있지만 다른 암호화 방식인 전통적인 데이터 암호화 방식, 데이터 토큰화와 같은 새로운 방식, 동형 암호화[2]와 같은 최신 기술들은 모두 데이터 자체를 난독화하며 제로 트러스트 데이터 보호 정책에서도 사용할 수 있다. 이런 기술들과 제로 트러스트를 통합하면 난독화 방법과 상관없이 ID, 콘텍스트 인지 데이터 접속 정책을 사용할 수 있다. 이 내용은 다음 절에서 자세히 살펴본다.

제로 트러스트와 데이터

3장에서 몇 가지 제로 트러스트 구축 모델을 소개했는데, 각각의 모델은 결국 PEP가 리소스를 보호하는 방법을 제공한다. 그리고 데이터, 데이터를 제어/수정하는 애플리케이션, 트랜잭션 등으로 모델을 설명했다. 모든 구축 모델에서 제로 트러스트 PEP는 리소스를 보호하고자 정책을 사용하고 앞에서 설명한 것

2. 이 알고리듬을 사용하면 암호 해독 없이 암호화된 데이터로 계산을 할 수 있다. 따라서 사용 중인 데이터와 이동 중인 데이터에서 유용하다.

처럼 PDP는 상황별 정보를 사용해 접속 여부를 결정해야 한다. 데이터의 경우 분류, 메타데이터를 제로 트러스트 정책에서 사용할 수 있다. 이제 제로 트러스트 환경의 데이터 관점에서 PDP와 PEP를 살펴본다.

앞서 설명했듯이 데이터는 데이터 요소의 레이블링과 태그로 분류한다. 그리고 가능한 이 레이블링과 태그 지정은 제로 트러스트 정책 요소로 사용해야 한다. 즉, 이 정책으로 역할, 속성 또는 기타 ID 데이터를 기반으로 접속 권한을 부여하고 데이터 특성에 기반을 두고 접속 허용 여부도 결정해야 한다. 이런 분류와 정책 기준은 기업에 적용되는 규제나 컴플라이언스 기준에 따라 정의할 수 있지만 보안 시스템에서 적용하는 분류와 정책은 기업의 위험 모델과 위험 허용 수준에 따라 설정해야 한다.

좀 더 상세히 설명하면 기업의 감사 팀과 보안 팀은 일반적으로 규제, 컴플라이언스 표준에 기반을 두고 통제 기능을 정의한다. 예를 들어 미국에서 상장한 기업들은 SOX[Sarbanes OXley] 표준을 따른다. SOX 표준은 데이터에 중점을 두기 때문에 태그 지정, 레이블의 분류는 재무 데이터와 관련한 감사 팀과 보안 팀이 정의한 정책을 지원할 것이다. 그리고 데이터 접속 거버넌스 솔루션은 이런 정책을 상당 부분 지원할 것이다.

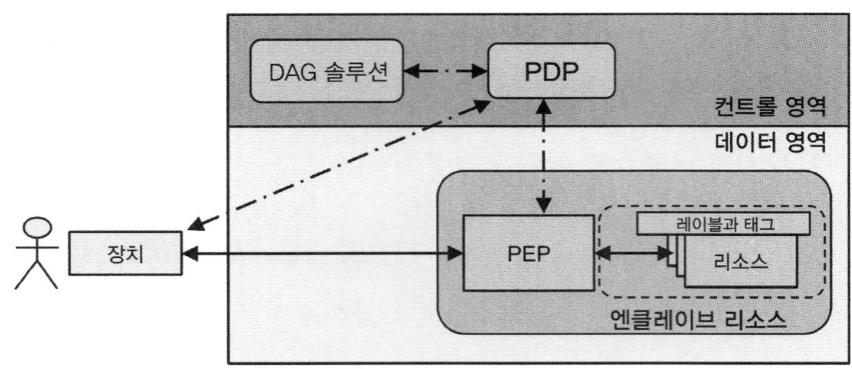

그림 13-3. 엔클레이브 기반 모델의 데이터 관리

그림 13-3은 엔클레이브 기반 제로 트러스트 모델에서 데이터 보안 솔루션 구현 방법을 보여준다. 이 모델에서 리소스는 PEP로 보호하는 데이터이고 PEP는 PDP가 정의한 정책을 사용한다. 이 그림에서 보호해야 하는 접속은 사용자가 장치에서 직접 접속하거나 애플리케이션이 사용자를 대신해 데이터에 접속하는 것일 수 있다. 예를 들어 전체 데이터 리소스에 '고객 레코드'라는 태그가 지정된 그룹(고객 관리 팀)에 있는 ID만 이 데이터 리소스에 접속할 수 있게 허용해야 하는 경우가 있을 수 있다. 이 정책을 적용할 때 엔클레이브 리소스 외부에서 이 데이터에 접속하려는 애플리케이션은 PEP로 차단될 수 있다. 그리고 이 경우 애플리케이션은 접속 권한을 얻고자 제로 트러스트애서 ID를 인증 받아야 하고 권한과 관련한 ID 콘텍스트도 있어야 한다.

효과적인 제로 트러스트 시스템은 PEP와 데이터 관리 시스템 또는 애플리케이션과 통합한다. 데이터 관리 도구는 PDP와 PEP에 데이터 속성을 제공해 정책을 결정하거나 정책을 적용할 때 사용할 수 있다. 또한 데이터 관리 시스템은 제로 트러스트 시스템의 콘텍스트 정보를 사용해 실시간으로 정책을 적용할 수 있다.

물론 일부 데이터는 사용자 기기 로컬에 저장될 수 있어 로컬 저장 데이터도 보호해야 한다. 제로 트러스트는 그림 13-4와 그림13-5 방식으로 데이터 보안 솔루션과 연동할 수 있다.

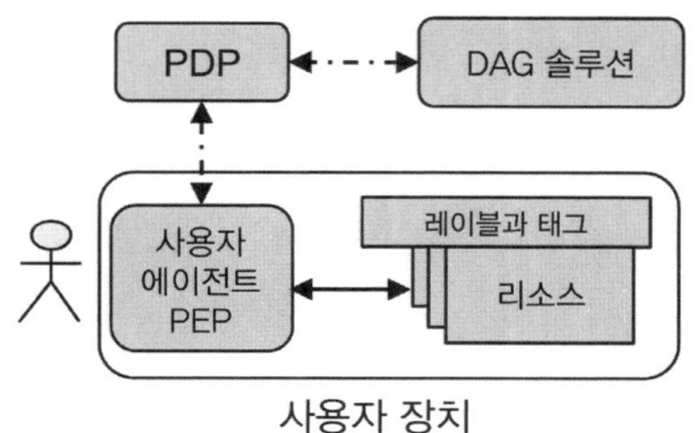

그림 13-4. 사용자 장치에서 데이터 접속 거버넌스와 데이터 보호

그림 13-4는 제로 트러스트 시스템이 DAG 솔루션과 사용자 로컬 장치에서 동작하는 사용자 에이전트 PEP 구성을 보여준다. DAG 솔루션은 접속을 적극적으로 제어하기보다는 정책을 정의하기 때문에 DAG 시스템은 PDP에 추가 정보를 제공한다. 이 추가 정보는 PDP에 데이터 정책을 전달하고 PEP가 데이터의 레이블과 태그를 기반으로 로컬에서 접속을 제어하도록 지원한다. 이 방식은 DLP를 이용해 적극적으로 사용자의 장치를 제어하는 그림 13-5와 대조적이다.

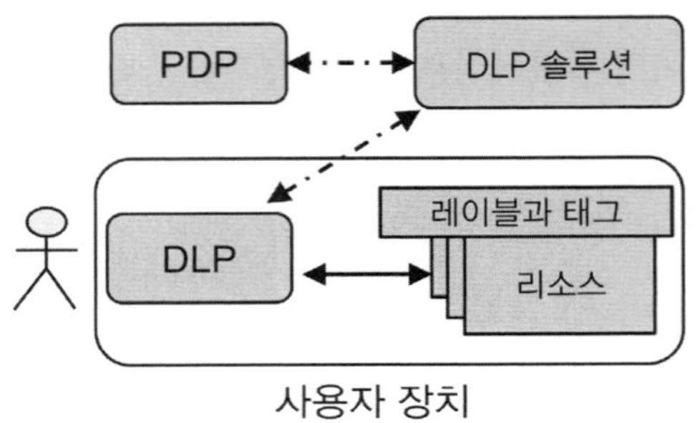

그림 13-5. 사용자 장치의 데이터 손실 방지 및 데이터 보호

이 사례에서 제로 트러스트 시스템은 내부 인증(접근 제어) 모델에서 사용할 수 있도록 DLP 시스템에 ID와 세션 콘텍스트 정보를 제공한다. 예를 들어 제로 트러스트 시스템은 사용자 위치 정보를 제공해 DLP가 위치 기반의 통제 정책을 적용할 수 있다. 이런 식으로 로컬 DLP 메커니즘을 효과적으로 소규모 제로 트러스트 PEP로 만들 수 있다.

요약

13장에서는 제로 트러스트 환경의 리소스로서 데이터를 설명했다. 물론 다른 리소스와 마찬가지로 데이터 보호도 필요하다. 그리고 제로 트러스트 관점에서 데이터는 ID 중심의 보안 콘텍스트를 적용하는 PEP로 접속해야 한다. 데이터 수명주기 관리, 데이터 거버넌스, DLP는 데이터 보안을 제공하는 중요한 요소다. 그리고 제로 트러스트 솔루션이 아닌 영역에서도 데이터 수명주기 관리는 계속 중요할 것이다. 또한 ID 중심 보안 솔루션을 사용하면 궁극적으로 데이터 보안 솔루션 수준이 향상될 것이다. 일반적으로 초기 프로젝트를 진행할 때 해당 전략이 적합하지는 않겠지만 기업의 제로 트러스트 전략에 콘텍스트 중심의 데이터 보안을 포함시키는 것이 좋다. 다만 기업에서 운영 중인 제로 트러스트 플랫폼의 데이터 보안 기능에 따라 달라질 수는 있다.

14장

서비스형 인프라와 플랫폼

지난 10년간 클라우드 컴퓨팅의 등장은 IT 시장에서 가장 큰 변화 중 하나며 앞으로 더욱 사용이 증가할 것이다. 서비스형 인프라IaaS, Infrastructure as a Service, 서비스형 플랫폼PaaS, Platform as a Service 제공으로 대부분의 소프트웨어 구축, 배포, 접속 방식이 변했다. 그러나 이런 플랫폼이 아직까지 여러 보안 분야에 중대한 영향을 미치지는 않았다고 생각한다. 이런 플랫폼에는 정교하고 강력한 접근 제어 모델이 있지만 대부분 클라우드 환경 서비스를 보호하도록 설계됐으며, 여러 이기종 환경에서 모든 사용자를 위한 광범위한 엔터프라이즈 보안 솔루션 역할을 하지는 않는다.

물론 모든 사용자와 리소스의 접근 제어는 제로 트러스트의 기본 원칙이다. 그렇다고 해서 IaaS와 PaaS 클라우드 플랫폼이 제로 트러스트 보안 구현의 일부(심지어 상당 부분)가 될 수 없다는 뜻은 아니다. 결국 구글은 내부적으로 이런 원칙 중 많은 부분을 개선했고 여러 기능을 클라우드 플랫폼 서비스로 제공하기 시작했다. 그러나 일반적으로 주요 클라우드 공급업체 보안 솔루션은 범용으로 사용할 수 있는 보안보다는 클라우드 플랫폼 안에서 보안을 제공한다. 다만 예외적으로 마이크로소프트는 ID, 데스크톱 OS, 클라우드 컴퓨팅에서 혁신적인 방식으로 회사만의 강점을 이용하고 있다.

이 책에서는 공급업체와 공급업체 서비스를 평가하거나 순위를 매기는 것이 아니라 기업에서 제로 트러스트 이니셔티브를 가장 잘 진행할 수 있는 방법을 신중하고 객관적으로 결정하도록 프레임워크와 솔루션을 제공하는 것이다. 그리고 오늘날의 기업에서는 IaaS와 PaaS가 매우 중요하기 때문에 제로 트러스트 이니셔티브에 포함될 가능성이 높다.

정의

IaaS는 '사용량만큼 지불하는' 서비스 모델을 사용해 클라우드 서비스 제공업체 CSP, Cloud Service Provider 환경에 구축된 운영체제에서 동적으로 리소스를 프로비저닝할 수 있다. 기업 고객은 OS와 주변 네트워크를 구성, 운영하며 원하는 소프트웨어를 가상 서버에 구성할 책임이 있다. 실제로 기업이 서비스로 사용하고 있는 인프라는 가상 '베어메탈' 머신이며 이 머신에서 선택한 OS 이미지를 실행하고 구성한다.

반면 PaaS는 CSP 전반에서 다양한 기능과 모델을 제공하며 플랫폼 측면 여러 기능을 제공한다. 서버리스 컴퓨팅이라는 용어는 PaaS를 설명할 때 자주 사용되는데, 이는 완전한 서버 운영체제를 배포할 필요 없이 특정 기능을 구현하는 사용자의 지정 코드를 배포할 수 있는 기능을 의미한다. 서버리스 기능은 접속, 관리, 실행을 위한 인프라를 제공하는 PaaS 환경에 배포된다.

기업에서는 보통 클라우드 기능, 컨테이너형 워크로드, 서비스 메시 등 주요 CSP에서 사용할 수 있는 PaaS 기능을 놓치는 경향이 있다. 이 장의 뒷부분에서 이런 기능 중 일부를 분류하고 제로 트러스트 환경에 통합할 수 있는 방법을 살펴보자.

IaaS와 PaaS는 상당한 차이가 있지만 몇 가지 공통점도 있다. 주로 두 가지 모두 기업에서 설계하고 배포하는 리소스를 클라우드에서도 구성하고 실행하도록 서비스를 제공한다. 이런 리소스는 함수, 실행 프로그램, 웹 애플리케이션 코드, 엔터프라이즈 설계 데이터베이스일 수도 있다. 그리고 모든 경우에 리소스는 기업이 특정 ID에 접근하고 통제하는 접근 제어 모델이 필요하다.

IaaS와 PaaS는 제로 트러스트와 매우 관련이 많다. 이런 플랫폼은 오늘날 많은 기업에서 애플리케이션을 구축할 때 활용하기 때문이다. 물론 CSP는 제로 트러스트 관점에서 제공하는 정교하고 강력한 접근 제어 메커니즘을 갖고 있다. 예를 들어 구글의 GCP는 ID 중심의 원격 접속 정책을 시행하는 ID 인지 프록시를 제공한다. 그러나 CSP의 내부 보안 모델은 외부 ID에서 클라우드 리소스에 접속할 때 다소 복잡해진다. 특히 원격 접속은 보통 CSP의 범위를 벗어나고 보안 도메인 간의 접속이 필요한 경우 다른 보안 솔루션과의 접속 설정이 필요하다.

제로 트러스트 플랫폼은 시스템, 외부 경계를 넘어 보안과 접근 제어에 도움이 될 수 있다. 제로 트러스트와 네이티브 CSP 보안 간의 통합은 상황에 맞는 콘텍스트 정책 설정으로, 클라우드 메타데이터 태그를 사용하는 것처럼 동작이 가능하고 중요하다. 하지만 기업에서는 너무 무리해서 많이 하려 하지 않도록 조심해야 한다. 예를 들어 기술적으로 가능하지만 제로 트러스트 시스템을 사용해 IaaS나 PaaS 플랫폼 자체에서 인보크invoke, 배포deploy되는 서비스를 접근 제어하는 것은 옳지 않을 수 있다. 제로 트러스트 이니셔티브의 범위를 제한할 장소와 시기를 결정하는 것은 제로 트러스트 이니셔티브의 성공을 결정하는 중요한 요소가 될 것이다.

IaaS와 PaaS 서비스 설명과 함께 제로 트러스트를 클라우드 환경에서 사용할 수 있는 방법과 사용해야 하는 방법을 살펴보자.

제로 트러스트와 클라우드 서비스

IaaS나 PaaS 환경에 적합한 제로 트러스트 보안 플랫폼은 제로 트러스트 구축 모델과, 사용하기로 선택한 클라우드 플랫폼 서비스 유형에 따라 달라진다. 특히 제로 트러스트 엔클레이브 기반 구축 모델과 클라우드 라우팅 구축 모델은 모두 이상 없이 동작한다. 2가지 모델 모두 PEP가 보호하는 리소스의 외부에 있기 때문이다. 즉, 외부 접속을 위해 CSP 연결 접점에 아키텍처 구성 요소를 구축한 개념으로, 이를 통해 제로 트러스트 시스템은 클라우드 리소스의 접속을 허용하기 전에 ID 중심 정책을 적용할 수 있다.

반대로 리소스 기반 구축 모델과 마이크로세그먼테이션 구축 모델에는 클라우드 환경에서 해결해야 할 2가지 사항이 있다. 첫째, PEP는 리소스 자체에서 실행되고 있어야 한다. 이는 IaaS 리소스에 문제가 되지 않지만 일반적으로 PaaS 리소스와 호환되지 않는다. 둘째, 이 두 모델은 일반적으로 네트워크 경계를 넘어 접근 제어 적용을 위한 메커니즘을 제공하지 않는다. 즉, 사용자(subject)가 PEP에 직접 네트워크로 접속할 수 있어야 한다. 이 방식은 로컬 네트워크에 있는 서비스와 리소스에서는 문제없지만 PaaS, IaaS 모델에서는 별도 원격 접속을 위한 메커니즘이 필요하다. 특히 다양한 위치에서 접속할 가능성이 높은 클라우드 서비스의 경우 IaaS와 PaaS 리소스에 이런 제로 트러스트 모델을 사용하는 것은 어렵다. 또한 CSP는 PaaS 환경에서 서비스 대 서비스 접속을 위한 자체 (일반적으로 상당히 효과적인) 보안 모델을 보유하고 있다. 실제로 내부 PaaS 서비스를 위해 CSP에서 제공하는 기본 접근 제어 모델을 채택하는 것이 외부 모델이나 호환되지 않는 모델을 적용하는 것보다 더 나을 수 있다. 서비스 메시의 자세한 내용은 이 장의 뒷부분에서 설명한다.

지금까지 제로 트러스트 보안 모델을 IaaS, PaaS 리소스에 적용하는 방법을 살펴봤듯이 PEP가 클라우드 경계를 넘어(클라우드 환경의 인바운드 지점) 접근 제어 포인트로 가장 효과적으로 동작한다는 사실을 확인했다. 이제 클라우드 서비스 접속 방법과 접근 제어 방법을 알아보면서 이 기능이 정확히 어떻게 동작하는지 살펴보자. 여기서 설명하는 다이어그램은 클라우드 라우팅 환경의 제로 트러스트 시스템에서 거의 동일하게 동작하지만 단순하게 설명하고자 엔클레이브 기반의 제로 트러스트 모델을 기반으로 설명할 것이다.

15장에서 설명하는 SaaS 서비스와 달리 IaaS와 PaaS 플랫폼은 모두 기본으로 제공하는 접근 제어 방법을 갖고 있어 제로 트러스트 PEP와 쉽게 통합할 수 있다. 클라우드 플랫폼이 이런 접근 제어를 적용하는 데는 여러 가지 기술적인 방법이 있다. 여기서는 쉽게 설명하고자 출발지 IP 주소를 제어하는 IaaS 또는 PaaS 환경의 논리적 방화벽 기능을 접속 게이트웨이access gateway라고 부르겠다. PEP로 제어하는 제로 트러스트 시스템은 동적이고 ID 중심 정책을 적용하는 방법으로 이 기본적인 기능인 접속 게이트웨이는 제로 트러스트를 위해 반드시 필요하다.

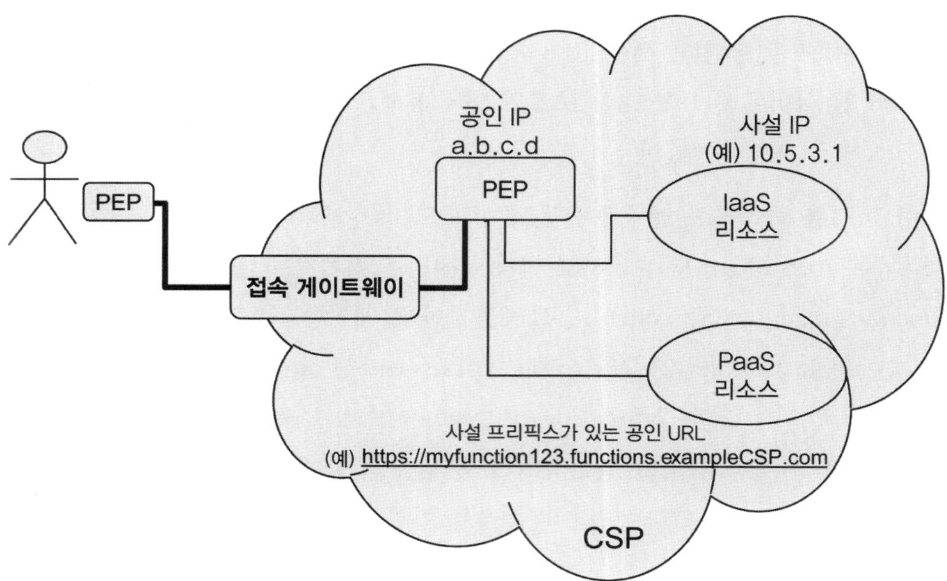

그림 14-1. 클라우드 안에 있는 PEP를 이용한 클라우드 접근 제어

그림 14-1은 CSP 플랫폼에서 실행되는 PEP를 사용해 동일한 클라우드 환경의 IaaS, PaaS 리소스의 접속을 제어하는 시나리오로, 이 방식은 일반적인 2가지 구성 방식 중 하나다.[1] IaaS 리소스에는 IP 주소가 할당되며 해당 IP 주소 접속은 CSP의 접속 게이트웨이에서 통제하기 때문에 PEP에서 발생하는 트래픽만 리소스에 접속할 수 있다. 그림 14-1은 IaaS 리소스의 사설 IP 주소가 10.5.3.1(원격 사용자는 트래픽을 라우팅할 수 없음)인 시나리오다. 접속 게이트웨이는 원격 사용자의 장치와 같은 외부 IP 주소에서 PEP 원격 접속을 허용하는 구성이다. 물론 PEP(PDP는 표시되지 않음)는 제로 트러스트 정책을 시행한다. 그리고 접속 게이트웨이는 모든 리소스 바인딩 트래픽이 PEP로만 라우팅하게 사용하기 때문에 해당 PEP 정책으로 통제할 수 있다.

해당 IaaS 리소스에 공인 IP 주소를 할당해도 다이어그램 내용과 달라질 것이 없다. 모든 리소스 바인딩된 트래픽이 PEP에서만 발생하도록 CSP 네트워크를 설정한 이상 제로 트러스트 정책은 계속 적용될 수 있다. 또한 다이어그램에서 리소스를 단일 개체로 표시했지만 실제로 IaaS 인스턴스에서 실행되는 단일 서비스(TCP 포트)도 해당된다. 예를 들어 포트 443을 통해 공개적으로 접속할 수 있는 HTTPS 웹 서버에서 TCP 22번 포트의 SSH 접속은 PEP에서 보호하도록 IaaS 인스턴스에 적용할 수 있다.

그림 14-1은 클라우드 플랫폼에서 제공하는 URL(FQDN으로 개인 식별자를 사용하는 공용 URL)로 접속하는 PaaS 리소스도 표현하고 있다. 다이어그램에서는 https://myfunction123.functions.exampleCSP.com으로 설명했지만 실제로는 AWS 람다 함수를 호출할 때에는 https://abc123def.execute-api.us-east-1.amazonaws.com과 같으며 애저[Azure] 함수의 경우 https://myapp1.azurewebsites.net/api/myfunction123과 같다.[2] CSP 인프라의 로드 밸런싱이나 특정 고객 계정에서 사용하는 기능에는 많은 공인 IP 주소가 있다. 이런 IP 주소를 처리하는 컴퓨팅, 네트워크 인프라는

1. 물론 추가 유형과 기능이 있지만 모든 것을 다 설명할 수 없어 일부만 설명한다.

2. 이런 서비스를 호출하려면 일반적으로 URL뿐만 아니라 API 키도 필요하다. 물론 PEP와 연계하는 것이 훨씬 더 나은 솔루션이다.

CSP의 관리 범위이며 특정 사용자가 제어할 수 없는 영역이다. 하지만 제로 트러스트 보안 모델과는 충돌하지 않는다. 이는 IP 주소와 실제 네트워크 진입점이 외부에 오픈돼 있지만 CSP는 클라우드 기능을 호출하는 출발지 IP 주소 제한 기능을 제공하기 때문이다. 물론 이 사례에서는 PEP의 접속만 허용하게 구성했는데, 클라우드 환경에서 몇 가지 기본 기능(출발지 IP 주소 제한)을 활용해 제로 트러스트 보안 모델에 접속하는 방법 중 하나다.

마지막으로 PEP는 클라우드 플랫폼의 로컬 영역이기 때문에 API를 호출하고 로컬 클라우드 환경의 리소스에 대한 메타데이터를 검색해 PEP가 할당된 정책의 대상(리소스)을 결정할 때 사용할 수 있다. 마찬가지로 로컬 PEP는 엔터프라이즈 클라우드 계정에서 새로 생성된 서비스 인스턴스를 감지하고 원격 사용자에게 접속 수준을 동적으로(자동으로) 부여할 수 있다. 15장에서 정책을 설명하겠지만 이런 방식으로 새로운 리소스를 검색하고 리소스 속성을 평가하는 것은 PEP가 클라우드 환경에 제공할 수 있는 중요한 기능이다.

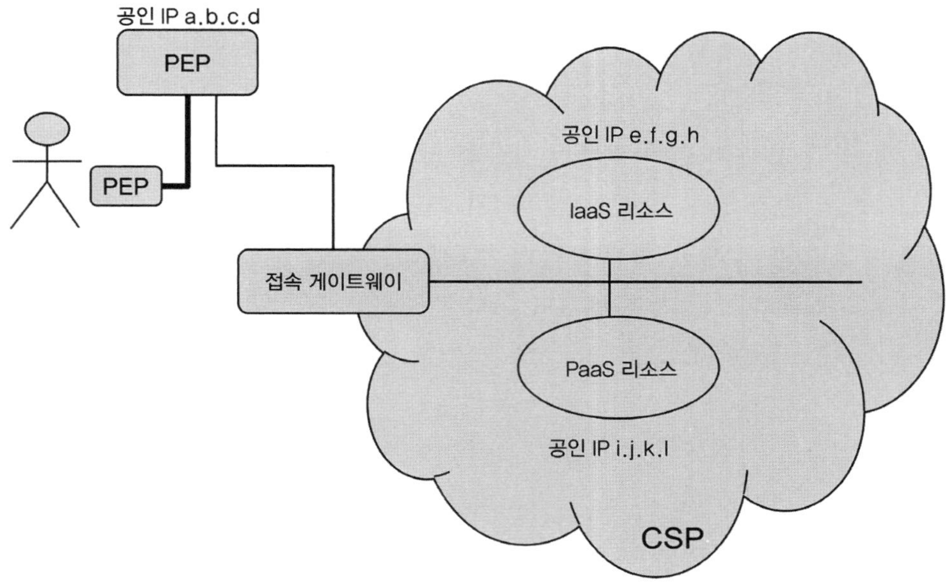

그림 14-2. 원격 PEP를 이용한 클라우드 접근 제어

그림 14-2에서 CSP 기반 리소스의 접근 제어를 위해 임의의 환경(사내 또는 다른 클라우드 환경)에서 실행되는 원격 PEP를 볼 수 있다. 이 리소스는 이전 사례와 같이 IaaS나 PaaS일 수 있지만 원격으로 접속하기 때문에 공인 IP 주소가 필요하다. 이 사례에서도 CSP의 기본 기능을 사용해 출발지 IP 주소를 제한한다. 따라서 이런 리소스의 모든 트래픽은 PEP의 공인 IP 주소에서 발생하며 이전 사례와 마찬가지로 이 간단한 방법을 사용하면 CSP 기반 리소스에 제로 트러스트 모델을 이용한 ID 중심적이고 동적인 접근 제어를 적용할 수 있다. 그리고 이 토폴로지에서 제로 트러스트 시스템은 PEP, 접속 게이트웨이, 리소스에 네이티브 애플리케이션 프로토콜을 사용하므로 암호화 프로토콜에만 적합하다.

물론 CSP에는 네트워크 보안 그룹, IAM 정책과 같은 일반적인 접속 게이트웨이를 넘어서는 많은 네트워크 기능과 보안 기능이 있다. 최소한 이런 기능들을 조합해 리소스(서비스)의 접속 가능 출발지 IP 주소를 제한하고 제로 트러스트 PEP에서만 접속하는 것을 가능하게 한다. 이는 제로 트러스트 환경에서 클라우드 리소스 통제 시 필요한 기본 기능이다.

앞서 살펴본 내용에서는 개념을 설명하고자 네트워크 토폴로지를 간략하게 설명했다. 실제 클라우드 플랫폼은 클라우드 리소스를 엔터프라이즈 네트워크에 통합할 수 있는 여러 가지 방법을 제공한다. 예를 들어 CSP는 일반적으로 로컬 통신 제공업체와 사설 클라우드 네트워크를 논리적으로 연결하는 사이트 간 VPN '직접 연결' 모델을 제공한다. 또한 CSP는 복잡한 네트워크 토폴로지와 마찬가지로 복잡한 접근 제어 메커니즘을 구축할 수 있는 고급 네트워크 연결과 구성 기능을 제공한다. 그러나 구성은 최대한 단순하게 유지하는 것이 좋고, 동적이고 ID 중심의 제로 트러스트 플랫폼은 CSP 외부에서 운영하는 것이 좋다. 이런 구성으로 기업에서는 새롭고 복잡한 CSP별 보안 모델을 생성하지 않을 수 있기 때문이다. CSP 모델은 강력하지만 ID 중심이라기보다는 네트워크와 IP 주소 중심적인 경향이 있다. 또한 이기종 환경, 다양한 엔터프라이즈 환경에서 필요한 제로 트러스트 정책 유형을 정의하고 적용할 수 있는 기능은 전혀 없다.

물론 예외는 있다. 하지만 제로 트러스트 시스템을 모든 환경에 강제로 맞추는 것은 불가능 하고 적절하지도 않다. 사실 성공적인 제로 트러스트 요건 중 하나는 어디에 경계를 그어야 하는지 아는 것이다. 따라서 환경의 각 부분에 가장 적절하고 효과적인 보안 플랫폼, 툴, 프로세스를 선택해야 한다.

서비스 메시service mesh는 컨테이너형 워크로드를 안정적이고 확장 가능한 방식으로 배포하고 관리하는 메커니즘이다. 서비스 메시는 기본적으로 작은 제로 트러스트 마이크로세그먼테이션Microsegmentation 모델이자 시스템이다. 이런 솔루션이 어떻게 동작하는지, 엔터프라이즈 제로 트러스트 시스템에 어떻게 연결할 수 있는지 살펴보자.

서비스 메시

서비스 메시는 컨테이너형 워크로드를 규모에 맞게 구축하기 위한, 빠르게 성장하는 새로운 접근 방식이다. 기본적으로 클라우드 기반은 아니지만(오픈소스 메시는 온프레미스에서 구축할 수 있음) 클라우드 환경에서 가장 자주 사용되는 것을 볼 수 있다. 이스티오Istio와 링커드Linkerd 같은 서비스 메시는 데브옵스 환경의 마이크로서비스 기반 애플리케이션에 매우 적합하다.

서비스 메시는 대규모 컨테이너형(마이크로서비스) 워크로드를 운영, 제어, 관리하기 위한 플랫폼으로, 마이크로서비스 간의 통신 관리에 중점을 두고 있다. 예를 들어 이스티오 문서에는 '이스티오는 기본 서비스를 변경하지 않고 자동화된 트래픽 복원, 서비스 메트릭 수집, 분산 추적, 트래픽 암호화, 프로토콜 업그레이드, 모든 서비스 대 서비스 통신을 위한 고급 라우팅 기능을 제공'[3]이라 설명하고 있으며, 링커드 문서에서는 '코드 변경 없이 클라우드 네이티브 애플리케이션에 모니터링, 신뢰성, 안정성, 보안을 제공'이라 설명하고 있다.

---

3. pns://istio.io/latest/faq/general/

또한 링커드 문서에서는 다음과 같이 설명한다.

> 서비스별 성공률과 대기 시간을 모니터링하고 보고하며, 실패한 요청을 자동으로 재시도하고 서비스 간의 연결을 암호화하고 검증할 수 있으며, 이 모든 것을 애플리케이션 자체를 수정할 필요 없이 수행할 수 있다.[4]

이런 방식에서 설정 기반 플랫폼을 이용해 다양한 배포, 통신, 런타임 서비스를 마이크로서비스에서 어떻게 제공하는지를 알면 흥미로울 것이다. 마치 1990년대 후반 수립된 애플리케이션 서버App Servers 규약처럼 개발자들이 인프라보다는 비즈니스 로직에 집중할 수 있게 한다. 물론 오늘날의 기술은 1990년대와는 상당히 다르며 서비스 메시의 보안 접근 방식도 발전했다. 이제 서비스 메시의 내부 구조(여기서는 이스티오 적용 사례로 설명)를 살펴보고 제로 트러스트 마이크로세그먼트 모델과 어떻게 잘 부합하는지 살펴본다.

그림 14-3은 높은 수준의 이스티오 메시 아키텍처를 보여주며, 여기서는 제로 트러스트 보안 관점에서 살펴본다.

가장 먼저 주의해야 할 점은 컨트롤 영역과 데이터 영역의 분리 및 각 서비스 앞에 하나씩 있는 분산 프록시 구성이다. 이런 프록시는 당연히 정책 적용 지점PEP 역할을 한다. 이스티오 서비스는 컨트롤 영역의 정책 결정 지점PDP으로, 시스템 인증서 권한 관리, 서비스 ID 관리, 인증 정책과 권한 부여 정책의 저장, 평가 등 핵심 보안 기능을 제공한다. 프록시는 mTLS 채널로 서비스 대 서비스 통신이 가능하게 보장하며 서비스 사용자, 제공자 인증뿐만 아니라 기밀성도 제공한다.

---

4. pns://linkerd.io/2/faq/#what-is-linkerd

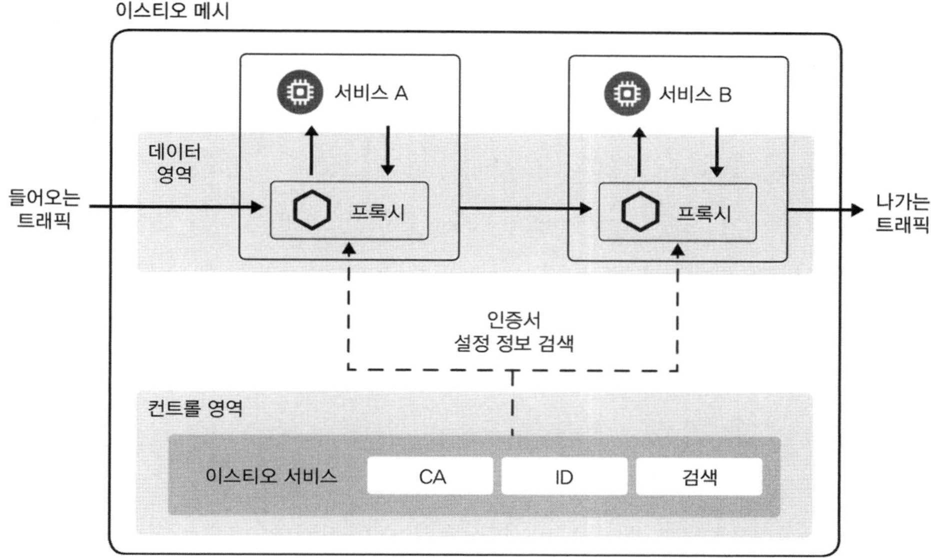

그림 14-3. 이스티오 아키텍처[5]

이스티오 보안 모델은 선언형 정책 모드 기반으로, 서비스 속성(예, 네임스페이스, 레이블)을 서브젝트 기준으로 사용해 어떤 정책이 서비스에 적용되는지를 결정한다. 인증 모델은 프록시(PEP)가 접속 요청자의 속성, 대상 서비스, 요청 메타데이터, 헤더 정보를 기반으로 접속 요청을 평가한다. 서비스 메시 안에서 요청자와 서비스는 IP 주소가 아닌 서비스 식별자를 기반으로 처리된다는 점에 유의하자. 실제로 이런 서비스들은 모두 동일한 IP 주소를 공유하므로 IP 주소는 서비스를 식별하는 데 있어 의미 있는 속성 정보가 아니다.

여기서는 서비스 메시와 해당 보안 모델을 간략하게 설명했지만 서비스 메시 보안 모델은 내부 보안 정책과 적용 모델(다양한 수준의 ID 중심, 콘텍스트 기반 정책을 지원)을 보유한 세밀하고 응집력 있는 플랫폼이다. 서비스 메시는 더 넓은 영역의 제로 트러스트 프로그램에서도 기업 시스템의 지속적인 보안을 보장하는 좋은 사례다. 서비스 메시는 일반적으로 기본적인 네트워크 중심의 보안 제어 기능을 갖고

5. 자세한 내용은 https://istio.io/latest/docs/concepts/what-is-istio/를 참고한다.

있으며 클라우드 네이티브 모델이 아닌 기업의 제로 트러스트 플랫폼으로 보호해야 하는 IaaS 같은 서비스와는 명확한 구분해야 한다.

다행히도 서비스 메시는 경계(메시의 가장자리) 범위를 명확히 정의할 수 있고 제로 트러스트 플랫폼의 인바운드, 아웃바운드 정책 시행을 매우 쉽고 효과적으로 활용할 수 있다. 이는 특히 외부 PEP인 엔클레이브 기반 모델과 클라우드 라우팅 모델을 사용하는 제로 트러스트 시스템과 통합이 가능하게 만든다. 이러한 상황에서 서비스 메시는 제로 트러스트 시스템의 관점에서 암묵적 트러스트 존이 된다.

바람직한 구성(그리고 오늘날 구성 가능한)은 광범위한 엔터프라이즈 제로 트러스트 시스템을 서비스 메시와 함께 완벽하게 구축하는 것이다. 가까운 시기에 PEP가 컨테이너 환경의 워크로드 특성에 따라 정책을 렌더링하고 컨테이너형 워크로드의 외부 접속을 제어할 수 있는 제로 트러스트 솔루션을 볼 수 있을 것 같다. 이를 위해서는 제로 트러스트 정책 모델에서 컨테이너 워크로드 속성을 나타내는 몇 가지 기본적인 정보와 접근 제어 여부를 결정하는 정책 정보를 서비스 메시로 전송하는 수단이 필요하다. 그리고 일부 전송 방식은 이미 존재한다. 예를 들어 HTTP 요청 헤더에 제로 트러스트 콘텍스트 정보를 담아 이스티오로 전송할 수 있다. 이런 통합으로 인해 기업이 제로 트러스트 프로그램으로 더 높은 수준의 보안 환경을 만들 수 있어 더욱 가치 있을 것이다.

요약

IaaS와 PaaS의 중요성과 엔터프라이즈 애플리케이션 개발, 구축에 미치는 영향은 계속 증가할 수밖에 없다. 이런 플랫폼은 기능의 깊이와 대상을 획기적으로 확장했으며 실제로 온프레미스에서 특정 클라우드 관리 서비스를 실행할 수 있는 기능도 도입했다. 이는 주로 유비쿼터스 네트워크 연결과 비용 효율적인 컴퓨팅과 메모리가 있어 가능했다. 그리고 그 결과로 지난 몇 년간 클라우드는 정교한 제어 소프트웨어와 결합한 서비스(as a Service)를 제공하고 있다. 서비스 기반(및 클라우드 관리) 컴퓨팅이나 센서 노드를 엔터프라이즈 네트워크에 직접 배치하는 개념은 점차 일반화되고 있으며, 주요 CSP는 이 분야에서 혁신을 이루고 있다. 이런 경향은 다소 재미있게 표현하면 '포그[6] 컴퓨팅'이라고 부른다. 이런 제품과 아키텍처가 보안 측면에서 어떻게 발전하는지 보는 것은 매우 흥미로울 것이다. 이런 분산 컴퓨팅 요소에는 분산된 보안이 필요하며 이를 엔터프라이즈, CSP 기반의 제로 트러스트 플랫폼과 통합할 기회가 있을 것이다.

엔터프라이즈 애플리케이션 아키텍처도 새로운 IaaS과 PaaS 기능을 활용하고자 빠르게 이동하고 있고, 보안 팀은 이를 지원만 해서는 안 되고 주도해야 한다. 그리고 제로 트러스트 아키텍처와 플랫폼이 이를 달성하는 가장 좋은 방법이다.

14장에서 설명한 원칙과 개념으로 제로 트러스트 이니셔티브 관점에서 IaaS와 PaaS 보안을 유지하는 방법과 서비스 메시 기반 애플리케이션을 지원하는 방법을 명확하게 이해해야 한다. 제로 트러스트와 클라우드 기반 시스템 분석을 마무리하고자 15장에서는 SaaS 애플리케이션을 살펴본다.

6. 가까이에 있는 구름이기 때문에 포그(fog)라고 한다.

15장

서비스형 소프트웨어

클라우드 기반 서비스형 소프트웨어SaaS는 오늘날의 IT 환경과 비즈니스 환경에서 주요한 구성 요소이며 상용 소프트웨어의 개발과 제공 방식에 많은 영향을 끼쳤다. 이런 변화로 인해 기업은 복잡한 비즈니스 소프트웨어를 훨씬 더 쉽고 간편하게 활용할 수 있게 됐고, 계정을 생성하고 등록해서 몇 분 안에 서비스 가치를 얻을 수 있게 됐다.

SaaS는 서비스 제공업체가 인프라를 호스팅, 관리, 유지하고 가입자가 인터넷으로 지정된 애플리케이션 기능을 수행하는(및 관리하는) 공개적으로 접속할 수 있는 웹 애플리케이션[1]이다. SaaS 애플리케이션은 일반적으로 효율성을 위해 멀티테넌트Multi-tenant이며 각 가입자는 개인 데이터에만 접속할 수 있다.

제로 트러스트 보안 관점에서 SaaS와 14장에서 다룬 IaaS, PaaS 리소스와는 몇 가지 중요한 차이점이 있다. 무엇보다도 SaaS 애플리케이션은 설계상 외부에서 공개적으로 접속할 수 있으며 인터넷의 모든 사용자가 HTTPS 연결로 접속할

1. 많은 SaaS 앱은 브라우저 UI 외에도 API와 같은 인터페이스를 제공할 수 있다.

수 있다. 즉, 정의에 따라 SaaS 시스템에 진입하는 진입점은 사설망이 아닌 공인망이다. 또한 암호화 통신으로만 접속할 수 있다. SaaS 애플리케이션에서는 PEP에 필요한 리소스를 숨길 필요가 없으며(SaaS의 목표가 아니기 때문에) 네트워크 트래픽(HTTPS를 이미 사용 중이기 때문에) 암호화도 필요하지 않다.

이는 자연스럽게 제로 트러스트가 여전히 SaaS 리소스와 관련이 있는지, 어떻게 연관이 있는지 의문이 생긴다. 제로 트러스트를 사용해 SaaS 애플리케이션 접속을 관리하고 제어하면 내부 리소스에 비해 더 간단하게 SaaS 리소스를 통제할 수 있다는 것만 확인하더라도 더욱 가치가 있다. 특히 공개적으로 접속할 수 있는 SaaS 애플리케이션의 경우에도 제로 트러스트는 ID 중심, 콘텍스트에 맞는 접속 정책을 적용할 수 있다. PDP가 ID 제공자와 다른 엔터프라이즈 시스템과 통합해 내부 리소스를 통제하는 것처럼 SaaS 접속을 제어하고자 그룹 구성원 자격뿐만 아니라 ID, 장치, 전체 엔터프라이즈 시스템 속성을 사용할 수 있다. 대부분의 SaaS 애플리케이션은 인증을 위해 ID 제공자와 통합할 수 있지만 일반적으로 장치, ID 또는 시스템 속성은 아직 사용하지 않는다.

물론 SaaS 애플리케이션 보안은 단순한 접근 제어보다 더 범위가 넓고 보안업계에서는 보안 웹 게이트웨이(SWG, Secure Web Gateways), 클라우드 접속 보안 브로커(CASB, Cloud Access Security Brokers) 등 SaaS를 겨냥한 보안 제품 생태계를 구축했다. 해당 생태계를 살펴보고 제로 트러스트와 어떤 관계가 있는지 살펴보자.

SaaS와 클라우드 보안

제로 트러스트와 SaaS를 얘기하려면 클라우드 보안의 주요 구성 요소를 살펴봐야 한다. 먼저 기본적인 SaaS 보안 제어 영역부터 살펴보고 보안 웹 게이트웨이와 클라우드 접속 보안 브로커 영역을 살펴본다.

네이티브 SaaS 컨트롤

네이티브 SaaS 컨트롤은 공개적으로 사용할 수 있지만 SaaS 제공회사는 일정 수준의 접속 보안 기능과 네트워크 보안 기능이 필요하다고 생각하고 있다. 물론 SaaS는 DDoS와 같은 인터넷 기반 공격으로부터 서비스를 보호하기 위한 메커니즘을 갖고 있으며, 플랫폼의 무결성과 가용성을 유지하기 위한 내부 시스템을 갖추고 있다. 또한 많은 SaaS 시스템은 기업에 2가지 기본적인 접근 제어 메커니즘을 제공한다. 첫 번째는 IaaS, PaaS 플랫폼과 동일한 기본 네트워크 접근 제어 기능, 즉 접속 IP를 제한하는 기능이다. 두 번째는 연합 ID 관리로, SaaS 시스템이 외부 ID 제공자에게 사용자 인증을 위임한다. 차례대로 확인해 보자.

출발지 IP 주소 제한 측면에서 SaaS 플랫폼은 특정 계정과 연결된 사용자에 대해서만 출발지 IP 주소 규칙을 적용한다는 점에서 IaaS, PaaS와는 약간 다르게 구현한다. 예를 들어 모든 사용자는 https://MySaaSApp.com/login 페이지에 접속할 수 있지만 SaaS 플랫폼은 지정된 IP 주소에서 트래픽이 시작되는 경우에만 mycompany.com 도메인의 사용자 로그인을 허용한다. 이는 기본적으로 SaaS 플랫폼에서 지정된 고객의 테넌트에 적용되는 인증 접근 제어 정책이다. 이 기능은 기존 VPN이나 제로 트러스트 시스템으로 접속할 때 사용할 수 있으며, 2개 시스템 모두 공인 IP 주소를 사용하는 아웃바운드 지점이 있는 엔터프라이즈 제어 네트워크로 사용자 트래픽을 라우팅한다.

연합 ID 관리는 사용자 인증을 위해 애플리케이션이 SAML, 오픈 ID와 같은 표준 메커니즘으로 외부 ID 제공자를 활용한다. 사실상 연합 ID 관리는 네트워크 계층 보안과 무관한 ID 중심의 제로 트러스트 접근 제어를 적용하는 또 다른 방법이다. 기술적인 관점에서 사용자는 SaaS 애플리케이션에 직접 인증할 수 없다. SaaS 애플리케이션은 사용자의 브라우저에서 현재 인증 토큰을 검색하거나 인증을 위해 브라우저를 ID 제공자로 리디렉션한다. 이렇게 하면 ID 제공자가 구성한 인증 정보와 콘텍스트 정보를 자연스럽게 사용한다. 일반적으로 이 작업은 인증에만 연결된다. SaaS 애플리케이션은 여전히 내부 인증 모델에 크게 의존하고 있으며 애플리케이션에서 사용자의 권한을 정의한 다양한 역할을 사용자에게 할당한다. 현재 대부분의 SaaS 애플리케이션에는 외부 콘텍스트 정보를 사용하고 이를 기반으로 인증 여부를 결정할 수 있는 메커니즘이 없다. 이는 다소 미래 지향적인 사용 방식이며 관련 사용 사례는 이 장을 마무리할 때 다시 다룬다. 마지막으로 이 두 가지 접근 방식을 결합할 수 없는 이유는 없다. 예를 들어 인증을 위해 연합 ID 시스템을 제로 트러스트 네트워크 솔루션과 결합해 장치 상태를 상세히 검사할 수 있다.

다음으로 기업이 SaaS 애플리케이션 사용자 접속을 통제하고 가시성을 확보하고자 사용하는 클라우드 보안의 주요 영역인 CASB와 SWG를 살펴본다. 흥미롭게도 이전부터 다른 솔루션으로 여겨졌던 이들 솔루션 영역 간에도 중복된 기능과 기능 간의 융합이 증가하고 있다. 사실 이런 경향은 광범위한 네트워크와 보안 기능을 통합하는 보안 서비스 접속 에지SASE, Secure Access Service Edge로 전환하는 과정으로 보인다.

보안 웹 게이트웨이

온프레미스 또는 클라우드 기반 서비스로 구축할 수 있는 보안 웹 게이트웨이는 사용자가 접속할 수 있는 웹 사이트를 제어하고 어느 정도의 악성 프로그램 방지, 위협 보호를 수행할 수 있는 방법을 제공한다. SWG는 일반적으로 트래픽 내용을 검사하고자 네트워크 중간에 TLS를 종료할 수 있는 웹 프록시를 구성한다. 일부 SWG는 엔드포인트 에이전트를 사용해 인터넷으로 바인딩된 트래픽을 캡처하고 추가 서비스를 제공한다. 요즘은 온프레미스 SWG의 인기가 낮아지고 있어 보통 클라우드 기반 SWG 서비스로 대체되고 있다.

SWG 정책 모델은 어떤 면에서 제로 트러스트 모델과 반대다. 제로 트러스트 모델은 명시적으로 허용된 대상에 대한 접속만 허용하는 제로 트러스트 모델을 따르기보다는 금지된 인터넷 접속을 차단한다. 즉, SWG는 일반적으로 '기본 허용' 모드로 동작하며 인터넷상의 사이트 양과 폭이 거의 무한대에 가깝다는 점을 고려할 때 합리적인 판단으로 보인다.

SWG는 일반적으로 사용자 인증을 위해 엔터프라이즈 ID 제공자와 통합하며 그룹 구성원 자격과 같은 속성을 사용해 서로 다른 접근 제어 정책을 시행할 수 있다. 그러나 SWG 자체는 네트워크 보안이나 내부 리소스에 원격으로 접속할 수 있는 기능을 제공하지 않는다. 이는 SWG가 지원해야 하는 범위가 아니다. 다음 절에서 설명하겠지만 일부 클라우드 기반 SWG 제공업체는 프라이빗 리소스에서도 제로 트러스트 스타일의 접근 제어가 가능하도록 서비스를 확장했다.

클라우드 접속 보안 브로커

CASB는 일반적으로 기업에서 '쉐도우 IT' 문제를 해결하고자 사용한다. 기업에서 보통 비즈니스 팀은 사내 IT 통제가 어려운 SaaS 기반 애플리케이션을 사용하기 시작한다. CASB는 이런 SaaS 애플리케이션 사용을 발견하고 보고하고 그에 상응하는 애플리케이션 위험과 컴플라이언스 준수 평가 기능을 제공하면서 이 문제를 해결한다. 또한 SaaS 기반 데이터에 DLP를 적용하고 일반적으로 SAML이나 OpenID로 사용자 ID, 장치 기반 접속 정책을 통합할 수 있다.

CASB가 ID, 장치 속성을 사용해 위험 기반 인증과 권한 부여 기능을 제공한다는 점을 생각해보면 흥미롭다. 이러한 관점에서 볼 때 CASB 모델은 SaaS 애플리케이션에 초점을 맞추고 있기 때문에 네트워크 보안 기능을 제공하지는 않지만 확실히 제로 트러스트 정책 적용 지점 역할을 하는 것으로 보인다. 또한 CASB는 설계상 프라이빗이나 온프레미스 애플리케이션 접근을 제어하지 못한다. 앞서 언급한 SWG 공급업체와 마찬가지로 CASB 분야에서 시작한 공급업체도 플랫폼 기능을 다른 융합 영역으로 확장했다. 제로 트러스트와 SaaS를 먼저 설명하고 이후 융합 산업을 알아본다.

제로 트러스트와 SaaS

제로 트러스트 보안은 선택한 보안 아키텍처가 SWG, CASB 또는 둘 다 포함하든 상관없이 SaaS 애플리케이션에 적용할 수 있고 별다른 문제도 없다. 제로 트러스트 보안 시스템은 SaaS 플랫폼이 출발지 IP 주소를 제한하고, 제로 트러스트 시스템이 정책 모델에서 SaaS 애플리케이션을 접속 대상으로 설정하고 애플리케이션에 전송하는 트래픽을 캡처할 수 있어 SaaS 애플리케이션에 ID, 콘텍스트에 맞는 접근 제어를 제공할 수 있다.

SWG와 CASB는 제로 트러스트 시스템과 연계해 유용하게 사용할 수 있다. 그러나 기업에서는 이런 서로 다른 시스템과 연계할 때 트래픽과 네트워크 라우팅 설정 방법을 이해해야 한다. 예를 들어 기업은 SaaS 애플리케이션에 SWG나 CASB를 적용하면서 내부private 리소스 접속을 제어하고자 제로 트러스트 시스템을 사용할 수 있는데, 이는 합리적인 접근 방식이다.

제로 트러스트와 에지 서비스

현재 보안 시장에서는 에지 서비스와 많은 기능을 결합하는 통합 클라우드 기반의 네트워크 솔루션과 보안 솔루션을 도입하는 추세다. 가트너는 이를 보안 접속 서비스 에지SASE, Secure Access Service Edge라고 부르고 포레스터에서는 제로 트러스트 에지ZTE, Zero Trust Edge라고 한다. 이런 추세는 클라우드 기반 보안, 네트워크 제공업체가 여러 서비스를 단일 서비스 플랫폼으로 결합하는 추세와 같다. 이 플랫폼의 일반적인 기능으로는 네트워킹(SD-WAN, WAN 최적화, QoS 등)과 보안(방화벽, IDS/IPS, SWG, CASB, DNS 필터링, 제로 트러스트 네트워크 접속)이 있다.

SASE, ZTE 기업의 인지도와 관심이 최근 상당히 증가하고 있으며 공급업체의 마케팅, 혁신, 기업 인수가 증가하면서 그에 따르는 활동들도 활발해지고 있다. 크게 보면 이런 통합 플랫폼은 다음과 같은 3가지 주요 기능을 제공한다.

- 네트워크 연결
- 인터넷 접속 보안(아웃바운드 접속)
- 내부 리소스 접속(제로 트러스트 네트워크 접속 제로 또는 인바운드 접속)

특히 흥미롭고 다르게 보이는 점은 제로 트러스트 네트워크 접속ZTNA, Zero Trust Network Access이다. 네트워크 관리, 인터넷 트래픽 분석, 보안이 클라우드 환경으로 전환되더라도 ZTNA는 온프레미스 엔터프라이즈 네트워크, 데이터 센터, 퍼블릭 클라우드 기반의 IaaS, PaaS 환경을 비롯한 엔터프라이즈 제어 환경에 제로 트러스트 요소(PEP)를 지속적으로 구성해야 하기 때문이다. 이는 다음과 같은 두 가지 이유 때문에 그렇다. 첫째, TCP/IP 네트워크는 암호화된 네트워크 터널의 한쪽 종단 역할을 하는 로컬 노드가 필요하고, 사설 네트워크에 있는 내부 리소스에 원격으로 연결하기 위한 브로커나 프록싱하기 위한 로컬 노드가 필요하다. 둘째, 로컬 노드는 접속 정책을 결정하기 위한 정보의 일부로서 로컬 리소스에서 콘텍스트와 속성을 가져오고 사용할 때 필요하다(17장에서 정책 모델을 상세히 다룬다).

ZTNA가 다른 SASE 구성 요소와 동일한 방식으로 접근해서는 안 된다고 생각하는 이유 중 하나는 로컬 사설 네트워크(제로 트러스트 PEP)에 노드 집합이 필요하기 때문이다. 또 다른 이유는 ID 인증 위치나 리소스의 위치에 관계없이 모든 ID가 모든 리소스에 접속할 수 있도록 제로 트러스트 ID, 콘텍스트에 맞는 보안 모델을 적용해야 한다는 점이다. 기업은 SaaS 애플리케이션을 많이 사용하고 많은 사용자를 재택근무로 전환했지만 여전히 온프레미스 사용자와 온프레미스 리소스를 보유하고 있다. 또한 클라우드 기반 서비스가 관리하기 어려운 온프레미스 서버 간 접속을 통제해야 한다. 이런 이유를 종합해 보면 가트너가 '인바운드 SASE'와 '아웃바운드 SASE'를 서로 다른 요구 사항으로 구분하는 이유를 이해할 수 있다.

어쨌든 이런 보안 영역은 빠르게 진화하고 있으며, 이런 새로운 클라우드 기반 보안 플랫폼은 자체 플랫폼에서 제공되거나 다른 벤더의 제품과 통합하고 있어 제로 트러스트 콘텍스트와 통합하고 활용할 수 있는 기회도 분명히 있을 것이다.

요약

가까운 미래의 SaaS, 제로 트러스트 보안은 어떤 모습일지 예측해보자.

먼저(물론 정확한 예측은 아니다) ID 제공자^IDP^가 제로 트러스트의 중심에 위치할 것이다. 하지만 ID 제공자가 단지 디렉터리 및 인증 지점의 역할만 하지 않고 사용자의 웹 애플리케이션 접속과 접근 제어 모델에서 '무게 중심' 역할을 할 것이다. 오늘날 많은 IDP가 제공하는 접속 포털에는 SaaS 애플리케이션에 접속하기 위한 서비스가 있다. 오늘날 이런 포털은 대부분 인증과 접속만 제공하지만 ID 제공업체들이 보안 정책 모델을 인증 기능 이상으로 확장하고 권한 관리까지 가능하게 개선할 것이라고 믿는다.

예를 들어 SaaS 애플리케이션은 SCIM[2] 표준을 사용해 JIT^Just-In-Time^ 접속 개념으로 계정이나 역할^role^을 프로비저닝할 수 있다. 그러나 SCIM 표준은 아직 시작 단계로 어떻게 권한[3]을 표준화(공식 혹은 비공식적)하는지 살펴보는 것도 흥미로울 것이다. 물론 애플리케이션이 권한 기능을 완전히 외부화할 것이라고는 생각하지 않는다. 그리고 이는 XACML을 많이 사용하지 않은 이유 중 하나다. 그러나 SaaS

2. SCIM은 교차 도메인 ID 관리를 위한 시스템으로 https://tools.ietf.org/html/rfc7642를 참고한다.

3. 예를 들어 제로 트러스트, ID, SaaS 시스템이 XACML 같은 기존의 표준을 사용하는 경우

애플리케이션이 환경에 적합한 방식으로 인증된(따라서 신뢰할 수 있는) ID, 콘텍스트를 정의하고 SaaS 애플리케이션에 전달하는 방법이 있을 것으로 믿는다. JIT 접속 프로비저닝은 사실 이런 방식 중 하나의 사례일 뿐이다.

제로 트러스트를 접목한 SaaS 애플리케이션이 어떻게 구현될 수 있는지, 어떤 유형의 보안, 운영, 비즈니스 가치를 가져올지 지켜보면 분명 흥미로운 영역이 될 것이다. 시간이 지나면서 이런 기능은 SaaS 애플리케이션이 아닌 영역으로도 확산될 것으로 믿지만 정교한 인증 연합 기능과 플랫폼 투자가 필요하다는 점을 고려할 때 SaaS 제공업체들이 주도할 것으로 예상한다.

16장

IoT 장치와 사물

이 책에서는 엔티티 인증, 즉 사용자와 서버의 접속을 제어하는 데 집중했다. 그리고 사용자와 서버 모두 ID 시스템으로 인증하고 콘텍스트 속성이나 역할을 갖고 있으며 서드파티 소프트웨어 설치가 지원되는 모든 기능을 갖춘 최신 장치를 사용하는 공통점이 있다. 따라서 이런 시스템은 지금까지 설명한 제로 트러스트 아키텍처 유형에 통합하기에 매우 적합하다. 물론 이러한 장치만 있는 것은 아니다. 기능이 적고 확장성이 낮은 하드웨어와 소프트웨어 플랫폼에서 실행되는 완전히 다른 유형의 수십억 개의 연결된 장치가 있는데, 흔히 **사물 인터넷**IoT, Internet of Things 장치라고 한다. 이들 장치는 보통 기업에서 가장 중요한 리소스와 동일한 엔터프라이즈 네트워크에 있다. 또한 보안 취약점이 있고 해킹 공격에 노출돼 있어 제로 트러스트 보안 아키텍처에 반드시 포함해야 한다.

이런 IoT 장치는 여러 유형이 있는데, 여기서는 폭넓게 다양한 장치를 포함시켰다. IoT 장치 유형은 엔터프라이즈 네트워크에 존재하는 기존 장치뿐만 아니라 새로 연결된 장치를 포함할 수 있다. 예를 들면 다음과 같다.

- 프린터
- VOIP 전화
- IP 카메라
- 배지 리더기
- 칠판, 전구 등 스마트 기기
- 의료 네트워크의 의료장치 또는 진단장치
- HVAC 시스템

또한 분산된 위치에서 동작하는 공공 네트워크, 이동통신 네트워크에 있는 다른 유형의 장치들도 있다.

- 환경 센서
- 원격 보안 카메라
- 기계 또는 차량 센서 또는 액추에이터

마지막으로 공장 자동화, 관리에 초점을 맞춘 운영 기술OT, Operational Technology 시스템이 있는데, OT 시스템은 지난 10~15년 동안 네트워크 표준으로 사용 중인 TCP/IP 네트워킹으로 전환했고 이번보다 더 자주 기업 IT 네트워크와 연결되고 있다. 제로 트러스트 아키텍처는 IT 환경에서 OT 환경과 몇 가지 차이점 및 과제가 있지만 OT 환경에도 적용할 수 있다. 그러나 16장에서는 IT, 엔터프라이즈 네트워크에 집중한다.

이런 모든 '사물'의 공통점은 IP 주소를 갖고 있으며 네트워크로 통신을 전달하거나 수신해야 한다. 또한 이런 장치를 보통 폐쇄적인 시스템으로 간주한다. 즉, 기업은 이런 장치에 임의의 서드파티 소프트웨어를 설치할 수 없다. 물론 모든 IoT 기기에 해당되는 것은 아니다. 일반적으로 서드파티 소프트웨어를 설치할 수 있는 리눅스를 변형한 OS를 사용하는 장치가 증가하고 있다. 이 장치들은 환경, 아키텍처에 따라 제로 트러스트 서브젝트(즉, ID가 있는 컴퓨팅 장치)로 취급할 수 있으며 이 경우 표준 접근 제어와 접근 정책 방식을 적용한다. 또는 IoT 장치로 취급할 수도 있는데, 이 경우 이 장에서 설명하는 원칙과 방식을 적용할 수 있다.

어쨌든 이런 장치는 엔터프라이즈 IT 제품에서 기대하는 수준의 보안을 고려하지 않고 제품을 설계, 생산, 적용하는 경우가 많다. 소비자용 IoT 제품에는 수백 가지의 결함 사례가 있으며, 특히 의료기기와 같은 전문화된 제품을 생산하는 기업의 제품에도 결함은 있다. 이 장치들의 일반적인 보안 취약점에는 암호화되지 않은 네트워크 프로토콜 사용, 하드 코딩된 기본 비밀번호, 백도어, 네트워크, OS 취약점, 펌웨어 업그레이드 불가, 물리적으로 접속할 수 있는 장치의 경우 공격자가 해당 근접성을 사용한 셸 접속 권한 획득 등이 있다.

이런 취약점은 해킹 공격, 데이터 유출, 네트워크 스캔, 멀웨어를 감염시킬 수 있는 경로다(침투 테스트 동안 레드 팀이 즐겨 이용하는 익스플로잇 취약점은 말할 것도 없다).

일부 IoT 장치는 클라우드 기반 최신 시스템으로 구현한다. 주요 클라우드 서비스 제공업체는 각각 자체 플랫폼을 갖고 있으며 이 플랫폼은 메시징, 보안, 데이터 관리 기능이 동작하는 장치에 설치된 소프트웨어와 클라우드 기반 소프트웨어를 모두 활용한다. 애저 IoT, 구글 클라우드 IoT 코어, AWS Greengrass 같은 플랫폼들은 각각 안전하게 설계된 보안 모델과 통신 모델을 갖고 있으며 안전한 양방향 통신(동기식 또는 비동기식)을 내장형으로 지원하기도 한다. 따라서 전체 엔터프라이즈 제로 트러스트 모델과 별도로 배포하고 운영하는 것이 가능하고 문제도 없다. 이전에 언급한 것처럼 모든 것을 제로 트러스트 프로젝트 범위에 포함할 필요는 없다. 실제로 IT 인프라의 특정 구성 요소를 전략적으로 배제하면 집중적으로 관리가 가능하고 빠르게 구축할 수 있다. 하지만 최신 IoT 플랫폼을 사용하더라도 네트워킹 아키텍처와 통신 아키텍처를 이해하는 것이 중요하다.

그래야 다른 네트워크 보안 모델과 같이 사용할 수 있다.

물론 대부분의 IoT 장치는 이런 클라우드 기반 프레임워크 외부에 있어 제로 트러스트 보안 아키텍처에 포함하도록 반드시 고려해야 한다. 이 장의 뒷부분에서는 먼저 IoT 장치와 관련한 몇 가지 보안, 네트워킹 문제를 검토한 다음 이런 문제를 해결하고자 어떻게 제로 트러스트 시스템을 적용할 수 있는지 살펴본다.

IoT 장치 네트워킹 및 보안 문제

사용자 장치나 서버와 달리 IoT 장치는 폐쇄적 특성과 통신에 제약이 있는 아키텍처 때문에 엔터프라이즈 네트워크를 구성할 때 몇 가지 관리 복잡성, 보안 문제, 접속 문제가 발생한다. 그림 16-1은 이런 문제들을 설명하기 위한 개략적인 엔터프라이즈 네트워크다. 네트워크는 유선 세그먼트, 무선 세그먼트로 구성돼 있고 다양한 유형의 장치가 연결돼 있다. 기업의 유선 네트워크에는 VOIP 전화, IP 카메라, 프린터, 카드 리더기 등 사용자 장치와 이더넷 연결 장치가 혼합돼 있다. 그리고 일부 사용자 장치, 프린터, 무선 회의실 모니터, 디지털 화이트보드와 같은 장치에서 무선 네트워크를 사용한다.

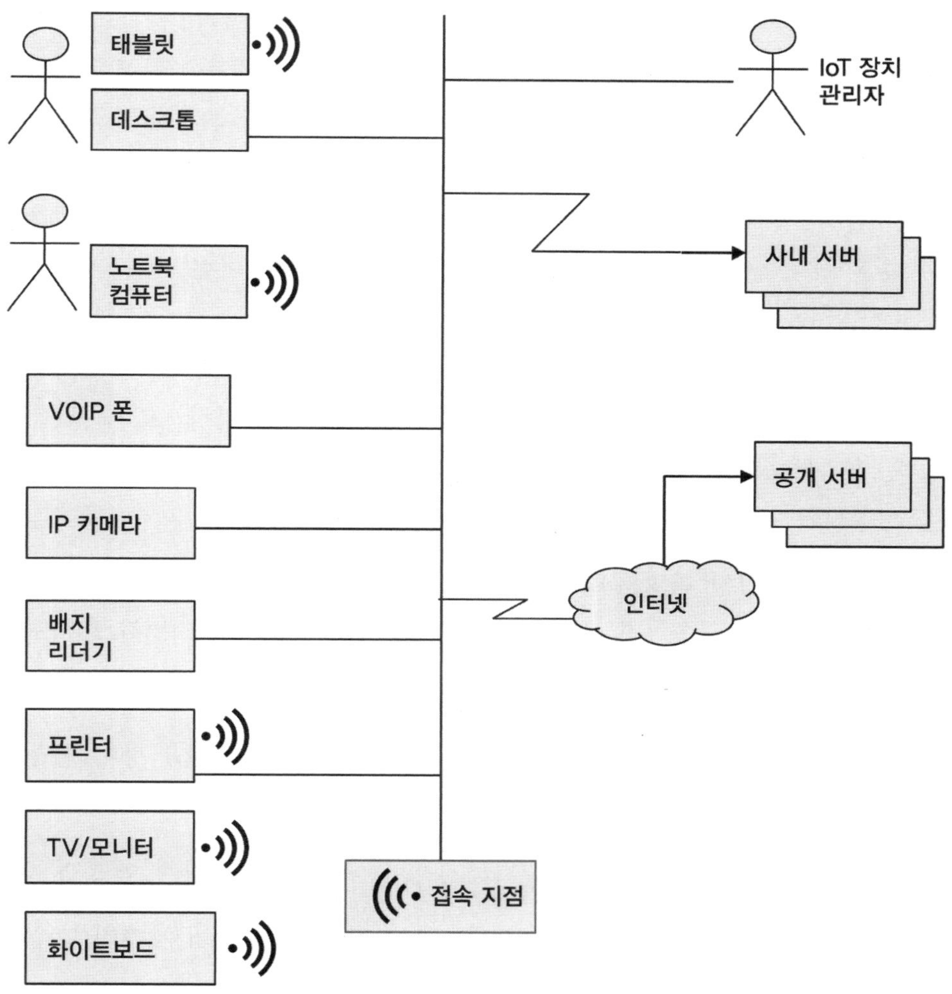

그림 16-1. 엔터프라이즈 IoT 네트워크

이 네트워크의 장치 중 일부는 엔터프라이즈 네트워크의 다른 세그먼트에 있는 사내 서버와 통신하고 일부 다른 장치는 인터넷으로 서버에 연결한다. 펌웨어 업데이트를 수행하거나 구성을 변경하고자 정기적으로 이런 장치에 원격으로 연결해야 하는 시스템 관리자도 많다. 해당 관리자는 기업에 근무하거나 장치 공급업체에서 근무할 수도 있다.

이 다이어그램에 나와 있는 시스템은 앞서 소개한 것처럼 여러 가지 보안 취약점이 있을 수 있다. 첫째, 많은 장치가 암호화되지 않은 네트워크 프로토콜을 사용하므로 기밀성, 무결성, 가용성을 손상시킬 수 있는 트래픽 침투 공격이나 MITM(Man-In-The-Middle) 공격이 가능하다. 둘째, 이런 장치들은 오픈된 리스닝 포트가 있다. 원격으로 sysadmin에 접속하려면 이 기능이 필요하지만 네트워크에 연결된 다른 장치에서도 TCP 연결을 설정할 수 있다. 셋째, 이런 장치들은 보통 약한(또는 하드 코딩된) 인증 메커니즘을 갖고 있으며 일반적으로 다양한 공격에 취약한 네트워크 스택을 갖고 있다. 마지막으로 실외 환경 센서, 원격 카메라 또는 제어 장비와 같은 장치 중 일부는 공격자가 오랜 기간 물리적으로 접근할 수 있다. 결과적으로 공격자는 유선 네트워크 연결을 가로채거나 물리적으로 장치를 손상시켜 장치에 접속할 수 있다(예, 악성코드 USB 연결 등).

제로 트러스트 보안 관점에서 이런 장치들을 살펴보면 여러 면에서 제로 트러스트 핵심 원칙을 준수하지 못한다. 이상적으로는, 제로 트러스트 시스템은 다음과 같은 정책을 적용해 IoT 장치에 보안을 제공해야 한다.

- **최소 권한의 원칙:** 장치 또는 네트워크가 손상된 경우 IoT 장치 접속을 최소화
- **장치 분리:** 네트워크에서 허가되지 않은 서브젝트의 장치 연결 방지
- **트래픽 암호화:** 보안 및 암호화된 터널로 네이티브 장치 트래픽 라우팅

물론 이런 장치 중 일부(예, 벽걸이 카드 리더기)는 망 분리 네트워크에 있을 수 있으며 다른 장치들은 트래픽을 격리하고자 별도의 전용 VLAN에 할당될 수 있다. 이런 방식은 이상적이지만 모든 기기에 적용되지는 않으며(또는 적용할 수도 없음) 구성하더라도 해당 장치가 공격에 영향을 받지 않는 것은 아니다.

실제 네트워크는 너무 복잡하고 불투명하며 일관성 없이 성장해왔다. 이는 보통 기술직원이 작업을 최대한 빨리 진행하도록 압박하고 나중에 재작업하거나

개선할 충분한 시간을 부여하지 않고 예산도 할당하지 않기 때문이다. 결과적으로 이런 IoT 장치와 연결된 엔터프라이즈 네트워크는 보안을 어렵게 하는 여러 가지 문제를 발생시킬 수 있다. 첫째, 이 네트워크는 실제로는 수백(또는 수천) 가지 다양한 장치가 외부에 오픈될 가능성이 높다. 이는 분산된 엔터프라이즈 네트워크 환경에서 기존(제로 트러스트가 아님) ACL을 관리하고 매일 변경 사항에 맞춰 최신 상태로 유지하는 것이 어렵기 때문이다. 둘째, 일반적인 중앙에 관리하는 장치와 달리 IoT 장치는 보통 독립 실행형 장치로 관리하거나 특정 유형의 장치에만 적용할 수 있는 관리 소프트웨어 시스템으로 운영한다. 따라서 IoT 장치를 규모에 맞게 구성하거나 관리하는 것은 어렵고 많은 공수가 든다. 그러나 이런 장치에 소프트웨어를 설치할 수 없는 경우 가장 큰 문제는 네트워크 트래픽 제어다. 구체적으로 어떤 리소스에 연결해 데이터를 보낼 수 있는지, 네트워크에서 다른 시스템과 리소스를 연결할 수 있는지 확인하기 어렵다. 물론 이 부분은 제로 트러스트 시스템에서 PEP의 역할이다(네트워크 PEP, 사용자 에이전트 PEP 또는 모든 PEP). 다음으로 이런 구성을 어떻게 통합할 수 있는지, 관련 기술 측면의 문제들을 어떻게 해결할 수 있는지 살펴본다.

제로 트러스트와 IoT 장치

IoT 장치는 모든 네트워크의 인바운드, 아웃바운드 접속을 제로 트러스트 PEP가 제어하는 네트워크 환경에 구성하는 것이 이상적이다. 이런 구성은 그림 16-2와 같다.

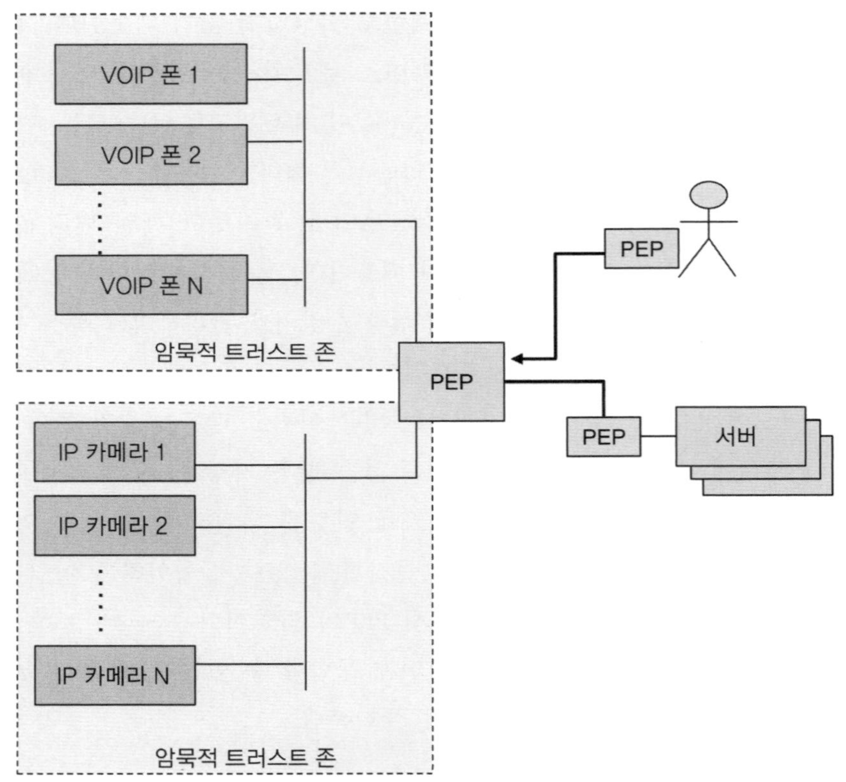

그림 16-2. 이상적인 제로 트러스트 IoT 네트워크 모델

이 모델은 앞서 언급한 세 가지 목표를 각각 달성할 수 있다. 첫째, 최소 권한 원칙이 적용된다. 즉, 각 장치 집합의 모든 데이터 통신 네트워크 트래픽은 PEP로 제어할 수 있다. 즉, 제로 트러스트 정책이 아웃바운드 트래픽에 적용된다. 이렇게 하면 IoT 장치들을 대상으로 한 데이터 유출, 탐지 시도, DDoS 공격 시도가 차단된다. 둘째, IoT 장치들은 통합된 암묵적 트러스트 존 안에 격리돼 있어 IoT로 통신하려는 인바운드 트래픽은 접근 제어 정책을 시행하는 PEP를 반드시 통과해야 한다. 마지막으로 모든 트래픽은 PEP 간에 암호화로 IoT 장치에서 사용하는 모든 프로토콜은 암호화된다. 따라서 MITM 공격 위험을 상당히 감소시킬 수 있다.

물론 이런 이상적인 모델도 완벽하지는 않으며 허점이 있을 수 있다. 예를 들어 각 암묵적 트러스트 존에 있는 장치들은 PEP가 통제하는 네트워크를 사용할지라도 LAN을 이용해 서로 직접 통신할 수 있어 하나의 IP 카메라가 멀웨어에 감염되면 서로 연결된 카메라들로 감염이 전이될 수 있다. 또 다른 예로 공격자는 부실한 인증 메커니즘을 사용하는 장치를 해킹해 서로 연결된 카메라와 동일한 네트워크 권한을 얻을 수 있다. 나중에 이런 약점을 보완할 수 있는 방법들을 설명할 것이다.

물론 그림 16-2은 논리적인 관점이 이상적인 구성이며, 실제 네트워크는 기기를 식별하고 인증하며 네트워크와 IP 주소를 할당하고 트래픽을 라우팅하는데 사용할 수 있는 다양한 기능을 갖고 있다. 이런 기능은 모든 네트워크 인프라와 보안 인프라가 제공해야 하는 핵심 기능이고, 복잡한 방식으로 결합할 수 있다. 궁극적으로 IoT 장치를 보호하는 제로 트러스트 시스템은 다음을 수행할 수 있어야 한다.

- 장치 간에 주고받는 트래픽 캡처, 라우팅, 암호화
- 중앙 집중식 접속 정책 관리
- 분산된 장치의 접근 제어 적용

다만 그림 16-1과 같이 플랫 네트워크, 혼합 네트워크에서는 바로 적용하기 어렵다. 표 16-1. 16-2, 16-3은 이런 기능의 접근법과 각각의 장단점이다.

표 16-1. 네트워크에 장치를 할당하는 방법

	장점	단점
물리적 케이블/스위치 포트	물리적으로 분리된 네트워크일 수 있다.	변경하기 어렵다. 격리는 스위치 포트 기능에 따라 제한될 수 있다. 연결된 네트워크 장치를 분리하기 어렵다.

(이어짐)

	장점	단점
사설 VLAN	하나의 물리적 네트워크 안에서 논리적으로 분리된다.	물리적 네트워크나 스위치 포트에 따라 접속한다.
무선 AP	일반적으로 네트워크를 재구성하는 것이 더 단순하다. 많은 와이파이 시스템에 장치 격리 기능이 내장돼 있다.	모든 장치가 와이파이를 사용할 수 있는 것은 아니다. 단순 비밀번호 인증은 보안에 취약하며 일부 장치가 WPA-엔터프라이즈를 지원하는 것도 아니다.
NAC/802.1x	동적 VLAN 할당으로 장치를 유형별로 분리할 수 있다.	고가의 하드웨어가 필요한 경우가 많다. 많은 VLAN을 관리하기 어렵다. 일부 장치는 802.1x를 지원하지 않는다.

표 16-2. 장치 식별/인증 방법

	장점	단점
IP 주소	고정 IP는 장치를 고유하게 식별할 수 있다.	구성, 관리 작업이 많다. 신원 확인 보안 강도가 약하고, 변조가 쉽다.
MAC 주소	모든 장치에서 지원할 수 있다. 혼합 네트워크에서 장치 클래스를 식별하고 네트워크 존(종종 802.1x와 함께)에 할당할 때 유용하다.	신원 확인 보안 강도가 약하고, 변조가 쉽다.
DHCP 핑거프린트	거의 모든 장치에서 지원한다. 혼합 네트워크에서 장치 클래스를 식별하는 데 상당히 유용하다.	신원 확인 보안 강도가 약하고, 변조가 쉽다.
802.1x 인증	보안 수준이 높고 신뢰도가 높다.	관리, PKI 작업이 많다. 많은 장치가 인증서 기반 인증, 인가 방식을 지원하지 않는다.

표 16-3. 네트워크 라우팅 할당 방법

	장점	단점
기본 네트워크 게이트웨이	DHCP를 통해 자동으로 할당한다. 아웃바운드 통신 지점을 LAN에서 고정하고 중앙에 통합할 수 있다.	DHCP IP로 혼합 네트워크에서 장치 유형을 항상 구별할 수는 없다. DHCP와 별도의 구성이 가능하지만 부담이 될 수 있다.
네트워크 라우터별로 보호 리소스 경로 설정	설정이 간단하고 장치 구성과 독립적이다.	대상 리소스 접속을 보호하지만 소스별로 필터링이 불가능하다. 다른 리소스에 대한 장치 접속을 차단하지 않는다.
수동으로 장치 구성	세분화 설정이 가능하다.	네트워크 변화에 따라 계속 수동 설정이 필요하고 유지 관리가 어렵다.

가장 간단하고 쉬운 접근 방식은 그림 16-3과 같으며 고립된 균일한 네트워크에 IP 카메라를 배치했다. 이는 물리적으로 격리된 유선 네트워크, NAC에서 할당한 VLAN 또는 격리된 SSID를 가진 카메라 전용 무선 네트워크일 수 있다. 그리고 중요한 점(그리고 단순하게 만드는 점)은 네트워크의 모든 장치 유형이 동일하다는 점이다. 이에 동일한 장치에 동일한 네트워크 접근 제어를 적용할 수 있다.

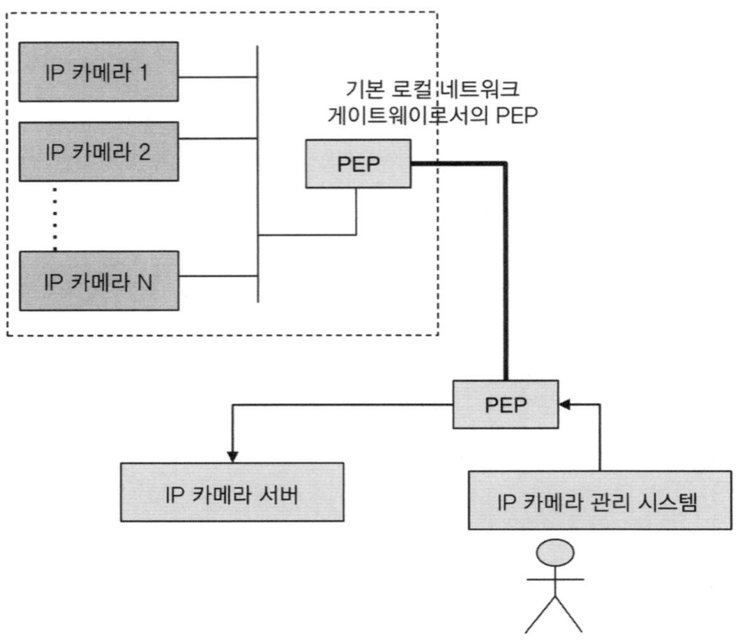

그림 16-3. 같은 네트워크에서 격리한 IP 카메라

이 시나리오의 핵심은 IP 카메라 네트워크의 기본 네트워크 게이트웨이가 PEP이기 때문에 LAN 통신이 아닌 모든 트래픽을 라우팅하고 정책을 적용하는 PEP로 전송한다. 즉, PEP가 로컬 영역에서 유일한 출구다. IP 카메라의 기본 네트워크 게이트웨이 할당은 IP 카메라 관리 시스템을 통해 중앙에서 수행하거나 DHCP 서버에서 카메라 전용 세그먼트를 할당할 수 있다.

어떤 경우에도 가능한 이상적인 시나리오에 가깝게 제로 트러스트 모델에 쉽게 통합되게 해야 한다. 그림 16-4는 제어하기가 더욱 어려운 시나리오다.

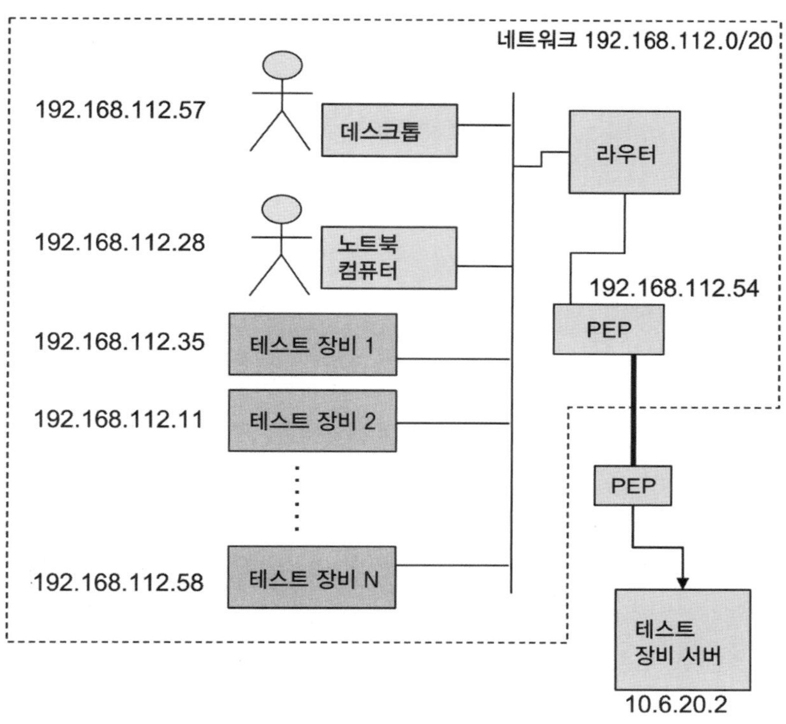

그림 16-4. 이종 엔터프라이즈 네트워크

이 다이어그램은 혼합(이종) 네트워크 세그먼트가 192.168.112.0/20이며 플랫 엔터프라이즈 네트워크에서 한 사무실에 있는 수백 대의 컴퓨터와 장치를 연결했다. 이 네트워크의 장치에는 기본적으로 DHCP로 서브넷에서 할당한 유동 IP 주소가 있고 기업에는 정확한 CMDB가 없는 상태다. 이 시나리오에서는 테스트 장비만 테스트 서버에 접속할 수 있게 허용하고 다른 장치가 해당 서버에 접속할 수 없게 하고 테스트 장비 접속을 정책으로 통제하는 등 정의해야 할 여러 보안 요건이 없는 상태다. 하지만 이 시나리오에서는 네트워크를 변경하지 않고는 모든 요건을 적용할 수 없다. 꼭 IoT 장치가 아니더라도 많은 엔터프라이즈 네트워크에서도 동일하게 발생할 수 있는 시나리오지만 네트워크 제약 사항을 인지하고 궁극적으로는 해결 방법을 찾아야 한다.

여기서는 테스트 장비의 업스트림 네트워크 접속을 보호하는 데 초점을 두고 무엇을 적용할 수 있는지(그리고 무엇을 적용할 수 없는지) 살펴본다. 즉, 기업은 원격 네트워크의 테스트 장비 서버(10.6.20.2)로 통신하려는 테스트 장비 트래픽을 PEP로 라우팅해 PEP 통제 정책으로 보안 터널링되게 해야 한다. 이는 다음 세 가지 방법으로 할 수 있다.

- 테스트 장비에 직접 구성된 기본 게이트웨이
- DHCP로 테스트 장비에 할당된 기본 게이트웨이
- 네트워크의 정적 또는 동적 라우팅

테스트 장비의 기술적 지원 여부에 따라 테스트 장비에서 기본 네트워크 게이트웨이를 직접 구성할 수 있다. 하지만 수작업 설정이 다소 많을 수 있다. 중앙 집중식 관리 시스템을 이용해 이 작업을 수행할 수도 있지만 수백 대의 기기에 각각 수동으로 변경하는 작업은 결코 쉬운 일이 아니다. DHCP를 이용해 PEP를 기본 네트워크 게이트웨이로 할당하는 것도 경우에 따라 실행 가능한 방식이 될 수 있다. DHCP 할당이 테스트 장비의 DHCP 요청과 다른 장치의 DHCP 요청[1]을 정확하게 구별하고 다른 값을 반환할 수 있다면 DHCP 서버는 다른 장치에 다른 기본 게이트웨이를 할당할 수 있다.

마지막으로 원격 테스트 장비 서버(10.6.20.2)의 네트워크 트래픽을 로컬 PEP(192.168.112.54)로 전송하도록 네트워크 라우터를 구성할 수도 있다. 이는 네트워크를 변경하지 않는 장점이 있지만 PEP가 정상적인 트래픽(테스트 장치 트래픽)과 비정상 트래픽(멀웨어에서 발생하는 악성 트래픽)을 구별할 수 있어야 한다. 이 시나리오에서는 유동 IP 주소가 장치에 할당되고 CMDB가 없기 때문에 장치를 구별하기 어렵다. 그리고 PEP는 MAC 주소를 사용해 장치를 구분할 수 있지만 이 방식은 스푸핑 공격에 위험할 수 있다.

---

1. 예를 들어 DHCP 스캐닝

요약

실제 많은 네트워크 영역, 시스템 영역과 마찬가지로 IoT 장치도 복잡하고 관리하기 어려운 경우가 많다. 제로 트러스트는 많은 경우(대부분은 아닐지라도)에 도움이 될 수 있지만 일반적으로 표준 엔터프라이즈 장치(사용자 시스템 및 서버)를 사용할 때처럼 강력한 수준의 보안을 제공할 수는 없다. 제로 트러스트 PEP는 16장에서 다룬 여러 기능으로 보호 대상 리소스에 접속하는 장치를 효과적으로 제어하고 네트워크 트래픽을 암호화하며, IoT 장치로 향하는 접속을 제어하는 데 사용할 수 있다.

기업에서 제로 트러스트를 도입하는 프로젝트를 검토하고 있다면 도입에 적합한 IoT 시스템인지 여부를 식별하는 데 도움이 되는 몇 가지 특성이 있다. 첫째, 장치의 네트워킹이 어떻게 구성돼 있는지 이해하고 장치 규모에 맞도록 쉽게 제어할 수 있는 중앙 관리 메커니즘이 있는 IoT 장치를 찾아야 한다. 둘째, 이해하기 쉽고 문서화된 네트워크 영역을 찾는다. 관리되지 않는 불투명한 네트워크에 있는 IoT 장치를 보호하기 위한 제로 트러스트 프로젝트는 시도하지는 말자. 단순하고 이해하기 쉬운 환경의 IoT 시스템에 제로 트러스트 아키텍처를 적용하는 것이 훨씬 낫다. 마지막으로 서드파티 업체에서 원격으로 내부 장치에 접속할 때 내부 보호가 가능한 기능을 제공하는지 확인하자. 제로 트러스트는 접속하기 전에 서비스 데스크 티켓 생성과 같은 비즈니스 프로세스 기능을 제공해 실질적인 보안 가치를 신속하게 제공할 수 있다.

제로 트러스트에서 IoT 장치는 아직 초기 단계임은 분명하다. 그리고 여기서 살펴본 것처럼 IoT 장치는 복잡하고 고도의 기술이 필요한 경향이 있어 제로 트러스트를 도입할 때 유연하지 못한 기술에 따른 제약이 있을 수 있다. 하지만 개선할 수 있는 기회가 많다. 단지 이 책에서는 표면적으로만 접근했을 뿐이다. 이 책을 참고해 IoT 제로 트러스트 프로젝트를 검토할 경우 신중하게 확인하고 특정 환경에서 파일럿 프로젝트를 수행해 기술 호환성을 검증하자. 기업에서

스스로 확인해야 하는 질문들은 다음과 같다.

- 기업의 장치 네트워크는 얼마나 복잡하고 관리 수준이 어떤가?
- 장치와 통신 패턴을 명확하게 담고 있는 인벤토리를 보유하고 있는가?
- PEP 통제를 위한 네트워크 트래픽 제어가 용이한가?
- 어떤 네트워크 변경이 필요하며, 이 변경이 다른 네트워크 기기에 어떤 영향을 미치는가?
- 이런 장치에서 사용하는 네트워크 프로토콜은 무엇인가? 연결 지향형 프로토콜인가? 아니면 비연결 지향형 프로토콜인가? 암호화는 지원되는가?

마지막으로 제로 트러스트 구현 방식에 따라 기술 검증 방식도 달라지며, 기업에서 채택한 제로 트러스트 솔루션과 구축 모델의 기능을 명확하게 이해하는 것이 중요하다. 일부 제품과 아키텍처는 이런 시나리오를 잘 지원하는 반면 일부는 구축에 어려움이 있을 것이다. 하지만 제로 트러스트 시스템은 안전하지 않은 IoT 생태계에 많은 가치를 가져다 줄 수 있다. 각자 환경에서 제로 트러스트 시스템이 적합한지 확인해보길 바란다.

3부

모든 것을 통합

2부에서는 1부에서 설명한 제로 트러스트 원칙과 아키텍처를 통해 엔터프라이즈 IT, 보안 아키텍처 전반에 걸쳐 폭넓게 구성 요소를 검토했다. 온프레미스, 클라우드 기반 네트워크 인프라에서 보안 또는 보안이 아닌 구성 요소까지 이르는 분석을 통해 제로 트러스트가 기업에 미치는 영향을 깊게 이해할 수 있을 것으로 기대한다. 그리고 이런 이해를 기반으로 기업에서는 제로 트러스트를 구축할 수 있는 패턴과 관점을 확보할 수 있어야 한다.

3부에서는 이런 토대를 쌓음으로써 제로 트러스트 여정을 마무리한다. 우선 17장에서 제로 트러스트의 핵심인 정책 모델부터 살펴본다. 제로 트러스트 시스템은 분산된 정책 적용 지점과 중앙 집중식 정책 결정 지점으로 구성돼 있다는 것을 기억하자. 이 관점에서 정의하고, 평가하고, 궁극적으로 적용하는 정책policy은 분명 제로 트러스트 시스템에서 가장 중요한 부분이다. 즉, 선택한 제로 트러스트 정책 모델(제품 구축 모델과 정책 적용 기능에 반영될 언어와 구조)이 가장 큰 영향을 미친다는 의미다.

정책 모델을 설명한 후 가장 일반적인 제로 트러스트 사용 사례 7가지를 설명하면서 이를 어떻게 접근해야 하는지 확인한 다음 18장에서는 문제를 좀 더 구체적으로 살펴본다. 그리고 정책 모델을 도입할 때 고려 사항과 권장 사항을 다루면서 각 항목을 아키텍처 관점에서 들여다본다.

마지막으로 19장에서는 성공적인 제로 트러스트를 구축을 위해 어떤 방법으로 계획해야 하는지를 설명하면서 우리의 여정을 마무리한다. 그리고 이 계획은 하향식 기업 및 프로그램의 관점부터 상향식 전략 프로젝트 관점까지 모두 살펴보고 제로 트러스트 이니셔티브에 걸림돌이 되는 일반적인 장애물과 이를 극복하는 방법도 설명한다.

이제 이 모든 생각을 하나로 통합하기 위한 작업을 시작해보자.

17장

제로 트러스트 정책 모델

정책은 제로 트러스트의 핵심이다. 그리고 정책의 주요 아키텍처 구성 요소는 정책 결정 지점과 정책 적용 지점이다. 물론 정책이라는 단어는 다른 많은 의미를 담고 있다. 제로 트러스트 세계에서 정책은 ID가 특정 상황에서 어떤 리소스에 접속할 수 있는지 정의하기 위해 기업에서 만든 구조다. 제로 트러스트 환경에서는 ID를 평가하고 정책을 할당해 접속 권한을 얻을 수 있으며 네트워크나 애플리케이션 수준에서 접속을 제어할 수 있다.

정책을 정의하고 적용하는 기술적인 수단은 제품이나 구현 방식에 따라 달라지지만 개념과 구성 요소는 공통적인 사항으로 제로 트러스트 시스템에 널리 퍼져 있어야 한다. NIST 제로 트러스트 문서에서는 '정책은 기업이 정보 주체, 데이터 자산, 애플리케이션[1]에 할당하는 속성을 기반으로 하는 접속 규칙 집합'이라 명시하고 있으며, NIST에서는 "리소스 접속은 클라이언트 ID, 애플리케이션/서비스의 모니터링 상태, 동적 정책, 업무와 환경 속성[2]을 포함한 정책으로

1. NIST 제로 트러스트 아키텍처, 6페이지를 참고한다.

2. NIST 제로 트러스트 아키텍처, 6페이지를 참고한다.

결정한다."를 핵심 원칙 중 하나로 설명하고 있다. 2장에서 제로 트러스트는 "보안 정책을 동적으로 적용할 수 있다."라고 정의했다.

3장에서도 간략히 소개했듯이 NIST 제로 트러스트 프레임워크 개념을 확장하면서 제로 트러스트 정책을 설명할 때 정책 구조와 정책 특수성을 설명했다. 또한 속성 기반 접근 제어[ABAC, Attribute-Based Access Control] 정책을 중심으로 업계 개념을 정리했고 제로 트러스트의 관점에서 이를 다시 해석했다.

17장의 목표는 제로 트러스트 시스템의 범위를 생각하고 공급업체 플랫폼을 평가할 수 있는 프레임워크와 구조를 제공하는 것이다. 제로 트러스트 시스템은 폭과 깊이가 무한대에 가까울 수 있으며 정책 모델에 포함시켜야 하는 것과 포함하지 말아야 하는 것에 대한 명확한 인식을 갖는 것이 중요하다. 특히 이런 인식은 정책 설계, 수명주기, 해당 거버넌스 프로세스를 정의하고자 필요하다. 기업에서 의도한 정책 모델의 기능과 한계를 이해하는 것도 계획한 제로 트러스트 아키텍처의 요구 사항과 경계를 설정하는 데 도움이 되는 유용한 방법이다. 정책을 구성하는 논리적 구성 요소를 자세히 살펴보자.

정책 구성 요소

이 절에서는 3장에서 설명한 정책 구성을 다시 소개하고 추가적인 설명을 이어간다. 정책 구성 요소인 서브젝트, 기준, 액션, 타깃, 컨디션 정의는 표 17-1과 같다.

표 17-1. 제로 트러스트 정책 모델 구성 요소

구성 요소	설명
서브젝트 기준 (Subject Criteria)	서브젝트는 액션을 실행하는(시작하는) 엔티티다. 서브젝트는 인증이 완료된 ID여야 한다. 그리고 정책이 적용되는 서브젝트를 지정하는 서브젝트 기준을 정책에 포함해야 한다.

(이어짐)

구성 요소	설명
액션(Action)	서브젝트가 실행하는 활동(Activity)이다. 여기에는 네트워크 또는 애플리케이션 구성 요소 중 하나를 포함해야 하며 둘 다 포함할 수 있다.
타깃(Target)	액션이 실행될 객체(리소스)다. 액션은 정책에서 정적으로 또는 동적으로 정의할 수 있고 정책의 범위가 넓거나 좁을 수 있지만 좁은 범위의 정책이 좋다.
컨디션(Condition)	서브젝트가 타깃에 액션을 실행할 수 있는 상태다. 제로 트러스트 시스템은 서브젝트, 실행 환경, 타깃 속성 등 여러 유형의 속성을 기반으로 컨디션 정의를 지원해야 한다.

여기서 설명하는 것은 논리적 구조로, 이 구조가 정책의 구성 요소를 설명할 때 적합한 방법이다. 실제로 제로 트러스트를 구현할 때 정책 모델을 다르게 구성할 수 있지만 그 안에 이런 요소를 포함해야 한다. 각 정책 모델의 구성 요소를 차례로 살펴보자.

서브젝트 기준

궁극적으로 서브젝트(인증된 ID)는 타깃에서 지정된 작업(액션)을 수행할 것이다. 그리고 PDP는 정책을 서브젝트에 할당하고 PDP는 다양한 시점에 해당 서브젝트별로 각 정책 기준을 평가한다(뒤에서 자세히 설명한다). 정책 자체는 일반적으로 특정 서브젝트를 참조하지 않는다. 다만 PDP가 특정 ID에 정책을 할당할지 여부를 결정하는 데 사용하는 기준은 포함한다. 일부 정책 기준은 매우 범위가 넓거나(모든 직원을 대상으로 적용) 아니면 매우 좁을 수 있다(마케팅 부서 사용자, 윈도우 장치를 사용하는 특정 프로젝트에 할당 등).

일반적인 서브젝트 기준은 디렉터리 그룹 구성원, ID에 할당된 속성, 운영체제 버전, 패치 수준 또는 모바일 장치의 탈옥 여부와 같은 정적인 장치 속성을 포함한다. 이전에 설명했듯이 서브젝트는 반드시 사람일 필요는 없다. 서버(또는 서버에서 실행되는 서비스 계정)도 ID를 가질 수 있기 때문에 서버에게 특정 접속 권한을 부여할 수 있고 서버도 인증된 서브젝트일 수 있다.

NIST 문서에서는 여기서 설명하는 방식을 'PDP의 트러스트 알고리듬이 정책 할당 여부를 결정하는 기준 방식'이라 한다. 또한 NIST는 점수 기반 접근법도 설명하고 있는데, 이 방식도 사용할 수 있다. 점수 기반 접근법에 전적으로 동의하지는 않지만 서브젝트에 정책을 할당하고자 모든 것을 만족해야 하는 일련의 기준이라 생각하는 것이 더 간단할 수 있다.[3]

마지막으로 서브젝트에서 리소스에 접속하는 시나리오를 기준으로 정책과 서브젝트를 우선 설명한다. 즉, 사용자 또는 서버(인증된 서브젝트)가 PEP를 경유해 서버에 연결하거나 일부 리소스에 접속하는 단순한 시나리오를 기반으로 살펴본 후 나중에 반대 방향으로 접속하는 더욱 복잡한 시나리오도 알아본다.

액션

액션은 정책에서 허용하는 활동 유형을 정의한다. 활동의 구체적인 내용은 적용 지점의 기능에 따라 달라진다. 많은 액션이 네트워크 접속과 관련돼 있지만 일부 제로 트러스트 시스템은 애플리케이션이나 데이터 중심 액션과 같은 다른 유형의 기능을 제공할 수도 있다. 이런 구분은 PEP 유형을 네트워크 계층이나 애플리케이션 계층으로 구분하는 것과 같다. 네트워크 관점에서 액션은 허용할 네트워크 포트와 프로토콜을 지정해야 한다. 애플리케이션이나 데이터 관점에서 액션은 역할, 속성, 애플리케이션 서비스 또는 데이터 분류와 관련될 수 있다(이 항목에 대한 자세한 내용은 간략히 설명). 실제로 구현할 때는 이 항목을 결합하기도 하지만 액션은 타깃에 적용될 각각 정의된 독립적인 항목이라고 볼 수 있다.

다음은 몇 가지 액션 사례다.

- HTTPS로 리소스에 접속(TLS가 있는 TCP 포트 443)

---

3. 100%가 돼야 하는 점수 기반 접근법이라고 생각할 수 있다.

- TCP 포트 3389(RDP)로 리소스에 접속
- UDP 포트 53(DNS)으로 리소스에 접속하고 응답 결과 수신
- TCP 포트 445(윈도우 SMB)로 리소스 접속
- URL /app1로 웹 애플리케이션에 접속
- URL /app1/admin으로 웹 애플리케이션에 접속
- SSH로 접속해 리눅스 `kill` 명령 수행
- 읽기/쓰기 권한으로 '분류되지 않음' 태그가 지정된 데이터 접속
- 읽기 권한으로 '고객 개인 정보' 태그가 지정된 데이터 접속

이 사례는 네트워크 레벨 PEP로 적용한 TCP, UDP 접속과 애플리케이션 레벨 PEP를 적용한 접속 개념과 비슷하다. 특히 애플리케이션 레벨 방식은 '혁신적' 기능에 가깝다. 오늘날 애플리케이션 레벨의 액션(애플리케이션 기능)은 일반적으로 제로 트러스트 정책 범위에 해당하지 않는다. 애플리케이션은 일반적으로 제로 트러스트와 같은 외부 시스템으로 제어하기에 적합하지 않은 투명하지 않은 자체 권한 모델을 갖고 있기 때문이다. 그러나 HTTP로 접속하는 웹 애플리케이션의 등장으로 URL을 이용한 애플리케이션 기능이 더욱 증가함에 따라 PEP 적용이 불가능했던 유형이 점차 가능해지고 있다.

예를 들어 수백 명의 직원이 https://fundmgmt.internal.example.com/main/으로 접속하는 기업 내부에서만 사용하는 핵심적인 재무 웹 애플리케이션이 있고 https://fundmgmt.internal.example.com/admin으로 접속할 수 있는 관리자 UI가 있다고 가정하자. 그리고 관리자 UI는 일부 인가된 관리자만 사용할 수 있다. 일반 사용자는 계정에 부여된 역할상 관리자 권한이 없지만 URL을 이용해 해킹 공격을 시도할 수 있다. 일반적으로 해커 등 악의적인 사용자가 금전 취득을 목적으로 해킹을 시도하는 점을 감안한다면 악성코드에 감염된 일반 사용자

의 워크스테이션에서도 충분히 관리자 UI 접속을 시도할 수 있다. 이에 admin 디렉터리 그룹 구성원만 관리자 URL 접속이 가능하도록 정책을 설정해 사용자 업무 효율성을 최대한 저하시키지 않고 최소 권한 원칙을 달성할 수 있다.

이는 애플리케이션의 기능을 URL로 구분할 수 있기 때문에 가능하다. 애플리케이션이 단순 네트워크 프로토콜이나 다른 URL 체계를 사용하는 경우 이 작업은 불가능하다. HTTP뿐 아니라 제로 트러스트 정책 적용이 가능한 몇 가지 애플리케이션 프로토콜이 더 있다. 예를 들어 SSH와 같은 애플리케이션 프로토콜도 프록싱으로 통제할 수 있다. 결국 PAM 공급업체는 이미 SSH 명령을 문제없이 제어하고 있어 이와 유사한 기능을 제공하는 제로 트러스트 시스템(아마도 PAM 공급업체의 경우)도 머지않아 동일하게 SSH를 통제할 것이다.

데이터 관점의 액션은 애플리케이션 레벨 액션과는 약간 다르며 다소 미래 지향적인 개념이다. 기본 아이디어는 PEP와 애플리케이션이 정책 적용 수준을 향상시키고자 서로 데이터 교환이 가능한 개방형 보안 프레임워크를 사용하는 방식이다. 예를 들어 플러그인이나 설정으로 PEP가 애플리케이션과 같이 동작할 수 있다. 애플리케이션 액션과 애플리케이션 프로토콜 구성 요소를 연결해 PEP가 제어할 수도 있고, 심지어 실시간 애플리케이션 역할을 서브젝트에 프로비저닝할 수도 있다. 또는 PEP가 부가적인 ID, 콘텍스트 정보를 애플리케이션으로 전송해 애플리케이션이 제로 트러스트를 제어할 수 있는 구조적 방법도 생각할 수 있다. 후자 같은 방식은 4장에서 설명한 BeyondCorp 이니셔티브에서 구글이 선택한 접근 방식 중 하나다. 구글의 접속 프록시(단순하게 말하자면 구글의 PEP)는 사용자 정책 적용을 위해 HTTP 헤더에 콘텍스트 정보를 추가했지만 애플리케이션들은 서비스에 영향 없이 계속 사용할 수 있었다.

보안 관련 기업들은 이 분야는 새로운 기술 영역이고 몇 년 안에 많은 발전이 있을 것이라 생각한다. 이상적으로는 애플리케이션 개발자와 제로 트러스트 시스템이 상호 연계하고 통합할 수 있는 이상적인 개방형 프레임워크를 곧 접할 수 있을 것이라 생각한다. 다만 이런 기술적인 통합이 없더라도 사용자가 필요한 애플리케이션 역할과 기능만 보유할 수 있도록 기업에서 접근 제어 거버넌스 프로세스를 적용해야 한다. 그래야 해당 프로세스로 다른 유형의 시스템과 기업이 유기적으로 조화를 이룰 수 있다.

타깃

타깃은 액션이 실행될 호스트, 시스템 또는 구성 요소다. 그리고 타깃은 정적 정책이나 동적 정책으로 정의할 수 있다(타깃 전체를 렌더링하려면 PEP 작업이 필요하다). 그리고 제로 트러스트의 핵심 원칙 중 하나인 동적 정책은 특히 강력하다. 동적 정책은 접속 대상 장치가 실행되기 전까지는 알 수 없는 속성 정보를 기반으로 접속을 정의하고 정책을 강제화할 수 있는 기능을 제공하기 때문이다. 다양한 유형과 범위를 보여주는 몇 가지 타깃 사례를 살펴보자.

호스트 10.6.1.34에 접속

호스트 10.6.1.34에 접속하는 것은 단순하고 정적이며 완전히 렌더링[4]된 타깃이다. 네트워크 PEP는 추가적인 통제 작업이 필요 없다. 다만 단일 IP 주소로 지정한 타깃은 편리할 수 있지만 일반적으로 정책에 포함시키지 않는 것이 좋다. 물론 IP 주소는 변경된다. 그리고 IP 주소의 호스트가 아닌 해당 IP 주소에서 실행 중인 애플리케이션이나 서비스에 접속하는 경우가 많다. 이 경우 호스트 이름이 IP 주소보다 더 좋은 타깃 설정이 될 수 있다. 이 부분은 다음 사례에서 좀 더 설명하겠다.

마지막으로 특히 네트워킹 장비 같은 인프라에 접속해야 하는 IT 관리자나 네트워크 관리자에게 접속 권한을 부여하는 경우 고정 IP 주소를 타깃에 지정하는 방법이 있다. 기업에서는 자체 IT 환경을 잘 파악해 스스로 가장 효과적인 접근

4. 컨디션을 검사하고 접속 대상을 식별하는 작업 – 옮긴이

방식을 결정해야 한다.

호스트 appserver1.internal.example.com에 접속

호스트 이름을 타깃으로 설정하는 것은 매우 일반적이며 정책을 정의하는 경우에도 매우 효과적인 방법이다. 호스트 이름은 물론 DNS를 통해 IP 주소를 확인할 수 있다. 단일 호스트 이름을 타깃으로 지정하는 정책을 사용하면 상세 접근 제어를 만들 수 있고 '단일 네트워크 프로토콜, 포트로만 접속'과 같은 제한된 액션과 결합할 수도 있다.

제로 트러스트 정책은 기업 내부의 DNS 시스템, 프로세스의 운영 방식을 활용하면서 함께 동작할 수 있어야 한다. 예를 들어 IP 주소가 주기적으로 변경되는 웹 애플리케이션에 맞는 제로 트러스트 정책 적용이 대표적인 사례다. 또한 주기적으로 롤 아웃roll out하는 가상화 기반 운영 시스템의 경우 DNS를 기반으로 유동 IP를 사용하며 DNS는 로드 밸런싱, 애플리케이션 서버들을 분산 배포할 때도 필요하다. 그리고 애플리케이션과는 별도로 IT 팀이 네트워크를 변경할 수 있는 기능도 있다.

이런 경우에도 제로 트러스트 시스템은 분산된 PEP가 DNS 서버를 사용해 호스트를 확인할 수 있어야 한다. 서로 다른 네트워크에서 실행되는 분산 환경의 제로 트러스트 환경에서는 중앙 집중식 PDP가 별도의 도메인에 있거나 연결되지 않은 네트워크에 있기 때문에 모든 호스트의 IP를 확인할 수 없는 경우가 많다.

서브넷 10.5.1.0/24에 있는 호스트 접속

서브넷 10.5.1.0/24에 있는 호스트는 서브넷 내의 여러 호스트가 타깃이 되는 정적인 타깃의 사례다. 이 경우 해당 서브넷의 모든 호스트에 접속 권한을 부여한다. 이런 대역에 대한 권한 부여는 이상적인 방식이 아니며 최소 권한 원칙과도 맞지 않는다. 하지만 언제나 그렇듯 예외적인 상황도 있다. 예를 들어 이 타깃은 해당 네트워크의 모든 호스트에 접속이 필요한 IT 관리자에게 유용하게 사용될 수 있다.[5] 또는 해당 네트워크의 모든 장치가 비슷한 유형인 상황에서 모든 장치에 접속을 허용해도 상관없는 경우도 유용할 수 있다. 이 유형의 타깃을 사용하는 대부분의 경우는 기업이 제로 트러스트로 전환 중에 있으며 아직 세밀한 접속 통제를 준비하지 못한 과도기적 상태인 경우다. 이 방식은 PEP 뒤에 암묵적인 트러스트 존이 있는 엔클레이브 기반 모델에서 적용할 수 있다.

'부서=마케팅' 시스템 태그가 지정된 시스템 접속

태그가 지정된 시스템 접속은 제로 트러스트 시스템의 강력한 기능을 보여주는 사례다. 제로 트러스트 시스템은 PDP 판단으로 서브젝트에 정책을 적용한 후 PEP에 의존해 호스트를 식별하기 때문이다. 이 프로세스는 이 장의 뒷부분에서 설명하겠지만 요약하자면 제로 트러스트 시스템이 PEP를 이용해 접속 환경 정보를 가져와 정책을 완전히 제어하는 방법이다. 즉, 제로 트러스트 정책 생성 담당자는 운영 시스템에 있는 기업의 메타데이터를 사용해 궁극적으로 누가 접속할 수 있는지 결정한다.

태그(일부 시스템에서 레이블이라고 함)는 구현 방식에 따라 적용하거나 해석하는 메커니즘이 다르지만 여기서는 상세하게 다루지 않는다. 중요한 것은 기업이 표준 IT나 네트워킹의 외부 메커니즘을 사용해 접속을 제어할 수 있다는 개념이다. 이 메커니즘은 비즈니스나 기술 프로세스 그리고 보안을 처음으로 결합하는 경우가 많다. 예를 들어 기업은 CMDB^Configuration Management DataBase^의 속성 정보를 접속 통제를 판단하는 원천 정보로 사용하거나 IaaS 환경에서 태그와 같은 메타데이터 속성을 사용할 수 있다. 두 가지 경우 모두 IT 팀과 보안 팀에서 메타데이터 기반의 제로 트러스트를 자동화된 강력한 통합 지점으로 사용해 협업할 수 있

5. 이 경우 IT 관리자가 전체 네트워크에 지속적으로 접속할 수 없게 뒷부분에서 설명하는 컨디션을 사용하는 것이 좋다.

다. 제로 트러스트 시스템은 이런 방식으로 태그가 지정된 모든 호스트를 자동으로 감지하고 적절한 접속 정책을 적용한다. 즉, 올바른 사용자들은 태그의 사용 정도에 따라 알맞은 접속 수준을 자동으로 얻을 수 있다.

또한 이 사례에서 흥미로운 점은 호스트 기반 리소스에만 국한하지 않고 정책 모델을 열어준다는 것이다. 오늘날의 최신 애플리케이션은 컨테이너형 또는 마이크로서비스 기반이며 기본 호스트에 직접 연결하지 않는 경우가 많다. 이런 경우 제로 트러스트 정책 모델은 여러 서비스가 동일한 물리 호스트나 가상 호스트에서 실행되는지 여부에 관계없이 또는 동일한 IP 주소를 사용하는지 여부에 관계없이 서로 다른 수준의 접속을 강제할 수 있어야 한다.

예를 들어 이스티오istio와 같은 서비스 메시 시스템은 여기서 설명하는 방식을 따르는 정책 모델을 제공한다. 서비스 메시는 분산형 PEP로 구성되며, 정책 대상(타깃)을 선택하는 태그 기반 메커니즘과 컨디션을 지정하는 메커니즘이 있는 권한 부여 정책 기능을 제공한다.[6]

'stage=test' 태그로 시스템 접속

배포 단계를 나타내는 태그 사용은 앞서 설명한 사례와 비슷하지만 중요한 차이점이 있다. 특히 데브옵스 환경에서 새로운 버전의 애플리케이션이나 서비스를 지속적으로 배포하는 자동화된 툴체인toolchain(개발 프로그래밍 도구)과 결합할 경우 태그 사용은 중요하다. 'stage=test' 사례를 보면 툴체인은 태그를 사용해 개발 수명주기 단계를 구분했고 제로 트러스트 시스템은 자동으로 이런 타깃에 올바른 서브젝트 집합(사람 또는 시스템)을 부여한다. 즉, 서브젝트가 배포 프로세스에 따라 필요한 서버 접속 권한을 자동으로 그리고 투명하게 획득할 수 있다.

워크로드나 서비스의 배포 단계가 변경되면 해당 변경된 상태를 반영한 접근

6. Istio의 설계 조건은 ID보다는 서비스와 네트워크에 더 초점을 맞추고 있지만 향후 추가 서비스 예정인 기능을 포함해 이런 방향으로 확장될 수 있다. 자세한 내용은 https://istio.io/latest/docs/concepts/security/를 참고한다.

제어가 자동으로 적용되는데, 이는 제로 트러스트 시스템의 장점을 잘 보여준다. 즉, 이미 운영 중인 기능(툴 체인 기반 배포)을 활용해 접속 권한을 자동으로 조정할 수 있다. 결국 워크로드의 수동 개입 없이 개발 수명주기 동안 접근 제어를 최소한으로 정확하게 유지한다는 점이 제로 트러스트와 개발 프로세스를 접목할 때 얻을 수 있는 효과다. 이 방식은 데브옵스 기업과 잘 연계해 안정적으로 제로 트러스트 보안 원칙을 달성할 수 있다.

컨디션

컨디션은 서브젝트가 타깃에 실제로 액션을 수행할 수 있는 상황을 지정한다. 그리고 정책 모델은 다양한 컨디션에 대한 검사[check]를 지원해야 한다. 실제로 제로 트러스트는 사용자 지정[Custom] 검사를 추가할 수 있도록 확장 가능한 컨디션을 지원해야 한다. 컨디션은 장치, 인증, 시스템 수준 속성에 따라 다르게 지원되는 경향이 있으며 일부 제로 트러스트는 추가적인 컨디션 유형을 지원한다.

정책 허용을 결정하는 몇 가지 컨디션 사례를 살펴보자.

08시부터 18시까지 제한

시간제한은 정의한 역할, 특정 시간 조건으로 사용자 접속을 효과적으로 제어할 수 있는 편리한 수단이다. 특히 근무 시간이 아닌 시간에 도난 당한 인증정보나 악성 프로그램의 리소스 접속 시도를 통제하는 데 도움이 된다. 이 컨디션은 운영 중인 장치에서도 유용하다. 매일 밤 01:00 ~ 03:00 사이에 IT 백엔드에 연결해야 하는 기기를 생각해보자. 허용된 시간대를 제외하고 네트워크 연결을 허용할 이유가 없다.

이 컨디션 사례는 PEP가 정책을 렌더링해야 하는 대표적인 이유로 ID는 하루에 한 번만 PDP로 인증할 수 있지만 PEP는 하루 동안 접속을 허용한 시간과 현재 시간을 비교할 수 있어야 한다.

90분 안에 사용자가 MFA 또는 단계별 인증

MFA는 매우 중요한 인증 수단으로, MFA와 같은 유형의 컨디션은 모든 제로 트러스트에서 필수적인 구성 요소여야 한다. 물론 단계별 인증이 필요한 시기와 방법도 안정감 있게 설정해야 하며 사용자 환경과 운영 중인 위협 모델을 모두 고려해야 한다. 위험도가 높거나 핵심 서비스를 제공하는 특정 애플리케이션은 사용자가 세션을 시작할 때마다 MFA를 요청할 수도 있지만 대부분의 경우 전체 리소스 그룹에 접속할 때 한 번만 MFA 인증하면 일정 기간 동안 유지하는 것이 효과적이다. 이런 유형은 PEP가 평가하고 적용해야 하는 컨디션이다. PEP을 이용한 사용자 접속을 기반으로 임의의 시간에 단계별 인증을 적용할 수 있으며 PDP는 해당 흐름에 관여하지 않을 가능성이 높다.

FIDO2, 스마트폰 앱, 푸시 알림, 생체 측정 등 2차 인증 요소로 사용할 수 있는 방식과 솔루션은 매우 다양하다. 제로 트러스트 플랫폼은 표준화된 API로 이런 플랫폼의 일부 또는 모든 방식을 지원해 환경에 가장 적합한 플랫폼을 선택할 수 있는 기능을 지원해야 한다.

장치 상태 조건: 백신 프로그램이 실행 중

서브젝트의 장치가 보안 상태 기준을 충족하는지 확인할 목적으로 이 컨디션을 사용한다. 이 컨디션 사례는 장치 자체에서 검색한 정보를 이용한다. 백신 프로그램이 현재 실행 중인지 여부를 확인하는 작업은 사용자 에이전트 PEP나 장치의 다른 소프트웨어로 확인할 수 있지만 장치에서 전송되는 정보는 부분적으로만 신뢰해야 한다.

많은 IT, 보안 부서가 관리 권한을 제한하는 등 사용자 장치에 적절한 보안 통제를 적용하지만 악성코드가 장치에 감염돼 잘못된 정보를 반환할 가능성도 있다. 그러므로 기기의 악성 프로그램 차단 서비스가 실행 중이라는 표시가 유용한 정보이고 컨디션으로도 사용 가능하지만 심층 방어의 한 구성 요소로만 고려해야 한다.

장치 상태 조건: 48시간 안에 엔드포인트 보안 스캔 완료

이 조건은 엔드포인트 관리, 취약성 검색 솔루션과 같은 보안 스캔 도구에서 검색한 장치 상태 정보를 사용한다. PEP는 장치가 아닌 서버에서 이 정보를 검색하기 때문에 더 신뢰할 수 있다.[7] 이 사례에서는 48시간 안에 장치의 보안 스캔을 완료하도록 컨디션을 설정했다. 또 다른 접근법은 PEP가 SIEM 또는 UEBA와 같은 모니터링 시스템을 호출해 장치의 위험 수준과 관련된 최신의 실시간 정보를 활용하는 것이다.

리소스에 대한 서비스 데스크 티켓 활성화

이 사례는 제로 트러스트 시스템이 보안, 비즈니스 프로세스를 어떻게 결합할 수 있는지 보여주는 흥미로운 방법 중 하나다. 앞서 타깃에서 설명한 메타데이터 태그의 사례처럼 이를 통해 기업은 원하는 비즈니스 프로세스를 활용할 수 있다. 비즈니스 프로세스에 네트워크나 애플리케이션 접속 통제 정책을 결합해 사용자는 해당 프로세스를 따를 수밖에 없다. 그렇기 때문에 보안은 물론 감사, 정밀도, 품질 측면에서 엄청난 이점을 가져올 수 있다.

이 사례에서 기업은 IT 관리자가 특정 리소스에 접속하려는 경우 이 리소스와 일치하는 서비스 데스크 티켓이 열려 있는 경우에만 접속 허용 여부를 판단한다. 이 정책으로 IT 관리자는 리소스에 접속하고 필요한 작업을 수행하려면 프로세스를 관리하는 조직이 서비스 데스크 티켓을 생성해야 한다. 티켓이 닫히면 관리자의 리소스 접속 권한은 회수된다. 따라서 관리자와 해당 장치에 광범위하고 지속적인 네트워크 접속 권한을 부여할 필요가 없다. 또한 컴플라이언스 준수를 위해 모든 관리자 접속은 추적이 가능하다.

이 서비스 데스크 티켓은 하나의 사례일 뿐이다. 제로 트러스트 시스템은 기본

---

7. 물론 어떤 시스템도 완벽하지 않으며 보안 시스템이 장치에서 악성 프로그램을 감지하지 못했거나 그 자체가 손상돼 잘못된 정보를 반환할 수도 있다.

적으로 모든 비즈니스 프로세스에 유기적으로 통합할 수 있어 조직 전체에 많은 이점을 준다.

서브젝트와 타깃 모두 '운영' 상태 태그를 가진 서버

이 사례에서 서브젝트와 타깃은 모두 서버로 서버의 상태를 나타내는 태그를 이용한다. 따라서 이 컨디션으로 개발 앱이나 테스트 앱(또는 개발계 시스템에서 작업하는 개발자)이 의도하지 않게 운영 서비스에 연결되는 것을 방지할 수 있다. 물론 인증이 가능한 추가적인 제어 계층이 있어야 한다. 예를 들어 서비스 대 서비스 인증 모델에 따라 애플리케이션 인증 정보나 인증서가 필요할 수 있다. 그러나 수동 테스트 단계나 릴리스 단계가 있는 개발 환경에서는 개발자가 실수를 범하기가 너무 쉽다. 보통 이 작업은 명령으로 설정하는데, 잘못 복사해 붙여 넣은 명령어나 명령어 오타로 인한 영향도가 크니 조심해야 한다.

서브젝트, 타깃 서비스의 메타데이터를 모두 사용하는 제어 유형은 애플리케이션 이름이나 프로젝트 이름 등의 추가 정보로 제어 범위를 확장할 수 있다. 특정 프로젝트의 애플리케이션 서비스가 실수로 전혀 다른 프로젝트 서비스에 연결 시도할 가능성은 낮지만 악성 사용자나 해당 애플리케이션의 호스트에 접속할 수 있는 악성 프로그램이 네트워크 정찰이나 래터럴 무브먼트lateral movement(횡 방향 이동) 공격을 시도할 가능성이 분명히 있다. 제로 트러스트 인프라와 보안 수준이 향상되면 최소한의 권한 원칙으로 이런 유형의 정책을 수립할 수 있다.

서브젝트 기준 대 컨디션

앞서 설명한 사례들을 보면 서브젝트 기준이나 컨디션에 맞는 몇 가지 검사해야 할 사항이 있다는 것을 알게 됐을 것이다. 하지만 상관없다. 이 문제에 반드시 정해진 규칙이 있는 것은 아니며 기업이 선택한 플랫폼의 세부 사항에 따라 판단을 내리면 된다. 기업에서 경험을 쌓을수록 어떤 접근 방식이 가장 효과적일지가 분명해질 것이다.

일부 유형의 검사는 PEP가 기술적으로 수행할 수 있더라도 일반적으로 초기 세션(ID 인증 시 등)을 설정할 때 PDP에서 수행하는 것이 더 적절하다. 이러한 검사는 일반적으로 변경 속도가 느리다. 때문에 사용자의 세션 유지 기간 동안 고정된 상태로 유지될 가능성이 높은 속성과 관련이 많다. 물론 특정 제로 트러스트 플랫폼을 어떻게 구현하느냐에 따라 다르다. 예를 들어 활성 세션을 유지하는 동안 OS 버전과 위치 정보가 변경될 가능성은 낮다. 이 장의 뒷부분에서는 어느 단계에서 속성을 평가해야 하는지 살펴본다.

정책 사례

지금까지 정책이 어떻게 구성되는지 살펴보고 일부 사례도 다뤘으니 이런 구성 요소가 어떻게 결합될 수 있는지 보여주는 몇 가지 정책 사례를 살펴보자.

첫 번째는 표 17-2에 나와 있듯이 3장에서 처음 정책 모델을 설명할 때 소개한 사례다.

표 17-2. 정책 사례: 사용자가 청구 애플리케이션에 접속

정책: 청구 부서의 사용자는 청구 웹 애플리케이션을 사용할 수 있어야 한다.	
서브젝트 기준	ID 제공자에서 `Dept_Billing` 그룹의 구성원인 사용자다.
액션	사용자는 HTTPS, 포트 443로 웹 UI에 접속할 수 있어야 한다.
타깃	FQDN(도메인 billing.internal.company.com)으로 접속하는 청구 애플리케이션이다.
컨디션	사용자는 사내에서 접속하거나 외부에서 원격으로 접속할 수 있다. 원격 접속 사용자는 인증 시에 2중 인증(MFA)을 해야 한다. 사용자는 엔드포인트 보안 소프트웨어가 실행 중인 회사 관리 기기에서 청구 웹 애플리케이션에 접속해야 한다.

이 사례에서 서브젝트 기준은 지정된 ID 제공자 그룹인 Dept_Billing의 구성원인 사용자에게 이 정책을 할당한다. 이 기업에서는 직원만 ID 제공자에 등록하기 때문에 서브젝트 기준에서 해당 역할을 추가로 검사할 필요가 없다. 또한 사용자가 청구 애플리케이션에서 활성화된 계정 권한을 갖고 있는지를 검사하지 않도록 선택했다. 이 기능은 청구 부서의 직원이 아닌 다른 직원이 해당 애플리케이션의 계정을 가진 경우에 유용할 수 있다. 이 부분은 흥미롭게도 특정 액션 정책을 받아야 하는 사용자가 존재하지만 해당 사용자와 완벽하게 맞는 ID 그룹이 없는 일반적인 상황을 보여준다.

물론 이상적인 제로 트러스트 정책 시나리오는 최소 권한 원칙을 시행하고 정확하게 올바른 사용자 집합에게만 접속 권한을 부여하는 것이다. 그러나 불완전한 제로 트러스트 구현이 없는 것보다는 낫고 '완벽한' 그룹 매핑을 위해 ID 관리 프로그램, 프로세스의 변경을 기다려야 하는 것보다 일부 추가 사용자에게 접속 권한을 부여하는 정책이 낫다고 생각한다. 5장에서 설명한 것처럼 이는 ID 팀이 동시에 여러 제로 트러스트 프로젝트 과제를 진행하는 동안 제로 트러스트 프로젝트가 어떻게 나아가고 어떤 가치를 제공해야 하는지 보여주는 좋은 사례다.

다시 사례로 돌아가서 이 경우에 액션은 간단하다. 즉, HTTPS로 웹 UI에 접속할 수 있는 내용만 있다. 그리고 타깃은 FQDN 도메인 이름이다. 그러나 몇 가지 통제를 추가로 적용하고자 컨디션을 사용했다. 먼저 원격 사용자는 이 애플리케이션에 접속할 때 MFA 인증을 해야 하고 4시간 후에 다시 인증해야 한다. 안전한 회사 내부 네트워크에서 일하는 사용자는 MFA를 적용할 필요가 없다. 건물 안의 물리적 위치를 추가적인 요소로 고려할 수 있기 때문이다. 또한 이 컨디션에서 장치는 회사에서 관리(회사 CA에서 발급한 유효한 인증서가 있는 것으로 확인됨)하고 해당 장치에서 회사의 엔드포인트 보안 솔루션이 실행되고 있어야 한다.

이 방식은 타당하고 안정적인 컨디션으로 원격 사용자는 최소한으로 인증하고 허가된 장치에만 접속하게 통제할 수 있다. 몇 가지 환경에 제약이 있지만 훨씬 더 단순한 다른 사례를 살펴보자.

표 17-3. 정책 사례: 운영 서브넷에 관리자 접속

정책: sysadmin이 운영 서브넷에 접속	
서브젝트 기준	ID 제공자의 sysadmin 그룹 멤버로 속한 사용자다.
액션	사용자는 TCP 22, 3389, 443 포트 및 ICMP ping을 사용한다.
타깃	10.0.0.0/8 서브넷 대역이다.
컨디션	서비스 데스크 티켓이 '열린' 상태여야 하며 접속 중인 호스트 이름이나 IP 주소를 지정한다.

표 17-3의 사례에서 기업은 sysadmin 그룹 정책으로 운영 서버 접속을 제어하고 있다. 시스템 관리자는 수천 개의 호스트가 있는 대규모 서브넷에 있는 서버나 네트워크 장치에 원격 접속(SSH, SFTP, Web, RDP)을 해야 한다. 또한 관리자의 근무일마다 sysadmin 그룹으로 일부 시스템에 연결해 업데이트, 구성 변경, 장애 대응을 해야 한다. 기업은 관리자가 이 네트워크에 광범위하고 영구적으로 접속하는 것을 원하지 않지만 관리자가 업무는 수행할 수 있어야 한다. 즉, 매일 예측할 수 없는 호스트들에 접속해야 한다.

이 정책 사례는 서비스 데스크(티켓팅) 시스템이라고 하는 비즈니스 프로세스와 접근 제어를 연결함으로써 문제를 해결한다. 이 정책으로 기업은 관리자의 생산성을 유지하면서 모든 운영 시스템 접속을 기록할 수 있다.

실제 많은 기업과 마찬가지로 이 사례에서 설명하는 기업은 높은 수준의 통제 영역도 있지만 일부 영역에서는 다소 수준이 미흡하다는 점에 유의하자. 여기서 서비스 데스크로 sysadmin 작업을 허용하는 정기 프로세스를 사용하는 것은 상당한 수준의 성숙도를 보여준다. 반면 각 서버에 SSH, RDP 접속 권한을 모두 부여한 것은 OS 유형에 따라 호스트를 연결할 수 있는 자산 관리 시스템이 없음

을 보여준다. 더구나 이 정책에는 연결된 MFA도 없다. 이 가상의 기업에서는 MFA 사용에 대한 문화적 거부감이 있거나 인증 정보 보관소와 같은 일종의 다른 정책을 사용하고 있을 것이다.

표 17-4. 정책 사례: 개발자 접속

정책: 운영 서브넷에 접속하는 Sysadmin	
서브젝트 기준	서브젝트는 Everest directory 그룹의 멤버여야 한다.
액션	모든 TCP, UDP, ICMP 통신이다.
타깃	'project=Everest.'로 태깅된 개발 환경 Iaas의 모든 리소스다.
컨디션	없음(접속은 항상 허용됨)

표 17-4 정책은 동적으로 렌더링된 타깃 사용 사례를 보여준다. 여기서 PEP는 IaaS 환경의 태깅 정보를 활용한다. 이 사례에서 TCP, UDP, ICMP 통신은 모두 열려 있지만 개발 환경이라는 점을 고려할 때 문제는 없다. 이 정책은 개발자가 다른 프로젝트의 리소스에 접속할 수 없게 하고 IaaS 환경에서 작업할 수 있는 모든 기능을 제공한다.

표 17-5. 정책 사례: 서버 대 서버 접속

정책: 데이터베이스서버에 접속하는 DMZ 웹 서버	
서브젝트 기준	서브젝트는 호스트 네임 ws1.company.com 또는 ws2.company.com이어야 한다.
액션	TCP 3306 포트로 접속한다.
타깃	호스트 앱1 database.internal.company.com
컨디션	없음(접속은 항상 허용됨)

마지막 표 17-5의 정책은 DMZ에서 실행되는 웹 서버가 사설 내부 네트워크에 연결된 데이터베이스 서버에 접속하는 서버 대 서버 시나리오 사례다. 마치 핵심 데이터베이스(예, 재고 업데이트 또는 주문 처리)와 인터페이스하는 수많은 백엔드 서비

스가 있는 전자상거래 사이트의 프런트엔드 웹 애플리케이션 구성과 같다. 이 사례에서는 로드 밸런싱, HA 목적으로 웹 서버 인스턴스가 여러 개 있으며 가상화 인프라이기 때문에 내부 IP 주소가 정기적으로 변경되고 신규 버전 인프라를 자주 배포한다. 이 단순한 정책으로 기업은 엄격한 보안을 유지하면서 계속 변하는 인프라 구성에서도 자동으로 접속을 조정할 수 있다.

정책 적용

이 정책 모델은 기술 분야 이해 관계자와 비기술 분야 이해 관계자 모두에게 의미 있는 방식으로 접속 규칙을 검토하고 작성할 수 있는 구조를 제공해야 한다. 또한 이 정책 모델은 도입하려는 제로 트러스트 제품을 분석할 때 필요한 기능 유형을 파악하는 데 도움이 된다.

물론 이런 정책은 아무런 데이터가 없는 상태에서는 생성할 수 없다. 정책을 검사하려면 속성(콘텍스트 입력 정보)이 필요하며 특정 시나리오를 충족하도록 구성해야 한다. 그리고 검사 시기와 검사 이유 측면과 관련한 흐름이 있다. 이 절에서는 속성부터 시작해 정책의 각 측면을 살펴본다.

속성

제로 트러스트 정책은 ID, 장치, 타깃, 전체 엔터프라이즈 시스템과 관련한 속성을 중심으로 생성한다. 정책 모델에서 볼 수 있듯이 이런 속성은 서브젝트 기준, 타깃, 컨디션에서 참고하는 정보다. 속성 정보로 정책의 콘텍스트 민감도를 확인할 수 있고 제로 트러스트를 위해 필요한 규모와 동적인 정보를 얻을 수 있는데, 다음과 같이 크게 3가지로 분류할 수 있다.

ID 속성은 일반적으로 ID를 인증하는 ID 제공자가 검색하지만 다른 원천 정보의 속성으로도 사용할 수 있다. ID 특성에는 디렉터리 그룹 구성원 자격뿐만 아니라 역할과 같이 직접 할당된 속성도 포함하고 있다. 모든 기업에서는 사용자 지정 그룹을 만들고 ID에 사용자 지정 속성을 할당할 가능성이 높다. 그리고 제로 트러스트 시스템은 이런 속성을 정책에 반드시 사용해야 한다.

장치 속성은 일반적으로 로컬 에이전트를 이용해 장치에서 직접 검색하거나 CMDB 또는 엔드포인트 관리 시스템과 같은 외부 시스템에서 검색할 수 있다. 일부 장치 속성은, 특히 장치에서 실행되는 로컬 프로세스에서 얻은 속성은 상당히 자주 변경될 수 있다. 관련 속성의 지속성은 다음에 다룰 예정으로, 속성의 평가 위치, 시기, 방법을 결정할 때 반드시 고려해야 한다.

고려해야 할 또 다른 속성으로 **시스템 속성**이 있다. 이 속성의 분류는 다소 애매모호한데, 엔터프라이즈 네트워크, 비즈니스 시스템과 관련된 속성이다. 여기에는 전체 네트워크 위협이나 위험 수준(SIEM에서 얻을 수 있음), 시스템 또는 네트워크 부하, 비즈니스 프로세스 또는 IT 기능과 관련된 속성(예, 승인된 유지 보수 기간인지 또는 긴급 접속 요청 상황인지 여부) 등을 포함한다.

마지막으로 앞서 설명한 것처럼 **타깃 속성**은 타깃에 어떤 액션을 적용해야 하는지 결정하는 데 주로 사용한다. 이 해당 속성은 PEP가 로컬 환경을 조회하거나 CMDB와 같은 중앙 집중식 시스템에서 검색할 수 있다.

속성을 설명할 때 제로 트러스트 시스템이 외부에서 속성을 검색하는 관점에서 접근했다. 물론 이 방식을 많이 사용하지만 유일한 방식은 아니다. 제로 트러스트 시스템 자체가 속성 정보의 저장소가 될 수도 있다. 물론 이 경우 속성을 저장하고 업데이트하기 위한 메커니즘이 필요한데, 이 내용은 11장에서 이미 다뤘다.

이 모든 것을 고려해 다른 속성 유형들의 변화 빈도를 살펴보자. 표 17-6에서 일반적인 속성 정보의 변경 빈도를 볼 수 있다. 다만 표에서 설명하는 정보는 일반적인 예시이니 표준이 아닌 지침으로만 생각해야 한다. 예를 들어 '영구적인' 생체 특성도 부상이나 이식 때문에 실제로 변할 수 있다. 또한 기업에는 자산 관리와 관련한 지침이 있을 수 있다. 예를 들어 해당 지침은 특정 장치 속성과 관련한 영속성에 영향을 미칠 수 있다.

전반적으로 이 표는 속성 정보의 유형을 이해하고 이를 어디서 평가할지와 평가 빈도(예, 인증 시간과 접속 시간)를 결정하는 데 도움이 되기 때문에 유용할 것이다.

표 17-6. 속성 지속성

속성 지속성	ID 속성(사용자)	장치 속성	시스템 속성	타깃 속성
영구(변하지 않음)	생체 정보(지문 인식, 홍채 인식 등)	운영 시스템	없음	운영 시스템
반영구(연간 1회 이하 변경)	시민권, 거주 증명서, 보안 허가증	호스트 이름	도메인	ID, 호스트이름, URL
거의 없음(매월 또는 매년 변경)	그룹 멤버십, 역할, 프로젝트, 과제	OS 버전 또는 패치 레벨, 구성 요소 패치 레벨(백신 시그니처 파일 등)	DNS 서버 설정	IP 주소, 인증서 정보, 네트워크 정보(TLS 변수 등), 리소스 버전
정기적 발생(매주 변경)	없음	장치 상태 체크, 레지스트리 키 정보	없음	타깃 상태 검사
자주 발생(매일, 매시간 변경)	위치 정보, 네트워크 속성	프로세스 상태, 장치 IP 정보	네트워크 리스크 수준, 네트워크 사용량, 임시 권한 부여	사용 중인 리소스, 리소스 가용성

실제로 컨디션 항목과 같이 PEP에서 자주 변하는 속성을 검증하는 것은 문제가 없다. 이런 속성 정보는 세션이 활성화된 상태에서 변경될 수 있으며 PEP가 이런 유형의 접속 제한 시간을 적용하는 메커니즘을 갖고 있기 때문이다. 그리고 계속 지속되는 속성은 PDP에서 서브젝트 기준의 일부로 평가하는 것이 맞을

수 있다. 물론 제로 트러스트 플랫폼이 다른 방식으로 접근할 수 있다는 점은 참고하자.

정책 시나리오

지금까지는 정책 입력으로 사용하는 속성과 정책 구조를 설명했으니 이제 가장 일반적인 시나리오들을 살펴볼 차례다. 즉, 서브젝트가 타깃에 접속하는 패턴과 접근 방법들이다. 먼저 시나리오 설명을 위한 가정을 확실히 이해하자.

첫째, (16장에서 설명한 IoT 시스템을 제외하고) 적용 중인 제로 트러스트 액션에는 항상 하나 이상의 서브젝트가 있어야 하고 여기서 서브젝트는 인증된 ID다. 즉, 인증되지 않은 ID는 타깃이 될 수 있지만 서브젝트가 될 수 없다. 둘째, 제로 트러스트 시스템의 통제 영역 밖에 있는 암묵적 트러스트 네트워크 존에서 어느 정도 수준의 통신이 발생할 가능성이 높다. 기업에서는 다음을 생각해야 한다. 암묵적 트러스트 존의 경계가 어디까지인지 생각하고 명시적으로 경계가 어디까지인지를 결정해야 한다. 시간이 지남에 따라 제로 트러스트 여정이 진전될수록 경계를 축소해야 한다. 제로 트러스트 운영 중에 리소스에 접속하는 여러 통신이 혼재되는 경우가 많은데, 일부는 PEP로 통신하지만(그리고 제로 트러스트 정책에 따라 달라진다) 일부 통신은 제로 트러스트 PEP를 경유하지 않을 수 있다. 심지어 PEP로 통신하는 동일한 리소스에서도 발생할 수 있다.

마지막으로 권한이 없는 사용자(예, 공용 웹 서버)가 접속할 수 있는 리소스는 제로 트러스트 정책 모델의 범위를 벗어난다. 이런 시스템은 의도적으로 모든 원격 시스템에 트러스트 정보를 부여해 리소스를 연결하고 활용할 수 있게 한다. 물론 공개적으로 접속할 수 있는 웹 서버에서도 관리자 서비스 접속과 같은 영역은 제로 트러스트 시스템의 범위 안에 있을 수 있다. 즉, 모든 서브젝트가 인증된 ID여야 하는 제로 트러스트의 요구 사항은 시스템의 명확한 경계를 설정하는 데 도움이 될 것이다. 사용자 환경의 일부 리소스가 제로 트러스트의 범위를 벗어나더라도 보안 팀의 관리 범위 안에 두고 적절하게 보호해야 한다.

이제 제로 트러스트 구축 모델과 정책 모델을 보여주는 몇 가지 시나리오를 살펴보자. 명확한 설명을 위해 모든 다이어그램에서 PDP는 생략했다.

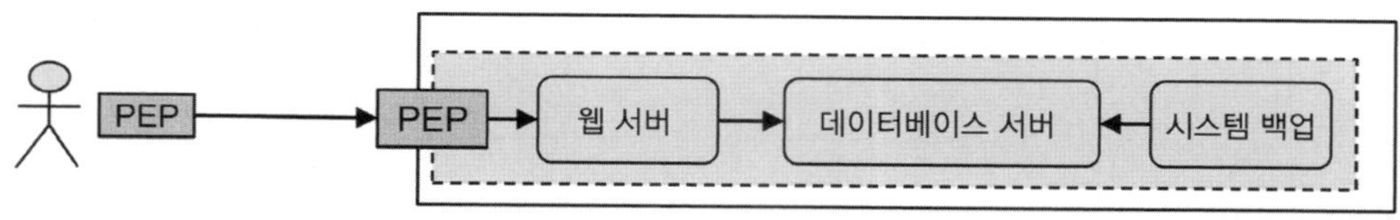

그림 17-1. 정책 시나리오: 타깃이 웹 서버인 경우

그림 17-1의 첫 번째 시나리오는 엔클레이브 기반 제로 트러스트 구축 모델을 사용한 간단한 구성이다. 이 사례에서 타깃은 웹 서버뿐이며 사용자의 웹 서버 접속을 제어한다. 표시된 3개의 서버는 모두 암묵적 트러스트 존 안에 있으므로 서로에 대한 접속은 PEP로 제어하지 않는다. 즉, PEP는 서브젝트의 웹 서버 접속만 제어한다.

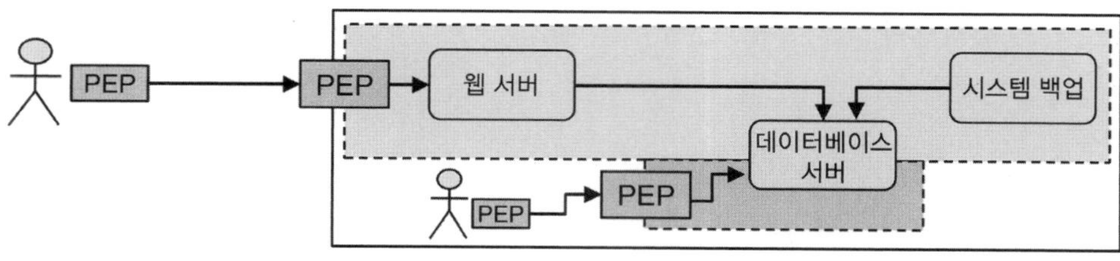

그림 17-2. 정책 시나리오: 데이터베이스 서버 타깃

그림 17-2의 시나리오에서 데이터베이스 서버는 부분적으로 PEP 뒤에 있어 정책 안에서 관리하는 타깃이 될 수 있다. 이 사례에서는 할당된 정책을 통해 인증된 ID만 접속할 수 있게 IT 관리자의 데이터베이스 서버 접속을 제한했다. 그러나 웹 서버와 백업 시스템은 암묵적 트러스트 존 안에 있으므로 데이터베이스 서버에 계속 직접 접속한다. 이 접속은 방화벽 설정으로 통제 가능한데, PEP를 통해서만 관리자 접속(포트 22)이 가능한 반면 데이터베이스 접속(포트 3306)은 더 넓은 암묵적 트러스트 존에 있는 다른 서버에 접속할 수 있다.

이는 데이터베이스 서버에서 실행되는 여러 서비스를 별개의 논리적 타깃으로 취급함으로써 애플리케이션이나 비즈니스 운영에 전혀 영향을 미치지 않을 수 있고 관리자 접속을 엄격하게 제어해 보안을 향상시킬 수 있다는 점에서 기업이 점차 제로 트러스트로 전환할 수 있음을 보여주는 좋은 사례다. 이런 모델은 일시적일 수도 있고 아닐 수도 있다. 그림 17-3은 좀 더 개선된 구성이다.

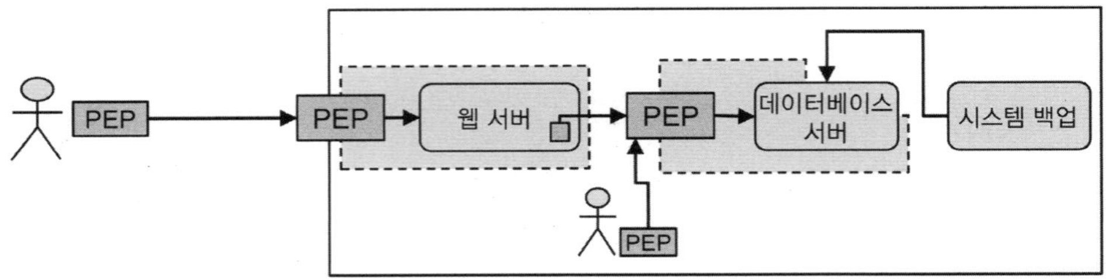

그림 17-3. 정책 시나리오: 서브젝트가 웹 서버인 경우

그림 17-3은 PEP 뒤에 데이터베이스 서버를 배치해 인증된 서브젝트만 접속할 수 있는 구성이다.[8] 이는 웹 서버가 이제 ID와 인증 수단을 가진 주체여야 한다는 것을 의미한다. 그 결과 암묵적 트러스트 존(보안 향상)이 줄어들고 배포 유연성이 향상된다.

이 구성은 보통 제로 트러스트에서 드러나지 않는 이점이다. 이제 웹 서버의 데이터베이스 서버 접속은 제로 트러스트 시스템으로 이뤄지기 때문에 약간의 레이턴시(접속 지연시간)를 제외하면 웹 서버에 영향을 주지 않고 기업 인프라 전반에서 데이터베이스를 이동할 수 있다. 즉, 데이터베이스 서버의 배포 위치가 웹 서버의 위치와 무관하게 되며 원격 또는 클라우드 기반 위치로 투명하게 재배치할 수 있다. 제로 트러스트가 없는 기업에서는 일반적으로 WAN 연결로만 가능한 별도의 원격 접속 메커니즘으로 구성했을 것이다. 그리고 보안과 네트워킹과 관련한 많은 이슈뿐 아니라 추가적인 비용이 발생할 수 있다. PEP와

8. 이 사례에서 시스템 백업 서버는 방화벽 규칙이나 개별 TCP 포트를 통해 데이터베이스에 계속 직접 접속할 수 있다.

정책을 사용해 접속을 제공하는 것이 훨씬 간편하며 빠르고 안전하다.

타깃 주도 접속

다음 시나리오에서는 타깃 주도 액션의 개념을 소개한다. 지금까지 설명한 정책 모델은 PEP로 리소스에 접속하는 인증된 서브젝트의 관점에서 접근해왔다. 즉, 서브젝트의 장치는 (TCP와 같은 연결 지향 프로토콜을 사용하는 경우) TCP 연결을 시작하거나 (UDP와 같은 연결 없는 프로토콜을 사용하는 경우) UDP 트래픽을 전송한다. 이전에 설명한 웹 서버에 접속하는 사용자와 데이터베이스에 접속하는 웹 서버를 보여주는 시나리오가 이런 패턴의 좋은 예다.

그러나 일부 애플리케이션과 네트워크는 역방향으로 통신한다. 그리고 제로 트러스트 시스템은 역방향 통신도 보호하도록 지원해야 한다. 이 패턴은 '타깃 주도'라고 한다. PEP로 제어하는 인증된 서브젝트와의 접속은 여전히 존재하지만 네트워크 트래픽은 타깃에서 시작하고 트래픽이 해당 서브젝트로 전송된다. 이를 구체화한 예시를 살펴보자.

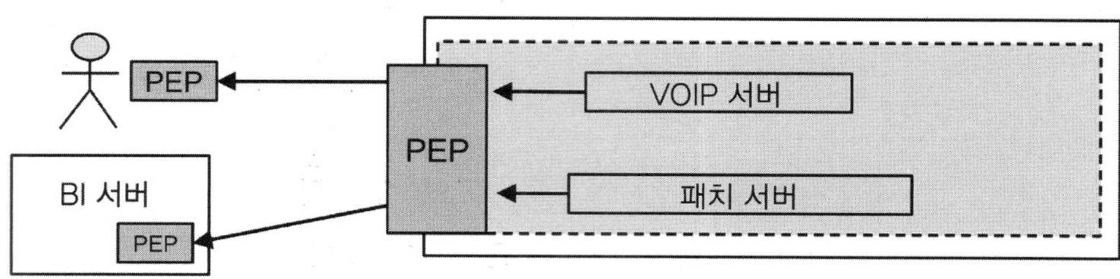

그림 17-4. 정책 시나리오: 엔클레이브 모델 기반 타깃 주도 접속

그림 17-4에서 제로 트러스트 시스템은 PEP가 사내 데이터 센터 네트워크를 보호하는 엔클레이브 기반 구축 모델을 사용하고 있다. 기업은 음성 통화를 위해 사용자 장치의 소프트폰softphones을 사용하며 프로토콜상 통화는 VOIP 서버에서 사용자의 장치(로컬 사용자 에이전트 PEP를 실행하는 장치)로 시작해야 한다. 또한 기업은 일부 원격 환경에서 비즈니스 인텔리전스BI, Business Intelligence 분석 서버를

실행하고 있으며, 이는 로컬 PEP로 인증된 서브젝트다. 인프라 프로세스에서는 OS 업데이트를 수행하고자 내부 패치 서버가 정기적으로 원격 BI 서버에 연결해야 한다.

그림 17-4에 표시된 것처럼 2가지 네트워크 트래픽 모두 정책 기반으로 PEP가 통신 경로를 라우팅한다. 이는 기술적 관점에서 제로 트러스트 플랫폼과 정책 모델에 특정 요건을 추가한 개념이라 볼 수 있다. 일반적으로 사용자 장치와 PEP 사이의 직접 연결을 활용하는 엔클레이브 기반, 리소스 기반 모델과 같은 일부 제로 트러스트 구축 모델은 이 시나리오를 쉽게 지원할 수 있다. 클라우드 라우팅 구축 모델 기반 솔루션은 일반적으로 이 방식을 지원하기 어렵다. 다음 시나리오에서는 마이크로세그먼테이션 구축 모델을 살펴본다.

마이크로세그먼테이션

마이크로세그먼테이션 구축 모델에서 접속하는 리소스는 서브젝트처럼 인증된 ID로, 결과적으로 그림 17-5와 같이 접속 모델과 정책 모델은 대칭적인 구성을 가진다. 여기서 웹 서버와 사용자는 모두 데이터베이스 서버와 연결하고 3가지 모두 인증된 엔티티다(잠시 후 시스템 백업 서버에 대해 살펴본다).

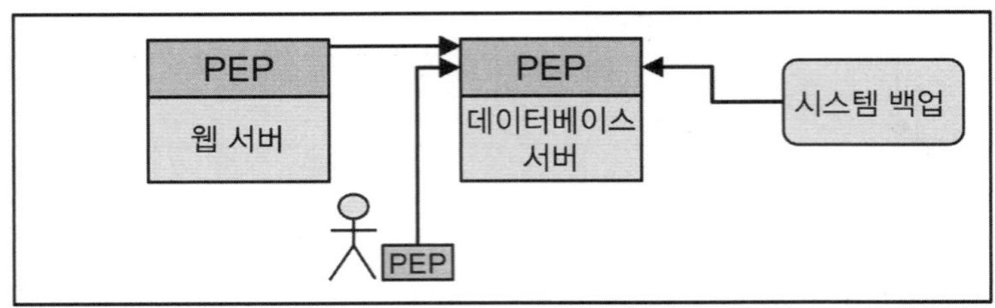

그림 17-5. 정책 시나리오: 마이크로세그먼테이션

여기서도 서브젝트 기준과 타깃의 개념이 있지만 이런 시스템에서 정책 모델은 약간 다를 필요가 있다. 그림 17-5에서 웹 서버와 데이터베이스 서버는 모두 ID이므로 둘 다 인증한 상태며 비슷한 속성을 가진다. 따라서 이전의 시나리오

에서 서브젝트와 타깃을 다른 방법으로 지정했던 것과 달리 동일한 기준으로 지정할 수 있다.

물론 마이크로세그먼테이션 모델에서도 사용자의 ID는 타 인증 시스템과 연동할 수 있어야 한다. 앞에서 설명한 바와 같이 PEP는 백업 시스템이 데이터베이스 서버에 접속할 수 있도록 허용해야 한다. 참고로 18장에서 서비스 대 서비스 시나리오에 대해 한 가지 더 알아본다. 지금까지 여러 시나리오에서 다양한 정책 유형을 구현하는 방법을 살펴봤으니 이와 관련된 흐름을 살펴보자.

정책 평가와 정책 적용 흐름

그림 17-6은 제로 트러스트 시스템을 통한 정책의 논리적 시스템 흐름으로 PDP는 ID, 장치, 시스템 특성을 입력 정보로 사용해 정책 저장소의 정책을 평가한다. 그리고 이 평가 결과로 한 세션 동안 유효한 정책을 서브젝트에 부여한다. 이 결과는 서브젝트 정보뿐 아니라 액션, 타깃, 컨디션 정보까지 PEP로 전송된다. 그리고 타깃과 관련된 메타데이터를 검사해 어떤 타깃과 일치하는지를 판단하고자 PEP는 부여된 정책을 추가적으로 확인할 수도 있다. 또한 PEP는 부여된 정책에 접속 시간 제어 컨디션을 적용해야 한다.

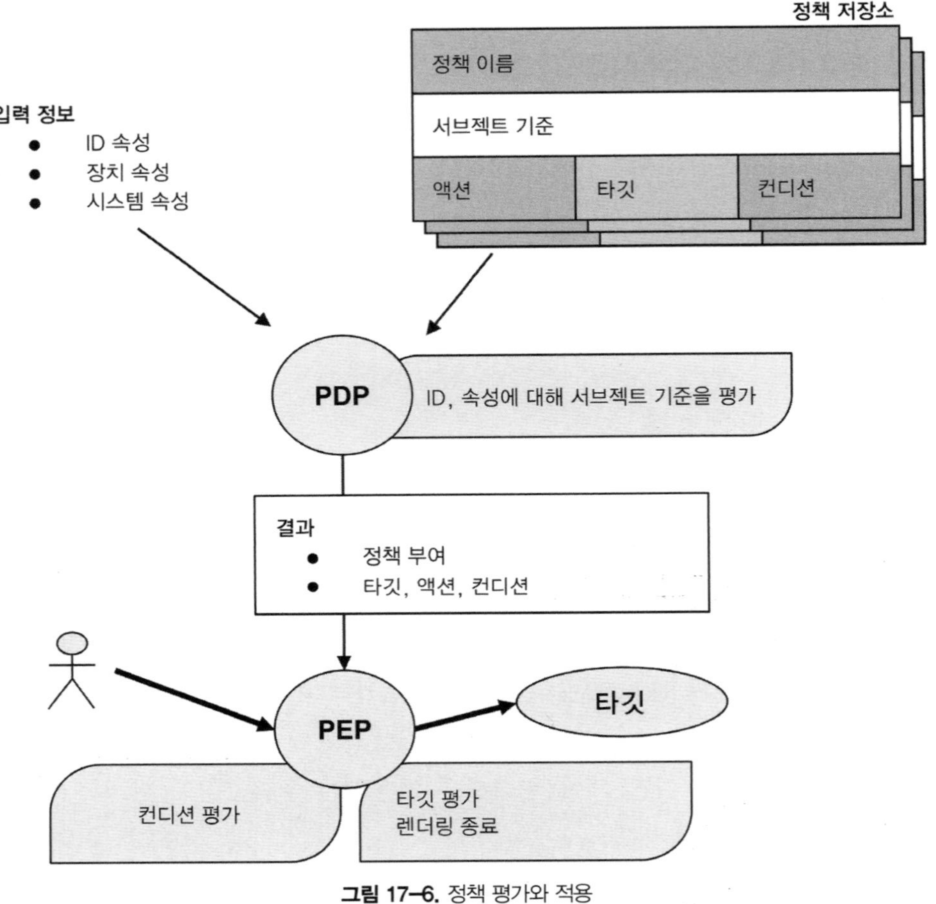

그림 17-6. 정책 평가와 적용

그림 17-6은 PDP 및 PEP를 이용한 정책 흐름에서 제로 트러스트 시스템이 정책을 얻는 과정을 보여준다. 이 그림은 시스템이 무엇을 하는지는 보여주지만 언제 동작하는지 시점은 표현되지 않았다. 보안 오케스트레이션을 다룬 16장에서 이 내용을 다뤘는데, 제로 트러스트 시스템에서 액션을 시작하는 기본 트리거를 소개했다. 그림 17-7은 이런 트리거가 PDP, PEP에서 실행될 때 시점을 보여준다.

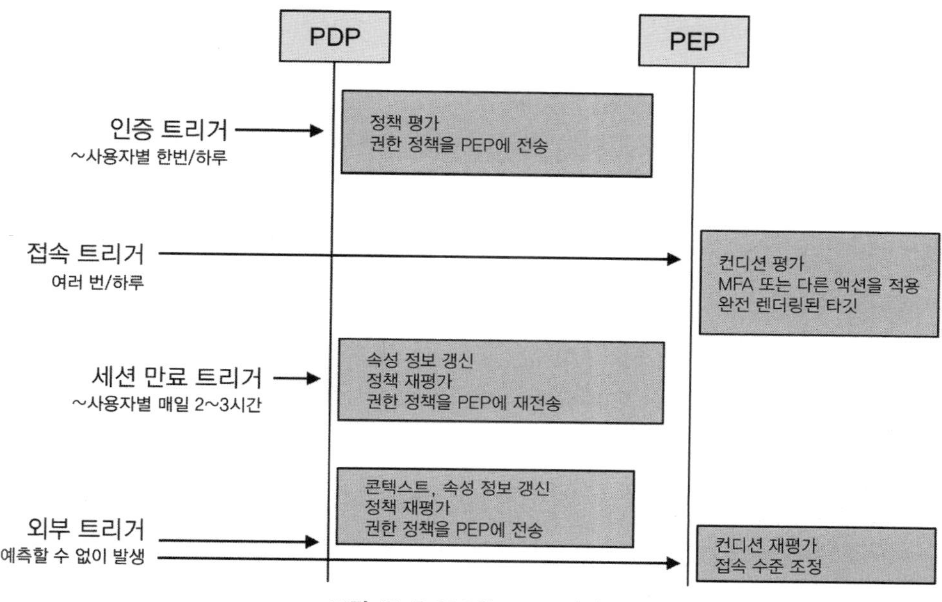

그림 17-7. PDP와 PEP 트리거

인증 트리거

물론 ID는 접속 권한을 부여받으려면 PDP로 인증해야 한다. 대부분의 제로 트러스트 시스템은 기업의 ID 제공자와 통합되며 인증 트리거를 이용해 그림 17-6에 나온 것처럼 정책을 평가할 것이다. 기업은 제로 트러스트 시스템에서 ID가 인증되는 주기와 최종 사용자의 신뢰 수준을 설정할 수 있다.

이런 정책을 수립할 때는 설정한 정책 시나리오, 인증 방법 등 여러 가지 요소를 고려해야 한다. 18장에서 자세히 설명하겠지만 예를 들어 시스템이 모든 접속을 보호하고 생산성을 높이고자 필요한 경우 업무 PC에 로그인할 때 사용자의 장치를 즉시 인증하도록 설정할 수 있다. 또는 일부 기업은 VPN 교체를 염두에 두고 제로 트러스트 전환을 시작할 수 있다. 이 시나리오에서는 사용자가 특정 원격 리소스에 접속해야 할 경우에만 명시적으로 시스템을 인증할 수 있다.

시스템 ID(사람이 아닌 엔티티)는 물론 인증 수명주기가 다르다. 이런 유형의 ID는 보통 지속적으로 실행되므로 정기적인 인증이 없을 수 있다. 이 경우 다음에서 설명하는 세션 만료 기능이 있는 트리거가 더 중요하다.

접속 트리거

ID가 타깃에 접속할 때 각 정책의 접속 트리거가 호출된다. 그리고 제로 트러스트는 트리거를 배치 아키텍처, PEP의 기능, 네트워크 프로토콜의 유형(예, 연결 지향 또는 연결 없음)에 따라 약간 다르게 구현한다.

일부 구현 방식에서는 새로운 타깃을 연결(해당되는 경우)할 때 또는 주기적으로 타깃에 연결(예, 5분마다)할 때 모든 네트워크 패킷을 평가할 수도 있다. 그리고 연결 빈도에 관계없이 PEP는 시간, 서비스 데스크 티켓 상태 같은 외부 요소를 포함한 컨디션을 평가하고 시행할 수 있어야 한다.

또한 PEP는 모든 타깃을 완전히 렌더링할 책임이 있는데, 이는 PEP가 타깃 환경을 조사하고 특정 레이블 값을 갖는 메타데이터와 일치하는 리소스를 검색해야 한다는 것을 의미한다.

세션 만료 트리거

이 책에서 세션은 따로 정의하지 않았다. 제로 트러스트 구축 모델과 플랫폼마다 세션의 개념이 매우 다를 수 있으며 이런 다양성으로 세션 용어를 정확하게 정의하기는 어렵기 때문이다. 중요한 것은 제로 트러스트 시스템은 ID를 인증한 후 리소스에 접속할 수 있는 시간인 세션의 논리적 개념을 가져야 한다는 점이다.

세션은 제한된 수명을 가져야 하며 세션 수명이 끝나면 시스템이 새로 고침refresh한 후 업데이트된 속성을 얻는다. 그리고 정책을 재평가한 다음 변경된 접근 권한을 PEP에 전달해야 한다. 이 새로 고침은 사용자에게 보이거나 보이지 않을 수 있으며 플랫폼 정책 모델의 일부로 구성할 수 있어야 한다. 속성 유형에 따라 변경 빈도가 다르기 때문에 세션을 갱신할 때 새로 고침이 더 자연스럽고 적합한 속성 정보도 있다는 점을 기억하자.

세션 기간은 위험 수준, 사용 시나리오, ID 규모와 같은 요소를 기준으로 생각하고 설정해야 한다. 사용자의 경우 환경과 사용자 규모가 얼마나 동적인지에 따라 약 2~3시간의 세션 기간이 적절해 보인다. 또한 이는 사용자가 MFA 인증이 유지되는 최대 시간과 관련 있지만 일부 환경에서는 하루에 한 번이 더 적절할 수 있다. 사람이 아닌 엔티티의 세션 기간은 사용 시나리오, 서비스, 환경이 변경되는 정도에 따라 크게 달라진다. 경우에 따라서는 24시간의 세션 기간이 적절할 수 있지만 좀 더 동적인 시스템 환경에서는 2~3시간이 더 나을 수 있다. 많은 부분이 제로 트러스트 플랫폼의 기능과 세션 업데이트와 관련된 부하에 따라 달라진다. 또한 가장 동적인 속성 정보는 컨디션으로 가장 잘 활용하고 있음을 기억하자. 즉, PEP는 활성화된 세션 안에서 여러 번(거의 연속적으로) 세션을 갱신(새로 고침)할 수 있어야 한다.

외부 트리거

경험상 제로 트러스트 프로그램을 성공적으로 이끄는 핵심 요소 중 하나는 기본 기술 플랫폼이 통합을 지원하는 정도다. 이 내용은 보안 오케스트레이션 장에서 설명했지만 여기서도 반복적으로 말하고 싶다. 특히 제로 트러스트 플랫폼은 외부 시스템이 새로 고침을 시작할 수 있게 API를 제공해야 한다. 업데이트 적용 범위는 구현에 따라 다르지만 중요한 것은 업데이트를 시작하는 외부 시스템과 관련한 속성을 포함해야 한다. 관련 사례는 11장에서 살펴봤다.

요약

17장에서는 제로 트러스트 정책의 논리적 구성 요소인 서브젝트 기준, 액션, 타깃, 컨디션을 검토하는 것으로 시작했다. 또한 속성들을 살펴보고 정책에서 속성의 역할을 학습했다. 이후 정책 적용, 정책 흐름의 관점에서 여러 정책 시나리오와 정책 평가, 트리거 수명주기를 살펴봤다. 여기서 설계한 시스템은 IT와 보안 구성 요소를 서로 실시간으로 통합한 동적이고 대응력이 뛰어난 시스템 중 하나가 분명하다. 이런 시스템은 기업에게는 문화적 또는 기술적 변화로 여겨질 수 있지만 이를 제로 트러스트 여정의 일부로 인식하는 것이 중요하다.

또한 17장에서 다룬 개념과 권장 사항은 제로 트러스트 플랫폼과 아키텍처 전반에 폭넓게 적용되지만 실제로는 서로 다른 제로 트러스트 플랫폼에 걸쳐 다양한 기능이 있다는 점을 이해하는 것이 중요하다. 특히 네트워크, 애플리케이션, 사용자 에이전트에 걸쳐 적용할 수 있는 다양한 기능을 가진 여러 PEP가 있다. 따라서 특정 제로 트러스트 플랫폼을 선택할 때는 해당 아키텍처와 기능을 깊이 이해하고 정책, 해당 수명주기와 흐름을 선택한 플랫폼의 기능(및 장단점)과 가장 잘 일치하도록 설계할 수 있어야 한다.

궁극적으로 기업에서는 내부, 외부 속성을 모두 원활하게 사용할 수 있는 제로 트러스트 플랫폼을 원할 것이고, 해당 플랫폼은 정책 기반의 접속 통제가 가능하도록 최신 콘텍스트 정보를 얻을 수 있는 메커니즘이 필요할 것이다.

18장

제로 트러스트 시나리오

지금까지 엔터프라이즈 보안과 IT 인프라의 다양한 측면을 다뤘으며 기술 관점과 아키텍처 관점에서 IoT 장치를 살펴보고 다양한 사용 사례를 설명했다. 18장에서는 7가지 다른 시나리오를 설명하고 이 시나리오를 실제 기업의 제로 트러스트 프로그램에 적용할 수 있는 평가 방법과 접근 방법을 알아본다. 다만 여기서 설명하는 시나리오는 완벽하지는 않지만 대부분 대표적인 사례다.

18장의 목표는 서로 다른 시나리오가 사용자 환경에 언제 어떻게 적용될 수 있는지 이해한 다음 권장 사항을 제공하는 것이다. 물론 이런 시나리오는 구성, 운영 관점에서도 살펴볼 필요가 있으며 관련 내용은 19장에서도 일부 다룬다. 18장까지 읽었다면 여기서 설명하는 시나리오들은 충분히 이해할 것이므로 19장의 시나리오들을 검증하는 데 많은 시간을 할애하지는 않을 것이다. 가장 일반적인 제로 트러스트 사용 사례 중 하나인 VPN 교체부터 살펴보자.

VPN 교체/VPN 대체

9장에서 VPN의 약점과 제로 트러스트가 제공하는 이점을 확인했다. 이 절에서는 엔터프라이즈 VPN(원격 사용자 접속) 사용 사례에 중점을 두면서 제로 트러스트 프로젝트에 어떻게 접근해야 하는지를 두 가지 시나리오로 설명한다.

- 사용 중인 기존 VPN을 제로 트러스트 솔루션으로 교체
- 새로운 원격 접속을 위해 제로 트러스트 구축

이 두 가지 시나리오는 기술적으로 서로 비슷하지만 도입 타당성이나 도입 의사 결정 측면에서는 서로 다른 관점에서 접근해야 한다. 새로운 프로젝트를 진행할 때는 보통 단순하고 쉽게 결정을 내린다. 제약이나 종속되는 기능이 많이 없기 때문이다. 이는 운영 중인 VPN 솔루션 교체가 타당한지 확인이 필요한 VPN 교체 시나리오와는 정반대다. 그동안 VPN 교체 프로젝트를 많이 봐왔는데, 보안 리더는 보안, 기술, 운영, 재무 등 여러 관점에서 VPN을 교체할지 검토하고 결정할 필요가 있다. 그리고 기업에서는 VPN을 제로 트러스트 방식으로 교체하기를 강하게 원한다. 여기에는 여러 이유가 있다.

9장에서 이미 소개했지만 기존 VPN과 제로 트러스트 모델 간의 아키텍처 차이를 설명한 그림 18-1을 살펴보자. 이 시나리오는 원격 사용자의 안전한 서비스 접속에 중점을 뒀다.

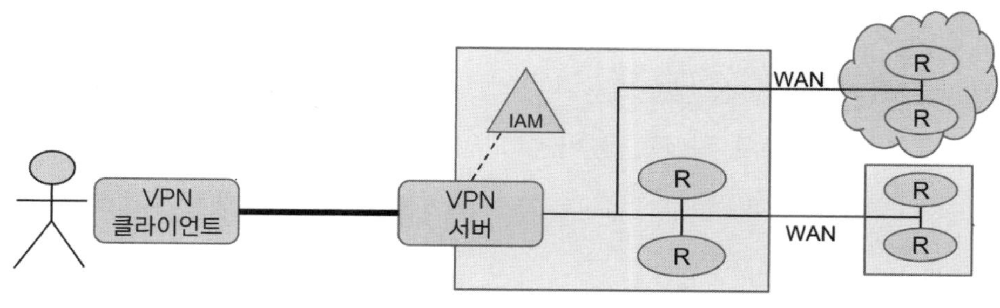

엔터프라이즈 VPN

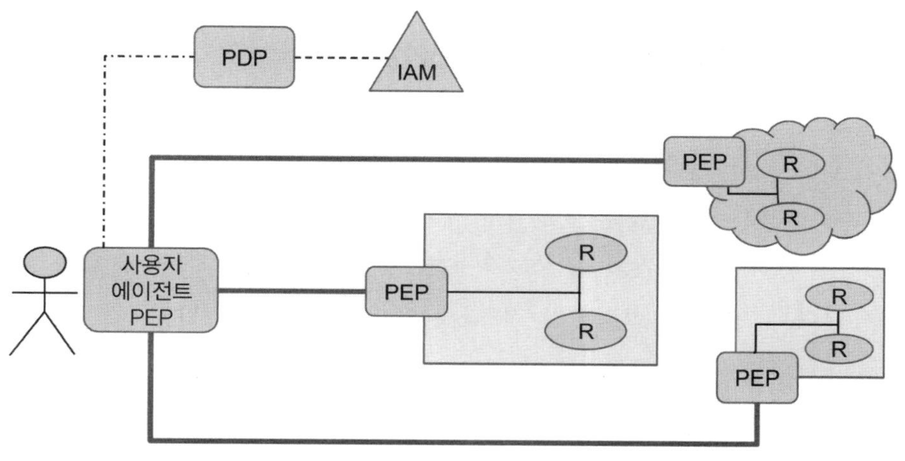

제로 트러스트 접속 모델

그림 18-1. 엔터프라이즈 VPN과 제로 트러스트 아키텍처

기존 VPN은 사용자의 장치에서 VPN 서버로 가는 단일 보안 네트워크 터널만 설정할 수 있으며 보안 터널을 연결한 다음 사설 네트워크와 접속을 허용한다. 경계 기반 네트워크 모델을 구성하고자 VPN은 WAN으로 분산된 리소스를 코어 네트워크에 연결시켜야 한다. 아니면 다른 위치에 있는 리소스에 접속할 때 사용자가 수동으로 VPN에 연결해야 한다. 이와는 반대로 제로 트러스트 시스템은 분산 PEP에 여러 보안 연결을 설정해서 사용자가 투명하게 접속할 수 있게 한다(클라우드 라우팅 및 엔클레이브 기반 모델의 경우도 마찬가지다. 구현 방식에 따라 마이크로세그먼테이션이나 리소스 기반 모델은 해당되지 않을 수 있다).

고려 사항

이 절에서는 어떤 VPN 프로젝트가 제로 트러스트에 가까운지를 식별하는 데 도움이 되는 몇 가지 항목을 알아본다.

리소스

고려중인 리소스의 수, 유형, 위치, 가치를 확인한다. 비즈니스의 중요성은 어느 정도인가? 리소스를 변경할 경우 현재 VPN에 어떻게 접속하고 있으며 현재 VPN과 관련된 골칫거리나 문제점은 무엇인가?

일반적으로 제로 트러스트 솔루션은 특히 분산 리소스의 경우 VPN보다 더 나은 성능을 제공한다. 또한 기업이 VPN 진입점을 배포할 수 없는 위치나 환경(예, 서드파티 네트워크)에서 리소스를 보호하고자 배포할 수도 있다. 여러 곳에 분산돼 있거나 매우 동적인 리소스가 있는 경우 제로 트러스트 적용 대상에 적합한 후보일 수 있다. 17장에서 설명한 동적 타깃 렌더링을 떠올려보자.

사용자와 사용자 경험

현재 VPN을 사용하고 있는 사용자는 누구인가? 또는 신규 리소스에 접속해야 하는 사용자는 누구인가? 모두 원격 사용자인가? 예를 들어 이 원격 사용자 접속 솔루션은 COVID-19 발생 시 원격 근무가 가능하도록 신속하게(그리고 문제 해결) 구축했는가? 사내 사용자가 별도의 보안 모델(예, 방화벽 ACL)을 통해 리소스에 접속하고 있는가?

이런 경우 긴급하게 VPN을 배포해 생기는 보안 문제나 운영 문제를 극복하고자 제로 트러스트를 선택해야 한다. 그리고 새로운 리소스가 있는 경우 원격 VPN 사용자만 보안 접속 경로를 갖고 있어 기업에서는 사내 사용자를 위한 솔루션이 필요할 수 있다. 마지막으로 모든 사용자가 모든 리소스에 안전하게 접속할 수 있도록 설계된 제로 트러스트 솔루션은 원격 사용자와 사내 사용자를 위한 별도의 규칙, 접속 메커니즘과 같은 별도의 솔루션이 필요 없다.

제로 트러스트는 사용자의 사용성을 분명히 고려해야 하지만 그룹별로 또는 애플리케이션별로 단계적으로 적용할 수 있다. 즉, 불필요한 마찰을 방지하고자 초기 사용자에게는 필요한 접속 도구만 제공하는 것이 좋다. 예를 들어 사용자가 근무하는 동안 기존 VPN과 제로 트러스트 솔루션을 번갈아 사용하지 않아도 된다. VPN 레벨의 광범위한 접속 권한은 특정 리소스 접속만 가능한 제로 트러스트 정책으로 전환해 사용자 그룹의 모든 접속을 제로 트러스트 솔루션으로 전환하는 것이 더 낫다. 이런 방식으로 사용자는 향상된 보안 기능을 얻고 동시에 더 개선된 사용자 환경을 얻게 된다. 관련 내용은 19장에서 자세히 설명한다.

ID 제공자

일부 VPN은 엔터프라이즈 ID 제공자와 통합되지 않는데, 제로 트러스트를 적용하면 많은 개선이 가능하다. 우선 보안 팀은 원격 접속 사용자를 엔터프라이즈 ID 제공자와 연결해 기존 VPN에서 어려운 문제였던 ID 인증을 해결할 수 있다. 따라서 가입, 이동, 탈퇴와 같은 ID 수명주기 이벤트 적용을 위해 별도 ID 제공자와 동기화 작업이 필요 없다. VPN이 엔터프라이즈 IDP를 사용하더라도 제로 트러스트 솔루션이 상황에 맞게 세분화된 정책을 적용하면서 VPN 인증을 개선할 것이다. 또한 많은 제로 트러스트 솔루션은 서로 다른 유형의 ID 제공자를 사용할 수 있다. 이에 여러 사용자 그룹이 다른 IDP에서 인증이 가능하도록 지원하고 최신 인증 프로토콜로 레거시 시스템을 보호할 수 있게 한다.

네트워킹

기업의 네트워크 토폴로지, 데이터 흐름, 보호된 리소스가 어디에 있는지 명확하게 이해하는 것은 중요하다. 이런 정보로 기업은 VPN에서 제로 트러스트로 전환하는 데 필요한 사항을 얻고 의사 결정을 내릴 수 있다. VPN 진입점이 어디에 있고 어떤 네트워크에 접속할 수 있는지, 네트워크 관점에서 분산 리소스에 어떻게 접속하는지 확인해보자.

이 장 도입부에서 언급한 것처럼 사용자가 엔터프라이즈 네트워크의 단일 지점에서 리소스에 접속하고 있는지를 확인해야 한다. 이런 단순한 구성에서도 제로 트러스트는 향상된 성능과 안정성, ID 제공자와 MFA 통합, 세분화된 접근 제어와 같은 가치를 제공할 수 있다.

분산된 리소스에 접속해야 하는 팀이나 프로젝트는 일반적으로 VPN 사용에 어려움을 겪고 있어 제로 트러스트가 필요한 상황을 마주하게 된다(기업에서 도입한 구축 모델이 분산된 PEP에서 여러 동시 연결을 지원하는 경우). 이를 네트워킹 팀이나 애플리케이션 팀에서 '그렇다면'이라고 질문할 수 있는 기회로 바라보자. "사용자가 두 리소스에 동시에 접속할 수 있다면 어떨까?", "서비스 데스크 티켓과 같은 비즈니스 프로세스로 접속을 제한할 수 있다면 어떤 의미가 있을까?", "사용자의 접속이 허용되기 전에 장치 상태를 더욱 상세히 검사할 수 있다면 어떨까?" 이런 질문은 해당 팀과의 대화를 유발하고 제로 트러스트 프로젝트 지원 인력으로 참여시킬 수 있는 좋은 질문이다.

제로 트러스트를 좀 더 효과적으로 계획하고 지원할 수 있는 네트워킹 팀에 물어봐야 할 다른 질문도 있다. 예를 들어 현재 VPN에서 구현하는 원격 접속 정책(ACL)의 유형을 질문으로 확인할 수 있다. "ACL 적용 범위는 얼마나 넓거나 좁은가?"라는 질문을 통해 매우 광범위한 네트워크 접속을 허용한 것으로 확인한 경우 제로 트러스트 프로젝트는 사용자 생산성을 저하시키지 않고 네트워크 접속을 크게 줄여 보안을 개선하고 위험을 줄일 수 있다. 또한 프로젝트가 해결할 수 있는 컴플라이언스 문제나 감사 문제가 있는지 확인하자.

그리고 VPN으로 제한적인 네트워크 접속을 허용하는 경우 운영자나 사용자의 생산성 관점에서 이 접속이 얼마나 잘 동작하는지 확인하자. VPN의 정적인 접근 제어로는 대부분의 환경에서 운영자나 사용자의 불만이 발생할 수 있다. 제로 트러스트 솔루션은 자동화된 정책을 통해 객관적이고 엄격하게(더 엄격하지는 않더라도) 접근을 통제해 IT 팀이나 운영 팀의 수작업 부담을 덜어준다.

마지막으로 기업에서 WAN 네트워크를 어떻게 활용하고 있는지 확인하자. 기업에서는 WAN 사용에 따른 비용에 부담이 있는데, 제로 트러스트 솔루션으로 WAN 사용을 감소(경우에 따라서는 제거)시킬 수 있다.

권장 사항

VPN 교체 작업은 일반적인 제로 트러스트 프로젝트를 구축할 때 제일 처음으로 진행하는 경우가 많다. 기존 VPN의 기능은 일반적으로 제로 트러스트 솔루션을 대체하기 매우 쉽다. 일정 기간 동안 제로 트러스트와 VPN 접속을 모두 유지할 수 있는 사용자 그룹을 고려해 점진적인 구성을 권장한다. 일반적으로 2개 솔루션을 모두 사용자 장치에 설치할 수 있지만 네트워크 계층에서 충돌하기 때문에 동시에 실행할 수 없다. 예를 들어 '항상 켜져 있는' VPN이 있거나 비슷한 유형의 모델에 제로 트러스트를 배포하려는 경우 이 문제가 발생할 수 있다.

권장하는 VPN 교체 시나리오 중 하나는 VPN 툴의 범위와 기능을 중심으로 구축된 툴과 프로세스를 주의 깊게 살펴보는 것이다. 특히 오래된 VPN과 구형 인프라를 사용하는 기업은 시스템 간 의존성이 높은 '웹'을 구축했을 수 있다. 이로 인해 점진적으로 제로 트러스트 롤아웃에 복잡한 장애가 발생할 수 있다. 예를 들어 어떤 기업에는 사용자의 윈도우 이벤트 로그에 특정 이벤트를 기록하는 VPN이 있었는데, 이 기업에서는 일부 네트워크 설정을 변경해 윈도우 이벤트 로그를 기반으로 동작하는 데이터 분석 툴을 구축했다. 하지만 기업 내의 다른 팀에서 툴을 운영, 관리하고 있었기 때문에 툴을 수정해야 할 경우 해당 팀의 수정 작업 전까지 계속 기다려야 했고, 결국 프로젝트 지연을 초래했다. 따라서 엔터프라이즈 IT 환경의 동작 방식을 파악하고 IT 스택의 위, 아래 그리고 IT, 비즈니스 프로세스 시스템 전반에 걸쳐 많은 질문을 해야 한다. 실제 기업에서는 툴이나 워크플로에 의존적인 내부 구성에 놀랄 수도 있을 것이다. 그중 일부는 제로 트러스트 구축을 가로막는 장애물이 될 수 있지만 일부는 프로젝트가 제거할 수 있는 현재 당면한 과제일 수 있다. VPN와 관련한 많은 골칫거리가 종종 발생하는데, 이런 이유로 VPN을 보통 첫 제로 트러스트 프로젝트 대상으로 삼는다.

서드파티 접속

서드파티 접속은 일반적으로 기업의 골칫거리이자 리스크의 원인이며 서드파티 원격 접속 방식과 제로 트러스트를 비교하면 제로 트러스트 접근 방식에서 분명한 차이점과 이점을 확인할 수 있다. 먼저 용어 정의부터 한다면 서드파티는 기업과 법적 관계가 있고 기업의 네트워크와 내부 리소스의 접속 권한을 받은 회사 직원이 아닌 사용자를 의미한다.

- 사용자는 ID 인증을 할 수 있다.
- 접속해야 하는 리소스가 알려져 있고 식별할 수 있다.
- 내부 회사 리소스에 접속할 수 있어야 한다(인터넷 접속만 필요한 경우 사내에서 게스트 네트워크를 사용할 수 있다).

이 시나리오에서는 계약직(정규직이 아닌) 근로자는 제외한다. IT 관점에서 볼 때 계약직 근로자는 정규직과 비슷한 직원으로 여긴다. 즉, 6개월 계약 프로그래머는 회사 직원이 아닐 수 있지만 일반적으로 회사 기기를 지급받으며 ID 관리 시스템에서 관리한다. 보안 관점에서 네트워크 접속에 다소 제한이 있지만 직원들과 같은 방식으로 관리해야 한다.

이 시나리오와 관련한 서드파티 회사에서 기업에 접속하는 몇 가지 사례를 살펴보자. 서드파티 회사들은 특정 분야에 전문 지식을 갖춘 외부 기업인 경우가 많고 보통 기업 내부에 있지는 않다. 예를 들어 서드파티 협력사의 접속 위험 중 하나는 HVAC 시스템 모니터링, 유지 보수, 서비스를 담당하는 경우다. 이런 시스템은 일반적으로 엔터프라이즈 네트워크에 있으며 HVAC 공급업체는 시스템을 효율적으로 운영하고자 해당 시스템에 정기적으로 접속해야 한다. 또 다른 예는 사내 재무 관리 시스템에 접근해야 하는 외부 감사인이 근무하는 경우다.

이런 서드파티 회사가 바로 추가적으로 보안을 통제해야 하는 사용자다. NIST 제로 트러스트 문서에는 "기업은 외부 행위자(예, 고객 또는 일반 인터넷 사용자)에게 내부 정책을 부과할 수 없지만 기업과 특별한 관계를 가진 사용자에게는 일부 제로 트러스트 기반 정책을 구현할 수 있다."고 설명하고 있다.

제로 트러스트 원칙은 이런 사용자를 인증하고 네트워크 접속을 가능하면 최소한으로 제한해야 한다. 예전부터 기업은 VPN을 사용해 서드파티 회사에 원격 접속을 제공했다. 물론 VPN으로 연결할 경우 여러 가지 보안 취약점을 갖고 있다. 또한 서드파티 회사 사용자는 내부 직원이 아니므로 기업에서 관리하는 장치를 사용하지 않는다. 때문에 기업에서는 서드파티 회사 사용자 장치의 보안 상태를 강제적으로 제어하거나 확인할 수 없다는 것을 의미한다. 따라서 기업의 네트워크 접속 보안이 훨씬 더 중요하다.

마지막 제약 사항 중 하나는 일반적으로 보안 팀은 서드파티 사용자 장치에 특정 소프트웨어를 설치하도록 요구할 수 없다는 점이다. 특히 BYOD[Bring Your Own Device] 보급이 증가하고 개인 휴대전화나 태블릿을 업무 활동에 사용하는 것이 늘어나면서 장치 통제 정도가 예전보다 자유로워졌다. 예를 들어 서드파티 회사 사용자는 원격 접속 소프트웨어를 엔터프라이즈 관리 노트북 컴퓨터에 설치할 수 없었다. 이 경우 접속이 반드시 필요한 경우에도 마찬가지다. 그러나 이제는 개인 태블릿이나 BYOD 기기에 원격 접속 소프트웨어를 설치하고 업무 목적으로 활용을 허용하고 있다.

서드파티 회사 사용자가 장치에 원격 접속 소프트웨어를 설치할 수 있더라도 엔드포인트 관리 소프트웨어나 보안 소프트웨어를 설치할 가능성은 매우 낮으며 기업의 보안 시스템이나 IT 관리 시스템에 이런 서드파티 회사 장치를 포함하는 것은 현실적이지 않다. 기업은 이런 시스템과 장치가 보안 표준을 충족하지 못할 수도 있다는 점을 인정하고 제로 트러스트를 사용해 MFA뿐만 아니라 최소 권한 원칙을 적용하면 된다. 자세한 내용은 '권장 사항' 절에서 설명한다.

고려 사항

일반적으로 서드파티 접속은 제로 트러스트 프로젝트 적용에 적합한 대상이며 보통 첫 프로젝트로 진행하기에 좋다. 보통 서드파티 사용자는 정의하기 쉽고, 접속 권한은 일반적으로 작고 정적인 리소스 집합으로 제한할 수 있다. 또한 이런 사용자는 기업에서 관리하지 않는 장치에서 엔터프라이즈 관리 리소스에 접속하기 때문에 일반적으로 위험하다.

아키텍처

서드파티 사용자의 접속 네트워크 아키텍처는 VPN과 비슷할 가능성이 높으며 실제로 기존 엔터프라이즈 VPN을 사용할 가능성이 높다. VPN 사용 사례와 같이 서드파티 사용자가 어떤 네트워크에서 어떻게 접속하는지, 네트워크 트래픽이 타깃 리소스에 어떻게 도달하는지 이해하는 것이 중요하다. 이런 리소스의 유형과 위치는 PEP의 적용에도 영향을 주기 때문에 서드파티 사용자의 네트워크 트래픽이 과도하게 전송되지 않도록 제어해야 한다. 항상 그렇듯이 최소 권한의 원칙이 여기에도 적용되며 기업의 PEP는 이러한 사용자를 위해 모든 불필요한 네트워크 접속을 방지해야 한다.

사용자와 사용자 경험

서드파티 사용자에게는 사내 직원보다 사용자 경험이 덜 중요한 고려 사항이 될 수 있다. 특히 매일같이 항상 접속하지 않고 간헐적 접속이 필요한 경우 더욱 그렇다. 예를 들어 직원에게는 제로 트러스트로 보호된 투명한(항상 실행) 리소스 접속이 필요할 수 있지만 서드파티 사용자에게는 필요하지 않다. 그렇다고 일부러 접속을 어렵게 해서는 안 된다.

제로 트러스트 시스템은 에이전트 기반 접속과 에이전트 미설치 접속 방식을 모두 지원하는 경우가 많으며, 서드파티 사용자 접속은 에이전트 미설치 접속 방식이 필요하다. 또한 에이전트 미설치 접속 방식은 접속할 수 있는 리소스 유형과 사용 중인 네트워크 프로토콜에 따라 실행할 수 있는 선택 사항일 수 있다. 일반적으로 웹 기반 애플리케이션은 에이전트가 없는 모델을 사용해 쉽게 연결할 수 있는 반면 웹 기반이 아닌 애플리케이션(HTTP 연결 방식이 아닌)은 몇 가지 문제가 있을 수 있다. 기술적인 측면에서 사용자 기기에는 제로 트러스트 에이전트가 필요하지만 서드파티 사용자가 설치를 거부하는 경우 별도의 비용이 발생하더라도 몇 가지 대안이 있다. 예를 들어 기업은 서드파티 사용자를 위해 가상 데스크톱을 생성해 제로 트러스트 에이전트를 설치할 수 있다. 또는 기업은 제로 트러스트 보호 환경에 접속할 수 있는 서드파티 사용자가 사용할 수 있는 장치를 프로비저닝할 수 있다.

권장 사항

가능하다면 사용자 인증, ID 관리 관점에서 제로 트러스트 시스템은 서드파티 사용자도 ID 관리 시스템을 사용하는 것이 좋다. 단, 서드파티 시스템의 ID 수명주기 프로세스를 신뢰할 수 있을 경우에만 가능하다. 그렇지 않으면 엔터프라이즈 IDP나 서드파티 전용의 작고 단순한 IDP를 사용하는 것이 낫다. 제로 트러스트 솔루션은 여러 IDP에서 서로 다른 사용자 그룹 인증을 지원할 수 있어야 한다.

또한 다른 사용자 그룹이 리소스에 접속할 때마다 MFA를 적용하는 것이 좋다. 이 방식은 기업의 MFA 기능을 사용하고 제로 트러스트 시스템과 통합해야 한다. 이렇게 하면 인증 방식, 인증 횟수 같은 보안 정책을 적용하고 서드파티 사용자가 인증 정보를 다른 사용자에게 공유할 수 있는 가능성을 제거할 수 있다(일반적으로 발생한다).

기업에서는 제로 트러스트 시스템으로 위치 정보와 같은 상황별 접근 제어를 적용하고 사용자 접속을 최소로 제한하는 세분화된 접속 정책을 구성해야 한다. 일반적으로 서드파티 사용자 접속은 상세하게 정의한 고정 타깃만 허용하기 때문에 이런 정책은 쉽게 정의할 수 있어야 한다. 또한 접속을 제한(및 기록)하고자 서드파티 접속 정책을 비즈니스 프로세스에 연결하는 것도 권장한다. 예를 들어 많은 제로 트러스트 시스템은 서비스 데스크 티켓 여부와 상태에 따라 접속이 제어되는 정책을 만들 수 있다. 이 방식은 제한된 기간 동안 모든 접속을 요청, 승인, 허용하도록 보장하기 때문에 서드파티 사용자가 정해진 기간 동안만 접속이 필요한 경우에 적합할 것이다.

마지막으로 기업이 이미 제로 트러스트로 전환하고 '카페 스타일' 네트워크를 운영 중이라면 온프레미스의 서드파티 사용자도 제로 트러스트 모델 기반으로 리소스에 접속해야 한다는 점에 유의하자. 즉, 기업 시설에 물리적으로 존재하는 모든 서드파티 사용자는 원격 환경과 같이 제한된 접속 권한만을 자동으로 얻을 수 있다. 이는 제로 트러스트의 중요한 이점이다. 서드파티 사용자가 직접 네트워크에 접속해도 더 이상 전체 엔터프라이즈 네트워크에 위험한 영향을 주지 않는다.

클라우드 마이그레이션

애플리케이션과 기능을 클라우드 플랫폼으로 마이그레이션하는 것은 오늘날 엔터프라이즈 IT 개발과 애플리케이션 개발에서 큰 부분을 차지하고 있으며 다양한 시나리오가 존재한다. 이러한 플랫폼의 힘과 네트워크 연결의 보편성 및 신뢰성은 더 이상 거부할 수 없는 추세로, 제로 트러스트 프로젝트와 리더는 이를 수용하고 동료들에게 비즈니스, 애플리케이션 개발 측면에서 새로운 접근 방식을 교육하는 것이 중요하다. 이상적으로 보안 팀은 제로 트러스트 플랫폼을 항시 사용하고 정형화된 방식과 검증된 보안 구성 요소를 갖추게 돼서 애플리케이션 담당자가 클라우드를 신속하게 수용할 수 있게 된다.

마이그레이션 범주

물론 '클라우드 마이그레이션'은 한 가지가 아니라 여러 요인에 따라 다수의 유형이 있다. 일반적으로 클라우드 마이그레이션 프로젝트는 4개 범주로 분류한다.

포크리프트 마이그레이션

포크리프트 마이그레이션Forklift Migration은 애플리케이션을 온프레미스 환경이나 가상 환경에서 '있는 그대로' IaaS 환경으로 이동한다. 즉, 애플리케이션 로직, 토폴로지, 기술과 관련한 변경 사항이 없다. 결과적으로 동일한 애플리케이션을 다른 위치에서 실행한다. 이렇게 하면 애플리케이션의 구조와 상호 의존성을 유지하기 때문에 마이그레이션은 더 빠르고 단순할 수 있지만 마이그레이션에 따른 장점이 그렇게 많지는 않다. 포크리프트 마이그레이션은 애플리케이션을 변경하지 않고 구성만 재설정하면 되며 라이선스 때문에 기업이 애플리케이션을 수정할 수 없는 상용(COTS) 애플리케이션에 적합하다.

애플리케이션 리팩터

애플리케이션 리팩터refactor는 애플리케이션을 IaaS 환경으로 마이그레이션하지만 새로운 클라우드 플랫폼을 활용하고자 기술적으로 또는 구조적으로 일부 변경이 필요하다. 예를 들어 클라우드 네이티브 데이터베이스나 클라우드 기반 ID 제공자를 사용하도록 애플리케이션을 수정할 수 있다. 또는 일부 애플리케이션 구성이나 운영 인프라(예, 웹 서버 또는 로깅 서버) 중 일부를 클라우드 기반 자원에서 다시 호스팅할 수 있다. 그리고 이 마이그레이션을 수행하려면 애플리케이션 기술이나 개발 변경이 필요하며 일반적으로 중간 수준의 개선 효과를 얻을 수 있다. 일부 상용 애플리케이션은 클라우드 기반 데이터베이스 사용을 지원하는 등 몇 가지 방식으로 이 마이그레이션을 지원한다.

애플리케이션 재구성

기술적인 측면에서 이 방식은 가장 어렵지만 잠재적으로 상당한 가치를 제공할 것으로 예상한다. 애플리케이션 개발자는 이 모델을 이용해 컨테이너, PaaS, 마이크로서비스, NoSQL 데이터베이스와 같은 최신 애플리케이션 아키텍처를 도입할 수 있는 기회를 갖게 된다. 개발자는 현재의 애플리케이션 아키텍처에 따라 애플리케이션 로직, 데이터 모델을 재사용해 마이그레이션을 좀 더 빠르게 진행할 수 있다. 다만 이 방식은 상용 애플리케이션에는 해당하지 않는다.

SaaS 도입

SaaS 도입으로 기업은 온프레미스 애플리케이션(커스텀 애플리케이션 또는 상용 애플리케이션)에서 클라우드 기반 SaaS 애플리케이션으로 전환하고 있다. 물론 SaaS로 전환하면 애플리케이션 토폴로지, 접근 제어 방식을 많이 변경해야 한다. 특히 기업이 애플리케이션을 SaaS로 전환할 경우 온프레미스 애플리케이션 로직 중 일부를 재사용할 수 있다. 또한 기업은 SaaS 애플리케이션 활용 가치를 높이고자 애플리케이션 데이터 중 일부를 가져올 수 있어야 한다.

일반적으로 많은(대부분은 아닐지라도) 클라우드 마이그레이션 프로젝트는 제로 트러스트를 적용해야 할 주요 대상이다. 이런 프로젝트들은 보안, 네트워크, 아키텍처를 상당히 많이 변경하기 때문에 최신 클라우드 보안 플랫폼을 도입할 수 있는 절호의 기회다. 특히 제로 트러스트 시스템은 동적이고 상황에 민감하기 때문에 클라우드 플랫폼이 제공하는 여러 API 세트를 활용할 수 있다.

고려 사항

지금까지 설명한 4개 마이그레이션 시나리오는 각각 제로 트러스트를 적용할 수 있는 다양한 기회로, 다양한 애플리케이션에 가치를 제공하고 보안을 향상시킬 수 있다. 아키텍처 관점에서 이 내용을 살펴보자.

아키텍처

앞서 14장과 15장에서 설명한 내용을 되짚어보면 클라우드 모델과 관련한 네트워크 접근 제어와 아키텍처를 설명했다. 기업에서는 계획하거나 진행 중인 클라우드 마이그레이션 아키텍처가 도입한 제로 트러스트 네트워크 토폴로지, 접속 정책과 가장 효과적으로 동작하도록 운영해야 한다. 또한 선택한 클라우드 마이그레이션 접근 방식에 따라 본인과 본인 기업에 다음과 같이 질문해야 한다.

포크리프트

자체 애플리케이션을 포함하고 있으며 모든 구성 요소를 클라우드로 전환하고 있는가? 대부분의 애플리케이션이 100% 자체 구축되지 않는다면 데이터 입력과 출력은 어떻게 관리하는가? 제로 트러스트 PEP가 이를 어떻게 촉진할 수 있는가? 애플리케이션의 모든 (비사용자) 구성 요소가 암묵적 트러스트 존에 존재하는가? 그렇다면 새로운 보안 모델에서 이런 위험을 감수할 수 있는가? 그렇지 않은 경우 PEP로 어떻게 인증 받고 접속하는가?

애플리케이션 리팩터

앞의 포크리프트 질문에 추가하자면 현재 혹은 계획한 네트워크 토폴로지는 무엇인가? 내부에서 동작하는 구성 요소의 변경 사항은 무엇인가? 애플리케이션 설계의 변경 사항에 영향을 미칠 수 있는가?

애플리케이션 재개발

애플리케이션 팀은 새로운 애플리케이션 아키텍처를 만들 때 어느 정도 '처음부터' 시작할 것인가? 기존 애플리케이션 구성 요소(기능 또는 데이터)는 어떻게 이행하는가? 새로운 아키텍처를 제로 트러스트 플랫폼에 맞게 조정할 수 있는가? 이전 버전과 새 버전이 일정 기간 공존하는가? 그렇다면 두 버전 간 데이터를 교환해야 하는가? 그렇다면 데이터를 어떻게 보호하고 있는가? 마지막으로 PDP 제로 트러스트 정책과 연계하고 애플리케이션에 PEP를 적용하고자 애플리케이션을 발전적으로 개발할 수 있는가?

SaaS 도입

SaaS 도입은 새로운 플랫폼이 기업의 통제 범위에 있지 않기 때문에 이전 3가지 접근 방식과는 분명히 다르다. 접속 대상이 정해져 있어 보안 관점과 네트워크 관점에서 마이그레이션이 더 간단할 수 있다. 그러나 보안 관점에서 SaaS 플랫폼을 확실히 검토하고 17장에서 소개한 내용을 기반으로 SaaS 환경에 제로 트러스트 보안을 적용하는 것이 타당한지 판단해보자.

사용자와 사용자 경험

대부분의 경우 클라우드로 마이그레이션한 애플리케이션은 이전과는 다른 네트워크 접속 모델을 가진다. 이 때문에 사용자 경험에 변경이 발생하거나 문제가 발생할 수 있다. 제로 트러스트 솔루션은 보통 이런 마찰을 제거해 사용자에게 투명하고 안전한 클라우드 기반 애플리케이션 접속을 제공하는 동시에 동적이고 상황에 맞는 접속 정책을 적용할 수 있다.

권장 사항

애플리케이션을 클라우드 환경으로 마이그레이션할 때 애플리케이션 관리자와 협업하고 마이그레이션 및 구축 계획을 수립할 때 제로 트러스트를 포함할 필요가 있다. 다만 모든 환경에서 제로 트러스트가 필요하지 않을 수 있는 SaaS 애플리케이션 도입의 경우 예외일 수 있다.

마지막으로 애플리케이션 관리자와 적극적으로 협력하자. 실제로 유관 부서에 제로 트러스트 플랫폼 아키텍처와 로드맵을 계속 공유하는 것은 클라우드 마이그레이션 프로젝트를 가속화하는 촉진재가 될 수 있다.

서비스 대 서비스 접속

서비스 대 서비스 접속 제어는 분명 필요하고 가치 있으며 중요한 제로 트러스트 대상이다. 그럼에도 많은 엔터프라이즈 제로 트러스트 구현은 여러 이유로 사용자 대 서비스 접속에 좀 더 중점을 둔다. 사용자와 서버는 다른 영역이며 보안 위험 요소도 매우 다르다.

사용자

- 믿을 수 없고 예측할 수 없다.
- 신뢰할 수 없으며 관리하지 않는 네트워크에서 사용자 장치를 실행한다.
- 모바일을 사용한다(다양하고 유동적인 위치에서 접속한다).
- 장치를 잃어버리는 경향이 있다.

- 동일한 암호를 자주 재사용하거나 잘못된 암호를 사용한다.
- 보통 무작위로 인터넷에 접속하며 사용자 생산성에 영향을 주지 않고 화이트리스트 방식으로 인터넷을 제어할 수 없다.
- 피싱 링크가 포함된 이메일을 수신하고 가끔 클릭한다.
- 알 수 없는 장치나 관리되지 않는 장치에 소프트웨어를 설치한다.

즉, 사용자는 예측할 수 없고 창의적이며 오류가 발생하기 쉽다.

반면 서버(및 서버 안에서 실행되는 서비스)는 정반대이거나 적어도 다음과 같아야 한다.

- 엔터프라이즈 관리 네트워크에서 실행한다.
- 신뢰도 가능하다(서버에서 실행되는 서비스의 100%는 IT가 인지하고 관리하고 제어해야 한다).
- 임의로 인터넷에 접속하지 않는다. 이론적으로 접속하는 내부 네트워크와 외부 네트워크 목적지를 알 수 있고 화이트리스트로 제어할 수 있다.
- 피싱 링크가 포함된 이메일을 수신하지 않는다.
- 술집이나 레스토랑에서 잃어버릴 일이 없다.

실제로 많은 제로 트러스트 아키텍처가 PEP 뒤에 있는 네트워크를 포함하고 있다. 즉, 서버가 제로 트러스트 환경 밖에 있는 네트워크와 통신하더라도 해당 네트워크를 제로 트러스트 아키텍처에 포함할 정도로 서버에 대한 신뢰가 높다

분명한 것은 제로 트러스트를 서비스 대 서비스 사용 사례에 적용하자는 것은 아니다. 사용자 간 서비스가 더 높은 위험을 나타내는 경우가 많다는 점을 강조하기 위함이다. 그럼에도 서비스 간 접근 제어는 모든 제로 트러스트 이니셔티브에 포함해야 하며, 첫 제로 트러스트 적용 대상으로 생각해도 문제가 없다. 서비스 간 접근 제어에 제로 트러스트를 적용할 때 얻을 수 있는 가치와 이점을 생각해보자.

가장 중요한 것은 제로 트러스트의 최소 특권 원칙을 적용해 해킹 가능성을 줄이고 해킹 영향도를 감소시킬 수 있다는 점이다. 또한 모든 통신을 명시적인 정책으로 허용하기 때문에 서비스 간 통신을 '톱다운'으로 파악하고 제어할 수 있다. 즉, 보안 팀과 네트워킹 팀은 통신 프로토콜 이상의 송수신 내용을 탐지할 필요가 없다. 대신 제로 트러스트 시스템은 모든 트래픽을 기본으로 차단하기 때문에 허가된 정책으로만 서비스 간 통신이 가능하다.

이는 네트워크 참조 무결성과 같은 효과를 가져 올 수 있는데, 모든 서비스 간 통신은 부여된 정책에 의해 허용해야 하기 때문에 이 네트워크 통신은 배포 시스템과 프로세스로 예측할 수 있다. 또한 예기치 않은 통신 경로가 차단되기 때문에 개발, 배포 프로세스의 성숙도와 예측 가능성을 향상시키는 데 도움이 된다. 물론 통신 경로 차단 정책으로 부가적인 문제가 발생할 수 있지만 안정성, 자동화, 보안, 복원력 향상 등의 측면에서 그 이상의 효과가 있다. 또한 구축된 서비스를 문서나 카탈로그로 제작해 "서버가 어떤 기능을 하는지 알 수 없기 때문에 서버에 절대 손대지 마십시오."와 같은 문제를 제거한다.

서비스 대 서비스 사례로 얻을 수 있는 이점이 추가로 있다. 제로 트러스트로 전반적인 위험 감소와 컴플라이언스 준수가 가능하다. 네트워크 세분화를 요구하는 컴플라이언스 통제 기준이 많다. 특히 고부가가치 워크로드의 경우 더욱 그렇다. 또한 제로 트러스트는 암호화되지 않은 애플리케이션 프로토콜을 사용하는 경우 네트워크 트래픽 암호화를 지원한다. 마지막으로 제로 트러스트 시스템이 보호 대상 리소스 변화를 감지하고 동적으로 또는 자동으로 대응할 수 있다는 점은 기업 보안에 영향을 주지 않고 빠른 개발 프로세스(예, 데브옵스)를 운영할 수 있다는 것을 의미한다.

고려 사항

서비스 대 서비스 인증 관점에서 제로 트러스트 모델을 살펴보면 마이크로세그먼테이션은 당연히 제로 트러스트를 도입할 수 있는 모델이며 모든 서버가 ID를 갖고 있고 모든 서버가 인증할 수 있는 환경으로 전환하기에 가장 적합할 수 있다. 또한 마이크로세그먼테이션 모델에서 모든 서버는 ID(제로 트러스트 서브젝트)이며 접근 제어 메커니즘은 이런 서비스 대 서비스 대칭 구성을 반영하기 때문에 제로 트러스트는 필수적이다.

인클레이브 기반 모델과 클라우드 라우팅 모델도 이런 유스케이스를 사용할 수 있으며 제로 트러스트를 이제 막 시작하는 환경에서는 더 나은 선택이 될 수 있다. 특히 서브젝트는 PEP로 보호하지만 원격 서비스에 접속해야 하는 환경에서 이 모델은 더 많은 유연성을 제공한다. 실제로 이 모델은 그림 18-2에서 볼 수 있듯이 서비스와 서비스가 비대칭이다. 한 서비스는 인증된 ID이고 다른 서비스는 인증되지 않았지만 PEP 뒤에 있다.

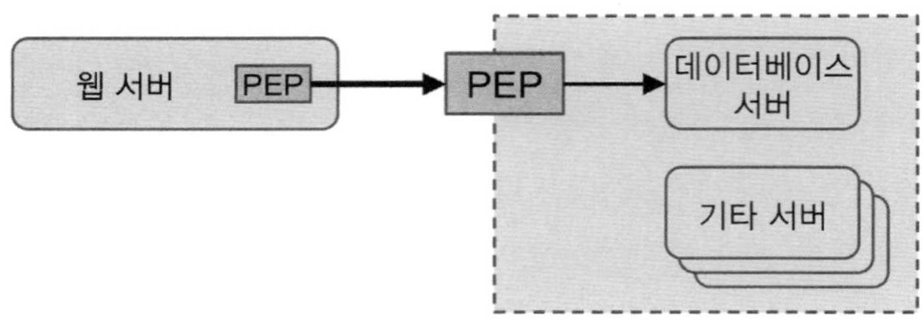

그림 18-2. 비대칭 서비스 대 서비스

이 모델은 '순수한' 마이크로세그먼테이션의 좋은 대안이다. 하지만 모든 서비스가 ID인 일부 기업이나 아키텍처에서는 적합하지 않을 수 있다. 특히 클라우드로 마이그레이션하게 되면 분산 네트워크에 애플리케이션을 구성하게 되는데, 이런 분산 애플리케이션 서비스들 간 접속을 보호하는 데도 유용하다. 여러 네트워크에 있는 서비스들 간의 접근 제어는 사용 중인 접근 제어 모델을 표준화하는 보안 설정이 필요하기 때문에 제로 트러스트의 좋은 사례다.

사실 서비스 대 서비스 방식이 하나 더 있다. 바로 ID를 사용하지 않는 IoT에서 사용하는 방식이다. 16장에서 언급했듯이 이 모델에서는 두 서비스 모두 인증된 ID가 아니다. 즉, MAC 주소, IP 주소, VLAN, 스위치 포트와 같은 약한 수준의 식별 방식과 인증 방식으로 기업의 서비스를 IoT 장치처럼 연결할 수 있다. 이 방식도 가능은 하지만 16장에서 설명한 것처럼 몇 가지 단점이 있어 가능하면 서비스 대 서비스에는 이 방식을 사용하지 않는 것이 좋다. 적어도 하나의 ID를 인증하는 것이 훨씬 좋다.

권장 사항

서비스 대 서비스 사용 사례에 맞는 시스템 구성을 식별하는 한 가지 방법은 네트워크나 도메인 경계를 넘어 통신하는 서버의 위치를 확인하는 것이다. 트래픽이 네트워크 경계를 통과하기 때문에 자연스럽게 해당 서버에는 PEP를 배포해야 한다. 결과적으로 비교적 해결하기 쉬운 문제가 될 수 있다.

단일 내부 LAN에서 타깃 서버에 연결하는 것은 네트워크 구성에 따라 어려울 수 있으며 서버를 PEP 뒤에 배치해 보호하는 방식이 쉬운지, 어려운지에 따라서 다를 수 있다. 반면 컴플라이언스 기준을 준수해야 하고 중요한 업무를 처리하는 서버는 보안 사고 예방이나 기업 감사 대응 목적으로 강력한 보안 조치를 요구 받을 경우에 우선적으로 제로 트러스트를 추진할 수 있는 좋은 계기가 될 수 있다. 이런 개선 활동은 필요한 네트워크와 접속을 변경하는 촉진제가 될 수 있다.

이 유스케이스를 고려할 때 각자의 현재 환경을 확인해보자. 적합한 ID 서비스가 있는지, 특히 업무 중요도가 높고 이해하기 쉽고 제어가 용이하며 매우 동적이고 보안 통제가 어려운 서비스가 있는지 식별해보자. 자동화된 제로 트러스트 정책은 수동 작업 없이도 서버 환경의 변경에 맞는 접속 정책을 적용하는 데 큰 도움이 될 수 있다.

또한 많은 서버가 여러 서비스를 호스팅하고 있는 경우에도 일부 서비스만 PEP 뒤에 배치하고 나머지 서비스는 변경 없게 선택할 수 있다. 예를 들어 호스트에 PEP를 적용해 지정된 호스트에서 실행 중인 데이터베이스에 접속하는 서버 접속을 제어하고 동시에 제로 트러스트 통제 대상이 아닌 사용자가 동일한 호스트에 직접 접속할 수 있게 허용할 수 있다.

마지막으로 기업에서 구축한 모든 마이크로서비스 환경을 확인해보자. 14장에서 설명한 것처럼 서비스 메시와 같은 마이크로서비스 환경은 자체적인 승인 모델을 갖고 있을 가능성이 높기 때문에 제로 트러스트에 가장 적합한 대상이 아닐 수 있다. 그러나 접속 경계 정의가 명확하고 PEP 연계가 용이하다면 서비스 대 마이크로서비스는 제로 트러스트를 시작하기에 좋은 대상이 될 수 있다. 물론 효율성 확보를 위해 기업의 정책 모델은 속성, 콘텍스트 기반 접근 제어를 사용해 마이크로서비스를 지원해야 한다.

데브옵스

데브옵스DevOps는 소프트웨어 개발 팀과 운영 팀 간의 협업을 중심으로 새롭게 애플리케이션 개발에 접근하는 방식이다. 자동화된 툴과 빠른 개발 주기를 사용해 개발 문화, 프로세스 변경이 필요한 데브옵스로 구축 속도, 릴리스 품질, 비즈니스 가치를 획기적으로 높일 수 있음은 이미 입증됐다.

궁극적으로 데브옵스는 코드를 신속하고 지속적으로 운영 환경에 배포하는 것이다. 데브옵스 팀은 지속적인 통합CI, Continuous Integration과 지속적인 배포CD, Continuous Delivery로 데브옵스의 빌드, 테스트, 릴리스, 배포 단계 전반에 걸쳐 높은 수준의 자동화를 활용한다. 이런 자동화는 소프트웨어 애플리케이션을 자동으로 빌드, 배포할 뿐만 아니라 실행 중인 가상 인프라도 자동으로 빌드, 배포되는 '코드형 인프라' 방식과 관련이 있다. 이 두 가지 방식 모두 저장소의 코드로 실행할 수 있다.

이 방식이 복잡해 보일 수 있지만 기업이 애플리케이션을 신속하게 시장에 출시하고, 팀 생산성을 높이고 프로덕션 환경을 안정화시키며 고객 만족도를 높이고, 일관된 코드 구현을 제공해 궁극적으로 비즈니스 가치를 제공할 수 있도록 지원한다.

그림 18-3. 데브옵스 사이클

그림 18-3은 데브옵스의 각 단계로, 일반적으로(그리고 의도적으로) 데브옵스의 지속적이고 끝이 없는 의미를 나타내는 '무한' 기호를 사용해 묘사하고 있다. 물론 보안이 데브옵스 모델에 적합한지에 대한 질문이 당연히 있을 것이다. 정답은 "보안은 어디에나 있어야 한다."이다.

실제로 데브옵스 전반에 걸쳐 보안을 적용하는 데브섹옵스DevSecOps라는 작업 방식이 있다. 이 방식으로 소프트웨어 설계, 개발, 배포, 운영 단계에서 보안의 여러 측면이 알맞게 통합된다. 전통적으로 보안은 애플리케이션 개발과는 여러 마찰이 있었기 때문에 이런 통합은 중요하다. 이와는 대조적으로 보안을 가장 먼저 설계하고 깊이 기획할 때 데브옵스 사이클 전체를 효과적으로 통제하는 보안 프레임워크를 구성할 수 있다.

이 절에서는 데브옵스를 제로 트러스트의 관점에서 살펴보지만 정적 코드 분석, 기능 보안 테스트, 퍼징/입력값 유효성 검사, 라이브러리 취약성 관리 등과 같이 제로 트러스트의 범위를 벗어나는 더 넓은 데브옵스와 관련한 애플리케이션 보안 영역이 있다.

데브옵스 단계

이제 데브옵스 단계를 살펴보고 제로 트러스트를 어떻게 적용하는지 확인해 보자.

계획과 코드

설계 관점에서 이 단계는 보안 팀이 애플리케이션 개발자와 협력해 제로 트러스트 아키텍처, 기능, 정책 모델을 교육해야 하는 단계다. 애플리케이션 설계자에게 이런 제로 트러스트 교육을 제공하면 제로 트러스트 플랫폼에 의존할 수 있는 부분과 책임져야 할 부분을 결정하는 데 도움이 될 것이다. 예를 들어 핵심 업무 애플리케이션을 제로 트러스트 플랫폼에 적용할 수 있다면 MFA, 장치 상태 검사, 접속 위치 제한 기능을 구현할 필요가 없다.

또한 애플리케이션 설계자는 제로 트러스트 플랫폼을 활용해 역할이나 권한 검증과 같은 추가적인 사용자 콘텍스트를 얻을 수 있다. 애플리케이션 안에서 이런 기능을 사용하고 이행할 수 있으므로, 기본적으로 애플리케이션은 정책 적용 지점이 된다.

빌드와 테스트

애플리케이션 코드가 빌드 단계와 테스트 단계를 거치면서 제로 트러스트 시스템이 워크로드 속성에 따라 인가받은 사용자나 도구에만 자동화된 정책을 자연스럽게 접속 권한을 부여할 수 있다. 예를 들어 워크로드 테스트 작업이 자동으로 증가하더라도 테스트 모드 태그를 이용해 해당 태그가 지정된 애플리케이션 인스턴스에만 접속할 수 있다.

릴리스와 배포

릴리스 프로세스의 마지막 단계에서는 애플리케이션을 테스트 단계에서 운영 상태로 전환한다. 즉, 애플리케이션 서비스에 대한 모든 접속은 인증되고 인가된 서브젝트에게만 부여되는 정책으로 제어한다. 그리고 자동화 정도에 따라 제로 트러스트 정책은 유효한 서비스 데스크 티켓이나 허가된 변경 기간 기준으로 운영 환경 접속을 제어할 수도 있다.

운영과 모니터링

이 단계에서 제로 트러스트는 시스템 안정성을 보장하고 운영 애플리케이션 접속 관리나 문제를 제어하는 데 도움이 된다. 또한 모든 접속이 인증된 ID와 올바르게 연결하도록 많은 로그도 제공한다.

고려 사항

데브옵스는 제로 트러스트와 연계하고 제로 트러스트에서 가치를 얻는 방법이 매우 다양하기 때문에 제로 트러스트를 적용할 수 있는 흥미롭고 적합한 유스케이스다. 데브옵스의 기본적인 통합조차도 보안, 애플리케이션 개발 팀에게 접근 제어 방식과 정책의 균형을 맞추고 공유할 수 있는 기회를 제공한다. 기존 애플리케이션 개발 프로세스의 사일로를 제거하면 전체 애플리케이션 수명주기에 걸쳐 제로 트러스트 통합을 얻을 수 있다.

PDP로 정의한 정책을 사용하고 적용하고자 애플리케이션(또는 마이크로서비스)을 설계하면 애플리케이션 보안에 영향을 줄 수 있으며 기업 제로 트러스트 가치에 영향을 줄 수 있다. 본질적으로 이런 설계는 애플리케이션(PDP에서 사용할 수 있는 제로 트러스트 정책이나 콘텍스트 양에 따라 다름)이 자체적으로 PEP가 될 수 있게 한다. 이 구성은 데브옵스 주기 전반에 걸쳐 적용할 수 있으며 애플리케이션에 제공되는 정책은 각 데브옵스 단계에 맞게 변경될 수 있다.

다음으로 앞에서 언급한 사용 사례를 살펴보자. 여기서 수동으로 코드를 릴리스하거나 배포하는 작업은 보안 취약점이 될 수 있다. 이에 승인된 변경 기간만 접속을 허용하는 등 제로 트러스트 정책을 릴리스와 배포 단계 전체에 적용해 중요한 접속 허용 여부를 적절하게 제어할 수 있다.

마지막으로 기업의 소프트웨어 설계나 소스코드 접속을 관리하는 것이 제로 트러스트의 핵심적인 활용 사례다. 이런 자산은 분명히 중요하며 PEP로 접속을 통제해 다른 중요 데이터와 같은 수준으로 보안을 유지할 수 있다.

권장 사항

데브옵스의 목적은 기존 소프트웨어 개발 수명주기SDLC, Software Development LifeCycle와 달리 애플리케이션 코드를 운영 환경에 배포하는 고속, 고품질, 고신뢰성 수단을 제공하는 것이다. 오늘날의 급변하는 IT 환경에서 데브옵스 환경으로의 전환은 기업의 주요 전략이며 개발 코드를 신속하게 운영 환경에 배포해 비즈니스 가치를 창출하는 경우가 많다.

그리고 제로 트러스트 시스템 자체가 동적이고 사용자, 서비스, 인프라 콘텍스트에 동적으로 반응하기 때문에 데브옵스 환경에서 사용하기에 적합하다. 제로 트러스트 시스템은 기업의 데브옵스 플랫폼에 연결할 수 있으며 전체 애플리케이션 수명주기에 걸쳐 워크로드의 흐름에 따라 접속을 자동으로 조정할 수 있다. 또한 제로 트러스트는 허가된 변경 기간을 기준으로 접속을 자동으로 제어해 수동으로 통제하던 영역의 보안을 개선하고 효율적으로 자동화하는 데 도움을 준다.

데브옵스와 제로 트러스트는 모두 현대적이고 효과적인 접근 방식이며 기업에서는 이 두 가지를 어떻게 서로 지원하면서 통합할 수 있는지 면밀히 살펴봐야 한다.

인수합병

보안과 기술적 관점에서 인수합병M&A은 이전에 독립적이었던 두 기업을 조정해야 하는 복잡하고 오랜 기간이 소요되는 프로젝트다. 이런 M&A 기업의 IT와 보안 인프라는 완전히 별도로 구축하고 발전해 상호 호환이 어려운(또는 최소한 조정하기 어려운) 방식의 기술과 아키텍처를 이용했다. 하지만 두 기업은 결국 여러 분야에서 중복 솔루션을 보유하게 될 것이며 IPv4 기반 환경에서는 문제가 될 수밖에 없는 네트워크 IP 주소 충돌 문제도 발생할 것이다.

제로 트러스트 플랫폼은 보안을 제공할 뿐만 아니라 이기종 리소스와 네트워크 위에 통합 계층 또는 표준 계층을 제공한다는 점을 기억하자. 해당 내용은 이 책에서 설명했듯이 기업 자체적으로도 많은 이점을 얻을 수 있지만 M&A를 할 경우에도 신속하게 기업 간 네트워크 접속을 지원할 수 있다.

제로 트러스트 시스템은 도메인 전체에서 거의 즉각적인 IT 접속을 제공해 공동으로 관리 가능하도록 신속하게 지원할 수 있다. 마찬가지로 재무 관리 시스템과 같은 특정 핵심 애플리케이션에 대해 정확하고 안전한 사용자 접속을 지원할 수 있다. 이런 이점을 염두에 두면서 다음의 세부 사항을 살펴보자.

고려 사항

두 기업 중 한 기업이 이미 제로 트러스트를 구축한 경우, 특히 인수 기업(보통 규모가 더 크고 IT와 보안 인프라를 운영하는)은 M&A를 제로 트러스트를 확장할 수 있는 기회로 삼아야 한다. 인수된 회사가 제로 트러스트를 보유한 회사라 하더라도 합병된 기업은 해당 플랫폼을 사용해 최소한의 통합 활동을 진행할 수 있다. 다른 어떤 보안 솔루션이나 원격 접속 솔루션도 서로 다른(그리고 가끔은 충돌하는) 두 기업의 솔루션을 신속하고 안정적으로 또는 정확하게 통합할 수는 없다.

또한 제로 트러스트는 궁극적으로 네트워크를 통합, 표준화하거나 일반적인 네트워크 충돌을 해결할 때 필요한 많은 비용과 수고를 줄일 수 있는 기회일 수 있다. 예를 들어 모든 사용자와 서버가 제로 트러스트 시스템을 통해 필요한 접속 권한을 얻는 경우 기업 네트워크 연결을 위한 WAN 구성이 필요 없을 수 있다. 그리고 제로 트러스트 시스템이 IP 주소 충돌 문제를 해결할 수 있는 메커니즘을 지원한다면 기업은 네트워크에서 IP 충돌 문제를 해결할 필요가 없을 것이다.

기업에서는 이런 사용 사례를 검토할 때 어떤 리소스에 즉시 접속해야 하는지, 리소스가 어디에 있는지 그리고 현재 어떻게 보호하고 있는지를 생각해야 한다. 물론 각 기업에는 자체적인 ID 제공자, IT 관리, 보안 툴이 있지만 제로 트러스트는 이 모든 툴을 즉시 표준화할 수 있도록 지원한다.

권장 사항

제로 트러스트 솔루션을 보유하고 있고 기업을 인수하는 경우 두 기업 모두 제로 트러스트 전환을 꾀하는 작업은 '간단한 일'이 돼야 한다. 기업이 제로 트러스트 솔루션을 아직 구축하지 않았지만 인수 대상 기업이 이 플랫폼을 보유하고 있다면 인수하려는 기업도 제로 트러스트 플랫폼으로의 전환을 적극 고려해보자.

최소한 직원들은 인수된 회사의 자원에 접근하고자 제로 트러스트를 사용할 수 있을 것이다. 예를 들어 직원들은 인수 기업 네트워크에 PEP를 적용해 해당 기업의 리소스 접속 권한을 부여하도록 시스템을 쉽게 확장할 수 있어야 한다. 이상적으로는 인수합병을 계기로 대기업에서 제로 트러스트를 도입할 수 있다. 인수된 기업은 이미 제로 트러스트를 성공적으로 도입했기에 이를 활용해서 신속하게 가치를 창출할 수 있어야 한다.

마지막으로 서버 대 서버 제로 트러스트 적용 사례를 기억하자. 대부분의 경우 한 도메인의 운영 서버가 다른 도메인의 운영 서버와 안전하게 통신해야 하는 데이터 동기화 작업이나 데이터 내보내기/가져오기 작업이 있다. 제로 트러스트 시스템은 어느 기업도 위험에 빠뜨리지 않고 신속하고 안전하게 이를 달성할 수 있도록 지원한다.

매각

기업이 비즈니스 일부를 신규 독립 기업으로 분사하는 매각은 일반적으로 IT와 보안에서는 복잡한 과제로 여겨지지만 흥미로운 기회이기도 하다. 새로운 회사는 하드웨어, 네트워킹 장비, 네트워크, 빌딩과 같은 물리적 자산을 포함해 일부 IT, 보안 인프라도 인수받을 것이다. 이런 자산의 인수는 '브라운필드 투자' 방식이지만 IT 팀과 보안 팀은 일반적으로 새로운 시스템과 툴을 도입해 부족한 부분을 채우거나 시간이 지나면서 없애야 하는 요소를 교체할 수 있다. 이를 통해 IT 팀과 보안 팀은 새로운 환경에 제로 트러스트 시스템을 구축할 수 있는 기회(그리고 예산)를 얻게 된다.

새로운 회사를 위해 인프라를 구축하는 것 외에도 제로 트러스트 도입에 영향을 주는 또 다른 측면인 전환 기간도 있다. 사업, 법률 거래는 거의 모든 매각에서 많은 기술적 작업이 시작되기도 전에 일어난다. 두 회사는 법적으로 분리돼 있더라도 수많은 기술 시스템, 데이터 흐름, 비즈니스 프로세스가 서로 얽혀 있으며 이를 해소하는 데 보통 몇 달이 소요된다. 하지만 이 과도기 동안에 제로 트러스트로 '뒤에 남겨진' 중요한 리소스 접속을 효과적으로 안전하게 제어할 수 있고 사용자와 서버의 생산성을 유지하면서 무단 네트워크 접속을 방지할 수 있다. 새로운 회사는 시스템을 하나씩 전환하면서 제로 트러스트 시스템에서 간단한 정책만을 변경해 손쉽게 시스템 접속을 종료할 수 있다.

완전한 제로 트러스트 네트워크/네트워크 전환

완전한 제로 트러스트는 이 장을 마무리하고 19장에서 제로 트러스트를 구축하는 과정에서 다룰 시나리오다. 이 시나리오는 어떤 면에서는 방금 다뤘던 시나리오들을 종합한 것이고 어떤 면에서는 기존 시나리오들과 상당히 다르다.

'완전한 제로 트러스트'를 달성하는 것은 모든 사용자를 '망에서 벗어나게' 하고 모든 기업 리소스에 접속하고자 제로 트러스트 시스템을 사용해야 하는 네트워킹 사고방식의 변화가 필요하다는 점이 가장 중요하다. 흥미롭게도 2020년 초 COVID-19로 인한 갑작스러운 재택 사용자 증가는 이런 변화를 만들려는 많은 기업의 변화를 가속화시켰다. 이와 관련된 가장 큰 변화는 해결해야 할 문제가 '원격 접속'이 아니라 '접속'이라는 것을 깨닫는 것이다. 사실 모든 접속을 보호하고자 통합된 방식을 취하는 것이 제로 트러스트 환경의 많은 가치를 뒷받침한다.

'완전한 제로 트러스트 네트워크'라는 용어는 광범위하고 포괄적인 의미지만 실제로는 이니셔티브의 한계와 경계를 정의하기도 한다. 모든 제로 트러스트 구축이 단일 리소스에 마이크로세그먼테이션 아키텍처를 구축하는 전략으로 끝날 필요는 없다. 어떤 면에서는 '완전한 제로 트러스트'라는 용어보다는 '네트워크 전환'이라는 다소 애매한 용어로 유리하게 해석해 일부는 잘못된 결론을 내릴 수 있다.

따라서 기업에서는 이 과정을 거치면서 이니셔티브의 한계를 정의하고 현실적인 완전한 제로 트러스트 달성 목표를 정의해야 한다. 보통 가장 일반적으로 볼 수 있는 기업의 제로 트러스트 달성 기준은 다음과 같다.

- 모든 사용자가 기업 네트워크를 사용하지 않는다.
- 일반적으로 엔클레이브 기반 모델을 사용해 대부분의 개인 서비스를 PEP로 보호한다.

- 일부 SaaS 서비스는 PEP로 보호될 수 있다.
- 마이크로세그먼테이션을 사용하는 서비스가 있을 수 있다.
- 서비스가 실행 중인 일부 암묵적 트러스트 존이 있다.

물론 이런 목표는 이 책에서 계속 설명한 제로 트러스트를 통한 이점이자 제로 트러스트로 가는 변화다. 기업 자체 네트워크를 없애면 기업이 훨씬 더 복원력을 높이고 외부에서 해킹 시도가 가능한 대상과 공격 영향도를 모두 줄일 수 있다. 사용자는 최소 권한 원칙을 적용하면서 생산성을 높일 수 있는 충분한 접속 권한을 제공받는데, 이 권한은 동적이며 콘텍스트에 실시간으로 반응하는 정책 기반의 '상시 작동' 제로 트러스트 접속 권한이다. 이 원칙은 정책으로 모든 접속을 명시적으로 허용하도록 보장해서 조직이 네트워크 그리고 컴퓨팅 자산 관리가 용이하게 가시성을 높인다. 또한 데이터, 프로세스 레벨에서 기업의 IT, 보안 인프라를 통합해 효율성과 효과성을 높인다. 3장에서 소개한 개념적 제로 트러스트 아키텍처 다이어그램인 그림 18-4를 다시 한 번 살펴보자.

이 다이어그램은 3장에서 설명한 대표 기업들이 '완전한 제로 트러스트' 아키텍처를 구축하고자 선택한 방법이다. 이 기업들은 책 전반에 걸쳐 다룬 대부분의 접근 방법을 통합해 보안 리스크를 해결하고 이점을 얻었다. 이들 기업이 어떻게 접근했는지 상세히 살펴보자.

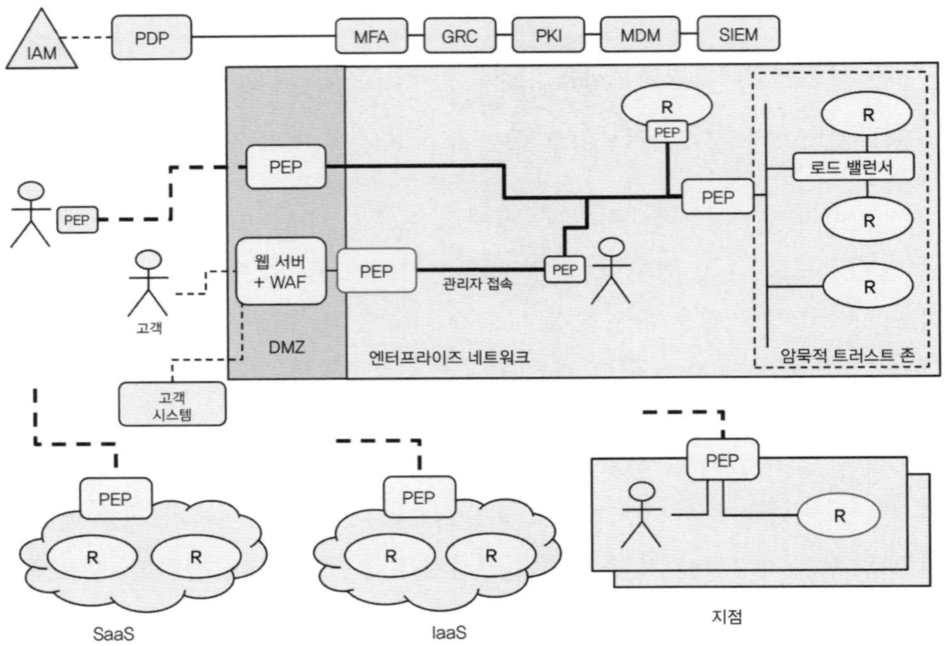

그림 18-4. 제로 트러스트 아키텍처

물론 기본적으로 이 기업들의 PDP는 기업 ID 제공자(IAM)와 연결돼 있다. 또한 PDP는 MFA, SIEM, GRC, 엔드포인트 관리, PKI 시스템과 같은 다른 IT, 보안 인프라 요소와 통합한다. 인프라 전체에 분산된 PEP가 있고 그중 많은 수가 리소스 엔클레이브 접속을 강제화하고 있다. 또한 기업은 대부분 사용자의 장치에서 로컬 사용자 에이전트 PEP를 사용하고 있으며 일부 서버에도 PEP를 직접 적용했다. DMZ의 PEP와 암묵적 트러스트 존 앞에 있는 PEP 사이는 암호화된 PEP 대 PEP 연결이 있다. 이는 일부 제로 트러스트 플랫폼에서 지원되는 구성이기도 하다.

제로 트러스트 시스템은 SaaS, IaaS 리소스 접속을 모두 보호하며 IaaS 환경의 PEP는 워크로드의 동적 속성(메타데이터)을 사용해 접속 허용 여부를 결정한다. 지점에서는 리소스와 사용자를 IoT 스타일의 관점에서 관리하는 방식으로 PEP를 구축했다. 즉, 해당 네트워크의 장치(및 사용자)는 제로 트러스트로 보호된 리소스에 접속할 수 있다.

마지막으로 네트워크의 모든 요소가 제로 트러스트 솔루션의 범위에 포함되는 것은 아니다. 예를 들어 IaaS 환경뿐만 아니라 기업 네트워크의 리소스 간에도 암묵적인 트러스트 존(리소스 엔클레이브)이 있다. 또한 서버 관리자의 DMZ 웹 서버 접속은 PEP로 제어하지만 고객이 접속하는 해당 서버의 서비스는 제로 트러스트 솔루션의 범위를 벗어난다.

고려 사항

완전한 제로 트러스트는 거대한 이니셔티브이며 경영진의 지지와 지원이 있더라도 기술 기반의 전사적 과제가 될 것이다. 사실 모든 기업이 특히 첫 번째 제로 트러스트 도입 목표를 완전한 제로 트러스트 구축으로 계획하지는 않을 것이다. 19장에서 관련 내용을 자세히 살펴보겠지만 몇 가지 권장 사항을 먼저 설명하겠다.

권장 사항

처음부터 대규모 네트워크 변환 프로젝트 구축을 완료하기에는 어려울 수 있지만 사용자의 네트워크 권한을 줄이는 것이 중요한 목표임을 강조하고 싶다. 이는 사실상 제로 트러스트 이니셔티브의 일환으로 수행할 수 있는 가장 중요한 작업 중 하나다. 이 기능은 단계적으로 달성할 수 있으므로 서브넷 분리(또는 VPC 분리 또는 애플리케이션 분리)를 통해 보안을 강화하더라도 충분히 의미가 있다.

기업 네트워크가 복잡하고 제약 조건이 될 수 있는 많은 내부 요소가 있다는 것을 인정한다. 하지만 꼭 그렇다고만 할 수는 없다. 예를 들어 사용자가 사내에 있을 때 암묵적인 접속 권한을 얻을 수 있는 프린터가 있는 사무실을 생각해보자. 이 접속 권한은 제로 트러스트 정책으로 쉽게 부여될 수 있으며 이 요구 사항이 제로 트러스트 채택에 장애가 돼서는 안 된다. 실제로 경우에 따라 내부 구성 요소를 활용해 제로 트러스트를 활성화할 수 있다. 필자의 기업 고객 중 한 명은 이미 50개 이상의 지점에 구축된 NAC 솔루션을 보유하고 있었다. 제로 트러스트 에이전트를 그룹별로 사용자 장치에 배포할 때 NAC은 관련 그룹의 사용자를 직원이 사용하는 VLAN 대신 게스트 VLAN에 할당하도록 구성해 사용자를 네트워크에서 효과적으로 제거했다. 이러한 변화의 장점은 최종 사용자가 전혀 눈치 채지 못했다는 점이다. 즉, 생산성은 그대로 유지하고 모든 애플리케이션에 접속할 수 있었다.

어떤 면에서 이전의 6개 제로 트러스트 사용 사례는 완전한 제로 트러스트 네트워크 시나리오의 사고방식, 접근 방식, 과제를 축소한 것이다. 그리고 이 사례들은 제로 트러스트 적용을 흥미롭게 하는데, 완전한 제로 트러스트라기보다는 특정 시나리오에 중점을 두고 시작할 때 참고할 수 있다. 제로 트러스트 과제를 반드시 적은 시나리오와 사용자 수로 시작하는 '규모에 맞는' 전략으로 해결할 필요는 없지만 그 과정에서 여러 가지(정책, 팀, 프로세스 등)를 학습하고 경험하게 되므로 시간이 지남에 따라 더 많은 활용이 가능할 것이다.

요약

18장을 요약하자면 기업에 제로 트러스트를 적용하기 위한 7가지 시나리오를 분석했다. 이들 사례는 이 책 전반에 걸쳐 대부분 언급했지만 17장에서 배운 지식과 맥락을 바탕으로 각각의 사용 사례를 심층적으로 살펴보고 이를 실행할 수 있는 기회를 제공했다. 이런 사용 사례의 세부 사항에서 벗어나 잠시 숨을 돌리고 한발짝 뒤로 물러서보자. 19장에서는 성공적인 제로 트러스트 도입을 위해 기업에서는 어떻게 접근해야 하는지 프로그램과 이니셔티브 관점에서 살펴본다.

19장

제로 트러스트의 성공

18장까지는 제로 트러스트 원칙, 아키텍처 접근 방식, 광범위한 IT, 보안 요소 확인, 제로 트러스트 정책 사례와 사용 사례 논의 등 다양한 보안, 기술 주제를 다뤘다. 이런 아키텍처 원리와 기술적인 항목들은 제로 트러스트를 다룰 때 핵심적인 부분이다. 하지만 가장 자주 듣는 제로 트러스트 질문인 "어떻게 시작해야 할까요?"라는 한 가지 측면은 아직 남아 있다. 제로 트러스트에 관심이 있다면 누구나 당연히 궁금해 하는 질문으로, 19장은 "제로 트러스트 프로젝트가 성공하려면 어떻게 해야 할까요?"라는 질문에 답하는 것을 목표로 한다.

한 문장으로 가장 좋게 답하자면 더욱 큰 규모의 제로 트러스트 구축을 목표로 설정하고 집중적이고 점진적으로 접근하는 동시에 기업의 유관 부서 동료들과 원활한 소통 채널을 구축하도록 노력하는 것이다. 소통이 단절된 상태에서 대규모 제로 트러스트 프로젝트를 수행할 수 없다는 것은 아니지만 제로 트러스트는 본질적으로 다른 팀이 보유하거나 관리 중인 여러 IT, 보안 구성 요소와 통합이 필요하다. 따라서 다른 팀과의 소통과 통합이 필요하며, 이는 제로 트러스트 프로젝트를 진행하면서 성공 정도를 결정하는 주요 요인임을 알게 될 것이다.

19장에서는 이 주제들을 살펴보고 어떻게 시작해야 하는지 지침을 제공하고, 기업의 프로젝트와 대규모 제로 트러스트 프로그램이 어떻게 성공하는지 방법도 알아본다. 모든 기업의 보안 프로젝트나 IT 프로젝트와 마찬가지로 제로 트러스트는 기술적인 문제뿐만 아니라 비기술적인 문제가 있을 수 있다. 사실 가끔은 프로그램 설계, 소통, 기업 문화 이해의 부드러운 측면이 기술 측면보다 더 힘들 때가 있는데, 특히 이 책의 필자들과 같은 기술 지향적인 사람들에게는 더욱 그렇다.

이제 하향식과 상향식 두 가지 관점에서 제로 트러스트 이니셔티브를 살펴보자.[1] 이 관점은 보통 어떤 것을 분리하고 이야기할 수 있는 편리하고 유용한 방법이지만 실제로는 인위적인 분류다. 모든 제로 트러스트 프로젝트와 이니셔티브는 이 두 가지 관점의 요소를 결합하고 있기 때문에 상호 배타적이라 생각하지는 말아야 한다. 단지 설명하기 편리한 방법이기 때문에 이번 장에서 사용한다. 특히 기업이 전략적으로 하향식 제로 트러스트 비전, 미션을 보유하고 있더라도 담당자는 전술적으로 스스로 프로젝트를 진행하고 의사 결정해야 한다. 심지어 어느 부서 자체적으로만 추진하는 제로 트러스트 프로젝트조차도 다른 팀, 툴과의 통합, 조정이 필요하기 때문에 최소한 어느 정도의 전략적인 이니셔티브 요소를 포함할 것이다. 사실 첫 번째 제로 트러스트 프로젝트에 전략적인 요소를 포함시켜서 이후 진행하는 두 번째, 세 번째 프로젝트에 방향성을 제시하는 것도 훌륭한 방법이다. 이제 전략적인 관점부터 시작해보자.

제로 트러스트: 전략적 접근 방식(하향식)

전략적인 제로 트러스트 접근 방식(정의상)에서는 기업의 임원급, 이상적으로는 C급 임원이 필요하다. 제로 트러스트는 IT 전용 이니셔티브가 아니기 때문에

1. 실리콘밸리 실무자들이 세 번째 접근 방식인 '중간 접근 방식(middle-out)'이라고 하는 소문도 들었다.

기업에서 제로 트러스트 전략을 전적으로 승인하고 채택하려면 비즈니스 경영진 간 조정이 매우 중요하다. 보안 팀은 이전 모범 사례들로 제로 트러스트가 최신 기술이라는 것을 이해할 수 있지만 단지 사례만으로는 기업이 전략적 제로 트러스트 추진 동기를 부여하기에는 충분하지 않을 수 있다. 아마도 새로운 보안 리더십이나 경영진의 리더십, 데이터 유출 사고, M&A, 전염병 대유행 발생에 따른 보안 정책 변경과 같은 큰 이슈가 필요할 수 있다. 다른 동기 부여로는 법적 규제 변경이나 기업의 감사 결과 등이 있을 수 있다.

이는 기업에는 이니셔티브가 있기 때문이며 보안 팀은 달성해야 할 비즈니스 목표가 있을 것이다. 그리고 보안 팀의 전략적 이니셔티브에는 비즈니스 프로세스와 감사 프로세스를 반드시 수반해야 한다. 이를 불필요한 장애물로 인식할 것이 아니라 비즈니스에 전략적으로 중요한 이니셔티브를 실행하는 데 필요한 단계로 인식해야 한다. 이런 점을 염두에 두고 이제 제로 트러스트 전략에서 중요한 역할을 할 수 있는 몇 가지 조직 구성을 알아보자. 모든 기업이 이런 전략이나 조직을 필요로 하는 것은 아니다. 이 책에서는 대기업이나 어느 정도 규모의 기업을 대상으로 고려하고 있다. 이제 제로 트러스트 전략 수립을 시작할 때 거버넌스 위원회, 아키텍처 검토 위원회, 변경 관리 위원회 중 어떤 조직을 구성해야 하는지 하나씩 차례로 확인해보자.

거버넌스 위원회

일반적으로 거버넌스 위원회는 기업의 방향을 제시하고 기업의 전반적인(재정 및 인력) 건전성을 지원하는 정책을 만든다. 그리고 보통 기업이 GRC(Governance, Risk, Compliance) 목표를 달성하는 데 도움을 주며 GRC 그룹의 일부일 수도 있다. 그리고 GRC는 제로 트러스트와 관련되므로 기업의 다음 요소를 포함해야 한다.

- 위험
- 감사

- 운영
- 보안
- ID

이런 각 분야에 책임이 있는 팀은 제로 트러스트 이니셔티브를 위한 지침 작성에 어느 정도 의견을 제공해야 하며, 이들의 의견과 지원은 제로 트러스트 이니셔티브의 성공에 매우 중요하다. 특히 신규 기업 이니셔티브에 기술을 포함시켜 검토할 때 위원회가 거부하는 경우가 많다. 더 높은 비즈니스 수준에서 기업의 위험 요소를 이해하고 해당 위험을 관리하는 것이 제로 트러스트 이니셔티브 지원 수준을 결정하는 핵심 요소가 될 것이다.

아키텍처 검토 위원회

아키텍처 검토 위원회(때로는 엔터프라이즈 아키텍처 위원회라고도 함)는 기업의 현재 기술이나 향후 계획 중인 기술을 검토하는 역할을 하며 제로 트러스트 전략과 관련이 깊다. 또한 위원회는 보통 제로 트러스트 이니셔티브의 중요한 부분인 기업의 아키텍처 표준을 정의한다. 제로 트러스트를 위한 기술 요구 사항은 상당히 복잡할 수 있지만(이 책 전반에 걸쳐 언급했듯이) 아키텍처 표준을 활용하고 이행하는 한 기존 기술과 빠르게 통합할 수 있다. 이런 전사적 관점의 일관성과 가시성은 아키텍처 검토 위원회가 있는 이유 중 하나다. 마지막으로 위원회 구성원들은 환경 변화에 따른 영향에 대해 다양한 지식을 제공할 수 있을 것이며, 이는 제로 트러스트 이니셔티브와 분명히 관련이 있다.

변경 관리 위원회

마지막으로 변경 관리 위원회는 새로운 솔루션을 운영 환경으로 이전하는 시기와 일정을 책임지기 때문에 모든 이니셔티브에 포함해야 한다. 기업에서 제로 트러스트의 규모가 커지고 운영이 필요한 영역이 되면서 제로 트러스트 시스템 및 애플리케이션과 인프라의 통합은 필수가 될 것이다. 그리고 제로 트러스트를 사용하면 통합과 구축을 이전보다 정책 기반, 자동화로 변환시킬 수 있어 변경 관리 프로세스를 빠르게 진행할 수 있다.

모든 기업이 이 정도 수준이 돼야 하는 것은 아니지만 관련 팀과 프로세스를 이미 구축한 경우 제로 트러스트 전략을 강화하고 제로 트러스트 요소를 환경에 통합하는 능력을 높일 수 있다.

가치 동인

제로 트러스트 구현은 보통 기술에 중점을 두고 있지만 비즈니스 목표 설정은 궁극적으로 제로 트러스트 프로젝트의 원동력이 될 것이다. 제로 트러스트 이니셔티브가 제공할 수 있는 비즈니스 수준의 가치 동인Value Drivers에는 보안, 감사, 컴플라이언스, 민첩성/신규 비즈니스 이니셔티브, 고객/파트너 통합, 기술 최신화가 있는데, 차례로 확인해보자

보안

보안은 제로 트러스트의 핵심이라는 점에서 명백한 가치 동인이다. 따라서 제로 트러스트 이니셔티브의 원동력 중 하나다. 특정 프로젝트에서 보안의 가치는 사용자 환경에 MFA를 통합하는 것만큼 단순하거나 전사적인 제로 트러스트 네트워크를 구축하는 것만큼 복잡할 수 있다. 또한 경우에 따라 보안은 제로 트러스트 이니셔티브에서 모든 프로젝트의 주요 목적이 아닐 수도 있다. 예를 들어 이미 구축한 제로 트러스트 플랫폼을 사용해 고객의 시스템을 사용자의 시스템과 통합하도록 지원하는 프로젝트가 있을 수 있다. 이는 보안을 향상시키는 것이 아니라 나중에 설명하는 고객/파트너 통합을 만족시키는 프로젝트에 가깝다.

감사와 컴플라이언스

감사와 컴플라이언스 개선 활동은 분명하지 않거나 새로운 기술이 필요하지는 않을 수 있지만 ID 중심 접근 방식과 관련한 향상된 로깅으로 감사 결과를 개선하고 컴플라이언스 준수 수준을 높일 수 있다. 어떤 ID가 어떤 비즈니스 프로세스를 실행하고 어떤 기술 자산에 접속하는지를 파악해 기업의 감사 요구 사항을 충족시킬 수 있다. 또한 제로 트러스트 프로젝트는 쉽게 분석하고 이해할 수 있는 접속 로그를 제공하므로 감사 비용과 시간을 줄일 수 있는 경우가 많다. 제로 트러스트 시스템이 제공하는 감사 로그 보고서가 기업의 내부, 외부 감사자가 찾고 있는 보고서 유형에 어떻게 매핑되는지 확인해보자. 이를 통해 기업에 유용한 가치를 제공할 수 있다.

민첩성/새로운 비즈니스 이니셔티브

제로 트러스트는 종종 애플리케이션 민첩성이나 새로운 비즈니스 이니셔티브를 안전하게 지원하는 데 사용되며, 이는 조직에 커다란 가치를 제공할 수 있다. 예를 들어 많은 조직이 '클라우드 우선 도입' 전략을 수립할 때 제로 트러스트를 사용해 보안 정책과 방향을 제공할 수 있다. 일반적으로 제로 트러스트의 콘텍스트 기반 보안 모델은 안전하고 정확한 접근 제어를 기반으로 신속하고 혁신적인 비즈니스 이니셔티브를 지원하는 데 매우 적합하다.

고객/파트너 통합

제로 트러스트의 핵심 원칙 중 하나는 격리된 기술 간의 통합을 안전하게 지원하고 이를 활용하는 것이다. 이는 기업 내부에서든 외부에서든 마찬가지다. 따라서 기업은 제로 트러스트 플랫폼을 사용해 고객, 파트너와 새로운 유형의 시스템, 데이터, 프로세스 통합을 지원할 수 있다. 이런 통합은 일반적인 웹 애플리케이션에 접속하는 고객의 안전한 접속을 제공하는 것만큼 간단하거나 기업

간 실시간 데이터 교환처럼 복잡할 수 있다. 둘 다 상당한 비즈니스 가치와 혁신을 주도할 수 있다.

기술 최신화

마지막 기술 동인은 기술 최신화인데, 범위가 다소 광범위하다. 오래된 보안 시스템이나 IT 인프라의 업그레이드, 비효율적인 시스템의 폐기, 최신 시스템으로 교체 등 다양한 이점이 있을 수 있다. 이런 대부분의 기술 최신화는 이 책의 2부 전반에 걸쳐 다룬 IT와 보안 시스템에 적용되겠지만 그 외의 다른 시스템도 해당될 것이다.

지금까지 살펴본 다섯 가지 가치 동인은 기업의 광범위한 제로 트러스트 이니셔티브 구성 요소로서 각 제로 트러스트 프로젝트가 미칠 영향을 측정하고 분류하는 데 유용한 방법이다. 즉, "이런 시간과 비용 투자로 기업이 달성하고자 하는 것은 무엇인가?"라는 질문에 대한 답을 대략적으로 정량화하고 시각적으로 표현하는 데 도움이 된다. 이런 가치 동인은 전술적, 전략적 프로젝트에 동일하게 적용된다(물론 가치 동인을 통한 이익의 크기는 다를 수 있다). 해당 내용을 효과적으로 설명하고자 레이더 차트를 이용해 시각적으로 표현할 수 있는데, 이 장의 뒷부분에서 관련 사례를 살펴본다. 이런 비교 검증으로 기업과 기업의 팀은 이니셔티브 추진을 위한 후보 프로젝트를 좀 더 객관적으로 평가하고 비교하고 우선순위를 지정할 수 있다.

이제 전략적 관점에서 기업이 제로 트러스트를 어떻게 접근해야 하는지 살펴봤으니 전술적 관점에서 살펴본다.

제로 트러스트: 전술적 접근 방식(상향식)

전술적인 제로 트러스트 프로젝트는 프로젝트 범위와 기간에 초점을 맞추고 특정한 여러 문제를 해결하는 것을 목표로 하는 프로젝트다. 그리고 솔루션이 제로 트러스트 보안 원칙을 수용하게 하고 기업에서는 다른 새로운 방식으로 보안 툴과 플랫폼을 사용할 수 있다. 첫 번째 구축하는 제로 트러스트 프로젝트는 새로운 개념과 새로운 플랫폼을 기업에 도입하는 반면(따라서 변화를 도입하는) 기업의 전반적인 보안, 리스크, 아키텍처 접근 방식과 조화를 이뤄야 한다.

이런 독립형 프로젝트는 다양한 곳에서 시작할 수 있는데, 예를 들어 특정 접속 환경이 필요한 애플리케이션 팀의 요청으로 시작할 수 있다. 이런 상황에서 보안 팀은 애플리케이션 관리자에게 제로 트러스트가 최선의 방식인 이유를 설명하면서 도움을 줄 수 있다. 사실 제로 트러스트를 시작할 때 비즈니스나 애플리케이션 그룹의 지원을 받는 것은 좋은 방법이다. 제로 트러스트는 프로젝트를 지원하고 보안 팀에서 직면할 수 있는 정치적 문제나 기술적 장벽을 허물 수 있기 때문이다.

그러나 대부분 보안 팀에서 특정 보안 위험이나 문제를 해결하고자 제로 트러스트 프로젝트를 처음으로 추진할 것이다. 이런 프로젝트는 분명히 성공하겠지만 오히려 '문제를 찾는 솔루션'으로 보일 위험이 있으며 혁신의 가치를 인지하지 못하는 네트워크 팀이나 비즈니스 팀의 반발에 부딪힐 수 있다. 이런 리스크를 무시하거나 발생하지 않기만을 바라지는 말자. 제로 트러스트를 구축할 때는 대부분 최종 사용자 환경이나 네트워크 구성과 같은 보안 팀의 관리 밖 IT 요소를 변경해야 하므로 관련 리스크는 실제로 중대한 장애가 될 수 있다. 여기서 핵심은 단순히 보안을 넘어 팀에게 골칫거리인 해결해야 할 현재 문제점을 해결하고 프로젝트에 대한 관심과 지원을 이끌어내는 제로 트러스트 파일럿 프로젝트를 식별하는 것이다. 18장의 6가지 사용 사례를 다시 확인하자. 이 사례들은 첫 번째 시작하는 제로 트러스트 프로젝트에 가장 적합하다. 또한 기업에서 진행 중인 새로운 비즈니스 이니셔티브에 관심을 갖고 제로 트러스트가 이런 이니셔티브를 좀 더 쉽고 안전하게 지원할 수 있는지 확인하자.

또한 전략적 제로 트러스트 이니셔티브는 어딘가에서는 시작할 필요가 있으며 처음에는 소규모로 집중할 수 있는 프로젝트로 시작하는 것이 좋다. 이유는 플랫폼을 연구하고 소규모 개념 증명PoC을 수행할 수 있기 때문이다. 또한 보안 담당자가 무언가를 시도하고 실수를 통해 여러 경험을 얻을 수 있는 기회를 제공한다. 제로 트러스트는 하나의 여정이다. 모든 기업의 IT, 보안 환경은 고유한 것이기 때문에 모든 기업의 제로 트러스트 여정도 고유한 것이다. 그리고 기업에서는 이를 받아들이고 반복하면서 배워야 한다. 시작할 때 모르는 것이 많을 것이고 첫 시도에서 모든 것을 맞추지는 못할 것이다. 다만 최소한 부분적인 성공을 보여주고 기업에서 제로 트러스트를 위한 추진력과 지원을 구축하는 것이 중요하다.

최소한 가장 전술적인 제로 트러스트 프로젝트 팀에서도 ID 관리자, 네트워킹 담당자, 엔터프라이즈 아키텍처 인력을 참여시켜야 한다. 다음에 소개할 상향식 프로젝트를 보면 이 점을 이해하는 데 도움이 될 것이다.

제로 트러스트 적용 사례

이 절에는 프로젝트와 마일스톤 관점에서 제로 트러스트를 적용하는 2개 사례를 다룬다. 이 사례에서 설명하는 가상의 기업이 제로 트러스트 프로젝트 팀을 어떻게 그리고 무슨 이유로 자원을 통제하는지 방법을 제공할 것이다. 다만 여기에서는 실제 프로젝트 정보에 입각해 의사 결정에 도움이 되는 대표적인 사례만을 다룰 뿐이다.

시나리오 1: 전술적 제로 트러스트 프로젝트

첫 번째 시나리오에서 어느 운송 서비스 부서는 재무 관리 시스템의 운영을 서드파티 회사에 아웃소싱했다. 서드파티 회사는 약 30명의 파트타임 재무 분석가가 기업에 중요한 비즈니스 서비스를 제공한다. 서드파티 사용자가 원격(실제로는 두 개의 다른 국가에 위치)에서 근무하지만 기업의 재무 시스템은 본사에 있으며 전통적인 방식인 하드웨어 기반 서버에서 운영 중이다. 금융 시스템은 사업 운영에 필수적인 다른 많은 사내 시스템과 통합되기 때문에 이 아키텍처는 필요하다.

현재 서드파티 사용자는 예전부터 사용하던 VPN으로 금융 시스템에 접속하고 있지만 IT 감사로 몇 가지 보안 사항을 개선해야 한다. 특히 서드파티 사용자는 MFA를 적용해야 하고 이런 기업의 ID 수명주기 이벤트와 연계해 퇴사자 접속을 즉시 비활성화되도록 개선해야 한다.

보안 팀은 자체 MFA 솔루션을 적용하고 퇴사자의 권한을 제어하는 비즈니스 프로세스를 구축함으로써 이런 문제를 해결할 수 있었지만 이전부터 연구하고 학습해온 제로 트러스트의 첫 프로젝트 대상으로 이번 개선 과제를 선정했다. 그림 19-1에는 프로젝트 팀이 수행한 단계와 엔터프라이즈 아키텍처 팀이 관련된 단계를 구분한 프로젝트 일정과 흐름이 나와 있다. 이 사례에서 서드파티 사용자는 이미 VPN 솔루션을 사용해 접속할 수 있으며 6개월간 별다른 IT 감사 지적이 없는 상태로 볼 때 즉각적인 변경에 대한 부담이나 긴급성은 높지 않은 상태다. 이는 프로젝트 팀이 제로 트러스트 플랫폼을 더욱 신중히 연구하고 평가하는 데 더 신중할 수 있기 때문에 도움이 된다. 이런 맥락에서 프로젝트의 각 단계를 차례로 살펴보자.

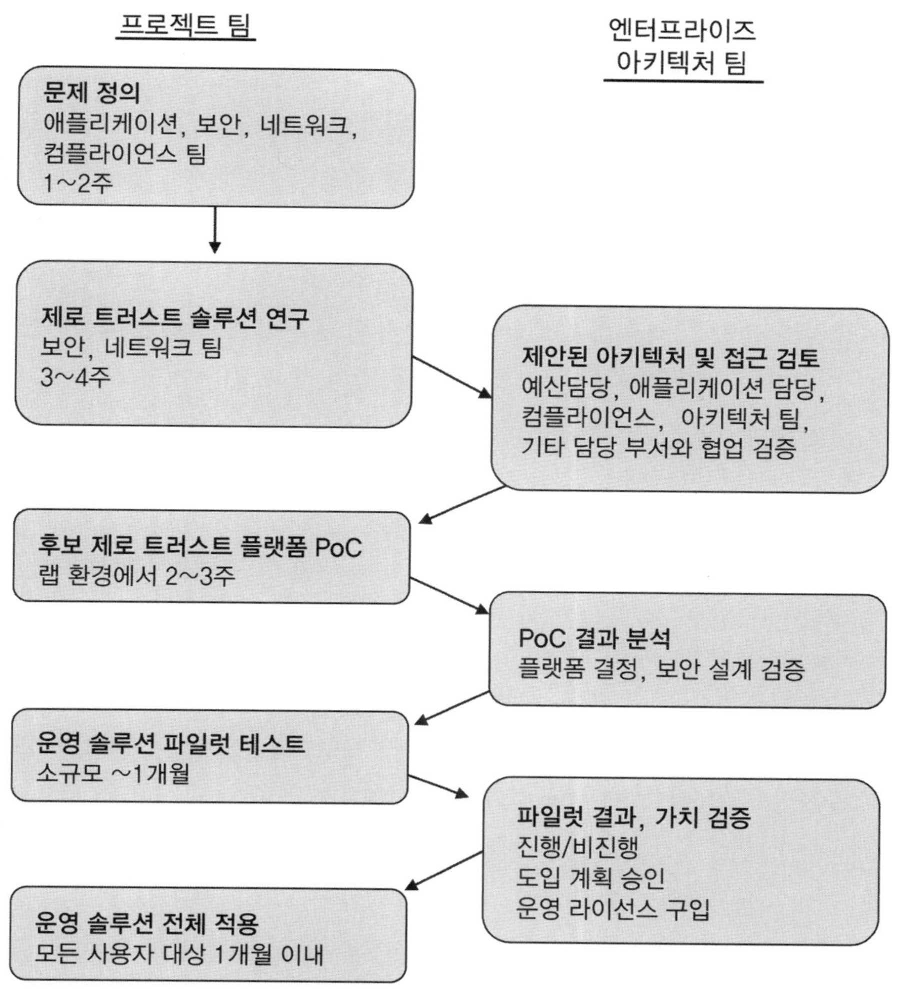

그림 19-1. 전술적 제로 트러스트 프로젝트 타임라인

문제 정의

IT 감사 팀에서 MFA와 좀비 계정을 해결해야 할 문제로 파악한 반면 보안 팀은 기본 장치의 보안 상태 확인, 위치 확인, 서드파티 IAM 시스템에서 사용자가 올바른 디렉터리 그룹에 있는지를 확인하는 등 추가 보안 통제도 적용하고자

한다. 이를 주도하는 보안 팀은 애플리케이션, 네트워킹, 컴플라이언스 팀을 대상으로 제로 트러스트 범위, 원칙, 목표를 몇 주에 걸쳐 교육한다.

제로 트러스트 솔루션 연구

보안 팀은 이전 단계에서 이해관계자의 승인을 받은 후 몇 주 동안 제로 트러스트 플랫폼을 조사하고 평가하면서 대규모 공급업체, 소규모 공급업체, 오픈소스와 관련한 다양한 제품을 검토한다. 대부분의 솔루션은 무료로 평가판을 이용할 수 있으며 보안 팀의 기술 담당자들은 각자 솔루션 선정을 위한 자신의 학습 내용을 공유한다. 이후 제로 트러스트 후보 플랫폼 2개를 결정하고 보안 아키텍처와 구성 아키텍처 초안을 작성한다.

접근 방식과 제안된 아키텍처의 검토

다음으로 보안 팀은 제안된 아키텍처, 프로젝트 계획을 재무 애플리케이션 담당자, 컴플라이언스, 네트워크, 운영, 예산 담당자를 포함한 엔터프라이즈 아키텍처 팀의 관련 이해관계자에게 제시한다. 이 기업에는 엔터프라이즈 아키텍처 팀이 있지만 보안 팀은 제로 트러스트 이니셔티브의 대상과 수준을 높이려는 전략이 있어 의도적으로 더 체계적으로 제로 트러스트 프로젝트에 접근하고 있다.

제로 트러스트 플랫폼 최종 2개 후보 POC

엔터프라이즈 아키텍처 팀이 방식을 승인하면 보안 팀은 테스트 환경에서 제로 트러스트 후보 플랫폼 2개의 POC를 진행한다. 이 테스트를 통해 사전에 정의한 기준에 따라 솔루션 정량적으로 평가할 수 있다. 이 과정은 범위가 어느 정도 명확하고 복잡하지 않기 때문에 플랫폼을 완성하고 선택하는 데 2~3주 정도가 소요된다.

POC 결과 제시

POC 작업이 완료되면 보안 팀은 엔터프라이즈 아키텍처 팀을 재구성해 결과를 발표하고, 점수가 가장 높은 솔루션을 시연하고, 선택한 플랫폼과 보안 아키텍처에 대한 권장 사항을 제시한다. 이 발표에서 통합, 사용자 환경, 운영상의 영향뿐만 아니라 핵심적인 보안 기능도 설명한다.

운영 솔루션 파일럿

엔터프라이즈 아키텍처 팀의 모든 이해 관계자가 이 계획을 승인하므로 보안 팀은 제로 트러스트 플랫폼의 파일럿 인스턴스를 구축한다. 이 단계에서 기존 계정 관리 시스템과 통합하고자 서드파티 ID 관리 팀과도 협력하고 다른 두 위치에 있는 사용자 10명에게 제로 트러스트(및 통합 MFA) 소프트웨어를 적용한다. 테스트 대상자는 제로 트러스트 접근 방식에 문제가 발생할 경우 업무에 영향을 주지 않고 즉시 전환할 수 있도록 기존 VPN 접속도 계속 유지한다. 보안 팀은 신규 시스템에 제로 트러스트 플랫폼을 적용하는 데 약 1.5주가 소요되며 최종 사용자가 운영 환경에서 2.5주 동안 시스템을 사용하게 한다. 다소 사소한 이슈와 사용자 교육 문제가 있었지만 파일럿은 대체로 성공적이다.

파일럿 결과와 가치 검증

파일럿이 성공했기 때문에 엔터프라이즈 아키텍처 팀과의 최종 공식 회의는 쉽게 진행할 수 있다. 보안 팀이 결과를 발표하고 제로 트러스트 구축 계획을 제안해 승인을 받는다. 또한 이를 운영 환경에 적용하는 계획을 승인한다(그리고 기존 VPN 솔루션은 폐기하는 것이 매우 중요하다). 또한 보안 팀은 솔루션 운영 라이선스를 구매한다.

전체 운영 환경 구축

보안 팀은 나머지 서드파티 사용자에게도 제로 트러스트 솔루션을 배포하고 해당 VPN 접속 솔루션을 차단한다. 또한 이 시간을 이용해 제로 트러스트 솔루션의 운영 작업을 네트워크 운영 팀에 인계한다. 네트워크 팀은 그간 프로젝트 진행 내내 참여해왔기 때문에 작업에 어려움은 없을 것이다. 마지막으로 이 작업은 기업의 최초 제로 트러스트 프로젝트였지만 마지막은 아닐 것이다. 보안 팀은 제로 트러스트 플랫폼 기반으로 향후 구축되는 프로젝트의 추진력과 신속한 지원 확보를 위해 이 프로젝트의 상공 사례와 진행 과정에서의 문제점을 공개한다.

물론 실제 프로젝트는 이보다 더 복잡할 수 있으며 다양한 팀 간의 상호 연계가 훨씬 더 많을 수 있다. 또한 엔터프라이즈 아키텍처 팀은 기업마다 다를 수 있다. 즉, 기업에서는 비슷한 업무를 담당하는 다른 팀이 있을 수 있다. 또한 기업마다 접근 방식이 다르다는 점도 유의하자. 예를 들어 일부 기업에서는 보안 팀이 요청할 경우만 엔터프라이즈 아키텍처 팀과 협의 가능할 수도 있고 다른 기업에서는 엔터프라이즈 팀이 의사 결정 권한(따라서 프로젝트에 대한 거부권)을 가질 수 있다.

이제 전략적 관점에서 제로 트러스트에 접근하는 전혀 다른 시나리오를 살펴보자.

시나리오 2: 전략적 제로 트러스트 이니셔티브

이 시나리오는 행운으로 시작한다. 이 제약 회사의 보안 팀은 최근 보안 엔지니어를 고용했는데, 첫 번째 담당 업무 중 하나는 시스템 통합, 조정, 정상화뿐 아니라 보안 운영 센터SOC가 복잡하고 다양한 수천 대의 윈도우 장치 이벤트 로그를 이해할 수 있게 돕는 것이었다. 이런 작업은 보통 중요도가 낮다고 판단해 긴급한 일이 아니면 늦춰지는 경우가 다반사다. 이 사례의 경우 엔지니어는 간헐적으로 발생하는 비정상적인 로그를 발견한 다음 이렇게 말했다. "이봐, 이 로그 좀 봐줄래. 내가 봐서는 잘 모르겠어". 로그를 확인한 결과 네트워크에는 지속적으로 내부 정찰을 수행하는 것으로 보이는 악성코드가 있었던 것으로 밝혀졌다. 보안 팀은 신속하게 외부 사고 대응 팀을 불러들여 문제를 해결했다.

다만 문제를 긴급하게 해결한 후 로그를 상세하게 분석하면서 이번 공격 시도는 상당히 운이 좋은 경우였음을 알게 됐다. 악성 프로그램이 피싱 메일을 통해 기업 네트워크에 접속한 것으로 의심했지만 완전히 파악하지는 못한 상태였다. 그러나 원격 명령으로 내부 관리 서버에 접속이 가능한 상태였으며 패치하지 않은 윈도우 서버와 부실한 관리자 비밀번호를 이용해 사내 플랫 네트워크[flat network]에 접속했고 악성코드를 전파하고 있었다. IR 팀의 분석 결과 보안 팀이 사전에 해킹 공격을 감지해 데이터 유출을 차단한 것처럼 보였지만 랜섬웨어 공격이었다면 기업의 네트워크는 대부분 몇 시간 안에 마비됐을 상황이었다.

이 기업은 제약 회사로 회사의 연구 데이터와 제조 시스템은 기밀성, 무결성, 가용성 확보가 매우 중요했고, 이에 경영진은 해당 상황을 위기로 받아들여 신속한 의사 결정을 내리게 됐다. 경영진과 이사회는 관련 취약점들을 조속히 해결할 것을 요구했고 CEO는 CISO에게 변화를 줄 수 있는 권한을 부여했다. 이에 보안 팀과 제로 트러스트를 평가하고 논의한 CISO는 크게 2단계로 제로 트러스트 도입을 위한 계획을 수립했다.

1단계는 사용자, 개발자, 시스템 관리자를 대상으로 제로 트러스트 기반 접속 정책을 적용해 기업의 핵심 자산을 더욱 안전하게 보호하는 것이다. 이런 새로운 접속 정책을 적용해 다수의 자원 접속 시 MFA 사용, 접속 장치의 보안 상태를 상세히 점검, 네트워크 세분화 개선, 과도한 관리 네트워크 접속 제거 등을 진행할 수 있다. 2단계는 모든 사용자를 제로 트러스트 설계 기반의 네트워크로 이동시키면서 네트워크를 더욱 세분화하도록 계획했다. 또한 복잡한 온프레미스 AD 등 디렉터리 연결 대신 비밀번호 없이 인증이 가능한 클라우드 기반 서비스형 ID(IDaaS, Identity-as-a-Service)로의 마이그레이션도 진행 예정이다. 마지막으로 클라우드 기반 IaaS, PaaS 플랫폼을 처음 사용한 조직의 통합과 확장을 통해 고객, 파트너와 좀 더 빠르고 효과적인 협업 지원이 가능하게 계획했다.

물론 이런 각 단계는 개별 프로젝트로 세분화했으며 기업에서는 5가지 가치 동인을 사용해 각 프로젝트를 계획했다. 첫 번째 프로젝트는 사고에서 확인된 즉시 조치가 필요한 보안 취약점을 신속하게 해결하는 데 중점을 뒀으며 그림 19-2에서 각 가치 동인의 영향에 따라 0(낮음)에서 10(높음)까지 순위가 매겨져있다.

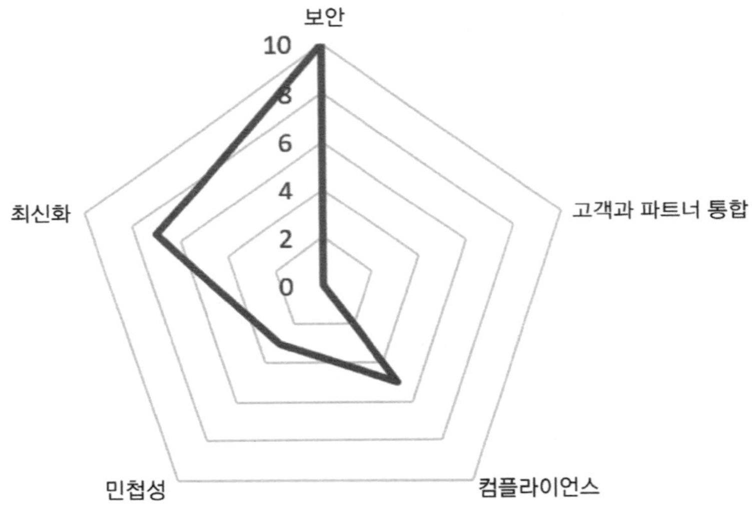

그림 19-2. 제로 트러스트 프로젝트 가치: 레이더 차트

특히 이 첫 번째 프로젝트는 기업의 가장 중요한 운영 시스템 접속을 위한 사용자 보안을 개선하는 데 초점을 뒀다. 제로 트러스트 정책으로 사용자는 MFA 인증이 필요하고 접속 권한을 부여받기 전에 장치 인증서, 장치 상태를 검증한다. 사용자의 장치가 기업 네트워크에 직접 연결되는지 또는 원격으로 접속되는지 여부와 상관없이 모든 장치에 동일한 제어 정책을 적용했다. 이 프로젝트를 시작하게 한 악성 프로그램은 로컬 네트워크에서 실행되기 때문이다.

설계상으로는 첫 번째 제로 트러스트 프로젝트에 집중하고자 다른 가치 동인에 미치는 영향은 적었다. 여러 외부 보안 감사 결과를 다뤘지만 고객, 파트너 통합에는 아무런 변화가 없었고 여러 개의 개별 접근 제어 시스템을 제거해 민첩성을 다소 개선했을 뿐이다. 보안 팀은 이 프로젝트가 기업의 첫 번째 제로 트러스트 구축이라는 점에서 보안 인프라를 최신화한 것으로 평가했다.

초기 프로젝트를 진행할 때 CISO와 CIO는 원활하게 협업하도록 아키텍처 위원회, 변경 관리 위원회를 중심으로 좀 더 공식적인 조직 구성과 업무 프로세스를 구축하도록 협력했다. 그리고 이미 아키텍처 위원회에서 리스크와 컴플라이언스 관련 내용도 다루고 있었기 때문에 공식적인 거버넌스 위원회를 설립하지 않기로 결정했다. 그러나 CISO는 객관성을 보장하고 시야를 넓히고자 경험이 풍부한 외부 컨설턴트를 관련 조직에 투입하기로 결정했다.

전반적으로 이 사례는 CEO의 전폭적인 지원을 고려하면 기업이 전략적 제로 트러스트 이니셔티브의 첫 번째 부분을 어떻게 실행하는지 보여준다. 물론 모든 이니셔티브가 예산을 받고 여러 업무 장벽을 허물고 (필요하다면) 강력하게 프로젝트를 추진할 수 있는 것은 아니다. 보안 리더가 제로 트러스트를 수행하는 동안 직면할 수 있는 일반적인 몇 가지 장애물은 다음과 같다.

일반적인 프로젝트 장애물

제로 트러스트 프로젝트 및 이니셔티브와 관련한 실제 해결해야 할 과제를 논의하지 않고 이번 장을 정리할 수는 없다. 기업의 IT와 보안은 어렵고 복잡하며 일부 제로 트러스트 프로젝트는 실패할 것이다. 안타깝지만 사실이 그렇다. 하지만 반대로 생각하면 대부분 프로젝트는 성공할 것이다. 그리고 이 책에서 제공하는 지침과 가이드가 성공적인 프로젝트로 안내할 것이다. 그리고 제로 트러스트를 포함한 많은 복잡한 시스템에는 기술적 결함이나 해결하기 어려운 부분이 항상 있다는 것을 명심하자. 완벽함은 달성할 수 없는 목표지만 보안과 효율성의 극적인 향상은 현실적으로 달성할 수 있다. 그렇기는 하지만 흔히 접하는 프로젝트 장애물과 이를 극복하거나 피하는 방법을 알아보자.

ID 관리 미숙

제로 트러스트는 ID 관리와 밀접하게 연관돼 있으며 낮은 수준의 IAM 운영, 경험 부족은 제로 트러스트 프로젝트를 지연시키는 위험이 될 수 있다. 이런 미숙함은 수많은 그룹 디렉터리를 관리하지 못하거나 ID 제공자를 통합하거나 통제하기 위한 프로젝트를 별도로 구축하는 등 다양한 방식으로 나타날 수 있다. 이는 많은 IAM 팀이 겪고 있는 현실이지만 그럼에도 제로 트러스트 도입에 장애가 돼서는 안 된다. 제로 트러스트 시스템은 ID 제공자를 활용해 사용자를 인증하며 제로 트러스트 정책에서 IAM 속성, 그룹을 어느 정도 사용할지 결정할 수 있다.

제로 트러스트 시스템은 이런 ID 속성을 자동으로 사용하기 때문에 IAM 시스템의 수준과 데이터 무결성을 개선하는 촉진제가 될 수 있다. 5장에서 이 문제에 대해 설명한 'IAM 개선 촉진제 제로 트러스트' 내용을 기억해보자.

정치적 저항

안타깝게도 일부 기업의 보안 리더들은 변화에 대한 정치적인 저항에 직면할 것이다. 기업의 이익을 위해 변화를 추구함에도 변화에 거부감을 갖는 사람들이 있다. 관련 일부 원인이 있는데, 보통 보안 시스템이나 아키텍처에 대한 감정적인 이해관계나 문화, 기술적 편향 때문일 수 있다. 이에 대응하는 몇 가지 방법이 있다. 첫째, 무엇보다도 중요한 것은 교육이다. 어떤 사람은 모르기 때문에 저항할 수도 있으므로 이들에게 제로 트러스트의 구체적인 이점이 무엇인지 교육하고, 단지 마케팅을 위한 유행어가 아니라는 것을 설득해야 한다. 둘째, 경영진의 전폭적인 지지가 있다면 이 장벽을 허물 수 있을 것이다. 셋째, 비즈니스 영역에서 프로젝트를 성공적으로 구축할 수도 있다. 이익을 얻거나 비용을 절감하는 프로젝트는 장벽을 허물 때 특히 효과적이다. 마지막으로 가끔은 반대편 조직에서 함께 일할 의향이 있는 직원을 찾을 수도 있다. 제로 트러스트 시스템은 본질적으로 통합이 가능하기 때문에 기존 인프라를 연결하고 보강해 업무 환경을 '파괴하고 교체'한다는 인식을 피할 수 있는 창의적인 방법이 있을 수 있다.

규제 또는 컴플라이언스 제약 조건

많은 기업이 규제 대상이거나 적어도 컴플라이언스 준수가 필요한 데이터나 시스템을 보유하고 있다. 일반적으로 정부, 산업계가 제정한 규제는 최신 기술보다 몇 년은 뒤처져 있으며 기업이 이런 요구 사항을 준수하고자 새로운 방식을 도입하는 것이 어려울 수 있다. 대부분의 경우 외부 감사인이 규제 준수 사항을 검토하는 중요한 관계자이므로 이런 감사인과 적극적으로 협력하는 것이 중요하다. 제로 트러스트 프로젝트 초기에 이들과 함께 일하는 것을 주저하지 말고 이들이 기업의 방향성을 이해할 수 있도록 협력하고 교육해야 한다. 이런 활동은 긍정적인 결과물을 이끌어내는 데 도움이 될 것이다.

리소스 검색과 가시성

복잡한 엔터프라이즈 IT 환경에서 모든 리소스를 정확하게 파악하는 것은 분명 어렵다. 특히 빠르게 성장하고 많은 변화가 있는 IT 환경에서는 특히 그렇다. 단적으로 "누가 무엇에 접속하는지 모르는데 어떻게 통제할 수 있는가?" 같은 현실적인 고충을 얘기하는 경우를 보더라도 알 수 있다.

4장에서 서로 다른 방식으로 제로 트러스트를 구축한 2가지 사례를 설명했다. BeyondCorp과 PagerDuty는 복잡한 운영 네트워크 환경에 제로 트러스트 플랫폼을 광범위하게 구성해 세분화된 접근 제어 정책을 정의했다. 그리고 모니터링이 가능한 방식을 적용해서 시스템이 사용자 생산성을 방해하지 않도록 네트워크 데이터를 수집하고 분석했다. 다만 이 방식은 효과적이었지만 시간과 노력이 필요했다. 반대로 소프트웨어 정의 경계 사례는 사용자와 그룹을 점진적으로 참여시키는 방식을 적용했다. 이 방식은 다소 느슨한 통제 정책으로 시작해서 점차 통제 정책을 강화했다.

이 두 가지 접근법 모두 가능한 방식이다. 제로 트러스트 플랫폼을 어디에 어떻게 적용할 것인지, 접근 제어의 세분화 정도를 결정하는 것이 중요하다. 따라서 시작하기 전에 모든 연결과 모든 데이터 흐름을 완벽하게 파악해야 한다고 생각하지 말자. 보유하고 있는 정보를 사용하거나 여러 오픈소스나 상용 도구를 사용해 네트워크 검색과 리소스 가시성을 확보할 수 있다.

분석 마비

새로운 기술이나 접근 방식을 완전히 이해하고 위험을 식별하며 적용 범위를 넓히려는 목표는 칭찬할 만하지만 어떤 결정이나 진행을 무한정 지연시키는 일반적인 단점이 있다. 이런 '지나친 분석에 따른 마비'는 관련된 모든 사람에게 좌절감을 준다. 기업 문화일 수도 있고 변화를 이끌어내려는 보안 팀에 의한 것일 수도 있는데, 결코 쉽게 해결할 수는 없다.

기업들은 제로 트러스트를 시작할 때 이 문제로 어려움을 겪고 있으며 수십 명의 사용자를 실제 적용하지도 못한 채 프로젝트를 몇 년에 걸쳐 검토만 하기도 한다. 어떻게 보면 별 문제가 아니라 생각할 수 있지만 문제가 있다는 사실을 인지하기 어렵다. 보통 대부분의 팀이 계획, 조사, 검증을 철저하게 하고 싶어 하기 때문이다.

이런 마비 현상은 기업이 전략적 제로 트러스트 전환을 진행하면서 운영 환경에 구축하기 전에 다양한 이해관계자의 승인을 받아야 할 때 발생할 수 있다. 이 상황은 문제가 될 수 있는데, 특히 새로운 시스템이 오랫동안 운영한 다른 시스템의 운영 성숙도, 자동화, 통합 기능과 같은 동일한 수준을 충족하도록 요구하는 경우 특히 그렇다. 이는 "닭과 달걀 중 어느 것이 먼저인지" 문제로 이어질 수 있으며, 특히 복잡한 대규모 인프라를 운영 환경에 구축해야만 사용자에 적용할 수 있는 프로젝트와 아키텍처에서도 발생할 수 있다.

프로젝트 팀이나 보안 설계자가 지름길을 택하거나 필요한 분석과 검증을 회피하자는 것은 아니다. 하지만 팀이 모든 관련 이해 관계자와 협력하고 제로 트러스트의 파일럿 환경, 운영 환경을 최대한 빨리 구축할 수 있는 전략 관점에서 이니셔티브에 접근해야 한다. 운영 팀은 변화에 대해 엄격하고 보수적이지만 대부분은 기꺼이 협력할 것이다. 예를 들어 보안 팀은 신규 시스템이 안정화될 때까지 기존 접속 방식을 유지한 상태로 제로 트러스트를 적용할 수 있다. 그래야 기존 접속 방식을 폐기할 수 있다.

일반적인 프로젝트 장애물들을 다소 단점 위주로 설명했지만 모든 엔터프라이즈 IT, 보안 프로젝트와 마찬가지로 제로 트러스트 프로젝트도 어느 정도의 위험과 알려지지 않은 위험이 분명 존재한다. 하지만 잘 운영되는 대부분의 프로젝트는 성공적이며 진행 중 어려움이 있더라도 기업에 가치를 제공한다. 우리의 관점에서 가장 중요한 것은 진행 중인 제로 트러스트 아키텍처 변화에 두려워하지 않고 반복하고 학습하는 것이다. 모든 제로 트러스트 프로젝트는 달성 가능하다는 확신을 갖자. 제로 트러스트 여행을 시작할 때 모든 답은 누구도 알 수 없을 것이다. 하지만 몇 가지 답과 대부분의 질문을 알 수 있도록 충분히 학습하자. 그리고 자신과 팀에 대해 믿음을 가지면 그 과정에서 무엇이 필요한지 알게 될 것이다.

요약

19장에서는 제로 트러스트에 대한 하향식과 상향식 접근 방식을 설명했다. 실제로 대부분의 기업은 혼합된 접근 방식으로 각 요소를 활용한다. 첫 번째 제로 트러스트 프로젝트를 어떤 유형으로 어떤 방식으로 진행할지 식별하는 것이 성공의 열쇠라고 생각한다. 18장의 6가지 주요 사용 사례를 참조해 어디서부터 시작해야 할지 생각하자. 또한 기업 전체에서 여러 동료와 관계를 형성하고 제로 트러스트 이면에 있는 생각과 제로 트러스트가 제공할 수 있는 이점을 서로 공유하고 많은 질문을 해보자. 기업에서 현재 운영, 보안, 효율성 또는 사용자 경험에 문제가 있는 분야가 있는가? 해결해야 할 감사 결과가 있는가? IaaS 또는 PaaS와 같은 새로운 환경의 프로젝트는 어떤가? 위험은 낮지만 이익률은 높은 문제가 있는가?

또한 초기 프로젝트에서 높은 가시성을 확보할지 낮은 가시성으로 유지할지 생각해보자. 다만 정답은 없다. 가시성이 낮은 프로젝트는 영향도가 거의 없는 실수를 경험할 기회를 제공하지만 단점은 리소스 확보를 위해 더욱 노력해야 한다. 가시성이 높은 프로젝트는 이런 어려움을 다소 없앨 수 있지만 상세 조사를 늘리고 실수에 대한 내성이 낮아질 수 있다.

제로 트러스트 프로젝트의 첫 번째 성공을 위한 가장 좋은 지표는 두 번째, 세 번째 프로젝트에서도 유용할 수 있다. 기업에서 중요하게 생각하는 정성적, 정량적 지표를 생각하고 프로젝트를 통해 얻은 가치를 기업에 증명할 수 있도록 준비해야 한다. 그리고 다른 팀 및 동료들과 항상 공유하고 협력하자. 전략적 제로 트러스트 프로젝트와 전술적 제로 트러스트 프로젝트 모두 전사적인 변화를 수반하며, 이는 지원 없이는 달성하기 어려울 수 있다. 제로 트러스트 프로젝트는 어려울 수 있지만 그 결과는 노력할 가치가 있다.

20장

마무리

이 책의 마지막 장까지 왔지만 여전히 제로 트러스트 여정의 시작 단계에 있을 가능성이 높다. 이 책에서 제로 트러스트의 개념, 기술, 전략, 기업 등 많은 주제를 설명했지만 모든 내용을 다룰 수는 없었다. 제로 트러스트는 범위가 매우 넓고 기본적으로 엔터프라이즈 IT만큼 범위가 매우 광범위하고 빠르게 변화하고 있다. 새로운 기술, 플랫폼 솔루션은 매일 같이 나타난다. 대부분의 기업은 전략, 목표 달성을 위해 IT, 보안 구성을 고유한 방식으로 조합했음은 말할 필요도 없다. 이와 같이 향후에도 이 분야와 관련 제로 트러스트 작업은 아직 많이 남아 있다(실제로도 이 책에서 다루지 못한 내용을 추가 설명하도록 웹 사이트 https://ZeroTrustSecurity.guide를 만들었다).

급변하는 IT 환경의 특성을 감안할 때 이 책에서 전달하고자 하는 것은 단순한 지식 그 이상이며, 제로 시스템 적용 경계를 어디에 설정해야 하는지 아는 지혜이기도 하다. 제로 트러스트 시스템을 환경의 모든 부분에 강제로 맞추는 것은 사실상 불가능하고 적절하지도 않다. 실제로 IT 인프라의 특정 구성 요소를 의도적으로 제로 트러스트 적용 대상에서 제외하면 프로젝트 집중, 속도, 성공 측면에서 도움이 된다. 이 책을 읽는 독자들은 IT, 보안 생태계의 각 영역에서 가장 효과적이고 최적의 보안 플랫폼, 툴, 프로세스의 선택을 보장하는 데 가장 적합한 인재다.

이 과정을 거치면서 2장에서 소개한 제로 트러스트의 정의를 기억하자.

> 제로 트러스트 시스템은 ID, 보안 인프라, IT 인프라, 리스크, 분석 툴의 콘텍스트 정보를 사용해 전사적으로 일관된 보안 정책을 적용하고 이를 알리는 통합 보안 플랫폼이다. 제로 트러스트는 보안 기능을 비효율적인 경계 중심 모델에서 리소스, ID 중심 모델로 전환한다. 따라서 기업은 접근 제어를 변화하는 환경에 지속적으로 적용해 보안 개선, 리스크 감소, 단순화시킨 탄력적인 운영, 비즈니스 민첩성 향상을 실현할 수 있다.

이런 정의는 기업의 전체 제로 트러스트 프로그램의 기본 원칙이 돼야 하며 제로 트러스트 여정 전반에 걸쳐 기업의 의사 결정과 추진 우선순위를 결정할 때 방향성을 안내한다.

보안은 기업에서 창의적이고 헌신적인 인력이 보안이 보장된 상태에서 투명하고 효율적으로 임무를 완수할 수 있는 방법이자 기업을 지원하가 위한 수단이다. 설계와 구축을 제대로 한 제로 트러스트 보안 시스템은 투명하게 동작해 사용자와 서비스의 보안을 모두 엄격하게 통제하고 상황에 따라 자동으로 접속을 조정하며 필요한 경우에만 사용자를 차단시킨다. 접근 제어는 강제적인 적용이 아닌 일련의 프로세스로 자연스럽게 안전하고 알맞게 적용될 것이다.

이제 독자는 자신 있게 제로 트러스트 여정을 떠나도록 충분한 지식, 상황, 기술, 도구를 갖췄기를 바란다. 위대한 탐험을 시작하려는 신화 속 모험가들처럼 여러분은 이제 무기, 마법, 물약, 식량을 갖게 됐다. 팀을 모아 동맹을 맺고 몬스터를 처치하자. 행운을 빈다.

21장

후기

– **크리스토퍼 스테픈**(Christopher Steffen)

CISSP, CISA 리서치 디렉터이자

정보 보안 및 컴플라이언스, 엔터프라이즈 관리 담당자

여기까지 온 것을 축하한다. 거의 400페이지에 가까운 이 책은 독자들이 올바른 지식을 갖게 이끌었다고 생각한다. 그리고 이 책으로 제로 트러스트의 여정을 생각해볼 수 있는 기회를 얻었기를 바란다.

'여정'이라는 용어를 매우 구체적으로 사용하는데, 제로 트러스트를 구현하는 것은 '하나의 해결'이 아니기 때문이다. 여러분 중 누구도 명확히 구현해야 할 영역, 대상을 갖고 있는 경우는 거의 없다. 기업 입장에서는 이런 '여정'을 위한 노력은 매우 가치가 있다. 기업에서 보안의 이점은 분명 있지만 운영, 보안 직원의 관리가 용이하다는 것도 큰 이점이다.

이 책에서 얻은 지식을 바탕으로 제로 트러스트 여정을 준비할 때 참고할 만한 몇 가지 사항을 공유하고 싶다. 대부분은 이미 다뤘으니 요약해서 생각해보자.

계획, 계획, 더 많은 계획

많은 제로 트러스트가 구현이 불완전한 계획으로 인해 실패한다. 대부분의 기업들이 특정 유형의 프로젝트 계획을 갖고 있기 때문에 계획 부족과는 다르다는 것을 이해하자. 이 책은 제로 트러스트 아키텍처와 구현을 이해하는 데 좋은 기초 정보를 제공하며, 이를 기반으로 구축할 수 있는 많은 정보를 제공한다. 독자들은 일부 인프라, 보안 솔루션을 도입할 가능성이 높으므로 이 책에서 설명한 원칙을 기반으로 인프라, 보안 솔루션을 발전시킬 수 있는 방법을 검토하자.

제로 트러스트는 (불행히도) 정치적이다.

대부분 제로 트러스트 프로젝트의 범위 때문에 많은 이해관계자가 엮여있다. 모든 이해관계자가 모든 것에 동의하게 하는 것은 엄청난 도전이 될 수 있으며 프로젝트가 시작되기 전에 무산될 수 있다. 프로젝트를 완료하려면 정치적으로 최선을 다해야 하며 주요 이해관계자의 적극적인 지원(및 자금, 리소스)은 프로젝트 성공에서 있어 매우 중요하다. 경영진 지원, 후원이 있다면 프로젝트 초기부터 좋은 분위기를 조성하고 많은 장애물을 제거할 수 있지만 담당자 지원도 무시하면 안 된다. 이들의 지원은 프로젝트를 추진할 때 많은 힘을 실어줄 것이다.

목표는 크게, 시작은 작게

제로 트러스트가 한 번에 구현될 필요는 없다. 사실 한 번에 구현하려고 하면 안 된다. 이미 사용할 수 있는 인프라와 솔루션을 사용하고 있을 가능성이 있는 특정 테스트 그룹이나 팀부터 시작하는 것이 좋다. 제로 트러스트의 가치를 확립하고 개념을 증명하면 정치적 문제는 줄어들고 프로젝트에 많은 힘이 된다.

예산 확보

예산과 리소스가 무제한인 것처럼 보이는 보안/네트워크 관리자가 아니라면 (사실상 꿈같은 소리다) 몇 년 동안 준비하고 도움을 받아 제로 트러스트 프로젝트를 계획할 가능성이 상당히 높다. 제로 트러스트는 기업의 많은 부서, 특히 운영, 데브옵스, 컴플라이언스 부서에 상당한 이점을 제공한다. 제로 트러스트 도입 목표를 고객을 위한 목표와 일치시키자. 그러면 해당 부서의 일부 예산을 얻을 수 있다.

디지털 전환은 친구와 같다

많은 기업이 클라우드, 마이크로서비스와 같은 최신 디지털 전환 기술 활용을 목적으로 기업의 정책과 절차를 새로 변경하고 있다. 이때 제로 트러스트 프레임워크를 기업의 디지털 전환 프로세스의 일부로 통합해보자. 어쨌든 이런 디지털 전환 프로젝트에서도 보안 기능을 업데이트할 필요가 있으므로 제로 트러스트 비전에 맞게 조정할 수 있는 기회다.

제로 트러스트는 단지 최신 유행이 아니라 향후 10년 동안 기업의 보안으로 고려할 방식이다. 독자들은 제로 트러스트 여정의 첫걸음을 내디뎠다. 성공만을 기원하겠다.

부록 A

더 읽을거리: 주석이 달린 목록

업계 표준과 사양

표준과 사양서는 보안 산업에서 믿을 수 없을 정도로 중요한 역할을 한다. 해당 표준, 사양서에서 공개한 상호 운용성은 보안 산업에 엄청난 가치를 제공했다. 모든 관계자에게 감사드린다.

OAuth2 – RFC 6749: The OAuth2 인가 프레임워크: https://tools.ietf.org/html/rfc6749

OAuth2 – RFC 6750: The OAuth 2.0인가 프레임워크: Bearer Token Usage https://tools.ietf.org/html/rfc6750.

JSON 웹 토큰(JWT) – RFC 7519: https://tools.ietf.org/html/rfc7519 JWT는 두 시스템 간 전송하는 데이터를 안전하게 표현하기 위한 개방형 표준 프레임워크다.

SCIM – RFC 7652: 교차 도메인 ID 관리 시스템: https://tools.ietf.org/wg/scim/과

http://www.simplecloud.info/

LDAP: RFC 4150: LDAP 개요('로드맵') 사양 https://tools.ietf.org/html/rfc4510

HTOP: RFC 4226: HOTP: HMAC 기반 일회용 비밀번호 알고리듬 https://tools.ietf.org/html/rfc4226

DNS over TLS: RFC 7858 https://tools.ietf.org/html/rfc7858

DNS over HTTPs: RFC 8484 https://tools.ietf.org/html/rfc8484

위 두 개의 RFC는 DNS 요청의 보안을 개선하고자 제안된 서로 다른 표준을 개략적으로 설명한다.

FIPS 199, 연방 정보 및 정보 시스템 보안 분류 표준, 미국 국립표준기술 연구소, 2004 https://csrc.nist.gov/publications/detail/fips/199/final

The Software-Defined Perimeter Specification 1.0, Cloud Security Alliance, 2014 https://cloudsecurityalliance.org/artifacts/sdp-specification-v1-0/

이는 초기에 정의한 소프트웨어 정의 경계 아키텍처다.

Software-Defined Perimeter Architecture Guide, Cloud Security Alliance, 2019 https://cloudsecurityalliance.org/artifacts/sdp-architecture-guide-v2/

이 문서에서는 구성 모델을 포함한 SDP 아키텍처를 자세히 설명한다.

Single-Packet Authorization (SPA): https://www.cipherdyne.org/blog/2012/09/single-packet-authorization-the-fwknop-approach.html

이 문서에서는 개념을 설명하고 단일 패킷 인증의 오픈소스 적용 방식을 설명한다.

The FIDO Alliance: WebAuthn & CTAP을 이용한 차세대 인증:
https://fidoalliance.org/ 및 https://fidoalliance.org/specifications/ CTAP 표준은

비밀번호를 사용하지 않는 솔루션을 포함한 외부 애플리케이션과 클라이언트 애플리케이션 간의 애플리케이션 계층 통신 프로토콜을 정의한다.

XACML: eXtensible Access Control Markup Language https://www.oasis-open.org/committees/tc_home.php?wg_abbrev=xacml

NAC: The Extensible Authentication Protocol (EAP): RFP 3748 https://tools.ietf.org/html/rfc3748 and 802.1x: https://1.ieee802.org/security/802-1x/

STIX: The Structured Threat Intelligence eXchange and TAXII: the Trusted Automated eXchange of Intelligence Information: https://oasis-open.github.io/cti-documentation/

도서

『제로 트러스트 네트워크』(에이콘, 2022)

이 책은 네트워킹 관점에서 우수한 제로 트러스트 분석, 기반을 제공하고 PagerDuty 사례 연구를 자세히 살펴본다.

『Cyber Warfare - Truth, Tactics, and Strategies』(Packt, 2020)

이 책은 사이버 보안을 전쟁 관점에서 바라보면서 제로 트러스트의 가치 동인과 개념을 다룬다.

『디펜시브 시큐리티 핸드북』(에이콘, 2018)

이 책은 사람들이 기업에서 광범위한 보안 프로그램을 만드는 것(또는 이해하는 것)을 돕는 것을 목표로 설명한 '보안 101 핸드북'이다.

연구 문서와 간행물

NIST 문서

NIST Special Publication 800.207 - Zero Trust Architecture, August 2020 (https://csrc.nist.gov/publications/detail/sp/800-207/final)

이 문서는 여러 면에서 이 책의 내용을 보완하는 문서로 꼭 읽어보기를 강력히 권장한다.

이 문서는 NIST의 제로 트러스트 PoC 프로젝트다(https://www.nccoe.nist.gov/projects/building-blocks/zero-trust-architecture).

NIST Special Publication 800-162: 속성 기반 접근 제어[ABAC] 정의와 고려 사항 가이드, 2014(https://csrc.nist. gov/publications/detail/ sp/800-162/final)

구글 BeyondCorp 백서

https://research.google/pubs/('BeyondCorp' 검색) 사이트에서 확인 가능

개요: https://security.googleblog.com/2019/06/how-google-adopted-beyondcorp.html

BeyondCorp: A New Approach to Enterprise Security, ;login: December 2014, Vol. 39, No. 6.

BeyondCorp: Design to Deployment at Google, :login; Spring 2016 Vol. 41, No. 1 BeyondCorp: The Access Proxy, ;login: Winter 2016, Vol. 41, No. 4

Migrating to BeyondCorp: Maintaining Productivity While Improving Security, ;login: Summer 2017, Vol. 42, No. 2

BeyondCorp: The User Experience: ;login: Fall 2017, Vol. 42, No. 3

BeyondCorp: Building a Healthy Fleet, ;login: Fall 2018, Vol. 43, No. 3

기타 문서

IETF Impact of TLS 1.3 to Operational Network Security Practices: https://datatracker.ietf.org/doc/draft-ietf-opsec-ns-impact/
매우 읽기 쉬운 문서로 TLS 1.3으로 전환이 다양한 네트워크 보안 사용 사례에 어떤 영향을 미치는지 설명한다.

The Threatened Net: How the Web Became a Perilous Place. eBook from The Washington Post journalist Craig Timberg, 2015: http://www.washingtonpost.com/sf/business/2015/05/30/net-of-insecurity-part-1/

No More Chewy Centers: Introducing the Zero Trust Model Of Information Security, Forrester Research, Inc. September 2010
https://www.forrester.com/report/No+More+Chewy+Centers+The+Zero+Trust+Model+Of+Information+Security/-/E-RES56682

The Zero Trust eXtended Ecosystem: Data, Forrester Research, Inc., August 2020
https://www.forrester.com/report/The+Zero+Trust+eXtended+Ecosystem+Data/-/E-RES161356

암호화 DNS와 관련 대응을 고려한다면 DNS 암호화 시 이슈들을 검증하는 2021년 1월 출판한 『Adopting Encrypted DNS in Enterprise Environments』를 참고한다. https://media.defense.gov/2021/Jan/14/2002564889/-1/1/0/CSI_ADopting_encrypted_DNS_U_OO_102904_21PDF 및 https://www.zdnet.com/article/dns-overhttps-causes-more-problems-than-it-solves- experts-say/

https://go.forrester.com/blogs/smackdown-enterprise-monitoring-vs-tls-1-3-and-dns-over-https/

서비스 메시

이스티오 서비스 메시: https://istio.io/

링커드 서비스 메시: https://linkerd.io/

찾아보기

숫자

ㄱ

ㄴ

ㄷ

ㄹ

ㅁ

ㅂ

ㅅ

ㅇ

ㅈ

ㅊ

ㅋ

ㅌ

B

C

G

H

I

J

K

L

M

N

O

T

U

V

W

X

Z

제로 트러스트 보안
기업 환경에서의 보안 운영

발 행 | 2023년 1월 31일

옮긴이 | 서 도 현
지은이 | 제이슨 가비스 · 제리 W. 챔프맨

펴낸이 | 권 성 준
편집장 | 황 영 주
편 집 | 김 진 아
임 지 원
디자인 | 윤 서 빈

에이콘출판주식회사
서울특별시 양천구 국회대로 287 (목동)
전화 02-2653-7600, 팩스 02-2653-0433
www.acornpub.co.kr / editor@acornpub.co.kr

ISBN 979-11-6175-722-3
http://www.acornpub.co.kr/book/zero-trust-security

책값은 뒤표지에 있습니다.